U0845756

合肥市公安志

Hefeishi Gonganzhi

(1949 ~ 1989)

合肥市公安志编纂委员会

时代出版传媒股份有限公司
安徽文艺出版社

图书在版编目（CIP）数据

合肥市公安志.1949-1989/合肥市公安志编纂委员会编.—合肥：安徽文艺出版社，2018.3
ISBN 978-7-5396-6302-9

Ⅰ.①合… Ⅱ.①合… Ⅲ.①公安工作—概况—合肥—1949-1989 Ⅳ.①D631

中国版本图书馆CIP数据核字(2017)第321305号

出 版 人：朱寒冬　　出版统筹：周　康
责任编辑：周　康　　装帧设计：文　艺

出版发行：时代出版传媒股份有限公司　www.press-mart.com
安徽文艺出版社　www.awpub.com
地　　址：合肥市翡翠路1118号　邮政编码：230071
营 销 部：(0551)63533889
印　　制：安徽新华印刷股份有限公司　(0551)65859551

开本：787×1092　1/16　印张：23.5　字数：600千字
版次：2018年3月第1版　2018年3月第1次印刷
定价：198.00元(精装)

(如发现印装质量问题，影响阅读，请与出版社联系调换)
版权所有，侵权必究

《合肥市公安志(1949～1989)》
编纂委员会

主　任:姜　明

副主任:张　华　程彰德　查振友　桂　龙　杨援军　王晓晨
章小平　陆　庆　胡万友

委　员:(按姓氏笔画排列)

丁　涛　方世宏　王万成　王　云　王龙剑　王　旭
王劲峰　王希泉　王明荣　宁向东　田卫东　刘永生
刘　钊　刘剑平　吕全军　孙　勇　朱正友　余永海
吴家田　宋之海　张文胜　张长流　张志敏　张俊昌
张荣安　张　理　李义祥　李加权　李红权　李志广
李　强　束先明　杨子铭　杨四虎　杨安青　杨佩政
汪凤翔　沐俊东　苏克勇　邵文革　陈发利　陈　高
周　文　岳志伟　武长江　武建勇　金家兵　姚忠民
胡正萍　胡金万　胡帮标　赵群峰　钟　磬　音卫东
徐　辉　桑祥庆　钱少权　梁华树　梅　青　黄军龙
彭加林　程国平　葛瑞莲　路传望　缪守宝　潘玉良

编纂办公室主任:程彰德

编纂办公室副主任:杨安青　音卫东　吴家田　叶重青
刘永生　韦鸿燕

《合肥市公安志(1949～1989)》
主审、主编、顾问

主　审:姜　明

主　编:程彰德

副主编:查振友　桂　龙　杨援军　王晓晨　章小平　陆　庆

顾　问:黄玉华　史五一　李汉平　储茂仁　傅朝阳

《合肥市公安志(1949～1989)》
编纂人员

执行主编:杨安青　沈友信

执行副主编:音卫东　吴家田　王远秋

责任编辑:章鑫睿　张奇瑞　张金祥　孙开玉

编　　务:吴明富　黄绪芳　庄祥林　程　锃

对党忠诚
服务人民
执法公正
纪律严明

习近平

二〇一七年五月十九日

◉ 1958年9月19日，毛泽东主席在合肥长江路视察，安保工作万无一失。

◉ 毛泽东主席亲切接见安保人员。

◉ 1959年，安徽省庆祝中华人民共和国成立10周年庆典在安徽省体育场举行，安保工作万无一失。

◉ 20世纪70年代末，合肥街头举行的游行活动井然有序。

◉ 1959年，合肥组织庆祝中华人民共和国成立10周年游行。

◉ 20世纪70年代中期，合肥保卫干部在给基层民兵上课。

◉ 1986年，合肥民警在走访群众。

◉ 中华人民共和国成立初期，填塘铺路成为合肥城市建设的一项重要内容。图中高墙为六安路市看守所围墙，系现在的合肥市公安局所在地。

◉ 1986年，合肥市公安局三牌楼派出所民警在检查旅馆业。

◉ 1951年6月4日，合肥市召开镇压反革命第二次扩大会议。

◉ 1956年，合肥市公安局破获“中国大陆苏浙皖反共突击军”案，逮捕为首分子朱某某。

◉ 1978年，安徽省暨合肥市公判处理大会现场。

◉ 1987年12月，民警通过摸排破获一起凶杀案。

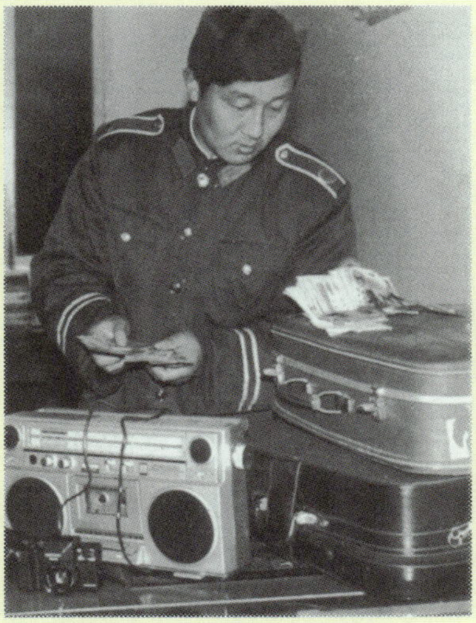

◉ 1986年11月，民警在清点收缴来的赃款赃物。

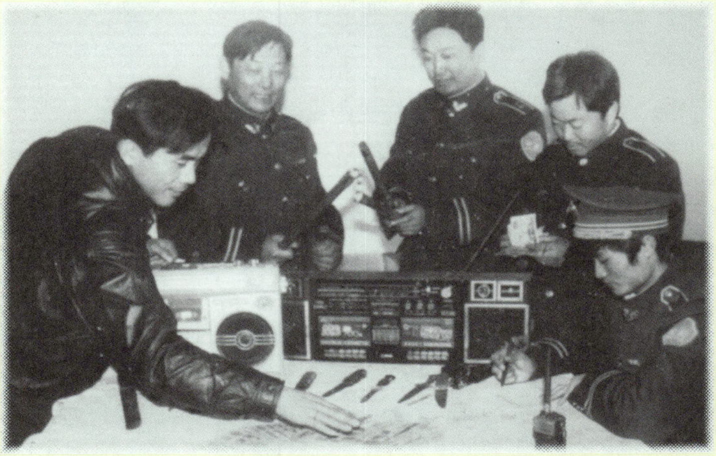

◉ 1989年1月，县桥派出所破获一起特大盗窃案。

◉ 20世纪60年代，合肥市公安局基层民警在三里街第二幼儿园开展警民共建活动。

◉ 1984年冬，合肥民警在雪中执勤。

◉ 1986年，合肥民警在做好第一代居民身份证发放前的准备工作。

◉ 20世纪70年代，合肥街头交警在指挥交通。

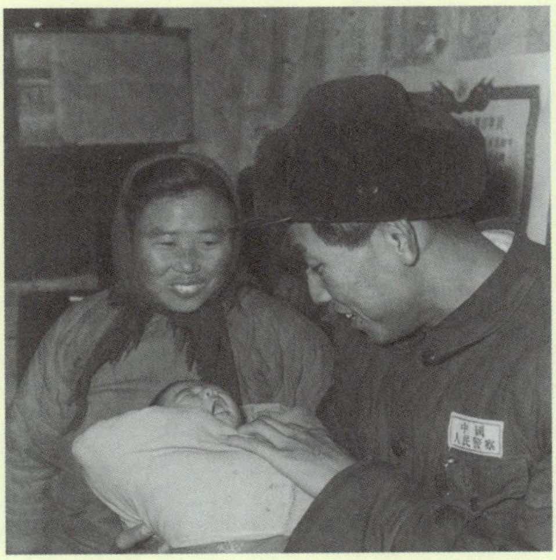

20世纪60、70年代，合肥民警在开展爱民活动。

◉ 1955年1月31日，合肥市公安系统首次庆功大会全体功模留影纪念。

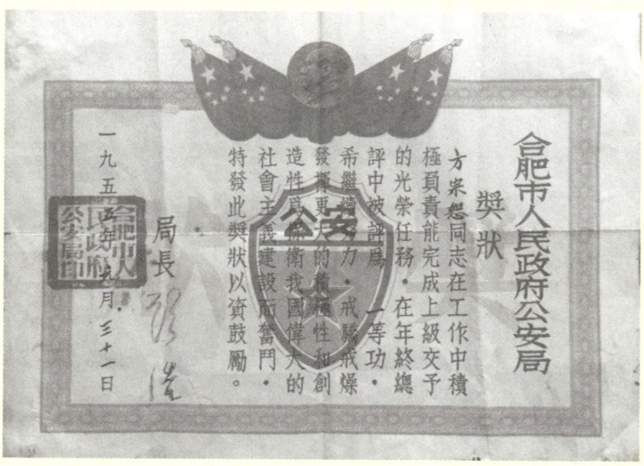

合肥市人民政府公安局

獎狀

方宋懋同志在工作中積極負責能完成上級交予的光榮任務，在年終總評中被評爲一等功，希繼續努力，戒驕戒燥發揮更大的積極性和創造性爲保衛我國偉大的社會主義建設而奮鬥，特發此獎狀以資鼓勵。

局長

一九五五年元月三十一日

◉ 1955年，合肥市人民政府公安局颁发的奖状。

◉ 20世纪70年代末，合肥公安英模在畅谈大好形势。

◉ 1951年4月17日，合肥市东门派出所户籍室全体同志合影留念。

◉ 1952年7月22日，合肥市公安局东市分局全体同志合影留念。

◉ 20世纪80年代初，合肥公安民警在开展巡逻工作。

历任局长

◉ 合肥市公安局第一任局长　黄建中
（任职时间：1949.2~1953.8）

◉ 合肥市公安局第二任局长　顾浩
（任职时间：1953.8~1956.11）

◉ 合肥市公安局第三任局长　伊良辰
（任职时间：1956.11~1961.5）

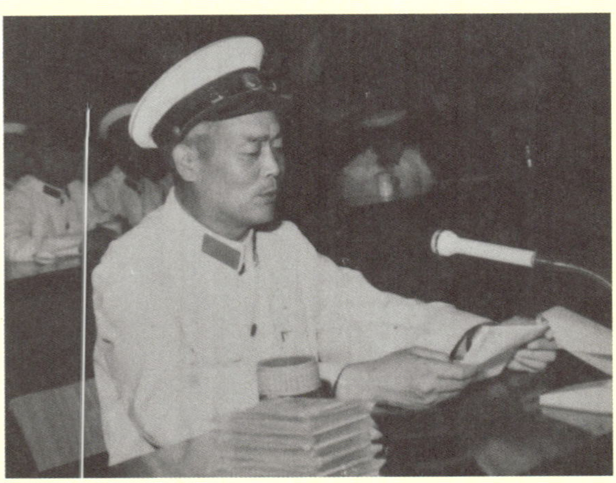

◉ 合肥市公安局第四、八任局长　李志道
（任职时间：1961.5~1962.9
1978.2~1983.8）

◉ 合肥市公安局第五任局长 徐晓东
（任职时间：1962.9~1968.1）

◉ 合肥市公安局第六任局长 杨祖东
（任职时间：1973.3~1975.1）

◉ 合肥市公安局第七任局长 王向忠
（任职时间：1975.1~1978.2）

◉ 合肥市公安局第九任局长 王贞铨
（任职时间：1983.8~1988.3）

◉ 合肥市公安局第十任局长 周延文
（任职时间：1988.3~1990.12）

序

《合肥市公安志(1949 ~1989)》历经两年时间的修订编纂,终于付梓刊印,这是合肥公安文化建设的一件大事,值得庆贺。

我们正处在一个伟大的时代。盛世修志,是中华民族悠久的历史文化传统,也是我们当代人义不容辞的责任。合肥公安事业在1949 至1989 年的40 年间,伴随着安徽省省会合肥的解放而诞生,伴随着合肥的发展而成长,走过了艰辛的历程,创造了卓越的业绩。为铭记历史、缅怀先辈、继承传统、弘扬文化、激励当下、启迪后人,合肥市公安局党委于2015 年做出了编纂《合肥市公安志》的决定,包括修订老志和续编新志。这本修订后的《合肥市公安志(1949 ~1989)》,翔实记载了合肥市公安机关在中共合肥市委、市政府和安徽省公安厅的领导下,坚持党的基本路线,坚持党领导下的专门工作与群众路线相结合的方针,忠诚履行法律赋予的神圣职责,为保卫合肥的政治稳定和社会安定,保护国家财产和人民生命财产安全,打击违法犯罪,维护社会治安秩序,巩固人民民主专政,发展社会主义事业做出的重要贡献;记载了广大公安民警全心全意为人民服务,爱岗敬业,恪尽职守,不畏艰辛,勇于牺牲,不屈不挠,努力奋斗,用自己的智慧和劳动创造的卓著业绩;特别是中共十一届三中全会以后,总结正反两方面经验教训,为建设具有中国特色社会主义新合肥,进行了积极探索和开创性劳动,用实际行动保卫和促进了合肥政治、社会、经济各项事业的快速发展和城市面貌的巨大变化。同时,也极大促进了合肥公安自身的改革和发展。

只有正确地总结历史,才能更好地走向未来。《合肥市公安志(1949～1989)》以充分的史料、完备的体例、通俗的文句,全面客观地记述了40年间合肥公安发展的历史脉络,给我们以深刻的启迪和教益,有助于研究合肥公安事业的发展规律,从中汲取历史的经验教训,有利于服务现实工作,指导开创新的未来。

修志是为了用志。希望全市公安机关各级领导和广大公安民警、保卫干部,认真研阅,以志为鉴,彰往昭来,学习合肥公安先辈们耿耿忠心、顽强拼搏、秉公执法、无私奉献的精神,继承和发扬合肥公安的优良传统,高举中国特色社会主义伟大旗帜,在以习近平同志为核心的党中央领导下,以维护改革、发展、稳定为己任,按照对党忠诚、服务人民、执法公正、纪律严明的总要求,勇于担当,改革创新,谱写合肥公安工作新篇章。

《合肥市公安志(1949～1989)》,是在1990年出版的《合肥公安志》基础上修订而成。首轮《合肥公安志》的编纂在王贞铨、周延文、车俊三任局长的关心重视下得以成书,为合肥公安工作保存了珍贵的历史资料。新修订的《合肥市公安志(1949～1989)》在编纂成书过程中,得到省公安厅领导的关怀和指导,得到省、市地方志办公室的竭诚指导和帮助,市公安局前后两任参与编纂的同志付出了大量心血和汗水。值此书刊印之际,谨表诚挚的谢意!

中共合肥市委常委、政法委书记
合肥市公安局党委书记、局长

凡　例

一、本志是对1990年版《合肥公安志》的修订。旨在更加全面、系统、客观地反映合肥解放以来至1989年间合肥公安发展历程。

二、本志以马克思列宁主义、毛泽东思想、邓小平理论、“三个代表”重要思想、科学发展观、习近平新时代中国特色社会主义思想为指导，以《关于建国以来党的若干历史问题决议》为准则，坚持辩证唯物主义和历史唯物主义的立场、观点和方法，力求思想性、科学性、资料性、可读性的统一。

三、本志记述范围为：合肥解放前按合肥县区划为界，合肥解放后以合肥市区为重，简略兼述市辖县区域公安机关发展状况。

四、本志以首修断限时间为基准，局部上溯至事物发端，下限截至1989年。为保证叙事的整体性，修订时下限有所突破，主要体现在部门机构沿革中。按照“详今略古、详近略远”的原则，记述重点放在社会主义革命和建设时期的合肥公安工作。

五、本志以首修《合肥公安志》为基础，增、补、扩、修资料主要录自公安部和省、市档案馆、市公安局档案室，以及口碑资料、有关报纸杂志等。一般不注明出处。全书采用章、节、目的结构，按照事以类从的原则，根据业务属性和类型划分，力求系统、完整、归属得当。

六、本志采用语体文、记述体，综合运用述、记、志、图、表、录等各种体裁，以志体为主。

七、本志时间表述，新中国成立之前，采用历史纪年，括注公元纪年；新中国成立之后，采用公元纪年。“新中国成立”系指中华人民共和国成立，即1949年10月1日。“本市解放”系指1949年1月21日。数字用法统一按国家语委等七部门《关于出版物上数字用法的试行规定》执行。计量单位保留当时的计量单位，一般不做换算，必要时在括号内注明。

八、本志称谓，“全市”指合肥市区和所辖县（市），“市区”指合肥市区。地名和行政区划均使用各级政府审定的标准地名。所述辖区文件、会议、公报、组织机构名称在首次出现时一律用全称，加注后用简称；人物一律直书其名，为反映历史事实，首次出现可连书职称。

九、因档案资料的缺乏，对1957～1976年“反右”“大跃进”“文化大革命”期间的合肥公安历史，一般不做记述，必要时做简略记述。

十、本志表格中，表内“空白”代表无此项；“—”代表未发现；“/”代表数据或资料缺失。

目　录

第一章　组织机构

第二章　政治保卫

第三章 打击刑事犯罪

第四章 预审 监所管理

第五章　治安行政管理

第六章 户政管理

第七章　经济文化保卫

第八章　公安警卫

第九章　道路交通管理

第十章　消防管理

第十一章　综合服务保障

第十二章　队伍建设

第十三章 人 物

附　录

Table of Contents

Chapter 3 Fighting Criminal Offences

Chapter 4 Antecedent Trial and Prison Management

Chapter 5 Public Security Administration

Chapter 6 Household Management

Chapter 7 Economic and Cultural Security

Chapter 8 Public Security Guards

Chapter 9 Road Traffic Management

Chapter 11 Comprehensive Service Guarantee

Chapter 12 Construction of Troops

Chapter 13 Figures

Appendix

概　述

合肥旧称庐州、庐阳，历史上曾是州、府、县治所在地。合肥市位于安徽腹地，怀抱巢湖，背负徐淮，南临长江，西依大别山，东望宁沪杭，地理坐标介于北纬30°32′～32°92′，东经116°41′～117°58′之间。远在秦朝以前，在南淝河的水运终点，形成了这座城镇。秦朝建立合肥县，三国鼎立时成为军事要塞，素称“淮右襟喉，江南唇齿”，历代为兵家必争之地，自古以商业名城、军事重镇而著称。2200多年的风起云涌，曾经的战火纷飞、曾经的沧海桑田、曾经的世事变迁，铸就合肥“三国故地、包拯家乡、淮军摇篮”的美誉。

一

在清末未创立现代警察之前，中国长期实行的是司法与行政合一、军警一体的制度。历朝历代统治阶级都要依靠国家的警察机器，运用体现统治阶级意志和利益的国家法律，进行强制性活动，以维护其统治秩序。随着时代的发展，虽然警察的基本职能没有变，但其分工越来越细、越来越专业化，警察在国家政权中的地位和作用越来越显著。

清光绪三十四年(1908年)，合肥为庐州府治，始设巡警公所，后改警务公所，实行警政合一的国家管理体制，打破中国封建社会长期实行的司法与行政合一、军警一体的制度。从此，警察被视为执行国体法令内政之枢纽。

民国27年(1938年)5月，合肥沦陷。县自治会先设治安处，后随着伪合肥县政府的成立，改设县警察局，直接受日本侵略军的控制，警察与宪兵、汪伪特务结成三位一体的反动势力，镇压共产党和人民民主爱国运动，破坏抗日统一战线。民国35年(1946年)4月，合肥为安徽省国民政府省会，合肥警察局改为省会警察局。

虽历经政权更迭，但警察制度代代因袭并加强。国民党统治时期，警察机构一直是政府统治人民、镇压革命的御用工具，也是缠绕在合肥人民头上的沉重枷锁。饱受国民党反动统治和日本侵略者蹂躏的合肥人民，在中国共产党的领导下，积极开展武装斗争，不断出击合舒公路、合六公路、巢湖航道、淮南铁路等日伪据点和交通线。在合肥周边地区创建和发展游击根据地，先后创建定合县办事处、巢合办事处、寿东南办事处等革命政权，建立抗日民主政府公安局。在战争岁月里，公安机关配合武装斗争，开展锄奸、交通情报等各项工作，为保卫革命政权、维护社会治安、保障人民生命财产安全做出了积极贡献，为新中国成立后建立人民公安机关、开展公安保卫工作积累了经验。

二

1949年1月21日,合肥宣告解放。2月中旬,合肥市人民政府公安局(以下简称市公安局)成立,担负起整顿社会秩序和清匪反霸的任务,迅速建立起人民民主专政的新秩序。1949年夏季,市公安局配合驻肥部队开展群众性剿匪反霸斗争,收缴国民党军队溃败时遗弃的枪支弹药,收容散兵游勇;剿灭土匪武装,打击匪特破坏活动,破获娄一骏等一批军统特务组织案和匪特破坏案件;命令反动党团警特宪人员等分队长以上骨干分子登记1511人,控制其非法活动;平息谣言,禁赌禁毒禁娼,荡涤旧社会遗留下来的污泥浊水,迅速建立了革命新秩序。

1951年春,合肥市大张旗鼓地开展第一次镇压反革命运动。市公安机关认真贯彻执行党的"首恶必办,胁从不问""惩办少数,改造多数""坦白从宽,抗拒从严""严肃与谨慎相结合"等一系列方针政策,实行"镇压与宽大相结合",镇压一批罪大恶极的土匪、特务、恶霸和反动会道门头子。在"三反"(反贪污、反浪费、反官僚主义)、"五反"(反行贿、反偷税漏税、反盗骗国家财产、反偷工减料、反盗窃国家经济情报)运动中,打击破坏金融财贸和其他严重危害治安的犯罪分子,严肃国家法纪,转变社会风气。1956年夏季,积极投入第二次肃反运动,打击敌人的破坏活动和嚣张气焰,基本上肃清反革命残余势力。在社会上加强对地主、富农、反革命和坏分子的管制和改造,开展防特、防盗、防火、防破坏工作,巩固人民新生政权,扫清社会主义革命和社会主义建设道路上的障碍,保卫合肥市各项建设事业顺利进行。

"文化大革命"期间,社会主义法制遭到破坏,大搞"砸烂公检法",致使市公安机关先后有300多名干警下放农村和调离公安机关;一度撤销派出所机构,取消政治教导员、指导员;以"文攻武卫指挥部""民兵指挥部"代替公安机关职能;搞所谓群众专政,削弱公安机关的专政职能作用。由此导致治安管理松散,社会上"打砸抢"横行,刑事案件发案数竟占总人口的25/‱。

中共十一届三中全会以来,公安机关经过拨乱反正,各项工作重新走上健康发展的道路。1979年,对全市591件申诉材料进行复查,其中属于全错全平反的352件,占总数的59.5%;部分错部分平反的37件,占6.2%。对"文化大革命"期间下迁的所谓"九种人"进行复查纠正,233人的户口收回城市重新安置。同时,对全市原有的1309名"四类"分子纠错260名,其他均被批准摘掉"四类"分子的帽子,落实党的政策。

1979～1982年,合肥市社会治安出现较为严峻的形势,全市发案数占总人口的24/‱至28/‱,特别是重大案件渐趋上升。1983年8月开始,全市展开为期三年的严厉打击严重刑事犯罪分子的斗争,依法从重从快地惩处一批严重刑事犯罪分子。1983年,全市刑事案件发案数比1982年下降34%,发案由占全市总人口的24/‱,下降为21.1/‱。1987～1989年,继续贯彻"严打"斗争,针对各时期不同形势和治安突出问题,实行多警种联合作战,先后开展一系列专项斗争,如反盗窃斗争、缉毒禁赌、打击流窜犯、"扫黄打非"、除

“六害”(卖淫、嫖娼、拐卖妇女儿童、吸贩毒、赌博、利用封建迷信谋财害命)等,合肥市社会治安形势好转。

三

合肥市公安机关在巩固人民新生政权和打击刑事犯罪活动、维护社会治安秩序的同时,还注重加强省会城市的社会管理。

在治安行政管理工作方面,本着服务社会、方便人民群众、维护治安的精神,按照“党委领导,依靠群众,预防为主,管理从严,及时打击,保障安全”的基本方针,依法开展各项治安行政管理。其管理范围根据形势的发展变化而不断变化,曾先后有户政、卫生、市政市容、交通、消防、刑侦、管制、劳教等项列为治安行政管理范畴。市公安机关在合肥解放初期便开展户口登记工作。1959~1960年,受“左”倾错误影响,因饥荒出现人口减少。1966年,“文化大革命”爆发,户政工作受到冲击,人口统计失实。1978年,户政工作得到恢复,并重建一些管理制度。1986年8月,合肥市开始颁发居民身份证,这是户政工作的重大改革,对社会经济和人民群众生活产生重大影响。与此同时,市公安机关建立遍布全市的三级治安巡逻网,落实对违法青少年的帮教措施,大力推进社会治安综合治理,出现庙街18号大院等一批社会治安综合治理成绩显著的先进单位。

在城市道路交通管理方面,无论是道路设施的硬件,还是交通管理的方式方法,都发生了巨大变化。新中国成立初期,合肥市只有4条狭窄街道,全长4公里,范围5.2平方公里,人口不足6万人,到1989年,城市道路发展为26条,市区面积增加到532.78平方公里,人口增长到977288人,分别是1949年的6.5倍、102.46倍、16.29倍。新中国成立初期,合肥市拥有机动车辆50部,非机动车辆不到200部,运输主要依靠人力、畜力。到1989年,拥有机动车辆38974部,非机动车辆仅自行车就由125部增加到40多万部,分别是1949年年底的779.5倍和3200倍。道路交通指挥一开始采取交通民警坐岗指挥、手工操作、耳闻目睹等管理交通方式,到1989年,交警支队自行研制的数字交通指挥仪在三孝口等10多个繁华交叉口安装试运行。所有这些,无不见证着合肥城市道路和交通管理状况的发展变化。

在城市消防管理上,也经历了几个大的发展时期。1949年2月至1965年8月,合肥市消防队伍实行职业民警制。1965年9月,合肥市消防小队长以下的消防民警实行义务兵役制。“文化大革命”中,消防大队改为消防连,脱离公安管理,由市警备区代管。“文化大革命”后,合肥市消防监督机构不断健全,消防队伍不断发展壮大。1983年7月,消防、内卫边防民警合并,消防大队划归武警合肥市支队领导。1989年,在长丰、肥东、肥西三县和东市、西市、中市、郊区四区公安分局设立消防科。全市消防队员由1949年的29人,发展至1989年的369人,增加了12倍多。

随着斗争形势的变化和公安工作的发展,合肥市公安机关不断调整和健全内部机构,改善和更新警用技术装备,提高为人民群众服务的工作效率和打击违法犯罪活动的战斗力,使合肥市的公安工作逐步走上法制化、正规化、现代化的道路。40年来,合肥市的公安队伍日益壮大,1949年年底,合肥市仅有公安民警122人(不含公安队99人),至1989年,已拥有公安民警1598人,增加12倍多。合肥市公安机关始终把政治工作作为一切工作的生命线,坚持一手抓业务,一手抓队伍,“两手抓,两手都要硬”,政治建警,从严治警,依法治警,不断提高全体民警的政治素质和业务素质。合肥市广大公安民警在历次重大历史紧要关头,立场坚定、旗帜鲜明地有力维护了省会城市的政治稳定和社会安定。20世纪80年代后,合肥市公安队伍的年龄结构和知识结构不断优化,执法水平日益提高,快速地步入革命化、年轻化、知识化、专业化的良性发展道路。

四

新中国成立初期,保卫新生的人民政权是合肥市公安机关压倒一切的中心工作,有力地发挥了“刀把子”作用,功不可没。步入全面建设社会主义时期,在中共合肥市委、合肥市人民政府和安徽省公安厅的领导下,市公安机关坚持从严治警,加强廉政建设,依法惩治犯罪,维护社会治安,发挥应有的公安职能作用。进入改革开放时期,公安工作紧紧围绕经济建设这个中心,全力维护改革、发展、稳定大局,全市广大公安干警不辱使命,铁肩担道义,克服各种困难,恪尽职守,在惩治犯罪、维护治安中做了大量工作,为巩固人民民主专政,保卫社会主义建设事业做出了重大贡献。

纵观合肥公安40年的战斗历程,合肥市公安机关是党和人民群众值得信赖的战斗集体,合肥市公安队伍是一支政治可靠、业务精湛、作风过硬的队伍,必将在新的征途上取得更大的成绩。

大 事 记

1949 年

1 月 21 日 合肥和平解放。22 日,合肥临时军事管制委员会成立,主要负责接收国民党政权,建立人民政权,清查敌特人员和武器,维护社会治安秩序。

2 月 1 日 中共江淮区委员会、华中公安处指派黄建中、丁伟会同第三野战军先遣队干部大队部分同志接管国民党安徽省警察局留守处、合肥县警察局。

2 月 13 日 合肥市 3 万余人在市体育场集会、游行,庆祝淮海战役胜利和合肥解放。合肥市人民政府公安局筹备领导黄建中、丁伟带领全体公安干部,协同解放军官兵担负集会、游行的安全保卫工作。这是合肥公安首次承担大型活动安保工作。

2 月 16 日 根据市军事管制委员会发布的自新登记布告,市公安局设立 2 个登记处、8 个登记室,办理国民党和其他反动组织人员自新登记。截至 5 月上旬,登记国民党党、军、政、特、警、宪等分队长以上骨干分子 1511 人。

2 月中旬 合肥市人民政府公安局成立,首任公安局局长黄建中。

2 月 27 日 合肥市公安局破获一起军统特务组织案,抓获军统少校组长娄一骏等 6 人,缴获电台等通信工具。

2 月 合肥市公安局发出户籍、公共场所管理事宜的布告。通过户口清查登记,除驻城机关、学校与两名外国人及流动人口外,合肥市区人口为 10416 户 47484 人。

4 月 1 日 国民党军队飞机空袭合肥市区。据统计,解放军渡江前 10 天,敌机空袭合肥市区 21 次,炸毁房屋百余间,炸死炸伤群众 10 余人。合肥市公安机关组织干警扑灭火灾、抢救伤员,协助政府进行善后工作。

4 月 5 日 合肥西乡军统组长李世华勾结潜伏特务石家瑞、恶霸汤正潮、土匪首领石银川等,组织"华中剿匪义勇纵队第五总队",向新生人民政权疯狂反扑。截至 8 月,杀害人民政权基层干部、战士和群众积极分子 92 人,致伤 56 人。不久,这股匪特武装被中国人民解放军和合肥公安剿灭。

4 月中旬 合肥市公安局并入皖北行署公安局,对外仍称合肥市人民政府公安局。

4 月下旬 合肥市公安局发布戒烟禁毒禁娼布告,取缔 100 多家烟馆、20 多家妓院。

5 月 20 日 合肥市公安局贯彻皖北行署公安局颁发的《交通管理暂行规定》,先后发布《柴草市场布告》《禁止无辫小车入城布告》,加强流动商贩管理,交通秩序井然。

7月15日　恢复合肥市人民政府公安局建制,黄建中任局长。

7月　合肥市公安局对外来人员严格执行临时户口申报制度,重点控制逃亡匪特在合肥市区关系,先后摧毁匪特两个情报点,缴获手枪13支、步枪23支、子弹百余发。

8月10日　晚上19时30分,合肥市火车站装运子弹时不慎引起爆炸,死伤20人。市公安局及时派出干警赶赴现场组织抢救,协助市政府处理善后工作。

8月12日　市公安局破获“巢湖行动大队”特务案,抓获匪特张百成、联络参谋郭逢春等,摧毁在合肥设立的3个秘密联络站。

8月28日　合肥市政府决定:撤销区、街政府及公安分局,设立9个公安派出所。公安派出所作为市政府一级行政机构,统辖基层行政工作,实行警政合一。

9月　组织义务消防队。市公安局通过推广菜市派出所组织义务消防队的经验,全市9个派出所相继组织32支义务消防队,队员692人。群众集资添置4部水龙以及火钩、梯子、水桶等灭火工具。

10月15日　匪首谢国友在合肥落网。谢在新中国成立前曾任国民党军队营长、中队长等职,是明官暗匪,系定远、滁县、寿县、合肥等县、市边区著名匪霸。仅在定远县的华塘、张桥、杜集、站鸡岗一带就杀死群众100多人。剿匪期间,谢国友自知罪恶深重,潜入合肥隐藏,企图逃避惩处。市公安局日夜监视匪情,发现谢匪行踪后,当即逮捕,移交定远县公安局解回法办。

11月20日　合肥市公安局发布《公共卫生管理规则》。皖北行署卫生局及市党政军民联合成立卫生委员会,同时,4个公安分局下设4个分会,配设卫生警4人;各派出所设市卫生委员会,配置卫生员150人、清道夫20人,

12月31日　合肥市公安局召开全市派出所所长联席会议,布置以防特、防匪、防盗、防火为主题的冬防工作。

1950年

1月14日　合肥市公安局建立户口登记制度。在全市户口登记基础上,建立户口月报、季报、年报,特种人口管制,设立警区办公处等管理制度,简化居民申报临时户口手续,将警员的户口手册改为大事记,以便随时检查警员的工作情况,提高工作效率。

1月　合肥市公安局破获匪特敲诈殷商富户案件。匪特“人民反共救国军”向艾宏兴商店、新昌毛行等富户敲诈钱财,合肥市公安局侦察员顺藤摸瓜查清其总部设南京。3月底,合肥、南京两地公安机关统一行动,市公安局抓获在肥秘密活动的“人民反共救国军”军需主任姚裕民等10多人。

3月13日　匪首韦正保在合肥伏法。韦正保在新中国成立前一向为匪,危害人民。新中国成立后,仍执迷不悟,未能痛改前非,反而变本加厉,竟纠合匪徒进行抢劫。1949年3月,曾抢劫韦长岗薛家;同年8月,率匪徒8人,持长枪5支,抢劫合肥市东门庆昌染坊,抢走布50余匹,棉纱4捆。旋即被市公安局侦悉,将韦正保等人一一捕获。

4月10日 合肥市公安局进行整编,市公安局改设侦讯科、治安科、秘书室;直属机构设立劳教所、交警队、消防队;9个派出所合并为5个派出所;机关人员精减1/3,各警种精减一半。

5月14日 平民戏剧院遭到一枚炸弹袭击,炸弹因受潮未爆炸。市公安局及时侦查,将挟私报复的4人查获归案。

6月30日 据统计,全市登记在册的国民党党、政、军、团、特、警、宪人员2053人,其中国民党员355人,三青团员131人,中统军统特务83人,行政人员276人,国民党军人970人,警察179人,其他59人。同日,市公安局破获"江北反共游击纵队独立第三支队"匪特组织案,抓获支队长程道宽等3人,缴获长短枪各1支。并以此为线索,在肥东县击毙和捕获该支队所属200余人枪。

6月 车站、西门派出所率先建立102人和37人的群众性治安组织,每晚由警员带班轮流参加巡逻、查岗及监视坏人等,并在后街偏巷、复杂要道发动群众轮流站岗,加强安全防范工作。

8月 市公安局首次在全市组建61个治安保卫委员会,简称"治保会"。

9月9日 合肥市、肥东县、肥西县三地成立合肥地区治安联防委员会,合肥市公安局局长黄建中任主任。

12月 合肥市成立冬防委员会。各派出所、中学及银行成立9个分会;工会组建纠察队,每晚300多人参加巡逻、放哨;添置消防设备,检修消防器材等。

1951年

1月20日 合肥市党政各级领导和公安机关集中统一行动,首批搜捕52名反革命骨干分子。

1月27日 合肥市公安局破获"华中人民反共军游击纵队第五支队"匪特组织案,逮捕副支队长许其中等人。

2月5日 合肥市公安局通过对"中国青年同盟会"等6起反革命案件的审理,深挖犯罪线索,又捕获匪特、恶霸、不法地主分子32人,缴获短枪3支,破获盗窃等刑事案件29起。

4月15日 反革命分子朱子良被判死刑。朱子良曾任国民党合肥县中统调查室秘书、县政府情报所副所长,任职期间先后将新四军七师交通员唐广发和因伤休养的新四军某部参谋梁孟华捕杀,还随县特务中队袭击肥东游击队。新中国成立后,朱子良假自新,被群众揭发抓获归案。

4月23日 全市集中统一搜捕反革命分子行动,市公安局逮捕81人。

5月5日 合肥市公安局召开各派出所所长会议,布置"镇反"工作,发动群众检举、控诉反革命分子。截至年底,全市召开40次群众代表座谈会,1560名代表控诉126名反革命分子和99名在押案犯的罪行。检举并查获潜藏未登记的反革命分子281人,缴获长短枪24支、子弹200发、炮弹5箱。

5月17日　合肥市成立"反革命案件审查委员会",由市长树海、公安局局长黄建中等17人组成,其中党外人士9人。该委员会5天内审查75件反革命案件。

6月13日　合肥市镇压反革命公审大会在苗圃广场召开,到会代表和群众2万多人,对75名反革命分子进行公判。市长树海、公安局局长黄建中先后讲话,张世太等30多名苦主登台控诉汉奸、特务和匪霸的罪恶行为。

6月20日　合肥市公安局发出换发户口簿公告,布置各派出所组织2035名缮写人员,以行政组为单位挨门逐户填写。此项工作于8月10日结束,全市17937户121074人(含郊区71409人)。同时,新发现国民党军官238人、行政人员300人,反动党团230人,特务嫌疑13人,封建会道门195人。

8月5日　中共合肥市公安局分总支成立,隶属中共市政府总支领导,下设局机关、交警队等3个党支部。

8月25日　合肥市召开万人公判大会,判决103名反革命案犯,其中8人被处决。

9月20日　全市组织800多名公安干警和人民纠察队员,上街宣传整顿交通秩序,贯彻《城市交通管理规则》。

9月22日　合肥市公安局颁布《关于工厂、学校、机关组织治安保卫委员会计划(草案)》,全市38个机关企事业单位配备53名保卫干部,在较大工厂企业开始建立治安保卫委员会。

11月28日　根据第四次全国公安会议精神,合肥市公安、司法部门抽调13名干部组成审讯委员会,以区为单位分设4个审讯小组,着重抓案件审理把关工作。

1952年

1月14日　合肥市公安局贯彻政务院颁发的《外国侨民出入及居留暂行规则》,落实工作由治安科负责。

1月20日　合肥市公安局在部分机关、企事业单位开始设立保卫科(股)。凡县团级以上企事业单位设置保卫科,设立党支部的单位设置保卫股,其他单位设置专职保卫干部。

5月25日　合肥全市215名警察中,经过"三反"清理,因贪赃枉法、违法乱纪受刑事处分7人,受记过撤职处分11人,"清洗"回家20人,调出公安机关10人,其中包括20名留用的旧警察。

6月2日　合肥公安、检察、法院抽调12名干部成立清理积案办公室,下设审讯组、审查组、判决组、缮写组。截至7月底,清理反革命案犯139人,其中判处死刑12人、死缓2人,判处有期徒刑97人,判处管制18人,教育释放10人。

6月15日　合肥成立市禁毒委员会,由黄建中、范涡河、常光华等10人组成,在公安局设立禁毒办公室。

9月13日 合肥市召开处理烟毒犯宣判万人大会,公开处理12名烟毒犯,其中1人被判处死刑,当场烧毁部分毒品、毒具。

10月14日 合肥市公安局实行查验户口、出具户籍证明制度。根据华东军政委员会公安部《对签发户籍证明书的几项规定》,市公安局实行户口簿制度,市内就业、报考学校等需要查验户口簿,市外使用时由派出所出具户籍证明书。

11月 在省委书记曾希圣陪同下,中华人民共和国国防委员会副主席张治中视察合肥市郊区陈以春互助组,市公安局派出干部协助省公安厅担任安全保卫工作。这是中央领导人首次视察合肥,也是市公安局首次担任警卫任务。

1953年

1月1日 合肥市结合普选进行第一次人口普查,市公安局抽调84名干警参加人口普查。这次人口普查结果表明,全市有常住人口153570人。

1月31日 根据中央人民政府内务部、公安部、卫生部联合发出的《关于全面开展戒烟工作》的指示,合肥市由民政、卫生、公安等部门组成戒烟办公室,对369名吸食鸦片者免费供应戒烟药,有的送教养院强制施戒。

2月11日 中共合肥市公安局总支成立,隶属市委领导。1956年8月后划归市直属机关党委领导。

3月9日 合肥市党政军5万余人在市体育场集会,沉痛悼念斯大林逝世。市公安机关担任安保工作。

3月16日 市公安局抽调112名干警参加整顿管制工作,较为系统、彻底地清理本市413名管制对象,撤销管制114人,占管制总人数的27.6%。

3月28日 根据中央关于"只打击、惩办少数道首,教育改造多数一般道首,对广大被骗会众,只要声明退道一律不究"的方针,全市逮捕3名大道首,集训38名分坛以上的道首。

4月12日 全市开展以区乡为单位的退道工作。截至6月底,合肥地区"一贯道"总坛,下设19个分坛,有15名点传师、160名坛主(内有同善社2人)、2275名道众,先后打击处理35人,其中执行死刑2人,判处有期徒刑15人,管制18人,自动声明退道2184人,收缴经书、道具、证章等76件。

7月1日 合肥市结合普选进行第一次人口普查。市公安局抽调84名干警参加人口普查,并对537名普查人员进行集训。

7月27日 安徽省公安厅政保处处长顾浩调任合肥市公安局局长。

10月1日 安徽省暨合肥市各界5万余人在市体育场集会,庆祝建国4周年。市公安局组织警力担任安保工作。

11月 合肥市从公安、检察、法院抽调干部组成"市粮食保卫处",具体负责粮食统购统销的保卫工作。清理粮食系统内部人员有政治和历史问题的37人,打击处理黑市粮贩的非法活动。

1954 年

1 月 16 日　合肥地区曾一度出现"毛人水鬼"谣言,闹得人心惶惶。是日,市召开公审大会,判处蓄意制造"毛人水鬼"谣言、蛊惑人心、严重扰乱社会治安的反革命罪犯吴国才、熊德佑死刑。其他 28 名制造谣言的反革命分子和坏分子,分别到各地群众大会现身说法,揭露真相,教育群众。

1 月 25 日　根据《合肥市人民政府工作人员考勤施行办法》,市公安局制定《考勤考绩条例》。

2 月 14 日　合肥市公安局成立人口调查登记办公室,统计全市常住人口为 152909 人。

3 月 12 日　合肥市公安局公布《关于工厂企业机关建立治安保卫委员会暂行办法》。

4 月 15 日　合肥市公安局和司法部门在逍遥津公园联合举办历时 11 天的盗窃赃物展览会,展出盗窃的赃物 311 件,以及漫画、图表和罪犯照片等,2 名惯窃犯在展览会上现身说法,坦白认罪服罪,参观人数 2.8 万多人。

4 月 23 日　合肥市公安局统计搜捕外地逃来的反革命分子 31 人。

4 月 24 日　合肥市公安局打击"同善社"反动会道门复辟活动,逮捕处理 4 人。

7 月 10 日　合肥市遭受百年一遇的特大洪水灾害,淝河水位 16.19 米,淮河路水深齐腰,水西门、杏花村水漫屋顶,全市 6250 多间房屋被洪水冲倒,1.3 万农田被淹,死伤 40 多人。市公安机关全体公安干警不顾身遭水灾,全力以赴投入抗洪抢险和汛期治安保卫工作。

8 月 17 日　经华东公安局批准,确定合肥市"三宝道"为反动会道门组织,公开宣布依法取缔。

10 月 25 日　根据公安部颁布的《城市陆上交通管理暂行规则》,市公安局对非机动车辆行驶管理拟定规章,由市政府颁发《合肥市非机动车辆暂行管理办法》。

1955 年

1 月 31 日　合肥市公安系统首次召开庆功大会,表彰 1954 年在立功创模活动中评选出来的 181 名功模代表。省公安厅、市政府领导出席会议,副市长顾浩到会讲话。

3 月 30 日　合肥市人民政府公安局更名为"合肥市公安局"。

5 月 15 日　"国民党国防部"二厅南京谍报组组长兼电台台长朱荣昆,于 1954 年 9 月潜入合肥市从事特务活动,企图经上海逃往香港时,被合肥市公安局侦察员截获归案。

6月22日　安徽省人委批准顾浩为合肥市副市长兼任市公安局局长。

7月8日　合肥市公安机关内部开展肃反，截至翌年9月，清查出反革命分子2人、坏分子4人，其中开除党籍、行政撤职2人，清洗出党2人，判处有期徒刑1年缓刑1年的1人，免予处分的1人。

10月5日　全市开展社会"镇反"运动。市委成立镇压反革命分子联合办公室，下设秘书组、审批起诉组、审判组。市公安局抽调176名干警投入这项工作，历时3个月，先后逮捕186名反革命分子。

10月25日　合肥市宿州路正昌弹花店发生火灾，殃及四邻，烧毁房屋46间，烧死6人。

11月21日　市公安局开展统一行动，搜捕反革命分子和刑事犯罪分子186人，其中残余反革命分子135人、现行反革命分子41人、刑事犯罪分子10人。

12月25日　合肥地区连降9天大雪，地面积雪深达1米多，市区有部分房屋倒塌，交通中断，市公安局响应市委、市政府号召组织干警划地包干，抗雪救灾。

1956年

2月6日　合肥市公安系统范德义、史佳金、吴锡良等人出席省人民警察首届功模表彰大会。

2月29日　合肥市召开社会主义建设积极分子代表大会，公安系统26名干警出席会议并受到奖励。

3月　合肥市人民政府发布《合肥市〈实施城市交通管理规则〉补充规定》，市公安局组织交警队、派出所在广泛宣传教育的同时，清理摊贩和骑街就市，清除路障，查禁在市区通行的铁轮车和独轮车，提高道路通行能力。

4月19日　合肥市公安局所属党支部划归市直属机关党委领导。

5月17日　合肥市双岗街道党支部书记、一等治安模范刘传发被杀害，此案未破。

8月1日　国家机关和企事业单位实行工资改革，合肥市公安局373名干警中有150人调整工资级别，平均工资提高14.5%。

10月7日　合肥市公安局破获跨地区匪特组织。破获以逃亡反革命分子朱引李为首的"中国大陆苏浙皖区反共突击军指挥部"成员68人，涉及肥东、芜湖、全椒、合肥等地，企图建立武装，暗杀地方干部，缴获关防、派令、步枪、手枪和子弹等罪证。

11月2日　合肥市委政法部副部长伊良辰兼任市公安局局长，同时免去顾浩兼任的市公安局局长职务。

11月13日　中共合肥市委批准成立中共合肥市公安局党组，由伊良辰、李志道、冯其华、杨守金、薛侠、周子炎、倪春林等人组成，伊良辰任书记，李志道任副书记。

12月4日　合肥市人民委员会成立合肥市交通管理工作委员会，抽调包括公安干警在内的26名干部组成宣传、管理检查组，进行为期1个月的整顿城市交通秩序。

12 月　全国妇联副主席康克清、水利部部长傅作义视察合肥市郊区杏花村乡农业生产,市公安局担任并完成警卫任务。

1957 年

1 月 17 日　合肥被服厂女营业员携 340 元营业款送缴淮河路人民银行,途经市百货大楼门口时,遭到犯罪分子倪某某抢劫,在路过群众协助下,倪被当场抓获。

3 月 28 日　合肥市粮食供应站发生万名群众因为为争购粗粮糠闹事事件,市公安局闻讯后,及时配合有关部门进行教育疏导工作,没有造成严重后果。

4 月 21 日　合肥市公安局宣传贯彻市人委发出的禁止赌博布告,深入开展禁赌宣传教育活动,查获 117 名赌徒,其中判处徒刑和拘役 8 人,治安拘留 46 人,交单位党政处分 7 人。

5 月 2 日　苏联专家阿尔希波夫等 5 人到合肥访问,市公安局组织力量警卫,确保苏联专家在肥期间的安全。

8 月 3 日　国务院公布施行《关于劳动教养问题的决定》,市劳教管理委员会成立。

9 月 13 日　中午 12 时,合肥市淮河路第一商场的安全弹花生产合作社燃起大火,烧毁房屋 91 间,以及棉花、被絮、机器等物资,经济损失 97420 元,烧伤 13 人,殃及商店、居民 22 户。

9 月 26 日　合肥市公安局破获“三宝道”反动会道门组织,道首毕某山等 10 人被依法判刑。

12 月 1 日　合肥市公安局宣传贯彻《中华人民共和国治安管理处罚条例》。

1958 年

1 月 5 日　周恩来总理视察合肥,在江淮大戏院接见省市 2000 多名党政负责干部,并做形势报告。市公安局担任周总理在肥视察期间的安全保卫工作。

2 月 13 日　合肥市人民委员会发布《禁赌布告》。

2 月 27 日　合肥市郊区调整行政区划。从肥西县划入郊区远景、优胜、风景、水库、淮西 6 个农业社,2.8 万人;从肥东县大兴乡划入群生、淮南、合裕、新生、田兴 5 个农业社,6000 余人。新划入的户口、治安等事项移交郊区公安分局管理。

3 月 5 日　合肥市公安局党组召开扩大会议,研究通过修订《1958 年公安工作跃进指示(草案)》,要求在年内 70% 的工厂、企业、机关、学校和户口段达到“十无”标准,即无火灾、无反革命案件、无凶杀抢劫案件、无盗窃、无强奸、无聚赌、无不报不销户口、无交通死亡事故、无吸食毒品、无反动标语。

4月28日 朱德副主席到合肥视察,访问省委机关钢铁厂和合肥工业大学等单位。市公安局抽调警力完成警卫任务。

4月 苏联驻中国大使尤金率24国常驻中国代表到合肥市参观蜀山人民公社,市公安局担负警卫任务。

5月14日 合肥市公安局拟定《关于入户范围的暂行规定》,凡经人事劳动部门录用的干部职工、复员转业军人、劳改劳教回归人员、居民在农村的爱人急需抚养、赡养的直系亲属,从农村雇佣的保姆等准予入户。

6月8日 30万群众列队街头,参加贯彻"鼓足干劲,力争上游,多快好省地建设社会主义"总路线广播大会。市公安局组织警力担任安保工作。

7月10日 合肥市公安局在合肥火车站、范巷口附近设立"地址查询服务处",提供便民服务。

9月13日 晚上22时许,台湾国民党军队飞机一架,从江苏方向途经滁县、嘉山、定远窜入合肥市上空,后向北飞去。

9月16日 中共中央主席毛泽东视察合肥,9月18日,毛泽东主席乘敞篷车在市区长江路上与10万群众见面。市公安局全力以赴开展警卫工作。

9月23日 合肥市公安局从寿县查获杀害革命先驱瞿秋白的凶手冯心田,冯在合肥伏法。

10月9日 国家主席刘少奇到合肥视察,参观合肥工业大学等单位。在这之前,中央首长叶剑英、刘伯承、彭德怀、谭震林、张云逸、柯庆施等先后视察合肥,市公安局承担警卫工作。

12月6日 合肥市公安局印发《关于年内在全市进行一次户口核对的意见》。通过核对调查,发现涂改户口迁移证18人,偷盖公章伪造证明29人。

12月8日 合肥市招收18016名工人,市公安局先后审查12148人,从中发现"地富反坏右"分子103人,有政治历史问题和政治、刑事嫌疑的278人。

12月 市公安局交警队首次成立女警班,在职女交警29人。1963年撤销。

1959年

3月13日 一架国民党军队飞机窜入合肥上空,散发反动漫画和传单。4月18日,再次窜入,市公安局先后组织合肥干警深入乡村收集焚烧反动宣传品3.1万多份。

4月19日 合肥炸药厂双岗车间因职工敲打盛过蜡子的搪瓷盆发生爆炸,炸死1人,重伤2人。

5月1日 合肥市增设巢湖水上区和巢湖水上公安分局。区政府驻中庙乡,从巢县、肥东、肥西三县划入5730户19850人。该区于1962年11月撤销,仍按原来区域划给三县,巢湖水上公安分局随之撤销。

5月25日 合肥市西郊石子加工厂炸药库发生爆炸事故,炸死9人,炸伤129人,炸毁房屋354间。该厂保管员郑某某被处以死刑。

6月18日　凌晨3时许,安徽省运输二车队驾驶员吴某某驾驶一辆载重汽车途经蚌埠路时,因打瞌睡,撞上停在路边修理的吉普车,致吉普车被击退34.6米,当场压死修车工人2名、重伤1人。吴某某被判刑7年。

9月13日　消防监督部门通知合肥炸药厂停止试验使用机器生产导火线,该厂领导置若罔闻,于翌日晚私自开机试验,因药粉撒在蒸气管道上引起炸药爆炸,当场将厂党委书记、车间主任等5人炸伤。

9月28日　合肥市公安局召开特赦大会,市属各劳改单位1561名劳改、劳教人员参加会议。会上宣布第一批特赦罪犯7人,以后又陆续特赦改恶从善罪犯134人,提前解除劳教的82人。

10月18日　秘鲁、尼加拉瓜、瑞典等国友好人士到合肥参观访问,市公安局抽调警力,加强对国际友人在肥期间的安全警卫工作。

10月28日　中共中央主席毛泽东再次到合肥视察,先后视察省委机关钢铁厂、蜀山公社、蜀山化肥厂。市公安局抽调干警完成警卫任务。

11月15日　安徽省委机关钢铁厂发生一起煤气中毒事故,高炉工段长解某某上炉顶操作时,因煤气中毒晕倒于炉缸里被烧死,卷扬工李文金等3人上前抢救,也被煤气熏倒受伤。

1960年

1月14日　合肥市公安局消防科副科长兼消防大队大队长姜树熙在执行灭火战斗中,身负重伤,抢救无效,光荣殉职。根据《中华人民共和国人民警察条例》规定,追认姜树熙为革命烈士。

2月19日　中共中央总书记邓小平、全国人大常委会副委员长彭真等一行4人到合肥视察,市公安局精心组织部署,完成警卫任务。

3月25日　合肥市商业局百货中转站仓库因火柴堆垛过高,倒塌摩擦起火,烧毁库房5间以及白糖等物资,造成经济损失9万余元。

4月25日　安徽省商业厅、稻香楼等单位存放的"六六六"熏蚊剂,因配方不合理、保管受潮,加上气候变化等原因发生自燃起火事故。5月3日,合肥矿机厂、纺织机械厂、综合化工厂和蜀山公社又发生"六六六"烟剂自燃引起的火灾,损失严重。

4月　由于实行城市公社化,合肥市划设为31个分社,市公安局随行政区划变动将14个派出所调整为31个分社公安派出所。

5月26日　合肥市公安局破获"中国人民劳动党"反革命组织,依法判处首要分子丁某有期徒刑10年,剥夺政治权利3年。

7月6日　合肥市公安局在逍遥津派出所辖区建立"帮教"小组,开展帮教试点工作。

7月26日　午夜零点03分,台湾国民党军队一架飞机飞蹿合肥市上空,散发反动传单。市公安机关组织民警收缴反动传单等工作。

10月4日 合肥地区召开易燃易爆危险品“一条龙”安全运输协作会议。

1961年

1月15日 合肥市人民武装警察支队成立。武警支队副支队长由原武警大队长张彬担任,负责业务工作,政治委员由市公安局副局长马长合兼任。

2月27日 中共合肥市人民武装警察支队委员会成立,由马长合、伍少华、李耀光、王荣、杨春恭、梁健青等7人组成。马长合任书记,伍少华任副书记。同年5月12日,由于消防、交通民警大队划归武警支队管辖,支队党委调整为由马长合、刘汉卿、伍少华、张彬、王坤、宁杰、刘国光、张世昌、朱巨卿等9人组成。马长合任书记,刘汉卿、伍少华任副书记。

3月26日 安徽省委钢铁厂第三炼铁车间22号高炉的热风拱顶裂缝跑风,在拆除维修时,引起另一座热风房的内衬震动,发生倒塌,砸死3人,砸伤8人。

5月2日 安徽省人委任命李志道为合肥市委政法部副部长兼市公安局局长。

5月3日 合肥市区遭受9级台风袭击,倒塌民房和厂房211间,损坏房屋15342间,砸死1人,砸伤25人。公安干警深入街道、工厂、农村积极组织抢救,配合有关部门做好善后工作。

6月18日 经合肥市委批准,撤销市公安局党组,成立中国共产党合肥市公安系统委员会,伊良辰任书记,李志道任副书记。原属各区委管理公安分局、派出所的行政编制、干部任免、党团关系等统一收归市公安系统党委管理。至同年8月,4个公安分局(不包括巢湖区公安分局)均设立党、团支部,配备副政治教导员(教导员由各区委分管政法的书记兼任),全市29个公安派出所陆续配备政治指导员。

7月23日 合肥市公交公司驾驶员王宗照驾驶载客70多人的客车,行至大通路至明光路弯道时,因打瞌睡,撞倒路边平板车,撞伤拉车者2人,公共汽车坠入水沟,乘客重伤14人、轻伤36人,客车损坏严重。为此,9月4日,省公安厅、交通厅联合发出通报,要求各单位广泛开展反违章活动,减少交通事故的发生。

8月3日 共青团合肥市公安系统委员会成立。由梁健青、史祝康、刘纯友、李跃先、谢月霞、张立金、张璜、杨新先、许成相等9人组成,梁健青任书记,史祝康任副书记。

8月18日 合肥市公安局在绿杨屯酒家召开全市饮食行业各门市部主任会议上,表彰该酒家万泉华等4人勇擒盗窃2万多斤粮票的案犯李某胜的事迹,并就饮食行业如何协助公安机关开展同刑事犯罪分子斗争提出具体要求。

10月23日 合肥市人委下达《政法系统编制分配表》,在编公安系统干警617人,其中市公安局机关120人、公安分局85人、各派出所222人、交警队190人。

10月25日 合肥胜利旅社发生中毒事件。上海市公安局干警73人押解已决犯千余人,于24日到达合肥,将犯人移交安徽省水利厅管教处,干警遂住胜利旅社。当日晚,水利厅管教处派员至胜利旅社招待上海干警,该处11人及旅社服务员均参加进餐。25日凌晨,发现有人中毒,上吐下泻,至中午12时,中毒者83人,其中包括上海市公安局干警73人、水利厅管教处6人、胜利旅社4人。经积极抢救均脱险,中毒原因未查明。

12月9日 经合肥市委批准成立市公安系统党委监察委员会,李志道任书记,杨守金任副书记,梁健青、刘汉卿、周延文、朱锦堂、赵玉伦、邵献斌等人任委员。

1962年

2月7日 合肥市委在逍遥津公园举行3万人游园大会,市公安局组织干警全力做好安全保卫工作。

5月17日 经合肥市委常委会研究决定,成立中共合肥市公安局党组,由徐晓东、薛侠、马长合、王向忠、杨守金、李树仁等6人组成,徐晓东任党组书记。

8月27日 合肥市公安局4个公安分局和交警、消防大队正式启用政治教导员办公室印章。

9月25日 中共合肥市委任命徐晓东为合肥市公安局局长。

1963年

1月8日 经合肥市委批准,原中共合肥市公安系统委员会改为中共合肥市公安局委员会。由徐晓东、杨守金、朱锦堂、施忠甫、王树青、杨秋政、周延文、王荣、赵玉伦、袁永德、夏怀友等11人组成,徐晓东任党委书记,杨守金任党委副书记。

1月11日 安徽农学院发生一起放射性物质被盗案,引发5人受辐射伤害事故。

2月20日 合肥市公安局抽出17名队员组成侦破小组,采取调查摸底和发动群众检举揭发相结合、专案侦查与治安控制相结合的方法,集中打击流窜犯罪活动。仅半个月,抓获流窜犯罪分子59人,破获刑事案件52起、治安案件20起。

3月2日 合肥市公安局利用内部肃反清理,查获河南省永城县逃亡的历史反革命分子刘泗元、巩杰三。刘、巩两犯在新中国成立前曾分别任国民党军队副官、保长,残害共产党员,血债累累,自1950年潜逃至合肥市安家落户。后被押回原籍惩办。

3月18日 合肥市公安局东市、西市、南市、北市4个公安分局看守所启用印章。分局看守所、拘留所两块牌子一个机构,对行政拘留人员和逮捕人犯分开关押。

4月10日 合肥市公安局召开历时2天的庆功授奖大会,表彰4个"四好"派出所、1个"四好"中队、112名"五好"民警、36名先进工作者。

5月7日 合肥化工厂警卫班2支手枪、118发子弹被盗。市公安局局长徐晓东迅即带领6名侦察员赶赴案发现场,经59个小时奋战,抓获盗枪犯边某龙等5人。

5月11日　合肥市公安局破获以夏某顺、王某鼎为首的14人盗窃贩毒集团。

5月25日　合肥市公安局破获“长江纵队”反革命集团案，刘某基、钟某国等3人被捕归案。该集团大肆进行反革命活动，网罗发展成员，以盗窃、投机倒把等犯罪手段筹集反革命活动经费，预谋搞到枪支后，把纵队拉到大别山活动。

6月11日　根据合肥市委批复同意，将北市公安分局改称为郊区公安分局，南市公安分局改称为中市公安分局。

7月31日　据统计，自1961年1月至1963年7月，全市公安系统精简机构、下放在职干警170人。

11月19日　合肥市中市公安分局看守所因值班干部麻痹大意，致使在押重大盗窃犯张某某带铐逃逸。市公安局以此为教训，切实加强看守工作。

1964年

1月14日　合肥市布置春节安全保卫工作。中共合肥市委、市人委在合肥剧场召开省、市各单位党员负责干部和保卫处、科、股会议。市委书记赵凯在会上对春节期间的安全保卫工作做了动员部署。会后，市公安机关开展以防火为中心的安全大检查，加强值班巡逻，集中整顿交通秩序等，确保春节期间全市治安秩序良好。

2月上旬　根据合肥市委“四干”会议精神，合肥市公安局抽调19名干警参加郊区12个公社开展的社会主义教育运动。先后收到“四类”分子（地主分子、富农分子、反革命分子和坏分子）坦白材料315份、检举材料71份，缴出隐藏的伪证件、田契等98件。

4月20日　合肥市人民委员会第三次会议通过《合肥市城市交通规则》，报经省人委批准公布施行，全市掀起宣传贯彻“城市交通规则”的热潮。

4月　安徽省公安厅逮捕反动“一贯道”点传师藏某国。经顺藤摸瓜，合肥市公安机关抓获散居在合肥的反动中小道首及道徒10多人，缴获反动“布袋经”1本、“菩萨”及“罗汉”6个。

7月1日　合肥市实行第二次全国人口普查，全市总人口431490人，比1953年第一次全国人口普查增长了2.8倍。

8月10日　安徽省暨合肥市各界4000人集会，声援越南人民抗美救国正义斗争。市公安局组织干警维护秩序，确保10万群众上街集会游行的安全。

9月1日　肥西县优胜、园林、井岗3个公社和十八岗等7个生产队划归合肥市郊区，其户口、治安等事项也随之移交郊区公安分局管理。

10月8日　合肥市七里站公安派出所户籍民警姚秀德家里被盗1支驳壳枪和3发子弹。市公安局立即组织警力侦查，于当晚22时50分破案，抓获盗枪犯董长胜，追回枪支弹药。

1965 年

3 月 14 日　零时,合肥美术制镜社发生大火,吞噬银光车间的 6 间房屋及设备物资,造成经济损失 1 万多元。

5 月 1 日　消防队自即日起,除干部外一律转为义务兵役制。

6 月 1 日　经国务院第 148 次全体会议批准,析寿县、定远、肥东、肥西四县部分地区设置长丰县,县政府设在水家湖。县公安局局长由副县长杨守金兼任。

6 月 23 日　根据公安部指示,为适应战备的需要,合肥市公安干警实行集体住宿。全市 22 个公安派出所,除少数女民警和患传染疾病的干警外,集体住宿干警 146 人,占派出所总人数的 81%。

6 月 28 日　市人委发出通知,对一些老街老巷改换新名。城区各公安派出所对改名的老街老巷更换门牌号,历时半年完成此项任务。1982 年 12 月 29 日,市政府决定:凡"文化大革命"中被任意改换名称的马路、街道、公园等全部恢复原名。市公安机关协助相关单位或部门,历时 8 个月完成恢复原名、制作标牌和门牌号工作。

12 月 5 日　合肥市公安局侦破伪造公章重大诈骗案。案犯徐某寿私刻部队、省计委和肥西县合巢公社公章,伪造"中央军委指示",骗取省市人委、省供销合作社批文,诈骗购买化肥 33 吨、木材 12 立方米、电动机 3 台等物资。

1966 年

1 月 28 日　上午 9 时许,合肥市公共汽车驾驶员王某某驾驶 301 号汽车途经四牌楼时,因打瞌睡,加上开快车,把车开到人行道上,撞死 1 人,撞伤 3 人。王某某被依法判刑 12 年。

2 月 25 日　安徽省经委、财办、公安厅、人事局、劳动局联合发出通知,决定撤销经济警察建制,重点要害单位由公安部队派兵警卫。

3 月 10 日　合肥市公安局召开党委扩大会议,徐晓东局长号召全体干警用整风精神学习毛主席著作和焦裕禄事迹。

4 月 10 日　奉上级指示,合肥市人民警察大队撤销。

6 月 21 ~ 22 日　合肥第十中学连续发生 17 人中毒事故,经查系吃生蛆卤猪肉引发。

8 月 24 日　合肥一些大中院校学生走上社会扫"四旧"(旧思想、旧文化、旧风俗、旧习惯)。工商界、文化教育界知名人士和"地富反坏右"分子等 203 户被抄家、揪斗;教堂、文物、古迹被砸坏损毁;查抄长短枪 44 支,以及子弹、手榴弹、雷管、匕首、指挥刀等;查抄烟土 45 两、金器 61 两、银器 150 两、银圆 2455 块、玉器 105 件、现金 2.94 万余元。1984

年,市公安局成立"落实统战政策办公室",先后清退被查抄的近4万元现金和财物。

9月13日　合肥市公安局针对少数单位动用车辆散发传单,以致很多群众和儿童拦、追车辆争抢传单,发生踩伤儿童事故情况,发出《通告》:一、建议散发传单时,一律不要使用各种机动车辆(包括公共汽车);二、在交叉路口不得散发传单;三、宣传车辆不得停放马路中间,以免影响交通;四、大家要自觉遵守和维护交通秩序,注意交通安全。

10月22日　合肥市大专院校学生开始外出串联,停课"闹革命",严重影响正常的教学秩序。

11月25日　所谓的"江淮红卫兵"上百人从淮南持枪窜到合肥。由此,全市武斗开始,社会秩序陷入混乱状态。

12月　合肥市造反派开始冲击公安机关,掀起揪斗、残害公安干警的妖风。郊区公安分局32名干警中,有8人被批斗;中市公安分局22名干警被所谓造反派揪斗,受到严重迫害。

1967年

1月27日　合肥市公安局"红色造反兵团"和"捍卫毛泽东思想总队"两个造反组织联合夺取市公安局领导权,当众宣布罢免局长徐晓东、副局长马长合的"官",收缴市公安局公章。

4月17日　合肥市公安局军管会成立,主持公安局日常工作。

7月15日　合肥市公安局机关受到严重冲击,造反派冲进市公安局办公大楼,打伤坚守工作岗位的4名干警。经过连续几天的冲击,市公安机关处于瘫痪状态。

7月25日　合肥市第四中学生杨某某和社会青年唐某某、凌某某等6人,将4名少女绑架到合肥市第六中学教师宿舍轮奸。这伙人打着造反的旗号,先后强奸、轮奸妇女6人,抢劫、盗卖公私财物2万元,打伤干部群众50多人,罪恶深重。杨、唐两犯于1968年4月28日被判处死刑,后改死缓。

1968年

4月10日　合肥市成立"文攻武卫指挥部",把专政矛头指向干部群众,实行所谓的"群众专政"。

6月20日　安徽省革委会人民保卫部从浙江省选调101名退伍战士,充实到合肥市公检法队伍。

7月22日　合肥市成立人民保卫部,下设保卫、治安、审判、民事、秘书等5个小组,改变原来的办案程序。

8月16日 合肥市公检法军管会将185名原公检法干部集中起来办学习班，称之为“革命班子”，进行“斗、批、改”。同时挑选119人，其中原公检法干部65人，从浙江省选调退伍战士54人，组成工作班子，设政工、办事、保卫、治安、民事、审判等6个组和看守所。每组由1～2名军代表任正、副组长。

9月 合肥市公检法机关实行军管。

10月21日 合肥市公检法军管会在长丰县庄墓设立104干校，将322名公检法干警组成3个连队，由12名军代表负责组织边劳动、边揭发公检法所谓的“阴暗面”。在此期间，市委分管政法工作的副书记顾浩、市政法领导小组组长徐方兴及市公检法领导干部和数十名干警，先后被以“叛徒”“特务”“走资派”等罪名，实行“群众专政”，有的还被带到附近社队进行批斗。干校于1969年8月撤销，94名干警恢复工作，38人调出政法系统，170多名干警下放农村插队落户，接受“再教育”。

12月21日 合肥市公检法军管会以办学习班形式对广大干警进行审查。是年举办各种专题学习班42期，先后被审查的干警达1942人次。大批干警蒙受不白之冤，深受其害。

1969年

2月26日 合肥消防大队改为消防连建制，并由市警备区代管。

3月4日 合肥市20万群众集会游行，抗议苏联侵犯我国领土珍宝岛，市公检法军管会组织干警加强集会游行的安全保卫工作。

6月6日 由郝一针、宋庭友、姜荣仁、杨祖东、王天昌、雍保志、汤一民等7人组成中国共产党合肥市公检法军事管制委员会核心领导小组，郝一针任组长。

6月 合肥市革委会召开治安保卫工作会议，在全市开展群众性整顿交通秩序活动。据统计，整顿前的5个月发生交通事故225起，死伤111人；7月份后的5个月发生交通事故50起，死伤68人。交通事故下降78%，死伤下降54.95%。

8月12日 合肥市人民保卫组决定将交警、消防大队缩编为中队建制。

10月23日 合肥下放知识青年陆守柱，因在公共场所呼喊反动口号被逮捕。关押期间，陆仍多次呼喊，语无伦次。其亲属反映陆有精神病史，原下放地点的群众、看守所管教干部、同号案犯也发现其精神异常，但公检法军管会没做精神病医学法律鉴定，于1970年4月21日草率将陆守柱判处死刑。该案经1980年4月复查后，撤销原判，宣告陆守柱无罪。

11月7日 合肥市革委会常委办公会议决定：将市革委会人民保卫组与市公检法军事管制委员会合并办公，实行一套班子两块牌子，统一领导；交警队由60人增至101人，消防连由90人增至140人，并要求各企事业单位尽快恢复健全保卫组织。

11月 合肥市公检法125名干警被下放到长丰县、肥东县等地插队落户。

12月2日 合肥市交警大队改为安徽省合肥市革命委员会人民保卫组交警队。

12 月 5 日　全市启用“中国人民解放军合肥市公检法军事管制委员 XX 派出所”新公章,原“合肥市公安局××派出所”公章作废,同时停止使用户口专用章。各公安分局使用各革命委员会人保组或分局公章。

1970 年

1 月 13 日　下午 16 时,合肥市郊区优胜公社鞭炮生产组因违章操作,发生爆炸,燃起冲天大火。当场炸死 1 人,炸伤 8 人,房屋及家具全被烧毁。

2 月 14 日　郝一针兼任市革委会人保组组长,宋庭友任市革委会人保组副组长。

2 月 26 日　合肥市召开 40 多万人参加的公判大会,宣判处决 16 名现行反革命和刑事犯罪分子,推动“一打三反”(打击投机倒把,反贪污盗窃、反铺张浪费、反资本主义经营)群众性运动。

4 月 4 日　合肥市革委会常委会认定所谓“中国三民党”为反革命集团案。该案系无线电一厂在“一打三反”运动中,举办学习班搞逼供、诱供造成的。公检法军管会在办案时轻信口供,以致郑某清、王某章等 14 人被长期关押。直至 1974 年 3 月,经专案复查,对原认定各被告及株连者宣告无罪。

4 月 22 日　零时,全市统一行动,进行所谓“政治大清查”,挨家挨户清查户口,影响了群众正常的生活秩序。

5 月 4 日　合肥市革委会人保组开办“法纪学习班”。法纪学习班的对象是进行盗窃、扒窃、诈骗、流氓阿飞、聚众斗殴以及投机倒把分子等,一犯再犯,屡教不改,或情节恶劣,认罪态度不好,又可以不判刑者。参加学习班的人员必须报经市革委会人保组、公检法军管会批准;法纪学习班由市文攻武卫指挥部指定专人具体组织领导。

6 月 10 日　合肥汽车修理厂修理工朱某某驾驶解放牌汽车到省体育场看体操表演,途中带 30 多人。因违章高速驾驶,遇险情惊慌失措,挤断挂钩左车厢板,致 14 人从车上摔下,重伤 4 人,轻伤 10 人。

7 月 1 日　合肥市文攻武卫指挥部及其所属组织正式移交合肥警备区和各级人民武装部统一领导,统一指挥。在治安业务上,仍由各级革委会人保组负责领导、承办。

7 月 11 日　合肥市郊区蜀山公社红星大队沈岗生产队副队长沈某某等示意社员用“滴滴涕”农药毒鱼 500 多千克,造成董铺水库水污染。

8 月 22 日　安徽省水利电力机械厂驾驶员胡某某开车载运 4 吨多重的车床到北门外分厂。当汽车驶过北门一小桥时,右车轮冲上人行道,致车倾斜颠覆,颠下的车床压死 3 名工人。

1971 年

1 月 15 日 根据安徽省革委会指示,合肥市先后组织 3900 多名工作人员,进行全市第三次人口普查。据统计,截至 1970 年 12 月 31 日,全市 104977 户 519255 人,其中男 283546 人,女 235709 人。

7 月 31 日 合肥市区发生一起恶性杀人碎尸案,凶手将死者双手、双足和头颅分别抛弃到东门官头桥下、北门大桥下和安纺印染厂附近池塘里。经查,被害人系市下放女知青王某云。此案久侦未破。

11 月 29 日 撤销合肥市文攻武卫指挥部,由新增设的治安民警队负责社会治安工作。

1972 年

3 月 6 日 经省委、市委和省军区研究决定,合肥警备区派出由参谋长尤洪欣率领的 16 人小组,接替合肥市公检法军管工作。

4 月 1 日 合肥市公检法军事管制委员会成立。

7 月 根据安徽省革委会人保组党的核心小组《关于加强公安保卫机关组织建设的请示报告》的通知精神,合肥市先后从原公检法下放和调出的干警中选调 17 名干部"归队",至年底有 47 名老公安"归队"。

8 月 16 日 合肥市革委会常委会议决定:全市各公安分局及所属派出所干警的人事、供给关系和档案,由市革委会人保组移交给各区委管理。是年底,全市移交至 4 个区委的干警达 234 人。

11 月 18 日 合肥市革委会人保组报经合肥市委批准,恢复合肥市公安局建制,局长杨祖东(军代表)。

1973 年

1 月 16 日 下午 14 时 10 分,安徽日报社卷纸仓库(原段家祠堂)发生重大火灾,烧毁房屋 30 间、新闻纸 220 吨及 20 户居民的家具财物,损失约 20 万元。

2 月 26 日 下午 18 时 30 分,合肥市公安局郊区公安分局通过蹲点守候,当场抓获自 1971 年以来冒充公安人员拦路盘查强奸犯韩某中,破获系列强奸案,消除一大社会隐患。

3 月 9 日 合肥市劳改释放犯梁某中化名“梅林”,向台湾特务机关递送情报,被市公安局查获。

3 月 合肥市公安局制定《交通执勤民警十条规定》。

4 月 11 日 合肥市文物工作者在大兴集附近抢救性发掘包拯墓。市公安局派出干警维持发掘现场秩序,确保发掘文物工作顺利进行。

7 月 21 日 经合肥市委批准,成立中国共产党合肥市革命委员会公安局委员会,由杨祖东、王向忠、杨守金、马长合、周继山、洪海云、余国保、郝子云等 9 人组成。杨祖东任书记,王向忠任副书记。

7 月 合肥市公安局在螺丝岗第一违法人员管教所基础上组建合肥市行政拘留所。

9 月 4 日 合肥市公安局破获王某聪杀害 6 岁女童案。该案犯手段极其残忍,剖腹食肝,民愤极大。

10 月 27 日 下午 16 时许,安徽省艺校司机贾某某驾驶大客车从六安回肥,途经农机三厂附近时,违章强行超车,将同方向行驶的 1 辆拖拉机挂翻,滚入水沟,造成 3 人死亡、1 人受伤的重大交通事故。

12 月 4 日 合肥市公安局破获“三宝道”复辟案。该道于 1957 年被取缔,不久死灰复燃。以王某艮、郑某忠等 4 人为首的骨干分子暗中继续进行复辟活动,先后拉入旧道徒 53 人,发展新道徒 60 人,主要活动于郊区蜀山、优胜、三十岗、曙光、杏花等公社。

1974 年

1 月 10 日 中共中央政治局委员、国务院副总理陈永贵一行 5 人到合肥视察。市公安局组织警卫安全工作。

1 月 15 日 在省体育场召开 10 万人公判大会,对 17 名刑事罪犯进行公开判决。

3 月 1 日 根据安徽省委《关于撤销公检法军管会(组)通知》,军代表杨祖东留任市公安局局长。

3 月 7 日 市公安局交警大队首次对全市 7.9 万辆自行车打码编号、登记立卡、发放证件。

3 月 10 日 合肥市将对 7.9 万辆自行车重新登记、打钢印,市公安局交警部门加强对自行车的管理。

6 月 3 日 安徽省建材石料场附近发生火车越轨翻车事故,经济损失 8 万多元。

6 月 5 日 晚上 19 时许,合肥被单厂锅炉发生爆炸,炸倒一堵墙,砸伤 2 人,经济损失 2.5 万元。

7 月 17 日 也门民主人民共和国足球队到肥访问,比赛期间,市公安局担任安全保卫工作。

9 月 30 日 下午 14 时许,一列由合肥北站驶向南七里站方向的满载煤炭的火车,行至十里庙地段时,有 8 节车厢翻倒,其中 4 节车厢报废,损失折款 20 多万元。后经调查,系扳道岔失误,造成翻车。

10 月 22 日　合肥市委召开合肥市青少年教育工作会议,市公安局领导就加强青少年法制教育工作交流经验。

12 月 3 日　12 时 25 分,合肥火车站一名职工家的小孩爬上一节装载火柴的车厢,偷拿火柴摩擦起火,报废 1 车皮火柴,经济损失 1.1 万元。

12 月 7 日　合肥市委决定撤销市、县、区革委会人保组。

1975 年

1 月 21 日　合肥市委任命王向忠为合肥市公安局局长。

1 月 24 日　合肥市公安局召开总结授奖大会,对全市公安系统 8 个先进集体和 176 名先进工作者进行表彰奖励。

3 月 3 日　合肥五金交化公司仓库保管员赵某元喜新厌旧,将妻子王某某按在水缸里溺亡。此案及时侦破。

3 月 20 日　合肥市公安局会同民兵指挥部、市机械局进行"三位一体"(即民兵、治安、消防三个主体单位一同执法)试点,接着在全市范围内推广。是年 9 月,全市 371 个基层单位保卫组织和 943 个治保会被取消。

5 月 7 日　当晚,合肥郊区供销社仓库保管员施某宪在仓库操作不当,以致电线短路引起火灾,烧毁房屋 3 间以及库内的针棉织品,损失折款 2.2 万余元。

5 月 10 日　合肥市委常委张思靖出任市公安局党委书记。

5 月 26 日　赤道几内亚"马拉博"足球队到合肥访问,市公安局精心组织外宾参观和承担比赛场地的安全保卫工作。

6 月 17 日　合肥市公安局侦破合肥木材公司保卫干部王某桂强奸其侄女杀人灭口案件。

7 月 10 日　合肥市公安局发出《关于登记换发猎枪持枪证的通知》要求:凡单位和个人持有的猎枪、小口径步枪、气枪,应向公安机关申请登记、领取持枪证,并严令禁止在市区内射击。

8 月 7 日　合肥市中市区向阳街道同春巷居委会建立"向阳院",该民间组织在丰富群众文化生活和青少年法制教育中发挥一定的积极作用,被市公安局联合有关部门在全市推广。

9 月 15 日　合肥市革命委员会公安局更名为"合肥市公安局"。

11 月 17 日　安徽省革委会、省军区发出《关于县、市中队交由公安机关建制领导问题的通知》。原合肥市五中队组建为人民武装警察合肥市中队,有干部、战士 76 人。武器装备、文件档案以及逮捕、看押犯人的任务等同时移交。从 1976 年 1 月 1 日起,武警中队由市公安局建制领导和供应物资经费。

11 月 24 日　晚上 21 时许,合肥帆布厂警卫班长丁某美在偷放油箱汽油时,用打火机照明,引起汽油爆燃,引发大火。丁某美欲逃脱罪责,既不报警,又不扑救,悄然离开火场,但最终还是逃脱不了法律制裁。

1976 年

1 月 8 日 周恩来总理逝世,合肥市区群众自发举行追悼会。市公安局增加警力上岗指挥交通,维护交通畅通,公共场所秩序井然。

1 月 18 日 安徽省军区教导大队军械库发生 9 支五四式手枪、40 发五六式步枪子弹、4 只枪套、1 架望远镜被盗重大案件。市公安局协同相关部门于 2 月 3 日破案,系弗某成等 3 名 13~15 岁未成年人作案,被盗枪支弹药等物品如数追回。

3 月 6 日 合肥市公安局副局长马金良兼任市革委会整顿铁路车站秩序办公室主任。

3 月 16 日 上午,合肥市杏花村豆腐店试烧新安装的锅炉时发生爆炸,造成 1 死 3 伤。

3 月 合肥肉联厂、皮革厂等企业连续发生哄抢物资事件,市公安局和肥东县公安局对参与哄抢的社员群众进行爱厂护厂教育和调查处理。

4 月 16 日 凌晨 2 时许,合肥江淮化肥厂碳化车间汽柜发生毒气池泄漏事故,3 人中毒身亡。

6 月 10 日 根据合肥市委 16 号文件关于“各区公安分局(派出所)实行条块结合,以主管局领导为主”的精神,各公安分局(派出所)干警的党团关系仍由区委领导,330 名干警的行政关系及档案资料在月底前移交市公安局管理。

8 月 2 日 根据安徽省革委会批转省公安局《关于加强户口管理的报告》精神,市公安局决定对户口迁入实行分级审批的办法,严格控制城乡吃商品粮人口的增长,限制农村迁往城市、集镇以及从集镇迁往城市。

9 月 18 日 全市百万军民举行吊唁仪式,深切哀悼毛泽东主席逝世。市公安局组织干警全力以赴地做好安全保卫工作。

10 月 23 日 安徽省暨合肥市 30 万群众在省体育馆集会,随后游行庆祝党中央粉碎“江青反革命集团”。全市公安干警参加集会,并负责此次活动的安全保卫工作。

12 月 合肥市首建收容审查所,主要对有流窜作案嫌疑的或有犯罪行为不讲真实姓名、住址、来历不明的人采取收容审查。

1977 年

1 月 7 日 中国科技大学一系 321 机房当班电工丁某将取暖的控制柜的空调机电闸

打开,但未打开送风开关,后又擅离职守,致使空调机45千瓦电炉丝长时间积热不散,引起空调机和送风管的保温层着火,烧毁机房空调机一套及仪器、设备、图书杂志等,经济损失43.6万余元。

2月26日　首犯张某纠集聂某徽等12人,携带刺刀、匕首等凶器在亳州路蓄意寻衅滋事,刺死1人、重伤2人、轻伤1人,案发不到2小时就被市公安局全部抓获。另查明,聂某徽于2月22日、24日两晚在亳州路抢劫打人,多次玩弄妇女。

4月初　经合肥市委第12次常委会议研究决定:撤销市民兵指挥部,成立合肥市公安治安民警队。

4月20日　合肥市公安局开展以整顿铁路沿线治安秩序为重点,全面整顿社会治安秩序统一行动。在全市范围内,先后清查铁路沿线结合部、重点单位500多处(个),破获反革命案件4起、刑事案件190起,其中重大刑事案件20起,查获各类违法犯罪分子372人,缴获赃款11634元、赃物折款10143元,收缴子弹22发、匕首等各种凶器18件。

5月20日　合肥市郊区永青公社林店大队十里头生产队发生一起报复案,凶手将生产队长钱传仓的2个男孩(一个10岁,一个8岁)推入水中淹死。案发不到24小时,案犯沈某新、沈某保等人被捉拿归案。

5月29日　中午11时20分,长丰县双墩公社建华大队社员郑某某驾驶乘坐12人的拖拉机,行至合肥铝厂西铁路交叉口时,与火车抢道相撞,致死4人、伤7人。

6月17日　合肥市公安局在长丰县召开为期6天的整顿合肥地区铁路秩序现场会,传达省铁路沿线警卫工作现场会精神,部署合肥地区铁路路线警卫工作,组织与会的合肥地区铁路沿线县(区)分管书记、公社书记、公安保卫干部等80人到固镇县参观学习路社联防经验。

8月25日　晚上22时许,合钢机务二站因调度员焦某某扳错道岔,致使885机车与661机车相撞,4节车厢被撞毁,经济损失约10万元。

10月7日　合肥市革委会决定,在市周边主要干道合安公路、合六公路、合浦公路、合裕公路和合寿公路,设立南七里站、十里村站、东七里站、肉联厂、舒大郢等5个卡口,分别从市公安局抽调5人、交通局抽调20人,组建5个车辆检查站。

1978年

3月6日　合肥市20万人游行庆祝全国五届人大胜利闭幕,市公安局组织民警担任庆祝会场和游行路线安全保卫工作。

7月6日　市公安局一举摧毁以赵永松为首的7人轮奸团伙。

7月18日　合肥农药厂食堂红烧排骨时,放入超过正常用量几十倍的亚硝酸钠,致使75人食物中毒,其中1人抢救无效死亡。市公安局严肃处理事故直接责任者炊事员胡某某等3人。同日,郊区社员黄某某、胡某某使用干硝加工排骨售卖,致使4人中毒,其中1人死亡。

9月18日 11时,长丰县境内代集车站火车撞死耕牛,社员打伤乘务人员,造成停车4小时。

10月3日 23时40分,合肥市逍遥津公园的棕熊跑出来"闹事",造成该园一片混乱。次日零时40分,棕熊被武装民警击毙。

11月23日 7时许,合肥无线电二厂驾驶员吴某,驾驶本厂跃进牌汽车(装载核定1吨半)载着郊区向阳公社劳动服务中队40余人前往工地。当驶至屯溪路口时,因超载拥挤,致车厢右挡板后挂钩折断,车上20余人摔下,造成轻、重伤20人的重大事故。

12月27日 合肥市郊区义兴公社建筑队工人擅自在安纺二厂简易筒管仓库旁烤火,烧着用油毛毡搭盖的仓库,烧毁房屋7间,各种筒管纱绽99.3万只,总计折款8.7万余元。

1979年

2月5日 根据中共中央1月11日做出的关于地主、富农分子"摘帽"问题的决定,合肥市100多名"地富反坏"分子被"摘掉帽子"。

4月2日 经安徽省、合肥市编委研究决定,给市公安局增加编制6名,在省信访接待站设立治安民警值班室,负责有关信访接待的治安保卫工作。

5月20日 凌晨3时40分,阜阳地区运输公司一辆解放牌带挂汽车,装载37头黄牛,并乘坐11人,途经合肥市延安路与徽州路交口时,因司机疲劳驾驶打瞌睡,致使汽车撞上马路中心的交通指挥台翻车,造成压死4人、伤3人、压死耕牛5头的恶性交通事故。

7月1日 下午15时50分,合肥化工厂电解车间氯气管道接头处年久失修,腐朽断裂,泄漏氯气,致使附近43人中毒,后经抢救脱险。

7月13日 根据安徽省编委(79)62号文件,省直机关及在肥大专院校内部发生的政治和刑事、治安案件划归合肥市政法部门办理。省公安局拨给市公安局10名行政编制。

7月23日 合肥市公安局召开合钢地区打击刑事犯罪分子大会,公开宣布处理23名犯罪分子。市革委会主任魏安民、副主任伊良辰和省公安局副局长王涛参加会议。会后,安徽省市公安局抽出17名干警组成工作组,协助合钢保卫处整顿内部治安秩序。

11月24日 下午,合肥市郊区优胜公社阮某某、方某某等8人,在董铺水库乘坐一条旧小船去对岸。当行至水库中心发现船底漏水,方某某在排除积水时不慎落水,惊慌中造成翻船,8人全部落水,淹死5人。

12月15日 合肥市成立劳动教养管理委员会,由伊良辰、李志道、王学芝、杨静、周延文等5人组成。

是年 市公安局在三孝口等10处主要交叉路口,首次采用周期信号自动指挥机,实行信号灯指挥。

1980 年

1 月 14 日 合肥市公安局召开表彰大会,有 26 名治保成员受到表彰。

1 月 26 日 合肥市委召开城乡治安会议,全市各单位负责人和保卫干部 1300 多人出席。市委、市革委会整顿治安领导小组负责人赵平、伊良辰出席会议并讲话,要求各级党组织把整顿治安列入重要议事日程,恢复健全居委会、治保会、调解会等群众性自治组织,加强城乡社会治安工作。

1 月 合肥市人民政府劳动教养管理委员会成立,主要负责全市劳教审批工作。日常工作由市公安局承办。

2 月 27 日 合肥市委批准,李志道任中共合肥市公安局委员会书记。

4 月 26 日 合肥市公安局成立纪律检查委员会,简称“市公安局纪委”,由冯水晶、魏树青、胡先华、钱振、徐乐新、黄广德、魏剑峰、赵锡祯、沈维纲等 9 人组成。冯水晶任市公安局纪委书记,魏树青任市公安局纪委副书记。

5 月 7 日 经合肥市长办公会议研究决定:成立治安执法民警队,编制 30 人,由市公安局领导与城管会合署办公。

10 月 16 日 下午 13 时,合肥市电信局司机杨某某驾驶一辆货运汽车送单位 15 名职工、家属去看电影。当行至柴油机厂附近时,杨某某强行超车,恰遇迎面驶来一辆解放牌汽车,杨某某紧急避让,造成翻车事故,压死 3 人,伤 6 人。

11 月 13 日 全国农机产品展览会在合肥召开,市公安局安排各警种 150 人担任安全保卫工作。

12 月 3 日 合肥市公安局廻龙桥派出所破获待业青年魏某某、张某等纠合性盗窃自行车团伙案。经深挖细查,从魏某某家中查获 1 支手枪及各种子弹 57 发,并从其同伙谢某某家中缴获 2 支手枪及子弹若干。据魏某某交代查实,其曾 2 次潜入省博物馆盗窃 3 支文物手枪。

1981 年

4 月 6 日 合肥市政府发出通告,贯彻执行市人大常委会《关于加强康乐球活动管理的决定》,宣布私人康乐球盘一律停止设摊出租,已领取营业执照者,限期缴销执照。这一活动由文化宫(馆)等统一组织,涉及治安问题由公安机关处理。

4 月 15 日 合肥市委召开青少年教育工作会议,长丰县及各区、局和基层单位负责同志近千人参加大会。市委书记郑锐到会讲话,市委副书记、青少年教育领导小组组长丁之在会上传达省青少年教育工作会议精神。

6 月 16 日 午夜,合肥市拘留所的劳教审查人员朱某某、黄某某等 7 人,挖墙洞集体逃跑。抢劫犯朱某某与黄某某逃离拘留所后,泅渡南淝河,朱某某因不会游泳溺水身亡。为此,市公安局对拘留所进行整顿。

7 月 13 日 中午,合肥化工机械厂工人张某某在宿舍用煤油炉烧饭时,将装有 28 斤废煤油的铁桶往炉内倒油,接触明火轰燃。张某某于火海中丧生,几间房屋及室内物资烧成灰烬。

9 月 23 日 全国少数民族 170 人参观团到合肥参观 3 天,市公安局组织警力维护交通秩序和参观现场秩序。参观活动至 25 日结束。

11 月 16 日 中国女排获得世界冠军的电视实况转播一结束,合肥市数千群众拥到四牌楼欢呼胜利,少数不法分子趁机起哄闹事,损坏交通标志,掀翻三轮车、小轿车,打碎汽车玻璃,打伤维持秩序的 5 名干警。市公安局快速采取行动,依法拘留为首肇事者张某某、王某某,制止事态发展。

12 月 23 日 合肥市公安局、教育局联合发出《关于维护学校教学秩序的通告》,同时依法严肃处理侵入学校滋扰治安的 20 多名违法犯罪分子,保障学校正常教学秩序。

1982 年

1 月 9 日 合肥市委批准抽调 320 名民兵加强治安巡逻执勤。以郊区为例,6 个月内抓获违法犯罪分子 170 多人,破获各类案件 91 起,制止打架斗殴、流氓滋扰等 83 起。上半年郊区刑事案件比 1981 年同期下降 44.8%,其中重大案件发案率减少 44%。

1 月 15 日 合肥市政府决定,合肥军分区从 50 多个工厂企业抽调 170 多名民兵,配合公安机关治安执勤。仅 1 月份就先后制止聚众斗殴等违法犯罪 20 多起,抓获现行违法犯罪分子 40 多人。

4 月 20 日 合肥市委、市政府召开会议,布置合肥市第三次人口普查工作。据这次人口普查统计,合肥市人口总数 821812 人,其中男性 440242 人,女性 381570 人。

7 月 合肥市政府成立合肥火车北站治安办公室,负责整治该站治安混乱问题。

10 月 25 日 中共中央总书记胡耀邦和胡启立、乔石等中央领导到合肥视察,视察活动 29 日结束。在安徽省委、合肥市委和省公安厅统一部署下,市公安局组织 200 多名干警完成警卫任务。

12 月 21 日 合肥市委、市人大常委会、市政府、市政协负责人分别带领 5 个检查组,分别到县区、局和部分工厂、街道、学校等基层单位,检查社会治安综合治理情况,帮助研究落实整改措施。

1983 年

1 月 4 日 公安部部长赵苍璧到合肥市庙街 18 号居民大院和安庆路街道少年文化补习班视察。

1 月 24 日 针对合肥地区和某些单位赌博成风,严重影响生产、危害社会秩序等现状,市公安局发出《关于严禁赌博的紧急通告》。

2 月 5 日 合肥市公安局组建 31 人的骆岗机场消防中队,配备指挥车 1 辆、灭油车 2 辆、灭火车 2 辆及营房等配套设施。该中队除消防职能外,还担负反劫机任务。

2 月 合肥市公安局组织 800 多名公安干警走上街头,并分别至中菜市、双岗、南七等农贸市场宣传国务院发布的《城乡集市贸易管理办法》,维护市区农贸市场公共秩序。

3 月 20 日 上午,合肥郊区杏花礼花工艺厂鞭炮装药房由于工人违章操作发生爆炸,当场炸死 1 人、炸伤 2 人,两间装药房全部炸毁。

3 月 26 日 合肥市公安局被中共合肥市委确定为 3 个整党试点单位之一。

4 月 22 日 合肥市委、市政府有关领导分别带领以市公安局为主体的 4 个防火组,对 70 多个重点单位进行防火安全大检查,重点检查防火组织、防火制度、消防设备、安全措施落实情况。

5 月 27 日 公安部下发《关于抓紧接管部分城市车辆管理准备工作的通知》,合肥市公安局成立车辆管理所,对内属交警大队股级编制,6 月 1 日正式办公。

6 月 13 日 合肥市公交公司 1 路车驾驶员查某某,随便同意将公共汽车让给一名实习驾驶员赵某某驾驶。早上 7 时许,当车驶至机研所站南 100 米处,一位精神不正常的老年妇女在赵的头上划了一下,赵某某处置不当,致使车辆撞倒同方向骑自行车的元件九厂女工姚某某等 3 人,还撞倒 2 棵大树。姚某某当场死亡,2 人受伤,轧坏 3 部自行车。

6 月 17 日 安徽省人民政府决定,从 7 月 1 日起,将巢湖行署所属的肥东县和六安行署所属的肥西县划归合肥市领导。肥东县、肥西县的公安机关随之移交合肥市公安局管辖。

6 月 中国人民武装警察部队合肥市支队成立,为正团级单位,驻合肥市公安局。支队设司令部、政治处、后勤部、消防科,下辖 8 个中队。

8 月 7 日 上午,安徽省石油化工机械厂武装干部陈某某的一支五四式手枪,被其从农村来探亲的儿子陈某盗走。当陈某在逍遥津公园持枪与一位学外语的学生胡搅蛮缠时,被省公安厅一处干部董晓春发现,并报告公园派出所,当场收缴枪支和 7 发子弹。

8 月 22 日 合肥市委批准:王贞铨任市公安局局长、党委书记,张西觉任市公安局副局长、党委副书记,张士峰、周延文、叶家瑞任市公安局副局长、党委委员,合肥市武警支队政委陈宏兼任市公安局党委委员。

合肥市严厉打击刑事犯斗争第一仗拉开战幕。据 12 月 31 日统计,全市(不含长丰、肥东、肥西三县)“严打”第一战役第一仗抓获犯罪分子 2148 人,其中收容审查 253 人,刑事拘留4人，逮捕1143人，劳动教养847人。

9月26日　合肥市九届人大常委会举行第二次会议，听取和审议市公安局《关于严厉打击刑事犯罪活动，促进社会治安好转》的汇报，一致通过《关于深入开展严惩严重危害社会治安的犯罪分子斗争的决议》。

10月5日　当晚，合肥酒厂蒸馏工段操作工李某某、魏某在当班时玩忽职守，以致排泄口渗漏酒精。凌晨3时许，发酵工段操作工何某某擅离岗位跑到三楼酵母房睡觉，被人叫醒后，违章吸烟，把未熄火的火柴扔到溢出的酒精液上，引起隐燃，并很快燃遍蒸馏塔四层楼房。这次火灾造成直接损失1.94万元，死亡1人。

10月26日　中国人民武装警察部队合肥市支队召开成立大会，市委常委、副市长崔宗均宣读省武警总队的决定：任命冯斌为合肥市支队长，市公安局党委书记、局长王贞铨兼任支队第一政治委员，陈宏谦任支队政治委员，方法任支队副支队长，王炳鑫、周继山任支队副政治委员。

12月20日　合肥市开展维护妇女儿童合法权益法制宣传月活动。主要是加强维护妇女儿童合法权益的法制教育，集中打击拐卖、残害妇女儿童的犯罪活动，制止溺弃女婴和虐待生女孩母亲的行为，惩治暴力抢婚、逼婚的违法犯罪分子，取缔伤风败俗现象等。

1984年

1月1日　合肥市"刑事犯罪罪证展览"开始展出。省委副书记袁振、省政法委书记程光华、市委书记郑锐、市委副书记丁之等人参观展览。袁振为展览题写"法网恢恢"4个字。展览分4个部分，以图表、照片和文字说明为主，同时展出部分赃物、凶器等犯罪证据。市内展览至25日结束，接着在肥东、肥西、长丰进行巡回展览，50多万群众受到法制教育。

1月21日　合肥市公安局进行"严打"第一战役第二仗，打击重点是隐藏较深的犯罪分子和"第一网"漏网人犯。5月底，全市"第二网"共收捕1089名刑事犯罪分子，其中逮捕807人，劳教191人，刑事拘留2人，收容审查99人。

2月7日　合肥市举办庐州灯会，每天有数万人到6个点观灯。市公安局派出200名干警和数百名治安纠察队员维持秩序。

3月16日　市公安局破获一起特大监守自盗案件。主犯是和平路纺织品仓库保管员，其盗窃各种成品布500多件，价值400多万元。

4月1日　《合肥市城市道路交通管理办法》正式实施，4月份开展交通"法规宣传月"活动。

6月12日　合肥市连降大暴雨，城乡一些低洼地区受涝。市公安局党委召开紧急会议部署防汛抗洪工作。

6月25日　合肥市公安局集中开展第一战役第三仗。7月底，全市"第三网"共收捕694名刑事犯罪分子，其中逮捕328人，劳教150人，刑事拘留1人，收容审查215人。

8月2日 合肥市公安局在全市开展“严打”第二战役第一仗。至年底,共收捕刑事犯罪分子1535人,其中抓获流窜犯288人,逮捕238人,刑事拘留42人,后转捕39人,劳教28人,收容审查900人。

8月22日 安徽省司法、公安部门将一批严重危害社会治安的犯罪分子押送西北地区劳动改造,合肥地区共押送走82人。

9月19日 公安部发出通报,授予郊区公安分局大兴派出所“全国公安战线文明单位”称号。1980年以来,该所多次被省、市评为先进集体和文明单位,省公安厅授予该所二等功1次、三等功2次。

10月27日 安徽省政府在江淮大戏院召开大会,表彰圆满完成庆祝建国35周年群众集会等系列活动安全保卫任务的合肥市公安干警。省、市和有关单位领导及1000名公安干警参加会议,副省长侯永宣读安徽省人民政府嘉奖令。省委政法委书记程光华,合肥市市长张大为,省公安厅厅长、武警总队政委张锡到会讲话。

10月30日 在全省公安系统射击比赛中,市公安局代表队魏江才以516环的成绩获得半自动步枪卧、跪、立100米无依托项目冠军,三牌楼派出所民警张淑莲以175环获得五四式手枪50米项目女子亚军。

12月10日 下午,合肥市委在江淮大戏院召开合肥地区党员负责干部大会,市委书记郑锐,副书记张大为、钟咏三出席会议,强调把“法制宣传月”引向深入。

1985年

1月9日 安徽省体委一个军械仓库6支报废小口径手枪被盗。市公安局成立40人专案组开展侦查工作,于6月5日告破。

1月24日 合肥市公安局统一行动,打响“严打”第二战役第二仗,对抓获的72名案犯宣布依法逮捕,鼓舞群众,震慑犯罪。

2月11日 合肥市委、市政府决定,从即日起至28日开展“交通宣传周”活动。交警大队参与其中,在长江路设立隔离桩,出动宣传车巡回宣传等。

2月28日 经合肥市公安局党委研究决定:由魏树青、英昌厚、魏剑峰、赵锡祯、黄玉民、汪学明、张学法等7人组成中共合肥市公安局纪律检查委员会,魏树青任书记,英昌厚任副书记。

3月7日 全市统一行动查禁赌博,出动干警515人,干部、治安积极分子1691人,抓赌221场,缴获各类赌具234副,收缴赌资8823.04元,抓获参加赌博者1064人。

3月19日 合肥市公安局党委扩大会议召开,武警支队,各分局正、副局长,机关各处室、委、队、科、所的负责人80多人参加会议,历时4天。会议传达全国、省政法委工作会议和公安工作会议精神;局长王贞铨部署1985年工作,提出具体要求。

3月23日 合肥市胜利商场三楼商品仓库突然起火,烧毁房屋建筑面积339平方米、电冰箱13台、远红外线电烘箱1台及其他大量商品,损失折款8.3万元。

3月27~31日 联邦德国下萨克森州州长率领州政府代表团一行40人到合肥访问，参观安徽纺织厂、安徽拖拉机厂、体校、艺校、安徽大学、常青乡，并到农民家庭进行访问。与此同时，日本久留米市少年合唱团和芬兰市代表团在合肥参观访问。市公安局组织干警担任安全保卫工作。

4月20日 入春以来，合肥市连续发生偷剪倒卖龙柏树枝头案件33起，给国家造成直接经济损失数万元。市公安局采取措施对28名破坏绿化、盗卖龙柏树枝头的犯罪分子及时依法逮捕、收审和治安处罚。

5月11日 以市长近见敏之为团长的日本久留米市友好代表团一行8人和久原忠夫为团长的日本友协访华代表团一行45人，到合肥进行为期两天的访问。市公安局组织干警完成安全保卫任务。

5月27日 鉴于1980年11月1日建立的合肥市精神病医学法律鉴定小组成员变动大，经公安、检察、法院、卫生局、市精神病医院协商，决定调整合肥市精神病医学法律鉴定小组成员。市公安局副局长周延文和卫生局副局长戴光强任正、副组长；鉴定小组办公室设在市公安局五处，市公安局五处处长任办公室主任；市精神病医院副主任医师陈弘道为顾问；由12人组成医学鉴定小组，负责精神病医学鉴定。

6月28日 为落实"从严治警"要求，减少违法乱纪，树立人民警察良好形象，经合肥市公安局党委研究决定，印发《关于树立人民警察高大形象，防止产生不正之风十条规定的通知》，要求全体干警严格遵照执行。

7月4日 19时半，在肥西县境内南三十岗处，武汉汽车运输公司一辆解放牌货车与一辆江苏省39-60939牌照的跃进货车交会时相撞起火爆炸，2人当场丧生，2人受伤，2辆汽车烧毁，损失严重。

8月2日 安徽纺织厂工会干部刘某宝拐骗本厂托儿所女保育员携枪外逃。同月13日10时，该犯在四川省达县市被当地公安机关抓获，当场缴获手枪、小口径步枪各1支，子弹900多发以及雷管、炸药、导火索、匕首等凶器和爆炸危险品。

8月26日 经合肥市委研究同意，成立合肥市城市管理监察大队，为局属科级单位，编制50人(含原执法队编制30人，经费由城市维护费列支)，该大队隶属合肥市城市管理委员会办公室领导，业务上受市公安局指导。

8月29日 合肥市郊区红旗派出所根据外地协查通报，张网以待，江苏六合县大顺乡通缉在逃的抢劫杀人犯二男一女刚窜到合肥即被抓获。

11月2日 公安部副部长席国光等领导到合肥市公安局召开座谈会，研究"严打"前后治安状况的变化、当前突出的问题以及怎样打好第三战役等。

12月19日 全国人大常委会委员长彭真到合肥视察，至23日结束，市公安局周密部署、完成警卫任务。

1986 年

1 月 15 日　合肥市公安局对全市 21789 个基层治保组织的 66552 名治保成员进行整训。截至 12 月 10 日,据工作实践检验,治保组织发挥作用的占 37%,一般化的占 56%,基本上不起作用的占 7%。

1 月 18 日　合肥市公安局会同市工商行政管理局、城市管理委员会联合下发《关于切实加强春节期间烟花爆竹安全管理的通知》,严禁非法生产、销售拉炮、摔炮、砸炮、发令纸等危险物品,严禁个人贩运、无证经营烟花爆竹,严禁在交通主干道和人群集中地段摆摊设点。

3 月　合肥市公安局集中警力整治公交治安秩序,开展反扒攻势,抓获 184 名扒窃分子。11 月共开展 8 次行动,抓获扒窃分子 145 名,首仗 1 天即抓获 34 人。

4 月 20 日　合肥市公安局开展"严打"第三战役第一仗,历时 70 天。破获现行、积案、隐形刑事案件 1104 起,其中重特大刑事案件 25 起;抓获 766 人,其中逮捕 298 人,劳教 101 人,收审 275 人;挖出犯罪团伙 120 个,瓦解成员 554 人。

6 月 1 日　合肥市公安局发布《关于严厉打击盗窃犯罪活动的通告》。

6 月 5 日　中共中央书记处书记邓力群到合肥视察,市公安局安排警力担任警卫工作。

8 月 14 日　中华人民共和国副主席王震到合肥视察,市公安局安排警力完成警卫任务。

9 月 1 日　合肥市公安局开展"严打"第三战役第二仗,历时 30 天。收捕各类违法犯罪分子 260 人,其中逮捕 132 人,劳教 47 人,收审、羁押 81 人;摧毁各种犯罪团伙 13 个,瓦解成员 60 人。

10 月 26 日　国务院副总理万里到合肥视察,市公安局安排警力担任警卫任务。

11 月 12 日　合肥市公安局经过深挖调查,查获 4 起传播、复制淫秽录像案,涉及 80 多人,收审 9 人、拘留 2 人。

11 月 18 日　经合肥市人民政府批准,市公安局发布《关于烟花爆竹实行安全管理的通告》

11 月 29 日　中共中央书记处书记万里到合肥视察,市公安局安排警力担任警卫工作。

12 月 11 日　全国人大常委会副委员长陈丕显到合肥视察,市公安局安排警力担任警卫工作。

1987 年

1 月 6 日 合肥市第九届人民代表大会常务委员会第 24 次会议通过《合肥市关于游行示威的暂行规定》。从此,市公安机关对游行示威的管理有法可依。

2 月 19 日 合肥市发生公共汽车售票员陆忠被杀案件,市公安局奋战三昼夜,将杀害陆忠的 17 名罪犯一网打尽。

4 月 27 日 市政府批复同意,将 20 世纪 60 年代初修建的位于六安路的市公安局看守所迁至东郊螺丝岗。

5 月 15 日 国务委员谷牧到合肥视察,市公安局安排警力担任警卫任务。

5 月 21 日 合肥市搪瓷厂工人戴某、汽车公司五队售票员周某偷开市公交公司的一辆客车,行至阜阳北路市二十五中学附近,撞死两名安徽纺织厂职工后驾车逃跑,被交警支队查获归案。

8 月 7 日 哈尔滨至广州 127 次 707 航班发生图谋毁机事件,飞机傍晚在合肥骆岗机场迫降,市公安局快速有效予以处置。

9 月 21 日 国务院副总理田纪云到合肥视察,市公安局安排警力担任警卫工作。

9 月 28 日 午夜,合肥长江服装厂发生大火,烧毁砖木结构车间 74 平方米及锁边机、缝纫机、各种服装布料等,损失价值 2.15 万元。

10 月 4 日 下午,安徽大学青年教师陈礼勤乘 1 路公共汽车返校途中,发现两名歹徒对一名乘客行窃,当即上前制止,反遭歹徒殴打、刺伤。10 月 25 日,市政府授予陈礼勤“见义勇为的好市民”称号。

1988 年

2 月 28 日 经合肥市委常委会研究决定,市公安局原局长王贞铨同志任市公安局政治委员。

3 月 7 日 合肥市公安局拘役所成立,为正科级建制。

3 月 10 日 下午 15 时,合肥市公交公司 29 路 102 号公共汽车由肥西县五十里小庙返回途经小蜀山汽车站时,韩某斌、许某义、赵某成、郭某全、杨某纯、赵某保、刘某田等 7 人强行登车,寻衅滋事,市中级人民法院干部施维权见驾驶员、售票员出面制止无效,亮明身份进行劝阻,反遭这伙歹徒殴打,致使施维权闭合性颅脑外伤、胸腹部软组织挫伤。案发后,市公安局两名领导先后前往肥西县督办,对韩某斌、许某义、赵某成和郭某全进行收容审查。

3 月上旬 合肥市区少数青少年观看美国影片《霹雳舞》后一味模仿,先后在九狮桥、省博物馆附近、马鞍山路、大东门口等马路上大跳霹雳舞。跳舞人员及围观群众日趋增多,达数千人。极少数不法分子混迹其间,进行扒窃、煽动斗殴,向车辆和行人投掷石块,制造混乱,破坏公共治安和交通秩序。市公安局及时采取措施、维护治安秩序。

4月7日 合肥市公安局转变机关作风,加强基层力量,从即日起,试行局机关与基层派出所建立定向挂钩联系制。

4月28日 中午,合肥市岗集劳教所窑厂劳教人员杜某美逃跑,先后遭到其他劳教人员和管教人员殴打,下午16时50分,杜某美不治身亡。

5月6日 中共中央政治局常委、中央纪委书记乔石到合肥视察,市公安局抽调警力担任警卫工作。

5月26日 合肥市第一家永昌典当商行开业,市公安局治安管理部门将其纳入特种行业管理。

6月17日 合肥中科大校园发生1起流氓滋扰案,市公安局从接到报案到破案,仅用16个小时,查获2名案犯,还追踪查疑,破获1起劫持轮奸的恶性大案。

7月19日 合肥市精神病人收容管理所更名为"合肥市公安局安康医院",由市公安局主管,卫生部门协助。

8月14日 凌晨零时30分,废弃的长话线未清除搭到市话线铝质铁箍上,串上供电局电源线后,在铁箍处形成短路,熔断交警支队闭路电视监控系统光导纤维,造成直接经济损失5000多元。8月18日,上海822厂派3名技术人员修复。

12月15日 合肥市公安局增设大兴集、东七里塘、林店公安交通检查站;肥东、肥西、长丰3县分别增设白龙、官亭、四合公安交通检查站;肥东县原梁园检查站、撮镇检查站分别变更为肥东县八斗公安检查站、肥东县桥头集公安检查站;长丰县曹庵检查站变更为长丰县三和公安检查站。

12月31日 合肥市公安局设立合肥市公安局居民身份证制证所,为正科级建制。

1989年

1月 合肥市设立工商废旧物资市场联合管理办公室。这是全省第一个工商、公安、供销三位一体的废旧物资市场管理机构。公安机关负责该行业管理中的治安问题。

3月6日 128次列车行至长丰县水家湖时,车上一名军人被钢珠枪击中身亡。合肥市公安局历经4个多月的侦破,将凶犯张志平、李传兵查获归案。

4月15日 中共中央前任总书记胡耀邦逝世。安徽大学、中国科技大学校园出现悼念胡耀邦的标语。4月17日至6月11日,合肥市开始由一两所大学发展到安徽农学院、市教育学院、省教育学院等多所高校,由校园悼念活动逐渐发展到上街游行示威、串联静坐、阻碍交通等现象,少数不良分子混杂其间进行打、砸、抢等违法犯罪活动。自始至终,市公安局执勤干警夜以继日,坚守岗位,维护交通秩序和公共场所治安秩序。

7月22日 市政府对合肥市10万流动人口形成的"超生游击队"进行治理。市公安局对居住3天以上的非常住人口登记入册。

7月 合肥市公安局开展为期1个月的“侦破盗窃自行车案件为主”专项斗争,抓获76名盗车犯,摧毁15个盗窃自行车团伙,缴获被盗自行车407辆、摩托车8辆。

9月18日 合肥市第一货运公司三车队驾驶员张某,酒后私自驾驶本单位一辆东风半挂货车到舒城拉黄沙。当晚8时40分左右,张某驾车行至合安路肥西县界内,与市客运公司司机童某某驾驶的客车相撞,造成22人受伤、7人死亡,直接经济损失25万余元。

10月7日 全国人大常委会副委员长孙起孟到合肥视察工作,市公安局抽调警力担任警卫任务。

10月16日 中共中央政治局常委宋平到合肥视察工作,市公安局抽调警力担任警卫工作。

10月 市公安局开展为期半年的扫“六害”专项斗争。截至1990年4月,全市共查处“六害”案件1861起,打击、处理有“六害”行为的人员9995名。

12月 合肥市公安局安康医院全年收治精神病人114人(次),通过精心护理治疗,有47人病愈出院,减少了危害社会的隐患。

第一章 组织机构

组织机构的设立是一切工作的源头。1949 年 2 月 1 日,合肥市人民政府成立,2 月中旬便组建了合肥市人民政府公安局,带领全市广大公安民警为巩固合肥市新生人民政权和合肥市发展做出了不可估量的贡献。40 年间,合肥市公安局的组织机构经历了一个由小到大、不断健全壮大的历史发展过程。

第一节 清末和民国时期合肥警察机构

合肥巡警公所

清光绪三十四年(1908 年),合肥县始设巡警公所,由知县兼任所长,实行警政合一的体制,下设两个分所,分所长以警佐充之。不久即改为警务公所。

合肥警察事务所

辛亥革命后,合肥县改设警察事务所,由警务长主持,仍受县知事节制。民国 5 年(1916 年)改称合肥警察署,下设警察分驻所,并先后成立保安队、侦缉队及警士教练所等。

合肥县公安局

民国 16 年(1927 年),鉴于合肥地处要冲,人口稠密,为工商业繁盛地区,省府决定设立特别警察组织,即特种公安局。合肥县警察署改为公安局,直隶省公安局,局内设秘书、督察 2 个室,总务、行政、司法 3 个股,外部设警备队、侦缉队、巡逻队、临时卫生消防队,下设三河、梁园、长临河 3 个公安分局。

民国前期,县警察机构分为单设公安局或在县政府内设警佐室两种形式。民国 19 年(1930 年)初,安徽省公安局印发《各级公安局概况调查表》载明合肥县公安局概况:局长徐纯,督察长、巡官 5 人,警长 10 人,警士 74 人,雇员 4 人,夫役 15 人(其中清道夫 10 人,公役 5 人),另编练警察队 350 人,总共 459 人。其中警官学校毕业 3 人,警士教练所毕业 60 人。县公安局内设两科一督察室以及警察队、巡逻队、侦缉队、临时消防队;城内设东区、东外区两分驻所。县公安局装备俄国造枪 20 支、九响枪 55 支、子弹 1580 发。全局每月需经费 825 块银圆,经费主要靠商捐、屠宰税和地方附加税。合肥县公安局下设三河、长临河、梁园3个分局。分局有警官3人、警长4人、警士15人、雇员3人、夫役9人,总共34人。其中警官学校毕业3人,警士教练所毕业3人,拥有枪支6支、子弹30发。每月需经费174块银圆,经费来源为商会拨款114元,省库补助60元,余下的以屠宰附加税补充。

民国20年(1931年),为"剿共"需要,将警备队改为警察队,系武装警察队伍,编制200人。

民国21年(1932年)6月,安徽省政府第七次会议决定整顿各县警察机关,裁局为科。合肥县为全省重要县份,继续保留公安局建制,编制240名。到民国22年(1934年),合肥县官警有68人,其中官长8人、长警60人。

民国26年(1937年)年初,根据南京国民政府通令,合肥县公安局改称合肥警察所,内设总务、行政、司法、侦缉股,还有编练警察队,直到民国27年(1938年),合肥沦陷。

合肥警察局

民国34年(1945年)8月,抗日战争胜利,合肥光复。国民政府接收合肥日伪政权部分警察,以及随省政府从立煌县(现金寨县)迁来的省会警察局,经统一整编,重建合肥警察局。局内设督察处、行政科、司法科、秘书、会计室,外部设保安警察大队、侦缉队,下设2个警察分局。

省会警察局

民国35年(1946年)4月15日,合肥警察局更名为省会警察局,内部设2个科(行政科、司法科)、5个室(秘书室、人事室、会计室、训练室、统计室)、1个处(督察处),还有附属机构——省警察学会、省警察学术研究会。各科室职责:秘书室掌管全局公文;人事室掌管人事;会计室掌管全局现金、出纳;训练室掌管训练工作;行政科管警察行政,包括户籍、治安、卫生、交通等;司法科管司法、案件的审理;督察处则督察一切,包括内勤。

省会警察局下设4个警察分局。各分局主要掌管全警区警察行政事务、市区户口等。各警察分局的编制为局长1人、局员2人、训练员1人、巡官3人、办事员2人、户籍员1人、警长9人,分局下设分驻所、派出所。第一分局设在菜市附近,十字街以北为第一警区,在北门二郎庙设分驻所1处,北门四湾设1个派出所;第二分局设德胜门,廻龙桥以西为第二警区,在城隍庙设分驻所1处,洗马塘设1个派出所;第三分局设在小南门范氏祠,十字街口以南为第三警区,在范巷口设分驻所1处,慈云庵设1个派出所;第四分局设在东门崇德街,以尚武街、坝上街为第四警区,在洋桥附近设分驻所1处,白云庵设1个派出所。

省会警察局外部设保警大队(内设3个中队)以及刑警队、女警队、清道队、消防队、车警队等。保警大队掌管各中队以及驻防派遣、训练等,各中队负责警区内驻防、警卫、治安保卫,刑警队管刑事案件的侦查、逮捕处理,消防队主管城区消防工作,女警队协助各分局抽查户口以及各城门行人检查等。

民国36年(1947年)12月,根据省政府通知,省会警察局在合肥第二次招考22名女警察,均系未婚青年,受过中等以上教育,有的是省立女中毕业的女生,年龄在17~22岁。

女子警察由东南特警训练所毕业的胡伟警察任队长。女子警察经集中训练后上街值勤，平时身着黑直贡呢制服、白顶帽子，分布在车站码头、游艺场和市内交通要道，用以搜查作奸犯科之妇女，稽查“不法行为”，发挥男警难以起到的作用。

合肥县警察局

民国37年(1948年)3月，合肥县警察局成立。因合肥受省会警察局控制，合肥县警察局迁至三河镇，同时撤销原三河镇警察所。全局有局长、督察长4人，督察员、巡官各2人，警长4人，以及8个班的长警。合肥城内只有1个督察员带2个班长警，驻守县政府内听候调遣，其他员警从事乡村警察业务。

民国37年12月，省会警察局随省府南撤至安庆，合肥仅设留守处。合肥县警察局人员逃往乡间，直至1949年1月21日，合肥解放，国民党警察机构土崩瓦解。

附：汪伪时期合肥县警察局

民国27年(1938年)5月，合肥沦陷，成立县自治委员会。“自治会”设治安处。不久，设立伪合肥县政府，同时将治安处改为警察局，警额由沦陷前的60多人，扩充到170余人。是年10月，根据《各级警察编制纲要》，合肥县警察局内设的总务、行政、司法股改为课，督察股改为室，侦缉股改为队，另设警察中队，其中有8名女子警察。合肥城划为东南西北中5个区，各设警察分驻所，各城门及火车站均设立检查所，桥头集、撮镇各设分驻所。警察局直接受日本侵略军宪兵队控制。警察与宪兵、特务结成三位一体的反动势力，专门对付中国共产党和镇压民主爱国运动。

民国30年(1941年)10月，省警务处核定合肥为二等警局。根据《县警察局组织规程》，合肥县警察局内设一、二、三课，每课设课长1人，课员若干人。第一课主要掌理人事、训育、文书、印信、装械、编纂统计、会计及庶务等；第二课主要掌理侦缉、审讯、治安、交通、消防、卫生、户口调查以及司法、外事、政治警察事项；第三课主要掌理勤务、督察检查、长官特交事项等。县警察局分设撮镇、城西、城东3个警察所及7个警察分驻所、6个派出所，全局共有员警308名。

民国34年3月，合肥县警察局实行整编。全县原有19个长警班、11名巡官、3名所长以及警长、警士等，总计官警杂役263名，经过整编，留用巡官10名、所长2名以及警长警士等，总计官警杂役181名。由于伪政府腐败，警局给养困难，员警对群众敲诈勒索者甚多，尽管伪县长发布特令“严禁员警需索招摇”，但仍无济于事，群众怨声载道。是年8月，抗日战争胜利，汪伪政权警察溃散，部分被国民政府警察局收编。

第二节　抗日战争时期合肥公安机构

定合县抗日民主政府公安局

1942 年 7 月，新四军路西区党委决定撤销合肥建制，把定远县的一部分地区和合肥的青龙场、白龙场结合起来，在定远县的永宁寺建立定合县抗日民主政府。定合县的范围大致是：北起定寿公路，南到青龙场、白龙场，西临淮南铁路，东至定合公路。定合县抗日民主政府由江屏任社会科兼保安科长，保安科下设民运组、警卫组、看守所。保安科科员有杜才安、杨丽川、刘磊、雷振鸣 4 人；民运组 10 余人，主要分散各地以各种职业为掩护，从事除奸工作和搜集敌伪、社会各阶层的情况等；警卫组 10 人，主要负责县委、县政府机关的安全保卫以及侦破案件，逮捕、审讯犯人等任务；看守所配有 1 个警卫队，主要负责看守和押解犯人。

1943 年下半年，保安科改为公安局。局机关设在肖家圩，江屏为第一任公安局长，全局有一二十人。是年底，江屏调到新四军二师锄奸部工作，杜才安提任公安局长，杨丽川任副局长。公安局下设侦察股、审讯股、秘书等，公安局随县政府活动，编制 20 人，设有警卫队，负责守卫县政府、看押犯人。定合县有合五区、定六区、定十区、海青区、胡塘特区，各区均配备 1 名公安特派员。

1945 年春，撤销胡塘特区，增设合八区、下塘区，全县共 6 个区。是年底，杜才安调定远县工作，当时的巢合县合并到定合县。巢合县治安科长荚厚友调任定合县公安局长。

1946 年 6 月，中共路西地委奉命撤退到路东。定合县公安局撤到天长县、盱眙县的新铺、竹镇、张广铺等地搞锄奸工作。

1947 年下半年，北撤的部队和党政干部先后返回津浦路西。当时的定合县公安局机构不健全，只有 1 名审讯股长带着几名侦察员，由坚持敌后斗争的副教导员孙云调任定合县公安局副局长。

1949 年 5 月上旬，定合县与定远县合并，定合县公安局的干部和档案材料等移交定远县。

寿合县公安局

1942 年年底，中共寿县县委在禹店岗（今长丰县下塘区）成立寿东南办事处，办事处下设 4 个抗日游击区。大孤堆集、小孤堆集和朱家湾以北一带，以兴隆集为中心，建立一区；大孤堆、朱集以南，淮南路以西，庄墓桥以北的禹店岗、仇集、长岗、徐庙、王集等为二区；庄墓桥以南、枣林铺以北、瓦埠河以东、淮南路以西为三区；以吴山庙、高塘集为中心为四区。

1944 年春，寿东南办事处改为寿县抗日民主政府。县政府按照《关于华中民主政权锄奸工作的决议》成立公安局，明确规定公安局是抗日民主政权维持社会秩序之机关。由李声振任局长,内设侦察股、内勤股、警卫股,设有 1 个排的武装,负责传递情报,保卫县委、县政府、公安局等党政机关,以及看押犯人等。是年底,县公安局撤销。

1948 年下半年,江淮四分区干部穆维春任寿六舒合公安局局长兼游击队长。穆维春和警卫员随身带 1 部电台,跟随县长董完白率领的游击队,以白小河、严间子(定远县)、造甲店(长丰县)为活动中心,主要是侦察国民党驻淮南铁路、津浦铁路的军事活动,破坏敌人交通,配合淮海战役。是年底,穆维春奉命回部队。

1949 年 1 月,寿合县设立公安局,公安局长邹云龙。县局设 4 个课(后改为科)、1 个公安中队。公安局随县委、县政府驻王楼。是年 6 月 24 日,寿合县公安局并入寿县公安局。

巢合办事处治安科

1943 年,中共巢合庐中心县委在肥东白龙场建立巢合县委,不久改称巢合办事处。

巢合县管辖范围:巢湖以北地区。南以巢湖为界,从中庙、张家疃,沿淮南铁路到巢县附近;北从炯炀河、中埠、夏阁一直到西山驿、磨店、白龙场。共有磨店、巢二、巢三、合二、合五、肥南等 6 个区的游击根据地。

巢合办事处设治安科,下设侦察股、秘书股、审讯股。各区均由区委负责同志兼管公安保卫工作,并配有公安特派员,同时沟通新四军二师与七师之间的交通工作。巢合县委由城工部、治安科负责,开辟从青龙场经磨店、店埠、西山驿、山王集到周家疃长约 75 千米的交通线。

1945 年 10 月,巢合县委、巢合办事处并入定合县,部分人员随新四军路西军政机关北撤,少数干部留下坚持敌后斗争。

第三节　解放后合肥市公安机构

合肥市公安局

1949 年 1 月 21 日,合肥宣告和平解放。2 月 1 日,合肥市人民政府成立。2 月中旬,建立合肥市人民政府公安局,内设秘书、侦察、治安(内设交通消防队)、审讯等科室和警察训练班、公安队,下辖第一至第四公安分局。市公安局办公地点设在合肥市中心大街,即原国民党安徽省会警察局旧址(今三孝口邮电分局)。

1949 年 4 月中旬,市人民政府公安局并入皖北行署公安局,对内撤销,对外仍称合肥市人民政府公安局。3 个月后,重新恢复市人民政府公安局,同时撤销所辖的公安分局,全市改为警政合一的 9 个公安派出所。截至年底,全局有派出所以上干部 62 人、员警干杂人员 159 人,其中户籍警 62 人、交通警 60 人、卫生警 4 人、检查员 6 人、消防警 27 人;公安队有 99 人。市公安局搬迁至省博物馆大门东侧。

图 1－1　1949 年,合肥市人民政府公安局机构设置示意图

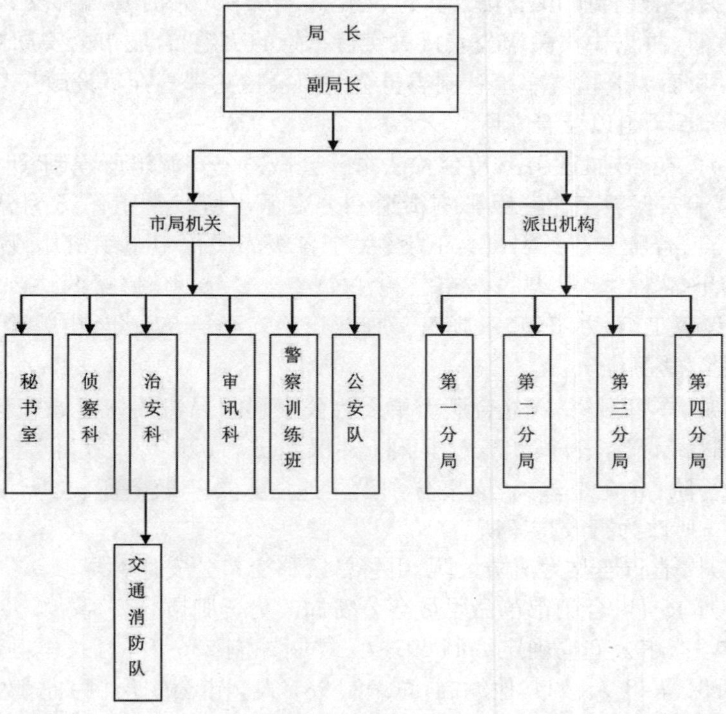

1951 年 8 月 29 日,市人民政府公安局机关设秘书科、政保科、治安科、审讯科、经济保卫科、机关保卫科、政治处,并设立警察大队,内设交警、消防 2 个中队。市人民政府公安局搬迁至后大街 456 号。1952 年 2 月,经过整顿,实有编制 342 人,其中局机关 32 人、交警队 91 人、消防队 32 人、劳教所 7 人、卫生警 10 人、检查站 16 人,14 个派出所计 155 人。

1953 年 10 月,公安机关进行整编工作,将机关保卫科与经济保卫科合并为经机保卫科;审讯科并入政保科;秘书科改为办公室;政治处改为政治协理室;保留治安科,增设户籍科;撤销警察大队,交警、消防中队直属市公安局领导;水陆检查站划归长江水上公安局巢湖分局管辖。整编后,全市干警由 394 人减少为 360 人。

1955 年 1 月,市人民政府公安局机关设政治协理室、秘书科、政保科、经保科、文保科、预审科、交警、消防队,撤销 3 个分局,市区设 10 个派出所。同年 9 月 14 日,市人民政府公安局更名为合肥市公安局,建制不变,全局 370 人,其中市公安局 145 人、市区 10 个派出所 126 人、郊区 2 人、交警 65 人、消防队(事业编制)32 人。1957 年,全局实有干警 519 人,其中局机关 160 人、交警 82 人、消防队 55 人、上圩农场 52 人,全市改设 14 个派出所 170 人。

1958 年 7 月,市公安局机关为 9 个科室建制,秘书科改为办公室,政治协理室改为政治处,相继成立消防科、交通科。

1961 年 4 月 1 日,设立合肥市武警支队,受市公安局和省武警总队双重领导。1962 年 8 月,市公安局编制总人数 752 人,其中机关 136 人、交警大队 166 人、消防大队 146 人、市区 4 个公安分局 295 人、巢湖公安分局 9 人(不久撤销)。1963 年 6 月 13 日,局机关增设第六科,刑警科改为刑警队。同时,分局刑警股改为刑警小队。

1965年6月,组建合肥市公安大队,“文化大革命”开始时整编移交市人武部管辖。1968年1月26日,根据中央关于公安机关实行军管的决定,合肥市公安局被军管,先成立市公安局军管组,后为公检法军事管制委员会。市公检法军管会下设政工、办事、保卫、治安、审判、民事等6个组以及看守所。

1969年4月,在“斗批改”中,市公检法军管会撤销公安派出所建制,干警安排到街道办公,继续从事治安保卫工作。因影响街道和公安派出所日常工作,6月,恢复原派出所建制。12月5日,合肥市革命委员会下发《关于各级人民保卫组织机构设置的通知》,决定市人民保卫组(简称“人保组”)与市公检法军管会实行一套班子两块牌子,统一领导。公检法军管会设政工组、办事组、审判组、侦破组、治安组。1972年,市公检法军管会机关增设预审组、法纪学习班。

1973年3月,军管撤销,成立合肥市革委会公安局。局机关恢复原来科室体制,设一科(政保)、二科(经保)、三科(治安)、四科(文保)、五科(预审)、六科(警卫),以及政治处、办公室、刑警队,并在螺丝岗、岗集分别设立违法人员管教一所、二所。7月20日,将违法人员管教一所改为行政拘留所。

1974年9月,消防连改为消防大队,由警备区移交市公安局领导。

1975年9月15日,合肥市革命委员会公安局改为合肥市公安局。

1976年10月,市公安局确定编制697人,控制编制236人(含长丰县消防队),岗集劳教所、拘留所保留48人,列其他编制,总编制981人。市公安局机关设政治处、办公室、一科、二科、三科、四科、五科、六科、七科、八科、外事科、铁路治安办公室,市公安局直属机构有交警大队、消防大队、武装民警中队、刑警队、治安民警队、收容审查所。

1983年年初,市公安局恢复技术科;增设经济民警大队,与二科合署办公;刑警队、治安民警队改为刑警大队、治安民警大队。同年6月,根据公安部《关于抓紧接管部分城市车辆管理准备工作的通知》精神,市公安局成立车辆管理所,对内属交警大队股级编制。7月1日,成立中国人民武装警察部队合肥支队。市公安局内部机构由科改为处的建制:设一处、外事科(与一处合署办公,一个机构两块牌子)、二处、三处、四处、五处、六处、七处、八处、办公室、调研室、政治处、纪律检查委员会。市公安局直属机构有治安警察大队、刑警大队、交警大队、铁路治安办公室。

1984年,开办省人民警察学校合肥教学班,教学班设在螺丝岗。是年底,办公地址迁移至寿春路220号市公安局新的办公大楼。

1985年,将刑警大队二队编为治安民警大队三队,刑警大队设立侦破大要案二队,并增设刑侦资料科。

1989年,市公安局机关设政治处、办公室、通讯处、调研室、劳教办公室、纪律检查委员会、安全处以及一处、二处、三处、四处、五处、六处、七处、八处、经警大队、劳动服务公司。市公安局直属单位有收容审查所、拘役所、治安民警大队、刑警大队、铁路治安办公室;交警支队内设支队、政委办公室、宣传科,交管科,下设4个中队以及车辆管理所、非机动车辆管理所;消防支队内设政秘、战训、后勤、防火5个科,下设7个中队;武警支队内设司令部、政治处、后勤处。

图 1-2　1989 年合肥市公安局机构设置示意图

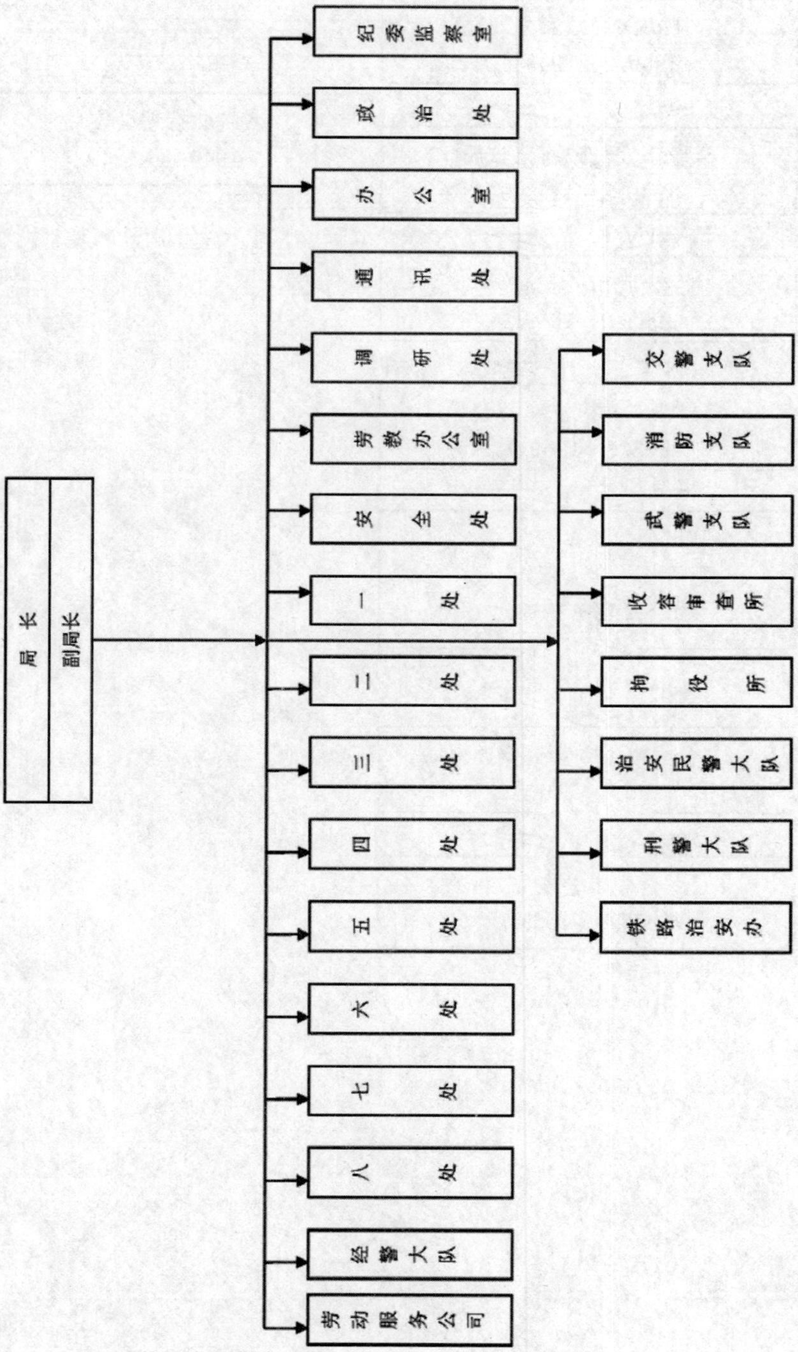

图 1 – 3　1949 年 2 月 ~ 1989 年 12 月合肥市公安局机构沿革示意图

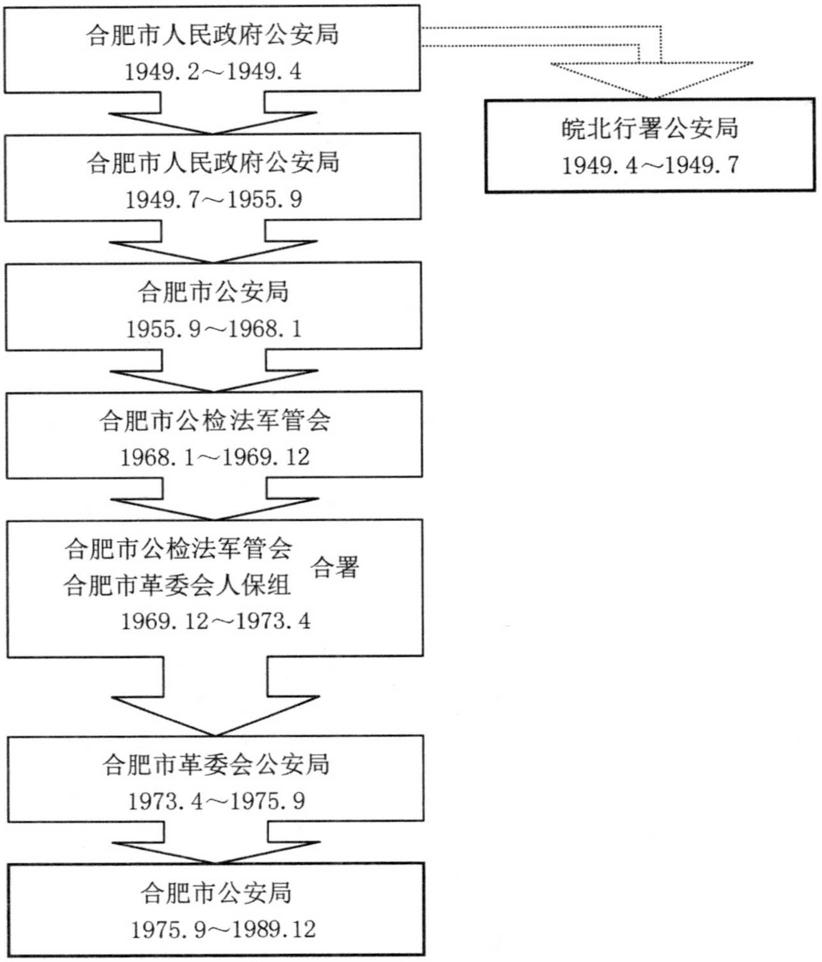

1949年2月～1989年合肥市公安局局长简表

表1－1

姓　名	性　别	籍　贯	任职时间	备　注
黄建中	男	江苏省邳县	1949.2－1953.1	市委副书记兼
顾　浩	男	江苏省南通市	1953.1～1954.11 1955.9～1956.11	副市长兼
伊良辰	男	河北省易县	1956.11～1961.5	
李志道	男	山东省沂水县	1962.1～1962.9	
徐晓东	男	江苏省宿迁县	1962.9～1968.1	
杨祖东	男	四川省	1973.3～1975.1	军代表兼
王向忠	男	河北省延庆县	1975.1～1978.2	
李志道	男	山东省沂水县	1978.2～1983.8	
王贞铨	男	安徽省歙县	1983.8～1988.2	
周延文	男	江苏省淮安县	1988.3～1990.12	

1949～1989年合肥市公安局副局长简表

表1－2

姓　名	性　别	籍　贯	任职时间	备　注
丁　伟	男	／	1949.2～1949.4	
姬玉甫	男	山东省	1949.7～1951.7	
常光华	男	山东省茌平县	1951.8～1953.12	
伊良辰	男	河北省易县	1953.8～1956.11	
李志道	男	山东省沂水县	1954.9～1961.5 1977.11～1978.2	
冯其华	男	江苏省涟水县	1954.11～1957.3	
薛　侠	男	江苏省邳县	1956.12～1963.4	
马长合	男	河南省沁阳县	1958.5～1968 1973.2～1982.4	
杨守金	男	安徽省舒城县	1961.6～1965.5 1973.2～1982.4	
刘汉卿	男	湖北省天门市	1962.1～1962.6	
王向忠	男	河北省延庆县	1962.6～1968 1973.2～1975.1	
郭德明	男	河北省通许县	1963.4～1968	
马金良	男	安徽省无为县	1973.7～1977.6	军代表兼

续表 1－2

姓　名	性　别	籍　贯	任职时间	备　注
洪海云	男	安徽省广德县	1973.9～1978.2	
梁国臣	男	山东省招远县	1975.11～1977.6	军代表
周延文	男	江苏省淮安县	1975.12～1988.3	
冯水晶	男	山西省榆社县	1978.2～1983.8	
张士峰	男	江苏省沭阳县	1978.2～1989.3	
毕可镇	男	山东省文登县	1978.2～1983.8	
陈宏谦	男	安徽省五河县	1978.2～1983.8	
王安元	男	安徽省肥东县	1981.1～1983.8	
张西觉	男	山东省峄县	1981.1～1985.12	
叶家瑞	女	四川省宜宾市	1983.8～1993.7	
王肯堂	男	安徽省合肥市	1986.5～1993	
沈成东	男	安徽省合肥市	1987.3～2002.3	
车　俊	男	安徽省巢湖市	1989.3～1990.12	
崔亚东	男	河北省蠡县	1989.4～1990.12	

中共合肥市公安局委员会

1949 年 2 月中旬，合肥市人民政府公安局成立时，只有十几名中共党员。市公安局成立临时党支部，由秘书科冯其华任支部书记，负责处理市公安局党内事务，隶属市委直属机关党总支领导。同年 7 月，成立合肥市人民政府公安局党支部，常光华任书记，丁允孝、李志道、孙仁、冯其华等 4 人任支部委员。1951 年 8 月，又改称中共合肥市人民政府公安局分总支，隶属市政府党总支领导，下设局机关、交警队等 3 个支部。1953 年 2 月，成立中共合肥市人民政府公安局总支，隶属市委领导，冯其华任总支书记，蒋锐任副书记，伊良辰、李保正、施忠甫任委员。1956 年 8 月，中共合肥市公安局总支划归市委直属机关党委领导，郝学志、蒋锐先后任书记，杨守金任副书记。

1956 年 11 月 13 日，经中共合肥市委批准，设立中共合肥市公安局党组，直接受市委领导，书记伊良辰，副书记李志道，马长合、梁建青、施忠甫、张衡 4 人为党组成员。在局机关、消防队、交警队等设立党总支。

1961 年 6 月 18 日，经合肥市委批准撤销“市公安局党组”，成立“中共合肥市公安系统委员会”，下设组织科、宣传科，伊良辰任书记，李志道任副书记。至同年 8 月，4 个公安分局(不包括巢湖区公安分局)均设立党、团支部，配备副政治教导员(教导员由各区委分管政法的书记兼任)，全市 29 个公安派出所陆续配备政治指导员。

1963 年 1 月 8 日，经合肥市委批准，将“中共合肥市公安系统委员会”改为“中共合肥市公安局委员会”。由徐晓东、杨守金、朱锦堂、施忠甫、王树青、杨秋政、周延文、王荣、赵玉伦、袁永德、夏怀友等11人组成，徐晓东任党委书记，杨守金任党委副书记。同年6月，又恢复市公安局党组，与党委并存，书记徐晓东，副书记王向忠。直至1965年8月撤销，正式成立中共合肥市公安局委员会，徐晓东任书记，马长合任副书记，王向忠、郭德明、周继山、刘文勇、王贵文、朱锦堂、李登洲、李云鸿等8人为委员（后增补四科科长刘金聚为党委委员）。市公安局党委政治处下设组干科、宣教科。

“文化大革命”期间，市公安局党组织遭受破坏。1969年6月，成立合肥市公检法军事管制委员会党的核心领导小组，后并入合肥市人保组党的核心领导小组，军代表郝一针任组长，军代表宋庭友任副组长。

1973年7月21日，经合肥市委批准，成立中国共产党合肥市革命委员会公安局委员会，由杨祖东、王向忠、杨守金、马长合、周继山、洪海云、余国保、郝子云等9人组成，杨祖东任书记，王向忠任副书记。

1975年9月15日，重新成立中共合肥市公安局委员会，张思靖任书记，王向忠任副书记。

至1989年，中共合肥市公安局委员会作为全市公安工作和公安队伍的领导核心，除班子成员因工作需要发生变动外，机构名称一直延续未变。

图1－4　1956年11月～1989年12月合肥市公安局党组织机构沿革示意图

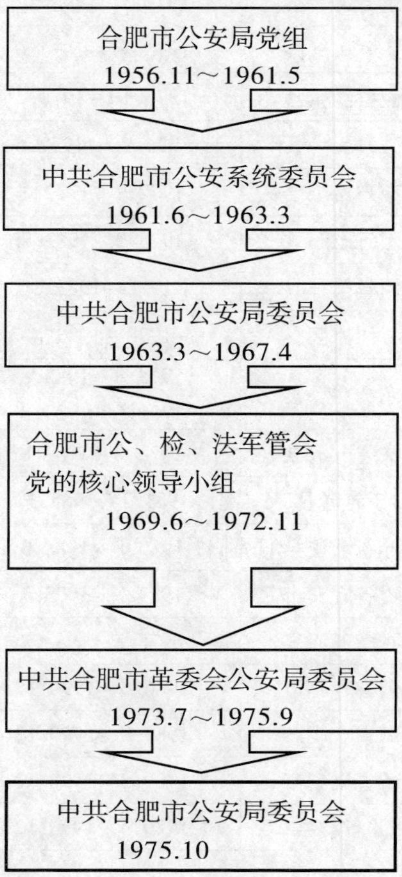

1975～1990年中共合肥市公安局委员会书记一览表

表1－3

姓　名	性　别	籍　贯	任职时间	职　务
张思靖	男	/	1975.5～1978.2	市委常委、党委书记
伊良辰	男	河北省易县	1978.2～1980.2	市委常委、党委书记
李志道	男	山东省沂水县	1980.2～1983.7	党委书记
王贞铨	男	安徽省歙县	1983.8～1988.2	党委书记
周延文	男	江苏省淮安县	1988.3～1990.12	党委书记

1975～1990年中共合肥市公安局委员会委员一览表

表1－4

姓　名	性　别	籍　贯	任职时间	职　务
王向忠	男	河北省延庆县	1975.1～1976.10	委员、党委副书记
洪海云	男	江苏省南通市	1976.10～1978.2	委员、党委副书记
李志道	男	山东省沂水县	1977.11～1980.2	委员、党委副书记
梁国臣	男	山东省招远县	1975.11～1977.6	委　员
杨守金	男	安徽省舒城县	1976.10～1978.2	委　员
马金良	男	安徽省无为县	1976.10～1977.6	委员、军代表
马长合	男	河南省沁阳县	1977.2～1982.4	委　员
王安元	男	安徽省肥东县	1978.2～1983.8	委　员
冯水金	男	山西省榆社县	1978～1983.8	委员、纪委书记
张士峰	男	江苏汴沭阳县	1978～1983.8	委员、党委副书记
毕可镇	男	山东省文登县	1978.8～1983.8 1980.5～1983.8	委员、党委副书记
陈宏谦	男	安徽省五河县	1978.8～1983.8	委　员
张西觉	男	山东省峄县	1981.1～1985.12	委员、党委副书记
周延文	男	江苏省淮安县	1983.8～1988.3	委　员
叶家瑞	女	四川省宜宾市	1983.8～1993.7	委　员
陈宏谦	男	安徽省五河县	1978.8～1983.8	委员、武警支队政委
王肯堂	男	安徽省合肥市	1986.5～1990.12	委　员
沈成东	男	安徽省合肥市	1987.3～1990.12	委　员
车　俊	男	安徽省巢湖市	1989.3～1990.12	委　员
崔亚东	男	河北省蠡县	1989.4～1990.12	委　员

合肥市公安局派出机构

中市公安分局　中市区位于合肥市区中心，东、南、西三面为环城公园，与东市、西市两区毗邻，北同郊区接壤，淝河自西向东流过全境。全区面积17平方公里，人口20.6万。全区下设10个街道办事处，对口设置10个公安派出所。

1949年2月，合肥市人民政府建立三区两镇。以城内河北至大东门及北门外大小岗为一区；自施马桥起经和平巷、孝文巷、马塘、小南门至包公祠，东至城墙及内河以南为二区。一区、二区均设公安分局。

1949年9月，根据华东军政委员会关于10万人口以下不设行政区的决定，原市辖区公安分局改为警政合一的9个公安派出所。1950年5月，全市由原来的9个公安派出所改为5个公安派出所。

1951年11月，合肥市恢复区行政建制，取消警政合一的派出所，设立中市公安分局。下辖大东门、小东门、小南门、北门、县桥5个公安派出所。

1953年4月，中市公安分局编制41人。10月，机构整编时撤销公安分局建制，全市改设10个公安派出所。

1957年4月，全市调整为13个公安派出所，中市公安分局下辖大东门、北门、和平桥、小东门、小南门派出所。

1958年10月，全市恢复4个公安分局建制。中市公安分局下辖大东门、小东门、北门、芜湖路派出所。

1960年6月，随着行政区划调整，中市区改称南市人民公社，中市公安分局更名为南市公安分局，其所辖派出所更名为三牌楼、徽州路、卫岗、前进、淝河、曙光、方桥7个派出所。1961年8月，南市公安分局及所辖派出所配备政工干部。分局配备副教导员（教导员一职由区委分管政法书记兼任），派出所配备政治指导员。分局机关设一、二、三、四、五股，编制16人。

1962年5月，根据市委、市政府整编会议精神，南市公安分局的前进派出所合并到徽州路派出所，淝河派出所合并到方桥派出所，曙光派出所合并到卫岗派出所，三牌楼派出所建制不变。是年底，北市公安分局的双岗派出所划入南市公安分局，南市公安分局的卫岗派出所划入北市公安分局。

1963年6月，南市公安分局改称“中市公安分局”。同时，撤销徽州路派出所，增设县桥、逍遥津派出所。是年，中市公安分局编制72人，其中分局机关22人，分局领导3人、政治干事1人、秘书股3人、政保股4人、治安股4人、预审股1人、刑警小队6人；三牌楼派出所9人、方桥派出所10人、逍遥津派出所10人、县桥派出所12人、双岗派出所9人。1965年，增设包河派出所，卫岗派出所回归中市公安分局。截至1966年5月，中市公安分局下辖三牌楼、方桥、逍遥津、县桥、双岗、卫岗、包河等7个派出所。

“文化大革命”初期，中市公安分局撤销三牌楼派出所，方桥、逍遥津、包河派出所分别易名为巢湖路、东风、延安路派出所。1969年12月，中市区革委会设立人保组，下设县桥、双岗、延安路、东风、巢湖路等5个派出所。1971年，恢复三牌楼派出所。

1972年10月，根据全国第十五次公安会议精神，恢复中市公安分局建制。是年底，根据市革委会会议决定,市公安局将中市公安分局及所辖6个派出所65名干警的党团关系、行政关系等移交给中市区委、区革委会管理。1974年12月7日,中市区革委会人保组撤销。

1976年6月10日,根据《第十六次全国公安会议纪要》和市委(76)16号文件精神,中市公安分局干警的人事、行政关系交由市公安局领导,党团关系仍属中市区委管理。截至10月,中市公安分局内设秘书股、政保股、治安股,下辖县桥、双岗、延安路、东风、巢湖路、三牌楼6个派出所。1976年10月至1984年,中市公安分局内设政工、秘书、政保、治安、内保、预审股以及刑警队,下辖6个派出所不变。

1984年5月,中市公安分局内设的各股改称为科,同时根据派出所与街道对口设置的原则,增设逍遥津、寿春路2个派出所。

1985年,中市公安分局增设治安民警队。同时随着行政区划的变动,原属西市公安分局管辖的廻龙桥、二里街、亳州路、庙街等4个派出所划归中市公安分局领导,中市公安分局管辖的巢湖路、延安路划入西市公安分局领导。

1991年,中市公安分局机关内设政工、秘书、政保、治安、内保、预审等6个科室以及刑警队、治安队,下辖县桥、寿春、三牌楼、东风、逍遥津、双岗、亳州路、益民街、安庆路、金寨路等10个派出所。

西市公安分局 西市区位于合肥市区西部和南部,东至南淝河与东市区隔河相望,西、南和郊区相互交错,北面以环城公园、四里河为界与中市区为邻,整个地形呈月牙状。全区面积24平方公里,人口21.7万。全区下设8个街道办事处,对口设置8个公安派出所。

西市区前身是合肥市第三区。第三区于1949年2月设立,其范围:内河、金斗河以南、范巷口、小南门以西,西至二里街的赵岗、仰湾。当时对应设立第三区公安分局。

1949年9月,合肥市撤销区行政建制,改设警政合一的9个公安派出所。其中第三区境内设有西门和菜市派出所。

1950年5月,全市由原来的9个公安派出所改为5个派出所。

1951年11月,合肥市恢复区行政建制,并设立公安分局,取消警政合一的派出所。西市公安分局下设西门、德胜门、三孝口、杏花村、和平桥等5个派出所,编制41人。

1953年10月,撤销公安分局建制,改设公安特派员,全市调整为10个公安派出所。

1958年10月,恢复西市公安分局建制,下辖二里街、洪岗、江淮、七里站等4个派出所。

1962年5月,通过精简编制,江淮派出所合并到七里站派出所,洪岗派出所合并到二里街派出所。1963年,增设廻龙桥、庙街派出所。是年,西市公安分局编制58人,其中分局机关19人,包括分局领导3人、政治干事1人、秘书股3人、政保股3人、治安股3、预审股1人、刑警小队5人;庙街派出所10人、廻龙桥派出所12人、二里街派出所11人、七里站派出所6人。

"文化大革命"初期,西市公安分局及所辖庙街、廻龙桥、二里街、南七里站派出所的建制不变。1969年4月,市公检法军管会撤销派出所建制,干警分别到街道办公,继续从事治安保卫工作。6月,又恢复原派出所建制。12月,撤销西市公安分局建制,西市区革委会设立人保组，派出所建制不变。

1972 年 10 月，恢复西市公安分局建制。是年底，市公安局将西市公安分局及所辖 4 个派出所 63 名干警的党团关系、行政关系等移交给西市区委、区革委会管理。1973 年 1 月，增设延安西路派出所。

1976 年 6 月，西市公安分局干警的人事、行政关系交由市公安局领导，党团关系仍属西市区委管理。至 10 月，西市公安分局内设秘书股、政保股、治安股，下辖庙街、廻龙桥、二里街、南七里站、延安西路等 5 个派出所。

1976 年 10 月至 1979 年，西市公安分局内设政工、秘书、政保、治安、内保、预审股，下辖 5 个派出所不变。1980 年 1 月，西市公安分局增设刑警队，5 月，增设亳州路治安办公室，不久改为亳州路派出所。

1984 年 4 月，西市公安分局内设的各股改称科，并根据派出所与街道对口设置的原则，增设五里墩、水上 2 个派出所。

1985 年，西市公安分局增设治安民警队。同时随着行政区划的变动，中市公安分局管辖的巢湖路、延安路划入西市公安分局领导，西市公安分局管辖的廻龙桥、二里街、亳州路、庙街 4 个派出所划归中市公安分局领导。

1986 年 7 月，根据西市区蜀山路地段人口拥有 6 万人、129 个行政企事业单位，以及市政府增设西园新村、三里庵 2 个街道办事处的决定，增设西园新村、三里庵 2 个公安派出所。10 月，延安路派出所更名为包河派出所，延安西路派出所更名为芜湖路派出所。

截至 1991 年，西市公安分局机关内设政工、秘书、政保、治安、内保、预审等 6 个科以及刑警队、治安队，分局下辖包河、巢湖路、芜湖西路、稻香楼、五里墩、南七、西园新村、三里庵、水上等 9 个派出所。

东市公安分局　东市区位于合肥市东部，西界南淝河，东与肥东接壤，面积 18 平方公里，人口 18 万。全区下设 9 个街道办事处，对口设置 9 个公安派出所。

东市区的前身是合肥市第一、第二直属镇和合肥市第四区、车站区。1949 年 2 月，设第一、第二直属镇，即大东门外至火车站的街道为第一直属镇，小东门外、沿河的街道为第二直属镇。3 月，第一、第二直属镇合并成立合肥第四区，并设立第四公安分局。9 月，合肥市撤销区级建制，设立警政合一的 9 个公安派出所，其中车站派出所属现东市地区。

1951 年 11 月，设立车站公安分局，编制 45 人。下设车站、尚武街、崇德街、洋桥 4 个公安派出所以及水陆检查站。

1953 年 10 月，机构整编时撤销公安分局建制，全市改设 10 个公安派出所，其中车站、洋桥公安派出所属东市区。1956 年，增设工厂区公安派出所，后来改为铜陵路派出所。

1957 年 4 月，车站、洋桥派出所分别更名为蚌埠路、胜利路派出所。

1958 年 10 月，恢复车站公安分局建制。铜陵路派出所更名为和平路派出所，蚌埠路派出所更名为明光路派出所，增设红光派出所。

1960 年 6 月，随着市区建制的变动，车站公安分局改为东市公安分局。下辖红光、明光路、和平路、胜利路等 4 个派出所。

1962 年,根据市委、市政府整编会议精神,东市公安分局的红光派出所合并到和平路派出所,明光路派出所合并到胜利路派出所。

1963 年 6 月,东市公安分局增设花冲、三里街派出所。截至 1966 年 5 月,东市公安分局编制 68 人,其中机关 25 人,包括局领导 3 人、政治干事 1 人、秘书股 3 人、政保股 4 人、治安股 6 人、预审股 1 人、刑警队 7 人。下辖和平路、胜利路、花冲、三里街等 4 个派出所。

1969 年 12 月,东市公安分局改称东市区人保组,下辖和平路、胜利路、花冲、三里街等 4 个派出所不变。1971 年,东市区人保组增设大通路派出所。1972 年 10 月,恢复东市公安分局建制,增设车站、红光派出所。是年底,根据市革委会指示,市公安局将东市公安分局及 7 个派出所 75 名干警的党团关系、行政关系等移交给东市区委、区革委会管理。

1976 年 6 月,东市公安分局干警的人事、行政关系交由市公安局领导,党团关系仍属东市区委管理。截至 10 月,东市公安分局内设秘书股、政保股、治安股,下辖车站、和平路、胜利路、花冲、三里街、大通路、红光等 7 个派出所。

1976 年 11 月至 1984 年 4 月,东市公安分局内设政工、秘书、政保、治安、内保、预审股以及刑警队,下辖 7 个派出所不变。1984 年 5 月,东市公安分局内设的各股改称科,同时根据派出所与街道对口设置的原则,增设东七、明光路派出所。1985 年,东市公安分局增设治安民警队。

截至 1991 年,东市公安分局机关内设政工、秘书、政保、治安、内保、预审等 6 个科以及刑警队、治安队,下辖车站、和平路、胜利路、花冲、三里街、大通路、红光、东七、明光路等 9 个派出所。

郊区公安分局 合肥郊区环绕合肥市四周,东靠肥东、西接肥西、北邻长丰、南濒巢湖,合淮(合肥—淮南)铁路线横穿东部,南淝河纵贯境内,有通往蚌埠、芜湖、安庆、南京、六安、淮南等地近 10 条公路干线。全区面积 473.78 平方公里,总人口 35 万。

1951 年年初,从肥东、肥西两县划入张洼、德胜、城东、东外等 8 个乡,始建郊区。是时,郊区没有设置公安机构,仅设有公安区员(特派员)负责社会治安工作。1952 年 8 月,郊区分为东郊区、西郊区。1955 年,东郊区、西郊区合并为郊区区公所。由 2 名公安特派员和市公安局治安科派 4 人工作组负责郊区治安。

1958 年 10 月,郊区增设濉溪路、郊区 2 个派出所。

1959 年 2 月,郊区撤销濉溪路、郊区 2 个派出所,改设郊区公安分局。

1960 年 6 月,郊区所属 6 个人民公社分别划入东、西、南、北市四区。郊区公安分局改称北市公安分局,下辖孙岗、永青、濉溪路、双岗派出所。

1962 年 5 月,根据市委、市政府整编会议精神,北市公安分局下辖的孙岗派出所合并到永青派出所,濉溪路派出所合并到双岗派出所。是年底,南市公安分局的卫岗派出所划归北市公安分局,北市公安分局的双岗派出所划归南市公安分局。同时,北市公安分局增设兴集、园林、蜀山、张洼 4 个派出所。

1963 年 6 月,北市公安分局改称郊区公安分局,撤销兴集、园林 2 个派出所。是年,郊区公安分局编制 39 人,包括正副局长、政治教导员 3 人,政治干事 1 人,秘书股 3 人,政保股 2 人,治安股 3 人,预审股 1 人,刑警小队 5 人。下辖卫岗、永青、蜀山、张洼等 4 个派出所 21 人。

1964年1月，在西郊中央第三机械工业部所属军工厂驻地增设蜀山湖派出所。郊区公安分局机关撤销政保、治安、预审、秘书股，保留刑警小队建制。7月，郊区公安分局改称郊区人保组。将原来4个派出所合并为3个，即卫岗派出所管辖淝河、卫岗、曙光3个公社；蜀山派出所管辖江淮、蜀山、五里墩、四里河4个公社；永青与张洼派出所合并为张洼派出所，管辖东方红、张洼、孙岗、永青4个公社；杏花村公社暂由西市公安分局代管。不久，又恢复郊区公安分局。9月，肥西县优胜、园林、井岗3个公社和十八岗等7个生产大队划归合肥市郊区管辖，治安、户籍等事项随之移交郊区公安分局管理。

1966年5月，郊区公安分局下辖永青、蜀山、张洼、水上、机场等5个派出所。

"文化大革命"初期，郊区公安分局下设东方红、永青、蜀山、卫岗、蜀山湖等5个派出所。1969年4月，市公检法军管会撤销派出所建制，人员分到公社办公。2个月后又恢复原派出所建制，并增设曙光派出所。郊区公安分局改为郊区人保组，下辖6个派出所。1971年，郊区人保组增设大兴、杏花派出所。

1972年10月，恢复郊区公安分局建制。是年底，市公安局将郊区公安分局及所辖8个派出所31名干警（其中干部14名、民警17名）的行政关系移交郊区管理。1973年1月，郊区公安分局增设常青、红旗2个派出所。

1976年6月，郊区公安分局干警的人事、行政关系又回归市公安局领导，其党团关系仍属郊区区委。截至10月，郊区公安分局机关内设秘书、政保、治安股，下辖红旗、大兴、东方红、卫岗、常青、曙光、永青、蜀山、蜀山湖、杏花等10个派出所。1978年4月，郊区公安分局所辖的常青、曙光派出所合并为曙光派出所，红旗、大兴派出所合并为大兴派出所，杏花、永青派出所合并为永青派出所。是年底，增设骆岗机场派出所。

1980年1月，郊区公安分局增设刑警队，定编15人。5月，增设义城、晓星派出所，并恢复被撤并的常青、红旗、杏花派出所。1982年12月，郊区根据派出所与公社对口设置的精神，增设三十岗、大圩、义兴3个派出所。1984年4月，郊区公安分局内设机构改称科。10月，增设董铺派出所。

1986年10月，上级要求公安派出所与行政区划名称保持一致，将永青派出所改为林店派出所，曙光派出所改为姚公派出所，红旗派出所改为城东派出所，骆岗机场派出所改为骆岗派出所，东方红派出所改为张洼派出所。是年底，因张洼乡改为七里塘镇，故又将张洼派出所改为七里塘派出所。

截至1991年底，郊区公安分局内设政工、秘书、政保、内保、预审等科以及刑警队、治安队，下辖林店、七里塘、杏花、城东、大兴、蜀山、蜀山湖、常青、姚公、卫岗、骆岗、晓星、大圩、三十岗、义兴、董铺等17个公安派出所。

合肥市公安局所辖机构

肥东县公安局 1949年2月5日，肥东县人民政府公安局成立。1958年7月1日，肥东县公安局由蚌埠专署公安处划归合肥市公安局管辖。

1961年4月1日，肥东县公安局随行政区划由合肥市公安局划出，归滁县专署公安处管辖。

1983年7月1日，肥东县公安局随着行政区划调整由巢湖专署公安处划归合肥市公安局。

1984 年,肥东县公安局始设督导员(退居二线的局领导);政治教导员改称为政治委员;县局机关内设的股改称为科;增设交警中队,与交通科合并为一个机构。

1993 年,肥东县公安局设立政工科、秘书科、刑警队、治安队、消防科等 16 个科、所、队、室,下辖店埠、梁园等 16 个派出所,干警全员 340 人。

肥西县公安局 1949 年 4 月 10 日,肥西县公安局成立。1958 年 7 月 1 日,肥西县公安局由六安专署公安处划归合肥市公安局管辖。

1961 年 4 月 1 日,肥西县公安局随行政区划由合肥市公安局划出,重新归属六安专署公安处管辖。

1983 年 7 月 1 日,肥西县公安局随着行政区划调整划归合肥市公安局管辖。县局机关设立政教室、秘书股、治安股、政保股、内保股、预审股、刑警队、拘留所、看守所、武警中队、消防中队,下设城关、三河、上派、高刘、官亭、山南、化岗、丰乐、小庙等 9 个派出所。

1983 年 5 月,肥西县公安局增设技术股。

1985 年 4 月,肥西县公安局增设合肥市公安局交警大队肥西县交警中队。

1988 年 10 月 14 日,肥西县公安局增设治安警察队,编制 8 人,股级建制。

1989 年 6 月,肥西县公安局三河派出所改为三河公安分局,内设办公室、治安科。11 月 8 日,县局增设收容审查所和治安拘留所,实行一个机构两块牌子。

巢县公安局 1958 年 8 月 7 日,随着行政区划调整,原隶属芜湖专区公安处管辖的巢县公安局,划归合肥市公安局管辖。

1959 年 6 月,经安徽省委、合肥市委批准成立巢湖区。巢湖区位于巢湖、肥东、肥西、庐江四县结合中心之处,沿湖周边 180 公里,地域广阔,村庄稀散,四周山峦环绕。巢湖区辖 6 个管理区,66 个村庄 22 个大队,6 个捕捞大队 16 个捕捞中队,242 只捕捞船只,全区 4751 户 20168 人。公安分局也随之成立,将原巢县中庙派出所及干警 8 人接收过来。

1961 年 4 月 1 日,巢县公安局随行政区划调整,由合肥市公安局划出,改属芜湖专区公安处管辖。

长丰县公安局 1964 年 10 月,经国务院批准,析寿县、定远县、肥东县、肥西县部分地区设置长丰县,隶属合肥市,是安徽省第一个市辖县。因境内大部分地区属清朝时期寿州长丰乡而得名,县名寓意“长治久安,人寿年丰”。

1965 年 6 月 1 日,长丰县成立公安局。公安局内设政教室、秘书股、政保股、治安股、预审股,下辖看守所及水家湖、下塘 2 个派出所,长丰县属 6 个区均配备公安特派员,总编制 33 人。

1968 年年初,公检法实行军管。6 月,长丰县公检法军管会人民保卫组取代公安局,看守所、消防队和武装中队建制不变。

1973 年春,长丰县公检法军管会撤销,成立长丰县革命委员会,恢复公安局建制,称为长丰县革命委员会公安局。内设政秘股、政保股、治安股、预审股和看守所、消防中队、武装中队,下辖水家湖、下塘、双墩、吴山等 4 个派出所。

1976 年年初,长丰县属 6 个区分别配备公安特派员,人员编制属各区,公安局其他内设和下辖机构不变。

1976年10月,长丰县仍为合肥市直辖县,公安局增设秘书股。

1977年,长丰县公安局增设铁路治安办公室。

1979年,长丰县属6个区公安特派员的编制收归公安局。

1980年,长丰县公安局增设内保股和刑警队。

1982年,长丰县公安局增设杨庙、杨公、水湖、下塘、朱巷等5个派出所;双墩区和原水上派出所合并为双墩区派出所;长丰县属6个区公安特派员建制撤销,改任新增设的6个区派出所所长。

1984年,长丰县公安局增设蔡城塘派出所。

1985年5月,长丰县公安局增设水家湖农场派出所,企业编制7人,业务受县公安局领导。

第二章　政治保卫

第一节　政治保卫机构

机构沿革

1949 年 2 月中旬，合肥市人民政府公安局成立，始设侦察科。1950 年 6 月，侦察科、审讯科合并为侦讯科。半年后，恢复侦察科。1951 年 8 月，侦察科改为政保科。1953 年 10 月，政保科编制 25 人，其中正、副科长 3 人，国特组 9 人，审特组 6 人，社调组 5 人，内勤组 2 人。1959 年，政保科编制 20 人。东市、西市、车站、郊区 4 个公安分局始设政保股，编制 13 人。

1963 年，政保科编制 13 人，其部分业务移交给新增设的外线侦察科。

1969 年 9 月，公检法军管会确立新的组织序列，由侦破组替代政保科职能。

1976 年，恢复设立政保科（序列一科）。1979 年，增设外事科。1983 年 11 月，政保科改为政保处（一处），外事科与政保处合署办公，一套班子两块牌子。

职能职责

政保处（科）的主要职责：早期开展剿匪反特斗争，巩固新生人民政权；后期负责侦查特务、间谍、反革命案件，打击和防范反革命分子的破坏活动，调查研究和搜集敌情资料，担负出入境、技术侦察等工作。

第二节　剿匪反特斗争

1948 年冬，淮海战役胜利结束。原国民党安徽省军政人员在溃逃时，有计划地向合肥地区派遣大批武装特务，会合原潜留各地的散兵游勇、地痞流氓及反动会道门头目和恶霸，破坏交通、焚劫仓库、组织暴动、暗杀干部、散布谣言、扰乱人心，意欲阴谋颠覆新生的人民政权。

1949 年 3 月，在中共皖北区党委和合肥市委领导下，合肥地区开展军事清剿与政治攻势相结合的剿匪反特群众运动。各级公安机关配合军事清剿,发动群众开展反匪反霸斗争,及时侦破审理匪特案件,贯彻惩办与宽大相结合的方针,分化瓦解匪特武装,开展政治攻势,深挖匪根,消除匪患,安定社会秩序。截至1950年年底,在合肥地区共歼匪5510人,镇压罪大恶极的匪首46人,缴获六〇炮1门、机枪4挺、长短枪3534支以及大批弹药物资,有效地维护社会治安,巩固新生人民民主政权,为以后的社会主义革命和建设事业创造有利的条件。

匪特组织

1949年年初,国民党在皖北地区统治土崩瓦解,但仍梦想伺机复辟,故在溃逃前有组织、有计划地指使一部分地方行政官吏及匪特武装潜伏下来,勾结土匪、恶霸、反动会道门头目等,在原国民党皖北行署主任兼保安司令游权的领导和指挥下,以大别山、巢湖为据点进行武装破坏活动。同年5月,国民党在"准备反攻"的幻想下,指派特务头目汪宪到大别山建立"鄂豫皖人民自卫军总司令部",将大别山区的残匪编为14个支队,其中在皖西、皖北地区的有二、四、六、十支队和淮河挺进支队、立煌支队等,计8500余人。

合肥地区处于巢湖沿岸,是安徽的腹地,且又是巢湖匪特与大别山匪特联系的必经之地,故为匪特重视。匪首汪宪、岳岐山亲自委派合肥地区的匪特分首领,合肥地区的匪特数目之多、番号之众、分布之广在皖北地区是不多的。

在肥西县的匪特组织主要有:"华中剿匪义勇纵队第五总队"(又称"九路军"),司令李世华,副司令石家瑞、石银川,有人、枪各百余,主要活动在合肥西部;大别山匪特首领张干委派的"专员"沈子峰、"副专员"郑良甫部,人、枪各300余,主要活动于六合公路的合肥地区沿线;大别山匪特×纵队副司令赵煌委派支队长张纯和率部活动在肥西防虎山周围,企图打通至金寨的联系;匪特"央陆军江北'剿匪'第二游击纵队第一团"匪首罗八、王孟舟、何光忠、李克和等,经常活动在肥西地区大柏店、高刘集一带。还有匪特王可军、胡中荣,巢湖惯匪王光传、邓大河等匪帮在肥西地区活动。

在肥东地区店埠、草庙、王子城、石塘等地,先后出现"华洋军""新五军""江北反共游击纵队独立第三支队"和以陶传恺为首组织的"淮南游击第七师"、以杨一鸣为首组织的"苏浙皖反共救国同盟会淮南独立团"、以黄复初为首组织的"沿山独立团"、以王文林为首组织的"肥东办事处"等10余股匪特组织。"江北反共游击队独立第三支队"是合肥东乡一股人数较多的匪特武装,支队长李德(化名李玉德)、支队副吴文斌、参谋长方德门,下设3个大队9个中队及分队,有长短枪200余支、轻机枪2挺及匪徒五六百人,骚扰肥东县7个区20个乡。

合肥城有匪特潜伏组,是军统驻皖站站长唐玉琨南逃时布置潜伏的,由6人组成:少校组长娄一骏、中尉副组长冀子惠、少尉台长李明以及联络员、情报员、通讯员等。他们以开文具电料商店为掩护,搜集我军政情报。国民党第八绥靖署二处南逃前夕,在合肥、全椒、安庆等地也设下12个潜伏组,进行特务活动。

匪特活动

合肥解放初期,匪特武装和潜伏组织利用原有社会基础,趁人民政府百废待兴、百业待举之际,采取各种手段疯狂地进行破坏活动。

武装反扑,袭击区乡政府。1949年春,各级民主政府全力以赴地宣传动员群众支前,匪特武装乘机袭击区乡政府,制造血腥恐怖,致使许多县、区、乡干部惨遭杀害。匪"华中反共军江北游击第五纵队第二支队"支队长郑伯均,连续率部袭击4个乡人民政府,打死乡长等干部4人,抢去长短枪13支。据肥西6月、7月、8月统计,该县被匪特打死和抓去活埋的干部、战士和群众积极分子共92人,打伤56人。活动在合肥东乡的匪特组织"江北反共游击第五纵队独立第三支队"连续袭击12个区、乡人民政府,杀害区、乡基层干部60多人。

混入内部,阴谋策动叛乱。合肥解放初期,一些匪特乘人民新生政权用人制度还不完善的时机,伪装进步混入人民军政部门。中统特务瞿寻生、无为县中统中心组长王尔芳、合肥中统总务干事王雪樵等,先后混入合肥军管会、文工团和肥西县电话总机室。匪首沈子峰窃取梁墩三十岗乡乡长的职位。这些匪特利用窃取的合法外衣,进行反革命勾当。1949年3月13日,匪首沈子峰策动肥西独立团警卫排长杨友三叛变,里应外合,打死副政委张子玉、供给处处长杨业等3人,劫去六〇炮1门、机步枪130余支。当时,肥西县混入干部队伍的匪特或被匪特引诱通匪者有97人。

烧杀抢掠,严重危害人民的生命财产安全。匪首李德、李恒全、程玉山等5股匪特,仅在肥东长临河区就抢劫群众百余户,被匪杀害者有30多人。1949年8月11日,百余名匪徒从巢湖分乘三只木船到肥西的丙子镇抢劫,所有大小户均被洗劫一空。山南、官亭两区被匪特抢劫杀害的耕牛达119头。匪特还经常骚扰合肥城内,抢劫华昌粮行、庆昌染坊,破坏城郊电讯、交通设施,阻劫汽车运输物资,甚至以"中美特训班行动总队"的名义,给合肥市商会会长储石谷和殷商刘秉钧等写信,进行恫吓、威胁,敲诈钱财。

刺探军政情报,造谣惑众。匪特组织以开粮行、商店作为刺探我军政情报的据点,以收买、拉拢、欺骗、威胁等手段网罗地痞流氓、土匪恶霸为特务,以做生意、跑单帮、挑货郎担为掩护,千方百计刺探人民军政情报,危害严重。三河杭梅区副排长率部执行任务,被敌获悉,遭到伏击,牺牲5人。他们还蛊惑一些不明真相的群众闹事,制造三河数千人抢米事件。

清剿匪特

1949年3月28日,皖西军分区发出《关于剿匪与整理部队工作的指示》文件,对各地剿匪的任务、方针、政策等提出具体要求。4月4日,中共皖西三地委向各县发出指示,要求在组织春耕生产的同时,严防匪特破坏,确保支前工作的顺利进行。5月,中国人民解放军皖北军区、皖北人民行政公署联合发布剿匪通告后,一场党政军民齐动员的剿匪反特斗争在合肥地区逐步展开。

建立剿匪指挥组织　1949年6月初,成立由皖北军区警卫团第二营和肥西独立团联合组成的肥西剿匪指挥部。7月,肥西独立团整编为六安军分区警备第八团,并调往外县剿匪。8月,巢湖军分区基干团两个营,庐江独立团,三河、无为大队参加肥西清剿指挥部,给匪特以沉重的打击。肥东县于1950年1月16日成立肥东县剿匪委员会。巢湖军分区警卫团三营进驻肥西剿匪,在7月、8月两个月中,与匪战斗8次,毙匪25人,擒获匪大队长孙树平以下54人。8月11日，巢湖基干团配合肥西人民武装在西道士山毙匪100多人，俘匪39人。8月28日，在地方武装配合下，于防虎山活捉匪司令张纯和，击毙匪区长张束平等77人。肥西剿匪指挥部在8月份歼匪220人。1950年9月，皖北军区警三团在三十里岗活捉匪首周家峰，击毙土匪41人，皖北军区警二团在东大圩、晓星集一带活捉匪首程玉山、王君川。在军事打击的同时，结合政治攻势，加强对匪特的争取瓦解工作。据1949年10月份统计，仅警二团就俘匪副专员郑良甫以下87人，争取匪营长孟凡舟以下85人，收缴炸弹117枚、长短枪1503支。

肥西被击溃的残匪部分窜至肥东，纠合当地残匪继续为非作歹，残害人民。肥东剿匪委员会及时发布剿匪通令，采取军事打击与政治攻势相结合的方针，由皖北军区独立第三营、巢湖专署公安队，分别清剿散布在店埠、古城等地之匪"江北反共游击第五纵队独立第三支队"和活动在石塘地区的武装匪特。1950年8月，匪"独立第三支队"被击毙和俘获200余人，余者亦纷纷缴械。截至1950年年底，肥东县剿匪部队共歼灭14股匪特组织，歼敌1500多人，其中纵队副司令以下、中队长以上匪首30多人，缴获轻机枪1挺、长短枪1400多支。

侦察破案　1949年春，合肥及肥东、肥西相继建立人民公安机关，肃匪反特是公安机关的一项中心工作。各级公安机关通过各种渠道，深入调查国民党特务组织和军、政、警、宪及反动党、团等组织情况，配合人民解放军在城乡发动群众开展剿匪反霸斗争，并严密监视匪特的动向，深挖隐藏匪特。仅半年时间，就破获匪"中国远东军369部队巢湖分区行动支队""华中剿匪义勇纵队第五总队第三大队""中美特训班行动总队""人民反共救国军苏浙皖总部独立第二支队"等特务组织，依法逮捕11名匪首，使他们在合肥无藏身之处。肥西县公安机关先后破获匪"长江上游挺进军江淮第一纵队""华中人民反共军江北第五游击纵队"等特务组织，逮捕匪纵队参谋长孙建元、支队长郭汉卿、第五支队副司令陆广全等匪特首领。为破获以原国民党团长王吉和为首的"苏浙皖人民反共救国军"组织，肥西县公安局局长瞿金波化装为匪大别山军部派来的司令深入虎穴，趁晚间匪特集会向司令汇报活动情况的时机，一枪未发，破获此案，主要匪徒尽皆落网。据1950年6至12月不完全统计，肥西县公安局直接破获的匪特案39起，逮捕土匪77名，缴获各类枪支、手榴弹、粮食等大量物资。紫蓬区拐枪叛变的乡农会主任万家洲、投敌叛变向土匪提供枪支的肥西县副县长张迈均落入法网。肥东县公安机关也先后侦破、歼灭匪"江北反共游击纵队第三独立支队"等6股匪特武装。

剿匪反霸　1949年8月25日，皖北军区发布剿匪动员令，要求党政军各部门精心研究匪情，了解土匪特点，从军事上有力打击土匪。同时开展政治攻势，团结一切社会力量，从政治上有效地瓦解土匪，学会做群众工作，使群众成为剿匪的主要力量。各地抓住匪特抢粮、绑人、暗杀、拉耕牛、逼人命及破坏生产等具体实例召开公审会，并召开邻居会、匪属会，晓以利害，指明前途，发动他们做规劝工作。至1949年9月底，肥西县望舒、大黄、化岗3个乡就有36名土匪缴械投诚。肥东古城区在1950年8月下旬，有50余名匪特投诚。

1949年9月，肥西县委首先在长军区吴山乡、长岗乡、双墩乡，官亭区聚兴乡、农兴乡等17个重点乡进行反霸斗争，先后召开斗争大、小恶霸的群众会151次，数以万计群众参加。县公安局组织干警参加农村工作队，采取"苦主串苦主"的办法，激发群众反匪反霸的热情。10 月 28 日,官亭区 6300 余人集结聚兴乡瑜家村,公审方开疆、江静云、江云生 3 名恶霸。群众愤怒控诉他们勾结匪首小九勾子残害人命、强奸妇女、残酷剥削农民的罪行。程店区在中派河广场召开 3500 余人的反霸斗争大会,30 余名受害群众上台控诉恶霸李耀卿的罪恶;长军区长岗乡在斗争恶霸陈少堂父子时,先后有 60 多名受害群众控诉陈家勾结惯匪、图谋暴动、霸占土地财产、敲诈勒索等罪行。特别是自新土匪宋文和当场以铁的事实揭露陈少堂父子通匪、窝匪等罪恶,使广大群众认清恶霸的真面目,提高了思想觉悟。有的群众将恶霸地主分散在自己家的物资主动送到乡政府,有的群众向政府揭发控诉恶霸罪行。1950 年春,六合乡惯匪沙振亮搞假自新,携枪潜逃,该乡贫苦农民张某某由于平时受到区公安特派员的教育,多次反映沙匪的行踪,终将混入芜湖一家毛巾厂的沙犯查获。据 1949 年 10～12 月统计,在反霸斗争中,通过群众清算斗争 363 户恶霸、地主,查出散匪 348 人,争取自新土匪 1188 人,收缴长短枪 347 支。

在剿匪斗争中,合肥地区公安机关开展匪特分子的自新登记和管制工作。按照 1949 年颁布的《中共中央关于国民党及特务机关处理办法的规定》《华东军区惩治土匪暂行条例》《华东军区关于逃亡回归分子处理办法》,在市区设两个登记处,每处 4 个室,分别对反动党团特人员进行登记管理。截至 1949 年年底,先后登记 1511 人,其中国民党区分部以上 6 人、三青团分队长以上 15 人、县区级以上 50 人,特务 9 人、军队将校官 84 人、尉官 177 人。肥西、肥东分别以乡为单位进行登记,初步搞清国民党团特内部情况,将国民党、三青团区分部和分队长以上骨干、匪首特务头子作为打击和管制的重点,其他人员根据罪恶情况、悔罪表现做出不同处理。据肥西县 1949、1950 年统计,管制匪特 1291 人、反动党团骨干 287 人、国民党军政人员 128 人。

分化匪特武装 各地对捕获的匪特分子,按照"首恶必办,胁从不问,立功受奖"的政策,抓紧审理结案。1949 年 8 月,皖北人民法院依法判处阴谋暴动案主犯史时雨、吴秩五死刑,判处从犯吴学南等有期徒刑,对胁从分子陆加典等宽大释放,在社会上引起强烈反响。9 月,皖北行署法院对肥东县捕获的郭子榜等 5 名匪首处以死刑,有力地打击了匪特的嚣张气焰,一些残匪慑于法律威严,主动投案自首。

各级公安机关抓紧审理匪特积案,及时打击匪特的破坏活动。1949 年秋,肥东清剿不到 10 天,捕获匪特 200 余名。这些案犯不了解人民政府处理匪犯的政策,疑虑重重,有些人怕坦白后遭同伙报复,不愿据实供认。县公安局对他们反复进行党的剿匪反霸政策教育,使他们认识到坦白自新才是唯一出路,先后有 28 人主动坦白、检举同伙的罪行,加快了审理案件的进度,3 个月时间清理案犯 114 名。1949 年 10 月,肥西县公安局组织审讯委员会由县委、县政府主要领导参加,抽调法院、公安局干部,突击审理匪特案件。委员会认真审讯,逐个研究匪特口供与群众反映材料,并根据其参加匪特动机、罪恶程度及坦白态度等情况,经集体讨论,对 377 名匪特做出处理。对其中血债累累、罪迹昭彰、不杀不足以平民愤的匪区长周准吾,匪首韩家友、桂世银等 6 人处以极刑;对 75 名罪行较轻的惯匪,分别判处 1～7 年有期徒刑;对其他有一般罪行的土匪分别予以管制、取保释放和送原籍处理。判决后,其他一些恶霸分子纷纷向农会悔过自新。但群众清匪热潮掀起后,少数地方出现不注意执行政策的偏向。区公安员发现后,及时做工作进行教育制止。如程店区公审自新土匪韩某时,很多群众要求枪毙他,经会议主持人召开 100 多名受害群众与干部会议,反复做工作,最后决定对韩宽大处理。事后,土匪郑乾章带着5名土匪携枪投诚,他说:"我们亲眼看到共产党说话算数,亲友都在规劝,再不投降,就是死路一条了。"

开展治安联防　军事清剿和群众运动使匪特惊恐万状,少数匪霸分子四处流窜,寻找"防空洞"。1949年7月28日,大别山匪特李鸿奎指令联络副官郭逢春到合肥与潜伏匪首张百成密谋,成立"匪巢湖行动大队",并委任张百成为大队长。张百成网罗失散旧匪特军政人员40多人枪,被市公安局发现查获,当场搜出匪特关防、委派令等物。郭逢春闻讯逃遁,市公安局立即与友邻地区公安机关联系,终于将潜伏在六安、肥西等地的主要人犯捕获。

1949年年底,合肥市成立冬防治安委员会,开展防匪、防特、防盗、防火的"四防"工作。1950年年初,市冬防治安委员会将过去的军队4个营警戒区与公安派出所结合组成4个分会。军队团长、营教导员为主任,所长为副主任,吸纳单位、社会上治安积极分子,大力推动"四防"工作,重点在防匪、防特,突出特点:一是面广,二是深入。

1949年11月,合肥市成立户口查登委员会,加强户籍管制,积极侦破潜伏城内匪特,集中搜捕逃窜城市"防空洞"的散匪。据不完全统计,1949年1~9月,全市捕获外地潜入匪特164人,处理散兵游勇回原籍的420人。其中属两县流窜到城里搞联络刺探情报和避风的匪特占65%。定远县著名匪霸谢有国,曾在合肥东乡杀害人命百余条,血债累累。合肥解放后,清剿匪特时谢有国畏罪潜藏合肥,在户口查登中被捕获。1950年1月,市公安局侦破匪特"人民反共救国军"向艾宏兴商店、新昌毛行等殷商富户敲诈钱财一案时,顺藤摸瓜,搞清这个匪特组织的总指挥部在南京,当即与南京公安机关取得联系。是年3月底,南京、合肥统一行动,捕获在市内秘密活动的支队军需主任姚裕民,大队长唐冠群、胡杰、夏琪以及联络员王志才、牛仲全等10余人,还在附近乡村剿灭该部所属的部分匪特。

肥东县为加强剿匪,自1949年秋开始,先后以区乡为单位建立联防,成立武装工作队,组织"保家队"打更放哨,发动群众制订防匪公约,开展群众性的报匪、查匪、劝匪自新运动。肥东古城区在半个月内,捕获逃避登记拒不缴出武器的陈华堂、王金桂等5名匪特。该县还有重点地对水陆封锁和乡镇进行管理控制。在白龙厂、王子城、草庙等4个区,建立盘查哨,查获10多名逃窜的匪特和部分枪支弹药。联防人员在三汊河发现匪首程玉山乘船潜逃后,及时封锁水路,后程玉山股匪逃窜至东大圩被俘获。是年9月24日,肥西县政府和警二团发表联合训令,命令各营连和区政府、各区队紧密配合,加强联防,防范匪特混迹,做好剿匪防特工作,以彻底肃清土匪。县公安局针对匪特此剿彼窜、化整为零、依托恶霸地主等封建势力进行各种破坏活动的特点,主动与警二团重新调整布防的17个据点联系,互通情报,平时帮助群众生产劳动,发现匪情,招之即来,使匪特陷于天罗地网之中,无法逃脱。1950年10月,根据皖北行署公安局的指示,合肥、肥东、肥西三地公安机关及城防部门联合组成联防治安委员会,加强这一地区的联防工作。同时,废除保甲制,建立村政权,加强基层民主政权建设。

1949年9月,皖北人民政府行政公署召开首届民政扩大会议后,各地先后进行改造村政工作,村长、组长(一般以自然村为小组)均由民选产生。肥东县恒新乡将原4个保划为52个行政小组,有104名贫苦农民当选村、组长。1950年1月30日,肥西县长军区召开农民代表会,成立区农民协会。会上,代表们开展五查,即查反匪、查反霸、查农民优势、查团结、查政策。该区公安员发动和依靠各村农会和防匪自卫小组,对窝藏土匪、提供匪粮、给土匪通风报信的有关人和事,进行调查摸底,召开匪属亲友及与土匪有联系的人员座谈会,组织自新土匪现身说法,控诉匪首罪恶。会后,有 30 多人带干粮把当土匪的儿子、丈夫、兄弟找回来,向政府坦白自新。1950 年 6 月 21 日,一股残匪窜到长军区王拐岗,被该村防匪自卫小组发现,及时报告公安局和部队进行围歼,击毙匪特团长孙东甫、副团长刘世阔,活捉 11 人,缴获长枪 9 支,以及所抢劫之全部财物。

附:匪首李德落网记

1950 年 8 月 30 日午夜,西门鸿兴饭店突然响起一阵笃笃的敲门声,有人喊道:“我们是来查店的。”陈老板赶忙开门,原来是西门派出所的几名民警。“欢迎! 欢迎!”陈老板在前面引路,当查到楼上客房时,陈老板神色慌张,3 名住客交换一下眼色,其中 1 人自我介绍说:“我叫程道宽,他叫金绍德,是贩牛的。”还有一个自称叫刘有金,是贩盐的。在分开询问时,3 人答话漏洞百出,形迹可疑。程道宽自称不识字,但从床上发现了报纸,刘有金一会儿说是贩盐的,一会儿又说是探亲的,并说他不认识另外两个人,但他的两件衬衫居然装在金绍德的褡裢里。联系到陈老板是匪首方德门的岳父,派出所当即决定对 3 人作为匪特嫌疑审查。程道宽在号房里自言自语地说:“得势的猫儿雄似虎,失势的凤凰不如鸡。”他还自我吹嘘,“对付公安有两手,别信坦白从宽这一套。”根据号房内的犯人报告,程道宽害怕派出所把自己交给肥东县,估摸程道宽可能是漏网的匪特。9 月 5 日,审讯人员根据肥东县公安局局长田中所提供的漏网的“江北反共游击纵队独立支队长”李德的衣貌特征和有关线索,再次进行提审,在铁证面前,程道宽只得如实供认他真名叫李德。又突审“金绍德”“刘有金”,搞清了他们是惯匪刘国正、周保连。审讯人员跟踪追击,查获“独立第三支队”的关防(印章)分队长以上的匪干名册,还从李德姘妇家里控出埋藏的 21 支长短枪。

据调查,这支匪特武装拥有 3 个大队 11 个中队,五六百人枪,主要活动在店埠镇、肥东边缘地带古城等 7 个区 20 多个乡。他们曾公开武装袭击 12 个区乡人民政府,杀害区以下干部近 60 人。1949 年 6 月 28 日,袭击杨店乡人民政府,劫走枪支等物,杀害回乡探亲的解放军营长李亨汉,活埋李的通讯员陈金义、乡指导员赵国龙等 4 人,劫走卡宾枪、短枪各 10 支。1949 年 7 月间,匪支队长李德带领百余匪徒袭击王子城区政府,杀害财粮区员和村长等,劫走长短枪 10 余支,哄抢国家粮库粮食 20 万公斤。1949 年秋,肥东县公安局和县大队发动群众,组织联防,进行武装清剿,基本上平息了这股反革命武装的破坏活动。1950 年春,漏网的武装匪特再次组织暴动,于 3 月 29 日晚抢劫埠里乡粮库粮食 25 万多公斤。6 月 10 日,李德串通投敌叛变的牌坊乡副乡长柏庆余,率部袭击店埠区在该乡韩岗村召开的治安联防会,杀害公安区员李杰、安乐乡乡长许才宝、磨店乡民兵中队长唐金余等人,劫走长短枪 17 支,制造了韩岗暴动事件。李德一伙落网后,公安机关立即组织全面搜捕,将残存的武装匪特一网打尽,镇压参与袭击区乡人民政府、杀害干部的分队长以上骨干分子,3 万多群众参加公审匪首李德、吴文斌、方德门大会,无不拍手称快。

第三节　镇压反革命

合肥解放前,曾是国民党省政府所在地,一直是国民党反动派经营、控制的重要地区。据1949年4月调查,国民党在合肥的中统、军统特务机构有18个,反动党团组织4个,反动会道门组织13种,青洪帮、封建霸头组织14个。另外,国民党省政府在溃退时做了“应变”部署,有计划地潜伏下来一批特务、政客等,他们勾结封建势力和土匪武装猖狂地进行暗杀、抢劫等恐怖活动。与此同时,合肥盗匪为患,烟毒流行,游民乞丐充斥街头,社会秩序混乱不堪。

新生人民公安机关认真调查敌社情况,绘制“国民党政情图”,对国民党团特人员进行自新登记;配合军事部门,在乡村开展剿匪反霸斗争;进行户口登记调查,重点调查匪特在市区旧的社会关系,侦查潜伏城内匪特,集中搜捕逃窜城市找“防空洞”的散匪。1950年上半年,根据中共中央《关于严厉镇压反革命分子活动的指示》,及时侦破一批反革命案件,搜捕53名反革命分子。是年10月10日,中共中央发出《关于纠正镇压反革命活动的右倾偏向的指示》(简称“双十指示”),合肥市委及时召开会议,检查“镇反”中出现的右倾错误,决定从12月中旬开始,有计划、有步骤地开展“镇反”运动。这次运动打击的重点是土匪、特务、恶霸、反动党团骨干和反动会道门头子等残余反革命分子。

市委从实际斗争情况出发,结合“镇反”有计划、有步骤地开展农村土地改革、“三反”、“五反”,清理中层、内层和抗美援朝等工作,多渠道、多层次地发动群众深挖隐藏的反革命分子。1950年12月到1953年年底的镇压反革命运动,清出土匪、恶霸、特务、反动党团、反动会道门骨干分子等1271人,打击处理首恶分子957名(判处死刑和缓期执行的占11.9%,判刑劳改的占45.1%,管制的占43%)。在“镇反”运动中,依法惩处其中罪大恶极的反革命分子,震慑其他反革命分子,全市有532人向政府悔过、自首,交出证件、武器等,分化了敌人的营垒,取得对敌斗争重大胜利。

行政“镇反”阶段

1950年12月,合肥市委召开全市干部会议,传达贯彻党中央的“双十指示”,对“镇反”运动进行动员部署。同时,市公安局召开干部会议,检讨前阶段对反革命打击不力的偏向。全市搜捕53名反革命分子,只杀2人,判刑6人,以致有的反革命分子释放后报复行凶,残害人命。如匪首韩家友4次自新、3次叛变,群众称这是“放虎归山”。市公安局发动和依靠群众,组织力量对浮在面上现行破坏的反革命分子,在调查掌握罪证材料后,提出搜捕对象名单,报市委审查批捕后,于1951年1月20日和4月23日进行两次集中搜捕,搜捕重大反革命骨干分子133人、不法地主恶霸85人。是年4月27日,合肥市召开镇压反革命各界代表大会,控诉反革命分子罪行,公开宣判27名罪大恶极的反革命分子死刑。这些人多是罪恶历史较长,血债累累,对国家、人民犯有极严重罪行的首恶分子。如反革命分子朱子良,合肥解放前在任中统合肥县调查室秘书、县政府情报所副所长期间,杀害新四军七师交通员唐广发,亲率特务中队袭击抗日游击队,杀害回家养伤的某部参谋长梁孟华。特务骨干王继发在抗日时期充任密探队长,凭恃敌势,肆意残害无辜,有10人惨遭其杀害。国民党中统合肥通讯室主任、“戡乱”大队长娄养真,从合肥城里拉走50余条枪,窜到巢湖边东大圩,网罗散兵游勇,组织1500多人的土匪武装,四处骚扰,偷袭地方政府,威胁新生人民政权的安全。

合肥近郊农村开展“土改”运动以后,外地和邻近农村的地主恶霸,纷纷窜到城市改头换面寻找藏身之地。“镇反”运动中,城乡一起行动,逃亡的特务、恶霸地主纷纷落网。截至1951年1月,全市协助邻近地区捕捉恶霸地主85人。其中大部分被农会带回清算说理,扫除地主的淫威。

合肥解放不久,公安机关实行反动党团特人员的自新登记。因登记面较宽,纷扰较大,进展缓慢,全市仅登记1511人。“镇反”运动开始后,反革命首恶分子受到沉重打击,动摇分子开始投案自首,坦白交代自己的罪行。市委不失时机地抓住这些人的登记管理工作,截至1951年年底,全市登记人数达2043人,同时加强这些自新人员的管理教育,进一步分化敌人营垒。

群众“镇反”阶段

1951年5月始,转入群众“镇反”阶段。市委适时总结检查前阶段“镇反”工作,认为发动群众不够普遍,依靠群众不够紧密,公安司法机关独家作战,存在着严重的神秘主义和关门主义,以致群众对运动不甚了解,不敢以实际行动与反革命分子进行坚决斗争。为此,市委于5月23日成立由市长树海、公安局局长黄建中以及童车九等9名党外人士组成的17人反革命案件审查委员会,负责反革命案件的审查处理工作。

全市结合土改和抗美援朝,广泛进行镇压反革命宣传。据统计,1950年5至10月,先后召开党团积极分子会、政协会、群众代表会、控诉会等1309场,参加人数21.6万多人次,使镇压反革命运动家喻户晓、妇孺皆知。许多群众消除疑虑,积极投身“镇反”运动。有的检举隐藏的武器和未登记坦白的反革命分子;有的自带路费、干粮到外地捕捉反革命分子和搜集材料;有的大义灭亲,检举自己的父亲和亲友;等等。在“镇反”大会上,有的受害群众、街道居委会向政府献锦旗、献词,拥护“镇反”,赞扬政府为民除害。有位民盟代表说:“从前认为镇压反革命会引起波动,现在好人不震动,震动的是坏人。”城南村受害群众张梁氏在镇压王继法等匪特大会上,向政府敬献“为民除害”锦旗。南门外双目失明的张老太控诉说:“民国36年,我儿子张振斌因说了惯匪周叶芝不务正业的话,周得知后抄了我的家,将我儿拉到门外枪杀了……”合肥解放后,流落他乡的婆媳才敢回家。他们的血泪控诉使全场群情激愤。全市以派出所警区召开40场控诉会,1560名群众代表控诉99名在押反革命犯,许多群众消除疑虑,当场检举,直至协助公安机关捕捉案犯。先后检举揭发出81名隐藏的反革命分子,查获长短枪24支以及一批弹药。

1951年下半年,“镇反”运动进入高潮。市委根据党中央提出的“镇反”要执行“严肃与谨慎相结合”的方针,以及全国第三次公安会议提出的“收缩”方针,决定对“镇反”运动进行适当的收缩,严格控制捕、杀人数,并不断检查收缩政策的情况,保证运动健康发展。是年底,没有错杀一人,案犯未发生逃跑、病死等现象。

1951年8月25日,市委召开第三次万人公判大会,依法宣判103名反革命分子,处决李本一等8名罪大恶极的反革命分子,组织全市人民收听公判会实况广播。是年10月29日,市委派两个工作组,配合郊区,采取召开群众会、控诉会等方式,发动群众投入"镇反"运动,经半个多月的调查取证,逮捕64名反革命分子,并及时召开公判大会,依法处决封建把头朱景熙等5名反革命分子。

1951年年底,全市展开"三反""五反"运动,"镇反"作为运动,市区相对停止,郊区仍照常进行。

开展清理中层和内层工作。在"镇反"运动中,有些问题涉及党政机关和党内,有些人希望洗清嫌疑或说清自己的历史,卸掉包袱,专心工作。为此,1951年9月,合肥市成立清理中层学委总会,设12个学委分会。在全市机关、团体、企事业单位内部开展"忠诚老实运动",动员有历史问题和罪恶的人自觉坦白,说真写实,讲清问题,同时互相开展批评和检举揭发,至1952年10月结束。据统计,全市经过政治清理的51个单位4134人中,清理出五类反革命分子身份的137人。市委组织7人工作组,进行调查处理,逮捕法办43人,历史罪恶不甚大、能主动坦白交代,又有悔改表现的留用41人,其他调离工作,纯洁组织和政府机构。

清理积案。1951年年初,市委针对"镇反"运动积案较多的情况,成立清理积案委员会,吸收民主党派、民主人士参加清理案件。下设4个组,分别参加各区反革命案件的审理,采取召开小型代表会、控诉会,征求处理意见,对照党的镇压与宽大相结合的政策做出处理。1952年5月,抽调12名公安司法干部,成立清理积案办公室,下设审讯、审查、判决等组。截至7月底,清理反革命案犯139人,其中判处死刑12人、死缓2人,判处有期徒刑97人、管制18人,教育释放10人。

管制工作。"镇反"运动中,全市采取群众提名、搜集反革命分子的材料,报请公安政法机关批准,进行管制的方法,先后管制反革命分子307名。群众反映说:"政府赏罚严明,真正做到宽大与镇压相结合。"被管制分子说:"这样做使我们有了重新做人的日子。"

全市"镇反"运动中共召开14次反革命家属座谈会,向600余户被杀、关管的反革命分子家属讲明政策和政府对反革命家属的态度,讲解反革命分子的罪恶及应得的惩处。先后有200余名反革命家属发言表态,以及控诉、检举揭发亲人的罪行,分化孤立反革命分子。

"镇反"判定阶段

1952年11月始,"镇反"进入第三阶段。当时因开展"三反""五反"和肃毒运动,"镇反"作为运动相对停止,少数反革命分子错误估计形势,加剧破坏活动,派遣特务增多,被管制的反革命分子不服管制,甚至搞行动破坏。为此,市委及时召开政法系统干部大会,传达贯彻第四次全国公安会议精神,动员部署第三阶段的镇压反革命工作。公安机关组织210名干部,对"镇反"不够彻底的3个派出所和2个乡进行典型实验后,全面展开调查摸底,新发现五个方面残余反革命分子230余人。

1953年1月5日,集中搜捕反革命分子59人,反动道首、烟毒犯36人。3月,全市采取召开各种会议和利用宣传车、电影幻灯、黑板报、有线广播等多种形式进行宣传教育,揭露反动会道门的罪恶历史及其危害,发动被骗被害道徒和群众检举揭发反动道首。摧毁其反动组织,先后判处反动道首死刑2人,捕判15人;集训坛主36人,管制14人,登记小道首100多人;全市道徒2275人,自动声明退道的2184人,占道徒总数的96%;缴获经书、道具、证章等76件。

1954年,镇压反革命由运动式转入经常性斗争阶段。经过四年"镇反"运动,基本肃清浮在社会面上的敌、伪、宪、特、匪等五类反革命骨干分子1271人,但少数已查明下落应该逮捕回来的尚未追捕归案。此外,合肥解放时仅6万多人口,1954年发展到12万多人口,其中外省籍到合肥居住的就有3万多人,仍隐藏有少数反革命分子。

1955年,市公安局逮捕反革命分子231人,其中枪毙5人,判刑劳改151人,转交外地公安机关处理47人,释放28人。

在"镇反"运动中,注重纠错工作。1953年8月18日,市公安局、检察院抽调干部组成检查处理反革命案犯小组,检查"四错",即错捕、错杀、错判、错管的情况,发现错捕23人,及时予以纠正平反,还纠正一些重罪轻判和轻罪不判的偏向。郊区15个乡发生错管乱管达300人,甚至对犯错误被撤职的干部和乱搞男女关系的人实行管制。公安机关依靠各界人士、民主党派,根据"有反必肃,有错必纠"的精神,及时组织力量进行"镇反"判定,查错、查漏、取消一些不该管制和已得到改造的管制对象,对漏管的重新予以管制。同时,公安部门抽调112名干警,采取市区先点后面、郊区点面结合的方法,从整顿管制工作入手,开展基层群众座谈,个别走访,调查核对,携卷就地了解、取证,比较系统、彻底地清理合肥市原有五个方面的敌人和外地潜来的反革命分子。经"镇反"判定,1952~1955年,打击处理反革命骨干分子957人,占应打击总数的8.8%。

"镇反"运动中,公安机关采取有组织、有选择地公布案情,组织群众控诉会,举办罪证展览会等,激发广大群众对敌斗争的积极性,主动协助公安机关侦察破案、追捕逃犯,深挖隐蔽的反革命分子。1952~1955年,经群众检举法办的反革命分子有194人。如西菜市居民周宗荣、严老三揭发外地潜回的史某某暗藏2支手枪,人赃俱获。杏花村妇女张有凤不怕威胁恫吓,先后检举5名暗藏的反革命分子。金斗乡惯匪王国太、王开国曾杀害过4人。"镇反"开始后,王国太送给受害群众10石大米,并拉拢村干部作保,后又威胁受害群众说:"太阳再从我的门前过,没枪也要用刀宰掉给我过不去的人!"通过工作组的宣传教育,受害群众当众控诉揭发,杀人凶犯终于落入法网。

在"镇反"判定中,对表现好、已得到不同程度改造的139人撤销管制,对漏管的新管制16人。截至1955年年底,共管制反革命分子473人,其中已撤销管制的281人,继续列管的192人。

1950～1957 年合肥市镇压反革命分子统计表

表 2－1　单位:人

类别 数字 年份	逮捕	处决	死缓	徒刑	释放	释放管制	保外就医死亡	社会管制	撤销管制
1950 年 10 月至 1952 年底	196	89	19	366	117	33		604	9
1953	18	1	3	28	17	14		215	
1954	12		2	17		6		125	
1955	302	5		93	117	29	1	170	2
1956	31		2	73	106	33		162	88
1957	154			17	18			81	73
合　计	713	90	26	594	375	115	1	1357	172

注:1956 年,另从外地转入的 5 人未计算在逮捕数 31 人之内。

第四节　取缔反动会道门

合肥地区反动会道门名称繁杂,主要有“一贯道”“三宝道”“同善社”“先天道”等 10 余种。会道门长期以来散布“鬼神论”“宿命论”以及“躲灾避难”等邪说,利用封建迷信为联系纽带,用求神拜佛、求仙丹神药、扶乩降神等手法愚弄毒害道众,诈骗群众钱财,严重扰乱社会治安。

封建社会里,被压迫群众反抗封建统治者,有时也曾组织和利用各种会道门形式。会道门组织普遍具有浓厚的封建性、落后性,加上成员复杂而带来破坏性、危害性。合肥市一些会道门在发展演变过程中曾被一些居心叵测的道首所把持,依附当时反动统治势力作恶多端。抗日战争时期,他们充当日本帝国主义的侵华工具,后又被国民党特务机关所控制和利用,积极进行反共反人民活动。新中国成立初期,有的反动会道门组织武装暴乱,杀害干部和群众,破坏和对抗新生人民政权,破坏抗美援朝和土地改革,成为人民政权的敌对势力。

1951 年,合肥市人民政府明令取缔反动会道门,开展取缔反动会道门活动的群众斗争。此后,又多次揭露和打击反动会道门的复辟活动。

取缔一贯道

一贯道起源于山东省青州府(今益都县)。清光绪三十一年(1905 年),刘青虚借《论语》中“吾道一以贯之”,而命名为“一贯道”。

1930年,张天然(先壁)与其妻刘素贞在济南设中枢坛(即中佛堂),并先后成立金刚、敦仁、礼化、天一四大坛,分别向全国各地发展道徒。

1942年,安徽道首贾佣田由芜湖来合肥传道,先发展张仲禹、李广庭等人入道,在撮造山巷设立一致坛,后又在后大街设协力、政和、坤范、佣德、吾真等6个分坛,接着成立总坛——治平坛,在合肥四周乡镇及舒城、六安、安庆、巢县等地大肆发展道徒。仅合肥县境内就有点传师8名、坛主58名、道徒1000余人。日本投降后,国民党县政府曾以附敌之罪查封一贯道,贾佣田逃离合肥。

1947年8月,国民党特务机关控制、利用一贯道,将其改名为中华道德慈善会。合肥点传师叶文藻等直接为国民党特务所操纵利用。

1949年1月,合肥解放,一贯道化整为零,转入秘密活动。是年冬,臧章国、李广庭、刘星五等人以"中华道德慈善会南京总会合肥分会"名义,秘密颁发从南京领回的证章和会员证,将长临、双墩的一贯道改称为中华道德慈善会。

1951年,该道发展到撮镇、店埠、石塘、草庙等5个区,道众达10430人,其中点传师24人、总坛主167人、分坛主33人、家坛主122人,仅双墩1个区就设有坛堂54处。

合肥一贯道设有总坛,下辖分坛、家坛。除家坛外,皆有坛名。各坛设点传师、正副坛主、三才等。道内分以下等级:师尊—师兄—师母—道长—点传师—坛主。道内职务还有文牍、乩手(又名"三才",即天才、地才、人才)、引保师等。

一贯道主要道务活动:1. 开坛。各坛定期集会,道徒齐聚于佛堂,由坛主、点传师讲解道义或扶乩听"神训"、办理新道徒入道等。2. 入道。新道徒入道要由引保师介绍,报告坛主,坛主再报知点传师批准,还要填写表文,缴纳入道费。3. 传"三宝",即"关、诀、印"。一贯道视其为天机,只能在道徒入道时由点传师传授,上不传父母,下不传子女,永生不忘。如有泄露,要遭"五雷轰身"。一贯道发展迷信的群众入道,以开坛、扶乩等向道徒搜刮所谓供果费、月捐费、香纸费、免灾费等。还用所谓"佛水""灵丹"给人治病,诈取群众钱财。有的道首还是色狼,利用开坛点道肆意猥亵、奸污女道徒,摧残妇女身心健康。

一贯道中除普通道徒以外,其骨干分子绝大多数是地痞流氓、恶霸、地主、汉奸、国民党特务、反动官僚等,他们长期与人民为敌。抗战时期,一贯道头子贾佣田利用"传道"散布"中日是一家"等投降主义言论,布置许多道首为日本特务机关搜集情报,以后又充当国民党特务机关的鹰犬。

合肥解放以后,一贯道活动转入地下,通常以工商行业做掩护进行反革命活动。1950年6月,点传师李广庭从肥西三河等地诈取香费大米2250公斤、棉衣100余套,运往南京总堂。其还积极进行反革命宣传,散布"复天"谬论,制造战争恐怖,蛊惑人心,顽固对抗人民政府。1951年,市城区有1个一贯道总坛、19个分坛、15名点传师、153名坛主、2260名道徒。1951年2月13日,市公安局依法逮捕5名顽固不化一贯道坛主以上的道首,其中依法判处死刑、有期徒刑各2人。

1953年3月,合肥市开展取缔反动会道门运动。根据中央"只打击、惩办少数大道首,教育改造多数一般道首,对广大被骗会众,只要声明退道,一律不究"的方针,全市逮捕3名点传师以上反动道首,集训38名分坛主以上的一般道首,还有98名一般道首在各公安分局和郊区进行集训登记、退道。4月10日至6月,城市以区、农村以乡为单位召开退道大会,城内2260名道众均登记退道。凡因病、伤残和因事外出没参加退道的均开小会或个别声明退道。在取缔反动会道门期间,2名点传师被依法处决;15人被判处徒刑,其中点传师6人、坛主9人;18人被管制,其中点传师4人、坛主14人。

1953年,全市取缔反动会道门活动时,一贯道道首杜志惠、韩庆章等同时被捕。他们采取假坦白、"丢车保帅"的手段,使韩获释回家。韩庆章借妻华贤静暗地四出活动,先后到天津、徐州、蚌埠、芜湖等地,与当地的反动道首串联,还以送衣物为名,与在省劳改局新生总厂劳改的杜志惠秘密接头联络。杜以抓弱点、经济拉拢、美人计等小恩小惠,发展案犯李业戚、辛廷阳等7名一贯道徒。他们暗地在狱内"念经",唱"入仙歌",造谣惑众。杜志惠还规定通讯方法和代号,内外串联,密谋组织暴动。该一贯道复辟活动于1955年5月被公安机关破获,捕获19名一贯道骨干分子。

1955年冬,舒城新柏林乡一贯道坛主谢申余策动富农分子韩必贤装疯卖傻,烧香求佛,自封为"大韩朝皇帝"。韩必贤不久结识肥西县龙潭乡程千云,程谎称偷来的马是"宝",声称其师傅是"青峰道人",拥有"神马宝剑",大旗一摆,千军万马,刀枪不入。据此,韩必贤封程为"军师",并与其勾结,密谋暴乱。1957年3月31日晚19时许,肥西县龙潭乡新丰农业社主任唐光元、队长程千业和公安局干部张必义一行3人前往调查盗马案。程千云父子误认为阴谋活动暴露,便杀死程千业,打伤唐光元,连夜逃往韩必贤家。次日上午9时,韩必贤等人公然暴乱,杀死干部、民警4人,打伤6人,抢走枪支6支、子弹140发,还抢劫了柏林乡一个合作商店。事件发生后,省公安厅保卫队,肥西、舒城两县民警队、民兵赶来追捕,同时发动肥西、舒城、六安3县1.5万余名干部、群众参加围剿。经四昼夜奋战,平定"大韩朝"反动会道门暴乱,捕获暴乱匪徒51名,韩必贤等14名主犯被判处死刑。

1962年,点传师臧章国刑释后,四处寻找旧组织、旧人员进行秘密活动,先后在长临河、双墩地区,与骨干分子胡宗礼、王新民等7人策划复辟活动。随后,他们与道首王正江到双墩区三十头乡发展道徒,被市公安局及时发现查获。道首臧章国等9人被再次判刑,此后,合肥地区的一贯道活动销声匿迹。

取缔同善社

同善社原名孔圣教,清末由袁世河创立于四川龙凤山。袁死后由其徒彭太荣(又名彭述古)继承衣钵,向全国各地发展道务。该社系封建性的秘密结社之一,组织庞杂,均有不少落后群众。其道首大都是地主恶霸、失意政客、地痞流氓等,长期依附于反动势力,并受其操纵和利用。1922年,芜湖号首派专人到合肥发展同善社道徒。由刘阶平任合肥县善长,发展道众100余人。

同善社最高组织为"总号",主持人又称"号首"。总号即总社,意同中央;省(市)称"号",又名分社;县称"社",又名"先觉词",主持人为"善长";乡镇称"事务所"。同善社组织严密,分为十六层:一至三层称"众生",即道徒;四层起分称"天恩""证恩""引恩""保恩""顶航""释地""五行""四相""三才""两仪""皇极""太极""无极"等。同善社还有武装组织系统,分为"总管带""总领""管带""队副""棚长"等职称。

合肥县社,与安徽省号一样,设立相应6个科,即教授、收支、交际、外交、庶务科,负责具体道务活动。刘炳炎、刘炳卿、刘泽兵为三层道，蔡宇卿、刘子镰为四层道，平时主要以拈阄的方式吸收道徒。阄是红纸做的，阄上写有“准”字或“空”字，谁拈到“准”字的，表示元音圣母已批其入道，“空”字则表示未批准。实际上，每个阄上都写“准”字，人人都能参加，以不断扩充其势力。

同善社主要以封建迷信欺骗、麻痹人民群众，自称有宝贝“七星宝剑”，能砍断最强的风头；有袪灾保平安“照妖镜”，能驱邪、镇鬼，遇到大灾大难，挂在门上能免除灾难；有“万福灯”，能逢凶化吉，如遇到灾难，灯一点，就可保平安无事。还利用“超度祖先”(死后办斋事)、发行“红书”来诈骗钱财。

1953 年，合肥开展取缔反动会道门的行动，同善社转入地下活动，仅有个别道徒向政府登记退道。1954 年，安庆市公安处侦破一起反动同善社复辟活动案，到合肥追捕安徽总号首朱穆宗时，揭开合肥同善社复辟活动情况。朱穆宗窜到合肥后，先在刘炳炎家设立中和坛(省坛)，接着在合肥善长刘平楷家设立辅庭坛，作为朱穆宗主持全省同善社的据点。各坛为掩人耳目，均将墙壁挖空烧香点灯。是年因发大水，中和坛迁至合肥县三合乡竹音庵，由刘绎真负责。中和坛设立后，暗中发展组织，分别制发红书、万善宝囊、龙标、发宝版等。道首蔡宇卿造谣说：“天崩地裂的大劫要到了，有红书的人，可拿红书进瀛城，永保平安”，还散布战争恐怖，说什么“蒋介石反攻大陆，有美国飞机、大炮、毒气弹，天下大乱，真主要出现了……”同善社还以领红书焚化、烧香、超渡祖先等骗取道徒的钱财，如道徒周琪琳被蔡宇卿一次骗去旧币 130 万元(相当于 20 世纪 80 年代的 130 元)现金以充作活动经费。

1954 年 4 月间，朱穆宗在合肥刘炳炎家，捎信给含山县运槽的同善社善长朱文龙，要他到合肥来参加授红书活动。朱文龙怕暴露身份，委派其妻到合肥授书，朱穆宗交给她一本红书，向她索要旧币 100 万元。朱穆宗在红书上写着“原人红书”四字，并盖印数枚，印文是“九五玄天真子奠定中原”，落款为“兵马大元帅府印”。

1955 年 1 月，市公安局配合安庆市公安局调查合肥同善社活动情况，并从肥东县店埠区、寿县东关外和下塘区、无为县汤沟区等地查清同善社设堂进行的复辟活动情况，先后依法逮捕大小道首 60 余人。合肥的同善社被取缔，道首朱穆宗、刘炳炎、蔡宇卿、刘绎真等被依法处理。

取缔三宝道

三宝道是以人的眉心、手心和本身的正心为三宝而得名，也有人称取佛教中的佛、法、僧三宝而得此名的。

三宝道由潜山县大香山庵尼姑郑常法创立。郑常法生于清光绪二年(1876 年)，肥西县义城乡人。清光绪二十九年(1903 年)，郑出家投师于合肥县长临河普济庵，后在肥西县观音庙削发修行。清光绪三十三年(1907 年)，郑到潜山县香山寺当家。1926 年，郑获得军阀段祺瑞等人的资助，在大香山修盖庙宇 48 间，香火鼎盛，郑自称“活佛”，广招徒弟。1930 年，郑回到肥西郑福冲兴盖观音庵，正式创立三宝道。郑的住处观音殿为大天堂，郑自称“老活佛”“慈悲主”，另有“金童”魏先礼、“玉女”郑连珍。郑宣称先度 500 活观音(妇女)、500 活罗汉(男子)，以普度天下，建立佛国世界。对所谓忠实的道首分子，分别封为阿罗节地灵官、炉君、观音、罗汉、送子娘娘、醉八仙、孙悟空、滁兰等职。三宝道念的是先天道的经书，由郑德三、魏先礼负责道务，毕金山（活灵官）、黄建镇（阿罗节地）负责传道和对道徒的管理教育，孔祥会（书记）负责书写经书、神仙牌位和通知集会。

三宝道发展道徒手续严密，主要采取亲劝亲、邻劝邻的方法，先劝人烧香吃素，被考察认为是心诚的人，才可吸收入道。该道自定阴历二月十九日、三月十九日、六月十九日、九月十九日为会期。每逢会期，前往肥西郑福冲大天堂集会，烧香的道首、道众1000余人。

大天堂下设小天堂。合肥市郊区设12个小天堂，小天堂任务是对周围道众进行传道，逢会期举行集会等。据合肥解放初调查统计，三宝道以潜山县大香山为中心，发展道徒1000余人。合肥市三宝道道徒主要分布在肥西烟墩、岗集、上派、官亭和肥东店埠、双墩等地区，仅郊区就有大小道首19人、道众181人。

三宝道一贯与人民为敌，先后被封建官僚、反动军阀、敌伪汉奸所控制利用。清光绪三十三年（1907年），郑常法为筹措经费，在潜山县府门口睡了五六天，县官见其"心真"，发给其县府公文，并为其在大香山盖了几间草房。郑手持公文，四处游说化缘，吹嘘县官贤明，讨得欢心。后来，又得到军阀段祺瑞等人资助，修盖庙宇。为此，郑感激涕零，利用传道机会，为他们树碑立传。1943年，少将参议员项云龙、汉奸邓六相继参加三宝道。项云龙操纵该道，掌管对外一切事务。当时，大道首黄金镇、张三千被国民党军队抓去，项出面将他们保出。还于1944年委派道首郑怀林出任七里塘乡乡长。邓六为该道在合肥地区发展道徒鸣锣开道，还负责购买会期及道内所需的物品。合肥解放前夕，国民党军长张飞、土匪大队长王竹仙等亦与该道交往甚密，还资助整修观音殿的经费。

三宝道以烧香拜佛为名，以鬼神灾难威胁、迷惑群众，诈骗钱财。逢会期及郑常法生日，道众除献钱以外，还有献米、草、油、盐、糖、桂圆、木耳等等，任其大肆挥霍。合肥解放后，集会秘密，规模小，会期频繁，每月都有，均以小天堂为单位进行。诈骗钱财的方式也随之转变，由主要道首分片去各个小天堂，按月收缴道费，集中送往大天堂。该道主要道首还装神弄鬼，下神治病，诈取群众钱财，治人于死屡见不鲜。郊区蜀山乡沈正英在合肥解放后下神治病，先后治死5名儿童。1955年5月，肥西三十头乡三宝道徒时德全2个小孩出天花，不听干部和邻居的劝阻，请沈下神治病，结果孩子被活活折磨死。三宝道还破坏《婚姻法》，不许道徒及子女与道外子女结婚。1952年，道首毕连仙闻知31岁的女儿王克英准备与骆姓结婚，便用香火将其头发烧光，身上烧伤多处，令其终身不嫁。道首孙连芳的儿媳20岁死了丈夫，守寡10多年，孙一直不许其改嫁，并将与其恋爱的雇工胡二赶出家门，拒付8年工资，致胡投井自杀。该道蓄意破坏土改、"镇反"、抗美援朝等各项政治运动，到处散布"变天"思想，伺机组织暴动，阴谋颠覆新生人民政权。

1954年8月17日，经华东公安局批准，确定三宝道为反动会道门组织，依法予以取缔。但该道毫无收敛，继续设佛堂，传抄经书，发展道徒。1957年，全市开展取缔三宝道运动。依据"首恶必办""胁从不问""立功受奖"，镇压与宽大相结合的政策，大道首郑常法被判处无期徒刑，道首毕金山、黄守朝、夏维长、陆世掌等20多人分别被判处3~15年有期徒刑，一般道首分别在郊区蜀山、金斗、北外、德胜等4个乡设立的登记处办理退道手续。

1962年，三宝道活动死灰复燃。在郊区蜀山、优胜、三十岗、曙光、杏花等公社发现三宝道徒117人,其中新发展的道徒60人。郊区蜀山公社农民王传银利用串亲访友、给人刺血治病发展道徒,还抄录经书《劝世文》《叹世宝卷》《救劝宝训》等,四处讲经传道,被依法判刑5年。三宝道骨干夏维长刑满释放后,又纠集老道徒,秘密串联,并在家设佛堂,摆香案,供奉"慈悲主"郑常法的牌位,每日早、中、晚烧香磕头。他每月集道徒传经讲道,继续以吃素修行、消灾治病、成仙成佛为幌子诱骗群众信道入道,进行三宝道复辟活动。

三宝道虽经多次取缔,但由于少数道徒受毒较深,在落后群众中仍有一定影响,因此,三宝道活动在较长的时间一直没有根绝。

取缔先天道

先天道,又称先天玄关大道、普济道等。该道创始于汉武帝时代,距今约有2000年历史,遍布全国各地。该道内部不睦,分裂成西华堂、三华堂两派。各派道首之间,又争利自创,各立堂名,因而全国没有统一堂号。

西华堂最高道首称为总持,总持以下各级道首逐级下推为十地、顶航、保恩、引恩、正恩、天恩直到众生,其道内辈分为道、运、永、昌、隆。该道在安徽负责人为桐城的张道中(十地)、宣城县陈运魁(顶航)、肥西赵子维(赵死后由郭福五负责)、庐江县吴士杰(顶航)、蚌埠市李运华(顶航)。该道分布在安徽省芜湖、安庆、宿县、滁县、六安5个专区15个县,其中宣城、肥西两县活动更为突出。

三华堂派是以正、副家长领导全国各地道务活动的。据合肥解放初调查,安徽省三华堂派负责人何道纯又名何云青、李运实,还有保恩2人、引恩109人、正恩149人、天恩330人、执事406人、道家814人。三华堂派遍布全省36个县。该道家长以下的各级道首与西华堂派相同,道内辈分为道、求、昌、明。

先天道不仅是一个封建迷信组织,还是一个坚持与人民为敌的反动组织。其上层头目在抗日战争时期与侵华日军勾结,参加"中日佛教会""万教归一大会",帮助日本侵略者奴化中国人民。1947年,先天道在国民党统治者操纵指使下,组成"三教合一",成为蒋介石反动统治阶级的御用工具。安徽省道首何云青除在本省大肆发展道徒,还窜到江苏、浙江等地办道,发展组织。1949年年初,何还召集道首开应变会议,布置潜伏活动,提出"潜居立足,专人秘密联系,停止信件来往,一人受灾,一人顶劫,不能连累他人"的口号,妄图负隅顽抗,东山再起。

新中国成立初期,先天道活动主要特点及其罪行有:1.以佛教为掩护,打着修身养性的招牌取得合法手段,秘密发展道徒。1952年,道首吴介轩在颍上县组织所谓"佛教居士林",以宗教信仰为名向政府申请,取得合法地位,并和道首何云青秘密串联进行会道门活动。肥西县道首郭福五将该道改名为"化生工作队",下设1站12个组,披着宗教外衣进行道务活动,张贴反动布告,制造"第三次世界大战就要爆发,只要入道,才能免除灾难"的谬论。郭福五还以研究佛学的名义,多次召开道首会议,研究道务活动。2.以原有匿居和没暴露身份的中小道首为核心,秘密恢复和发展组织。肥西西华堂派道首郭福五、肖佩珍、蒋隆增(天恩)、陈俊臣(顶航)先后以"化生工作队"名义串联各地道首,再由各地小道首以认干姐妹、干儿子和探亲访友为借口,发展道众。大道首与下层互不联系,一个堂口小道首只知领导他的道首和其发展的道徒。发展对象多数是迷信较深的落后群众、对人民政府不满的反革命分子。3. 积极串道提拔恩执，索取道费。道首何云青先后往太湖、六安、无为等地进行秘密传道，索取道费，秘密开香堂，提拔恩执。仅 1954 年 9 月，何云青即提拔恩执 40 多人，收取道费旧币 335 万元。4. 谣言惑众，欺骗与威胁群众入道。合肥解放初，道首龙泽云对群众威胁说："要三次大战了，共产党不得长久，如不入道就会遭殃……"1954 年，合肥遭受百年未遇的大水灾，极少数先天道众暗地散布谣言，欺骗、鼓动落后群众修神盖庙，设立佛堂，求神拜佛，暗中发展 10 多名道众，破坏抗洪救灾工作。

先天道早在 1953 年就被政务院明令取缔，但由于该道化整为零，行动诡秘，除了少数"露头"的受到打击处理外，其反动组织并没有被彻底摧毁。1955 年春，安徽先天道道首何云青落网，遍及全省 3 个市 36 个县的先天道组织才被揭露摧毁。在取缔工作中，按照中央关于"依靠广大群众，发动群众，争取分化一般道首，打击少数反动大道首"的取缔方针，依法逮捕先天道的"十地"何道纯，"顶航"李云实，"保恩"吴介轩、胡永根等 20 余名大道首。"正恩""执事"等小道首和广大道众，分到以区、乡为单位进行登记退道，具结悔过。从此，反动先天道活动基本绝迹。

第三章　打击刑事犯罪

合肥解放后和新中国成立初期,市公安局主要目标和任务是巩固和保卫新生政权,镇压反革命成为压倒一切的首要任务,之后,打击刑事犯罪日益成为公安机关的主业之一。随着时代的变迁,刑侦机构、刑侦人员、刑侦技术与装备从无到有、从小到大,刑侦业务日趋职业化、专业化,有效地预防和打击了刑事犯罪活动,对维护社会治安发挥了重要作用。

第一节　刑事侦查机构

机构沿革

1953 年,市公安局治安科内设刑警小组,编制 9 人。1955 年 2 月,治安科刑警小组扩编为刑警队,设正、副队长 2 人,刑警 14 人。

1956 年 8 月 21 日,原属治安科的刑警队划出单独设置为刑警科,序列为第七科。1957 年 3 月,市公安局刑事技术工作正式开展文检、法医、照相业务,10 月又增加痕迹检验工作。

1957 年,市公安局组建警犬业务工作。1958 年年底,市公安局使用警犬技术,时有 5 条警犬,其中 3 条尚在训练中,2 条能赴现场使用。1959 年 1 月 20 日,全省警犬工作现场会在合肥召开,市公安局介绍警犬破案经验。1967 年,使用警犬技术被迫取消。1983 年 9 月,刑侦部门恢复使用警犬技术。1987 年,引进 4 条警犬,基地设在合瓦路交警四大队院内。

1962 年 8 月,东市、西市、南市、北市和巢湖区公安分局设立刑侦股,编制 24 人。是年 11 月,撤销刑警队建制,刑事侦查业务又并入治安科。

1963 年,刑事侦查业务从三科(治安科)划出,改为刑警队,城区 4 个公安分局刑侦股改为刑警小队。市公安局刑警队编制 30 人,4 个公安分局刑警小队编制 23 人。1964 年,市公安局刑侦人员 36 人,占全局干警总数 634 人的 5.68%。

“文化大革命”期间,市公安局刑事侦查业务被市军管会治安组取代。

1980 年 1 月,各公安分局设立刑警队,每队编制 15 人。

1981 年,市公安局刑侦业务和治安业务分开,重组刑警队。

1982 年 10 月,市公安局刑警队内设政秘、刑侦、技术、预防等 4 个股。

1983年1月,刑警队改为刑警大队建制,刑侦队员97人,恢复刑侦技术科,序列为第七科。1984年2月,刑警大队内设的股改为科、队建制。

1985年1月18日,成立合肥市公安局刑警大队驻合钢公司刑警队,由合钢公司出编制、经费,为科级单位,编制30人,隶属合钢公司保卫处和市公安局刑警大队双重领导。

1985年3月19日,刑事警察大队二队(反扒窃队)编为治安大队三队,隶属治安大队领导,刑事警察大队设立侦破大要案二队。12月10日,增设刑事警察大队刑侦资料科。

1987年7月28日,刑警大队和刑侦技术处(四处)合并后,增设刑警大队四队,负责刑侦技术工作。

1988年10月18日,经市政府和省公安厅批准,成立合肥市公安局刑警大队驻安纺刑警队。业务上受市公安局刑警大队领导,行使合钢刑警队同等职权范围,编制及人员由公司选配,组织关系转刑警队。

职能职责

刑事侦查的主要职责:侦破杀人、放火、爆炸、抢劫、强奸等暴力性案件,侦破流氓、伤害、盗窃、诈骗、走私等特大和重大案件,侦办一般刑事案件,预防和打击刑事犯罪活动。

第二节　侦查破案

合肥解放和新中国成立初期,由于各种原因,社会治安不够稳定,先后发生如坝上街庆昌染坊、华昌盐粮行等5处遭持枪匪特抢劫案,9起水井投毒、偷割电话线等现行破坏案件。市公安局刑警组结合镇压反革命运动,组织侦察破案,缉捕流氓头目、惯盗扒手等,使案件发生明显减少。

1954年4月,市公安局抽调21名干警组成5个工作组,深入治安问题突出地区,集中打击现行反革命和刑事犯罪分子的破坏活动。先后召开群众会109次,参加会议人数1.1万多人。截至5月底,捕办现行破坏活动的反革命分子、惯盗惯窃及吸毒犯42人。其间,即4月15～26日,公安局联合司法部门在逍遥津公园举办盗窃赃物展览会,展出盗窃的赃物311件以及漫画、图片等,2名惯窃犯在展览会现身说法,坦白认罪,参加人数2.8万人。12月30日,治安科刑警组始配指纹、现场勘查等简易技术设备。全年发生盗窃案件366起、贩毒18起、诈骗16起,破获314起,破案率为85.8%。

1955年1～3月,全市发生刑事案件196起,其中盗窃110起、扒窃37起、赌博34起、伪造信印4起、诈骗3起、纵火和扰乱社会秩序各1起,破获158起,破案率为80.6%。6月15日凌晨3点,市公安局组织干警94人和公安队24人,分成11个行动小组,逮捕35名各类犯罪分子。逮捕人犯中有不少是屡教不改、群众痛恨的惯盗惯窃分子。刑警队依靠群众,采取“侦察、控制、防范”相结合的方法,全年破获刑事案件406起,占发案总数471起的86.2%。

1957年4月3日,市政法机关在省体育场召开万人大会,公开宣判11名刑事犯罪分子。市委副书记顾浩讲话,决定集中开展打击刑事犯罪活动。之后抽调44名干部设立打击刑事犯罪专门办公室,组织20个侦破小组,对1956年以来未破的124起案件,通过印发宣传提纲,张贴标语,放映幻灯片,宣传典型案例,层层召开基层干部、群众大会等,广泛动员群众协助破案。截至5月5日,群众检举、揭发各类违法犯罪分子642人,投案自首53人,破获各类案件108起。

随着合肥市经济快速发展,市区面积不断扩大,居民人口由合肥解放初期不足6万人,增加到1960年的58万多人。人口增加近10倍,刑事案件发案数也随之增加。刑事案件侦察由过去单纯依靠人工调查逐渐发展到注重刑侦技术的运用。

1959年3月,巢县板桥乡张倪村1名17岁少女被人强奸后杀害。市公安局当即派员携带警犬赶赴现场,通过嗅源将犯罪分子王某作案时所穿的衣服衔出。在确凿证据面前,王某认罪服法。1959年,警犬出勤现场119次,除去现场失去使用条件37起外,实际使用82次,其中通过警犬直接破案的20起,追踪指出侦察方向、提供线索破案的27起,鉴别否定嫌疑的14起,使用警犬获取成效占70%以上。

1960年3月20日凌晨6时,在省交通厅与水泥厂交界处之间的南淝河上,漂浮一具无头、无脚、无胳膊的女尸。市公安局接到报案后,当即派员对现场进行勘查,对周围进行搜索,在南淝河边的猪圈、厕所内发现死者头、四肢及衣服等,证实死者系董某兰。同时使用警犬追踪、法医检验、痕迹鉴定、紫外线检查等技术,寻找扩大线索。21日下午16时许,在交通厅院内发现一块草席,有血迹、毛发、碎肉和碎屑等,即以此为嗅源,用警犬搜索。当警犬嗅到交通厅后院宿舍楼上时,径直闯入刘某(女)家中,公安人员立即对刘某家进行检查,发现凶器,地板、床头等处均发现有血迹,遂将刘拘留。经审讯,刘对杀人碎尸经过供认不讳。

1959～1961年,偷摸、哄抢粮食等财物事件大量发生,刑事案件逐步回升。据1961年统计,全市发生刑事案件974起,发案数占人口总数18.9‰。市公安局针对复杂社会治安问题,严格区分两类不同性质的矛盾,慎重处理群众性偷摸问题;对于群众性哄抢事件,耐心宣传教育,晓之以理,知之以法;对煽动、组织哄抢事件极少数坏人予以揭露和依法处理;对杀人、放火、爆炸等重大刑事案件做到集中力量快侦快破,及时打击处理。

1962年9月22日,市委召开全市党员负责干部大会,市委书记、市长赵凯在讲话中指出,全市7～8月发生50元以上的刑事案件212起,哄抢、盗窃下马工厂企业物资情况十分严重,仅财贸钢厂、合肥铝厂、合肥冶金机修厂3个单位,被抢盗物资就达16万多元。市委要求全市各部门密切配合,协助公安部门,搞好治安工作,打击盗窃破坏活动,加强内部防范工作。9月下旬,市公安局与合肥化工厂、大兴集公社等单位,抽出20名干部组成工作组,历时4个月,对工厂下属单位盗窃、哄抢物资的案件进行查处。查明大兴集公社1812户,偷摸工厂物资的有796户,参与偷摸的人员中有生产队长62人,被盗的物资有钢材、电动机等。工作组对参与偷摸的绝大多数干部和群众进行了批评教育,动员其退还物资,对极少数为首分子依法予以制裁。是年底,针对郊区以及肥东、肥西结合部,先后发生被锯盗电线杆30根、拉线杆71根,偷割电线3300多米等严重治安情况,市公安局组织精兵强将,各部门协同配合,查获19名盗窃分子,依法逮捕2人,行政拘留7人,追回电线杆、拉线杆26根。

1963年2月下旬，市公安局、分局刑警队抽出17名队员组成侦破小组，集中打击流窜犯活动。采取调查摸底和发动群众检举揭发相结合、专案侦查与治安控制相结合的方法，集中打击流窜犯罪活动，仅半个月就抓获流窜犯罪分子59人，破获刑事案件52起、治安案件20起。5月7日，合肥化工厂警卫班2支手枪、118发子弹被盗。市公安局局长徐晓东带领6名侦察员赶赴案发现场，经59个小时奋战，抓获盗枪犯边敏龙、唐国富、钟兴华、董福荣、顾学山等5人。6月15日，市郊区火车站、化工研究院、市建公司预制厂等处连续发生拦路抢劫案件，人心惶惶。市公安局组织11名干警伏击守候11个夜晚，抓获5名罪犯，破获抢劫案8起。此外，还破获夏文顺、王坤盗窃贩毒案，安庆路旧货合作商店纵火案，省建筑厅徐某柱杀妻案，南淝河“12·23”凶杀案等一批有影响的案件，使一度混乱的社会秩序得到扭转，各种刑事案件下降。至1965年，全市发生刑事案件551起，发案数占人口总数的11.5‱，出现社会安定局面。

1951～1965年合肥市刑事案件发、破情况统计表

表3－1　　单位：起

类别 数字 年份	发案	破案数	破案率	破案率同比
1951～1953	628	431	68%	
1954	400	314	78.5%	+10.5%
1955	471	406	86.2%	-7.7%
1956	177	137	77.4%	+3.3%
1957	392	326	83.2%	+15.8%
1961	974	888	90.87%	+7.67%
1962	660	445	67.4%	-23.47%
1963	675	446	66.08%	-1.32%
1964	485	328	67.6%	+1.52%
1965	551	199	36.1%	-31.5%

注：1.1958至1960年因受“大跃进”影响，发、破案数字不准确，故不计。

2.1966年5月16日“文化大革命”开始，当年未统计发、破案数字。

1953 ~ 1957 年合肥市各类刑事犯罪打击处理情况统计表

表 3 - 2 单位:人

数字 类别 年份	逮捕	处决	死缓	徒刑	释放	释放管制	社会管制	撤销管制
1953	1249	1		585				
1954	741	4		329			61	
1955	241			211			25	1
1956	199		1	101	80	1	10	7
1957	668	1		169	80	1	3	7
合　计	3098	6	1	1395	160	2	9915	

注:1955 年逮捕和处理数字不包括法院逮捕 127 人,关押 88 人。

“文化大革命”时期,刑侦工作遭到破坏,刑警队被撤销,先后由公检法军管会治安组、“文攻武卫指挥部”、“民兵指挥部”替代,47 名刑事侦查员被下放,调走 29 人。由于受到“人头不信,信狗头”的批判,犬舍被扒掉,警犬被送去看仓库;由于受到“技术第一,白专道路”的批判,刑事侦查技术人员不敢钻研技术,不愿干刑侦技术;由于社会动荡混乱,长期积累的刑侦资料、痕迹标本等无人问津,多数失落,器材损坏、丢失严重。市“文攻武卫指挥部”将专政矛头指向干部群众,以致部分干部群众受到关押、严刑拷打等迫害。在“一人供听,二人供信,三人供定”“大棒底下出材料”和“群众办案”等流毒影响下,对一些案件不注重调查研究,现场勘查可有可无,不重证据,先入为主,从嫌定案,出现一些既不重实体,又轻视程序的荒唐案件。

1973 年,全市发生刑事案件 1369 起,破获 1098 起,破案率 80.2%,破案率比 1972 年同期(发生刑事案件 755 起,破获 311 起)提高 39%;其中发生大要案 101 起,破 99 起,破案率 98%,破案率比 1972 年同期(发生刑事案件 20 起,破获 15 起)提高 23%。此外,破获年前积案 330 起,协助外地公安机关破获刑事案件 150 起。是年 2 月 26 日 18 时 30 分,郊区公安分局组织力量,在西郊多处蹲点守候,当场抓获拦路强奸犯韩胜勇。韩自 1971 年 4 月以来,经常骑自行车流窜西郊偏僻地段,多次冒充公安人员,以检查被盗武器、弹药为名,采取拦路盘查、威胁搜身等手段,在光天化日之下,先后强奸女青年 4 人,强奸未遂和猥亵女青年 10 人,造成社会影响极坏。

1974 年,市公安局破获“2 · 12”投毒杀人案,摧毁 2 个流氓团伙,及时处置高某发奸污哑女,遭群众殴打致死事件。

1975 年 9 月 20 日,根据华东六省一市清查打击流窜犯协作会议和全省铁路治安工作会议精神,市公安局在工商、铁路等部门配合下,集中 6 天时间先后组织公安干警、民兵、治保干部 3.28 万多人,在全市进行 3 次治安大清查。清查重点地段、复杂场所 418 处,旅社、招待所、浴池和外地驻合肥转运站 57 处,共抓获流窜犯罪分子 35 人,破获刑事案件 128 起。

1976年10月，市公安局刑事侦查工作得到加强，刑事侦查人员恢复至60人，增设配备11人的刑事侦查技术科，修复、添置刑侦技术器材，开展照相、法医、文检、痕检、化验等5个项目。

1977年3月下旬开始，市公安局开展以整顿铁路沿线治安秩序为重点，全面整顿社会治安秩序统一行动，分别于4月、5月中旬掀起两个高潮。党委重视，书记动手；市公安局主抓，相关部门配合；大造革命舆论，深入发动群众；认真摸底排队，深挖犯罪团伙。全市范围内组织党政干部、公安民警、民兵和治安积极分子8500多人，采取连续作战、反复出击的方法，先后清查铁路沿线结合部、重点单位500多处（个），破获反革命案件4起、刑事案件190起，其中重大刑事案件20起；查获各种违法犯罪分子372人，其中流窜犯11人、在逃犯2人；缴获一批赃款赃物及凶器，其中收缴子弹22发、匕首等各种凶器18件。

1979年，全市发生刑事案件2408起，其中重大案件184起，发案数占全市人口总数的28‱。市公安局加强刑侦力量，在各公安分局设立刑警队。同时，认真贯彻全国、全省城市治安会议精神，抽调90名干警组成工作组，分别到治安问题突出的双岗、巢湖路、蜀山等11个派出所辖区帮助整顿治安秩序。全年破获案件1626起，破案率67.94%，其中破获重大刑事案件166起，破案率90.2%；抓获流窜犯258人，追回劳改、劳教在逃人员105人，收缴各种凶器652件，破案缴获财物折款134680元。

1980年6～7月，市公安局遵照省厅在全省开展“破大案、打流窜、挖团伙、追逃犯”战役和治安秩序“良好月（季、年）”活动，实行上下结合、内外结合、防破结合、治标与治本结合的“四结合”社会治安整治。6月、7月两个月，全市未发生政治案件，发生刑事案件187起，破117起，破案率62.2%；其中发生重大案件15起，破获14起，破案率93.3%；破获6月前和年前积案235起。发案率比1979年同期下降46.6%，重大案件下降54.5%，与开展战役前的4月、5月两个月相比，发案率下降43.8%。

1981年，针对少数工厂企业工业用铜被盗严重情况，市公安局组织联合侦破盗铜专案组。经过3个月工作，挖出盗窃团伙和销赃团伙14个，破获刑事案件228起，其中重大案件24起，抓获违法犯罪分子112人，追缴6万余元赃款赃物。并在工人文化宫举办展览会，组织全市工厂企业职工参观，进行直观形象化法制教育。是年，市公安局还组织3次侦破战役和打击流窜犯统一行动，但是社会治安问题并未根本解决，重大刑事犯罪比较突出，流氓团伙横行城乡，“两劳”人员和流窜犯四处骚扰，社会治安形势较为严峻。8月27～29日，市委召开政法工作会议，传达省委政法工作会议精神，市公安局组织干警通过2个月社会治安集中整顿，刑事案件逐月下降，其中重大刑事案件比4月、5月下降51.6%。群众向公安机关提供线索252件，扭送违法犯罪人员314人，17名案犯投案自首，35名家长送子归案。

1982年1月，市公安局遵照省厅统一部署，开展第一次打击流窜犯统一行动，抓获违法犯罪分子91人，其中流窜犯32人、在逃未决犯10人、劳改劳教在逃的6人。4月27日至5月3日，开展第二次集中打击流窜犯行动。市公安局组织公安保卫干部、民兵和治安积极分子3700多人次，对重点部位进行巡查，在市区通往外地主要交通要道设卡检查，通过清查堵截，抓获83名违法犯罪分子，破获刑事案件51起、治安案件33起，缴获赃物折款6000多元。在这次行动中，强调坚持从实际出发，实事求是，不搞指标，不凑数字，逮捕、拘留、劳教和收容审查都要在法律范围内进行。1~7月份,一般刑事案件比1981年同期下降9.5%,重大案件下降41.5%,有14名违法犯罪分子向公安机关投案自首,从中破获21起案件,群众扭送到公安机关违法犯罪分子91人,送子归案的有30人。但是,1~7月,全市(不含长丰县)却发生55起重大刑事案件,其中强奸、轮奸案件发生30起,占重大刑事案件总数的54.5%。1982年,其他重大刑事案件比1981年同期都有下降,唯独强奸、轮奸案件上升15.4%。

1983年,刑警队改为大队建制,共有刑侦队员97人。鉴于刑事案件多,刑侦人员严重不足情况,市公安局采取"市公安局侦破特大案,区县局办重大案,派出所破一般案,谁能及时破掉谁主办"的权宜之计。东市、西市等分局刑警队将区内相邻派出所划为若干片,刑侦人员分成相应小组,分片包干,协同派出所就地查破案件,做到有案办案,无案抓防范,发生大要案,随时调集必要刑侦力量投入侦破。

1977~1982年合肥市刑事案件发、破案统计表

表3-3　　单位:起

类别 数字 年份	发案	破案	破案率	破案率同比
1977	2121	1490	70.2%	
1978	2333	1626	69.7%	-0.5%
1979	2408	1665	69.1%	-0.6%
1980	2274	1652	72.6%	+3.5%
1981	2104	1599	76%	+3.4%
1982	2421	1875	77.4%	+1.4%

注:1.1966~1976年十年动乱未统计发、破数。
2.1979年全市刑事案件发、破数含长丰县。
3.1983年"严打"以后有记述,不计。

第三节 "严打"斗争

1983年1~5月,全市发生伤害案98起、抢劫案35起、强奸和流氓犯罪28起,分别比1982年同期上升27.3%、34.6%、33%。伤害案件致人死亡2人、伤91人。这些伤害案件多数是聚众械斗、行凶报复,有的在公共场所寻衅滋事,行凶伤人,多数案犯身带凶器,由单管钢珠枪发展到双管钢珠枪,甚至左轮手枪,严重危害人民生命财产安全。强奸案件上升迅猛,个案触目惊心。5月27日晚,合肥汽车配件厂工人王书金闯入合肥矿机厂技校一女学生家,对其强行奸污。社会治安一时呈现出"坏人神气,好人受气,积极分子憋气,基层干部泄气"的不正常现象。

1983 年 8 月,中央做出“三年为期,三个战役”“严厉打击严重刑事犯罪活动”的决定。这是自 1950 年镇压反革命后全国统一开展同刑事犯罪的斗争,规模之大、影响之深都是空前的。打击重点是“七种人”:杀人犯、放火犯、爆炸犯、强奸犯、抢劫犯、重大盗窃犯、流氓集团头子,以及劳改逃跑犯、重新犯罪的刑满释放分子和解除劳教人员、其他通缉在逃犯等。市公安局在省公安厅统一领导指挥下,开展轰轰烈烈的“严打”斗争,取得显著成效。

第一战役

1983 年 8 月初,合肥市着手部署第一战役,从组织领导、物质准备和人员调配等,皆由市委、市政府统筹安排。市公安局为主体实战单位,派出所为前沿阵地,公安干警、保卫干部、经济民警除内务值班外,全体参战,检察院、法院、司法局、民兵、警备部队官兵全力配合,市党政机关、市属部门予以协同。第一战役第一仗投入人力超过省委规定(5:1),7 个抓 1 个。

8 月 22 日凌晨,合肥市公安局打响声势浩大的“严打”第一战役第一仗,又称“拉网”行动。据同年 12 月 31 日统计,全市“严打”第一战役第一仗抓获犯罪分子 2148 人,其中收容审查 253 人、刑事拘留 4 人、逮捕 1143 人、劳动教养 847 人;摧毁犯罪团伙 194 个 995 人,其中流氓团伙 79 个 435 人、盗窃团伙 34 个 181 人、抢劫团伙 42 个 189 人、其他团伙 39 个 190 人。在抓获的犯罪分子中,涉及省军级干部子女 1 人、地市级干部子女 5 人、县团级干部子女 27 人、科局级干部子女 87 人、一般干部子女 241 人;缴获军用枪 16 支、其他枪 69 支、子弹 815 发、凶器 428 件、炸药 11.4 千克、雷管 23 个,赃款和赃物折款 113463.4 元。声势浩大的“严打”之后,“好人怕坏人”现象得到改观,广大市民纷纷检举揭发坏人坏事。自 8 月下旬至 9 月底,群众检举揭发材料 2000 多件,70 多名违法犯罪分子被群众扭送到公安机关。市区 9 月份发案数比 8 月下降 25.6%,比上年同期下降 64.2%。

1983 年 12 月 ~ 1984 年 1 月,市公安局在工人文化宫举办合肥市刑事犯罪罪证展览活动,展出“严打”斗争系列照片,38 个严重刑事犯罪典型案例实物和凶器、赃物,青少年受“精神鸦片”毒害堕落犯罪 15 个案例和收缴的黄色音像制品、赌具等,以及在“严打”斗争中涌现出的 24 个先进单位和先进个人事迹,社会各界和群众赠送公安机关的 52 面锦旗、横匾。还把展出案例汇编为《法网恢恢》小册子,并摄制《合肥人民打击刑事犯罪纪实》录像片,对广大群众进行法制教育。这一展览在市区和长丰、肥东、肥西 3 个县巡回展出,参观群众 50 多万人。通过声势浩大的“严打”斗争,合肥市社会治安形势大为改观,罪犯投案自首 76 人,群众扭送 141 人,群众揭发检举和提供线索 1155 件。

1984 年 1 月 21 日,市公安局进行“严打”第一战役第二仗,打击对象仍是“七种人”,打击着力点是收捕隐藏较深犯罪分子和第一仗漏网人犯。5 月底,全市第二网共收捕 1089 名刑事犯罪分子(逮捕 807 人,劳教 191 人,刑事拘留 2 人,收容审查 99 人),包括一些隐藏较深的犯罪分子,案件质量大为提高。是年 2 月底,市公安局重点追捕第一网批捕的在逃案犯。东市公安分局采取各种有效措施,经一个多月的工作,抓获在逃案犯 66 人,占 69 名在逃案犯总数的 95.6%。市公安局配合市、县法院在春节和五一节前召开两次公判大会,处决 23 名首恶犯罪分子。

1984 年 6 月 25 日,市公安局集中开展第一战役第三仗,巩固第一战役战果。7 月底,全市第三网共收捕 694 名刑事犯罪分子,其中逮捕 328 人,劳教 150 人,刑事拘留 1 人,收容审查 215 人。

第二战役

1984 年 8 月 2 日,合肥市公安局进行第二战役第一仗。全市抽调一批党政干部、公安政法干警、保卫干部、民兵和治安积极分子,出动 202 部车辆,对 96 处在第一战役中触动不大、治安问题较多"死角"地区和单位开展深挖工作;对在押人犯发动政治攻势,开展坦白检举,深挖一些隐藏较深的犯罪分子,破获一批重大刑事案件;开展打击流窜犯统一行动,对一些公共复杂场所和重点部位进行清查;组织追捕小组,设卡堵截,发动家属亲友规劝犯罪分子投案自首。至 1984 年年底,全市第二战役第一仗收捕刑事犯罪分子 1535 人,其中抓获流窜犯 288 人,逮捕 238 人,刑事拘留 42 人(后转捕 39 人),劳教 28 人,收容审查 900 人;摧毁 57 个犯罪团伙,抓捕 223 人,其中流氓团伙 4 个 13 人、盗窃团伙 38 个 153 人、抢劫团伙 10 个 43 人,其他团伙 5 个 14 人;缴获手枪 1 支、子弹 580 发、匕首等凶器 54 件、雷管 66 个;收缴赃款 443710 元,赃物折款 836720 元。此外,罪犯投案自首 30 人,群众扭送 101 人,群众揭发检举和提供线索 246 件。

通过这一阶段"严打"和社会治安综合治理,全市刑事案件出现四个方面下降:从发案数量看,1984 年刑事案件发案数比 1983 年刑事案件发案数下降 29.9%,发案数由 1983 年占全市人口 21‱减少到 24.5‱,其中重大刑事案件发案数下降 36.2%;从发案类别看,许多危害大、影响大的案件下降幅度较大,伤害案件下降 52.6%,抢劫案件下降 82.1%,扒窃案件下降 51.7%,拐卖人口案件下降 91.3%;从案发损失看,因案死亡人数下降 48.5%,伤害人数下降 50.6%,经济损失折款下降 4.7%;从作案成员看,青少年违法犯罪人数占抓获案犯人数比例,由 1983 年的 73.2% 下降至 1984 年 62.9%。

1985 年 1 月 1 日至 1986 年 1 月底,全市"严打"斗争第二战役又接连打了四仗(第二仗、第三仗、第四仗、第五仗)。全市共发生刑事案件 1663 起,比 1984 年 1828 起减少 165 起,下降 9%。全年破获刑事案件 1350 起,破案率 81.2%,比 1984 年提高 5.1%。重特大案件发生 171 起,比 1984 年 133 起上升 29%;重特大案件破案率 88.9%;1985 年,重特大案件占刑事案件总数由 1984 年的 7.2% 上升至 10.3%,低于全国 15.5%。这一阶段,合肥市刑事案件呈现四个特征:1. 从案件类型上看,盗窃、杀人、抢劫和经济犯罪等四类案件上升。全年发生盗窃案件 1339 起,占刑事案件总数 80.5%;杀人案件发生 18 起,比 1984 年上升 33.3%;抢劫案件发生 24 起,比 1984 年上升 20%,其中重大抢劫 16 起,比 1984 年上升 65%;经济犯罪案件比 1984 年明显增多。2. 从作案成员年龄分析,青少年犯罪比重增加,且有向低龄化发展趋势。1985 年,全市抓获刑事犯罪分子 1706 人,其中14～17岁 454 人,占抓获罪犯总数 26.6%,比上年上升 3.3%;18～25 岁 798 人,占抓获罪犯总数 46.8%,比上年上升 7.7%。3. 从作案成员职业分析,农民、工人比重大,在校学生犯罪增多。在抓获刑事犯罪分子 1706 人中,农民犯罪 699 人,占 40.9%,工人犯罪 433 人,占 25.4%,合之占 66.3%。在校学生犯罪 170 人,占抓获罪犯总数 9.9%,比上年增加 22%。

4. 从案犯历史情况看，初犯略有减少，重新犯罪增多。全年初犯 1229 人，占抓获罪犯总数 72%，比上年下降 5%，重新犯罪 261 人，比上年上升 2.1%。

第三战役

1986 年 2 月 21 日至 1987 年 1 月 31 日，公安机关组织开展第三战役，又称"专项斗争"。第三战役实行"具体指导，分类指导"方针，做到什么治安问题突出就解决什么问题，哪类犯罪突出就集中打击哪类犯罪。中央、省不规定统一行动时间，各地采取拉小网、打小仗，成熟一个处理一个和集中统一行动相结合的方法进行。

1986 年 3 月，市公安局针对公交线路和公交车上扒窃较为突出问题，抽调 60 名干警，历时 1 个多月开展反扒窃专项斗争，抓获扒窃犯 188 人，挖出扒窃团伙 10 个，缴获一批赃物和凶器。与此同时，4 月 20 日至 6 月底的 70 天时间里，全市开展了"严打"第三战役第一仗。期间市公安局根据 1985 年发生盗窃案件占全部刑事案件案发总数的 80% 左右这一突出问题，严厉打击盗窃犯罪活动，破获现行、积案、隐形刑事案件 1104 起，其中重特大刑事案件 25 起；抓获 766 人，其中逮捕 298 人，劳教 101 人，收审 275 人；挖出犯罪团伙 120 个，瓦解成员 554 人。在 9 月 1 日至月底的"严打"第三战役第二仗中，全市收捕各类违法犯罪分子 260 人，其中逮捕 132 人，劳教 47 人，收审、羁押 81 人，摧毁各种犯罪团伙 13 个，瓦解成员 60 人。

1986 年，刑事案件呈现五个特点：1. 劳教、收审人员在逃继续作案明显增多，且具有疯狂性和危害性。1～11 月，市公安局抓获在逃劳教、收审人员继续犯罪 50 人，比上年同期 29 人增长 72.4%。这类人员再次犯罪胆大妄为，不计后果，危害极大。在重特大刑事案件中，作案的劳教、收审在逃人员有 10 人，上年却无一人。犯罪分子张某（男，22 岁），1985 年 3 月因偷窃被劳教两年，同年 12 月 25 日逃跑，伙同沈某（男，18 岁）、尤某艳（女，18 岁）先后在合肥、蚌埠、武汉、上海等地疯狂盗窃作案 11 起，价值 5000 多元。2. 犯罪分子作案日益智能化。特别是累犯、惯犯、流窜犯为逃避打击，进行反侦察研究，伪造现场，毁灭罪证痕迹。唐某平（男，28 岁）、童某元（男，30 岁）撬盗保险柜就是一例。唐、童两犯在作案前，为弄清保险柜构造，假扮顾客到商场购买保险柜进行研究，有针对性购买和自制作案工具，流窜外地 23 个县，作案 48 起，其中重特大盗窃刑事案件 4 起，撬盗保险柜 36 个，盗窃现金和物品总价值 7 万多元。3. 模仿西方国家一些作案手段进行新式犯罪活动。截至 11 月，全市已出现 4 起以匿名恐吓信方式进行敲诈勒索案件。10 月 24 日凌晨，犯罪分子陈某仓（男，29 岁）写一封匿名信，塞入电子工程学院宿舍张某家门缝里，以威胁她儿子生命，敲诈现金 2000 元。4. 青少年犯罪仍是突出问题。1～11 月，从抓获刑事案犯年龄分析，26 岁以下青少年有 1085 人，占全部案犯的总数 75.8%，其中 18 岁以下未成年人犯罪的有 309 人，占全部案犯总数 21.6%。11 月 3 日晚，发生在长丰县水湖镇一起流氓杀人案，其作案团伙 7 人中，就有 6 人是 17 岁以下少年。5. 刑事大案仍在上升。1～11 月，发生重特大刑事案件 210 起，占案发总数 35.1%，比上年同期 153 起上升 37.3%。从案件性质分析，1986 年抢劫、诈骗案猛增，杀人、盗窃大案较大幅度上升，分别发生 22 起和 73 起，比上年上升 57.1% 和 55.3%。

1987 年 2 月 19 日，合肥市发生公共汽车售票员陆忠被杀的案件，严重影响群众安全感。对此,市公安局根据市委、市政府的决定,迅速在全市范围开展整顿社会治安秩序专项斗争,以市区为重点,着重打击流氓犯罪活动。经过精心组织,奋战三昼夜,将杀害陆忠的17名罪犯一网打尽。检察机关及时起诉,法院进行公开审判,依法处决沈云峰、梅奎风2名主犯。市公安局实行多警种联合行动,日夜巡逻,设卡盘查;狠抓公共场所的治安管理,公秘结合及时打击现行犯罪。3个月集中整顿社会治安秩序专项斗争,破获刑事案件217起,其中大案81起,抓获违法犯罪分子501名,配合法院召开公判大会16场,对69名罪犯依法从重从快惩处。是年发生刑事案件1345起,比1986年下降8.9%;破案1084起(逮捕641人、劳教572人),破案率85%,比1986年提高1.4%。许多影响大的案件,如"套妇女脖子强奸案""2·19杀人案""7·22杀人碎尸案""10·18捅刀杀人案",均及时得到侦破。

1988年5月,开展打击严重刑事犯罪活动的重点是整顿夏季治安秩序专项斗争。全市各级公安机关领导深入斗争第一线,局机关处、室分别与派出所挂钩,抽人帮助派出所抓破案、打现行、搞防范。中市区所属派出所普遍实行治安承包责任制,并在闹市区和公共复杂场所建立30个治安办公室,维护治安秩序。对发生的现行案件,全力组织侦破。6月17日,中国科学技术大学校园发生1起流氓滋扰案,从接到报案到破案,仅用16个小时,查获2名案犯,同时追踪查疑,破获1起劫持轮奸的恶性大案。6月21日凌晨,金寨路派出所地区发生1起劫持轮奸案,该所值班民警张苏安、钱刚胜接到报案迅即驱车搜索追击,仅20分钟就在大西门凉亭处将正在作案的5名案犯当场抓获4名。对公共复杂场所以块为主,进行整治,公安机关配合有关单位主管部门,建立健全规章制度,打击害群之马,维护公共秩序。治安民警、武装民警采取机动车巡逻与秘密守候相结合、重点防范与普遍防范相结合,密织防范网。经2个月专项斗争,破获各类刑事案件178起,破大案57起,抓获各类犯罪分子291名,挖出犯罪团伙39个,瓦解成员144名。由于贯彻边打边防、打防结合的原则,有效地遏制了刑事案件上升势头。

1988年,立案侦查的刑事案件1590起,破案1261起,破案率79.3%。肥西、长丰县公安局和西市公安分局破案率均达到82%以上。全市抓获违法犯罪分子1600多名,摧毁各类犯罪团伙207个,瓦解成员1000余名。同时,抓获扒窃犯946人;群众到公安机关报案被盗自行车5052辆,破案追回1338辆;抓获卖淫嫖娼人员149人,贩卖、传播淫秽录像270人。全年缴获赃款和赃物折款173万余元、匕首等各类凶器272件。全年逮捕985人、劳教648人,配合检察院、法院组织公判22次,宣判罪犯99人,其中处决16人。

1989年7月,市公安局根据群众来信反映盗窃自行车已成为"公害"的实际情况,组织开展以侦破盗窃自行车案件为主的专项斗争。刑警大队追踪查疑挖出3个盗车团伙,追缴自行车94辆、摩托车3部。蜀山派出所在十里店哨卡堵截,两个晚上查获10辆盗窃销赃的自行车。通过6名盗车犯坦白检举,追缴自行车74辆。经1个月专项斗争,抓获76名盗车犯,摧毁15个盗窃自行车团伙,缴获被盗自行车407辆、摩托车8辆。在打击盗车犯罪活动的同时,通过发文件、上门做工作、动员社会各部门,采取相应的管理措施:搞好登记管理,由交警支队对全市自行车登记立卡,换发新牌证,打上钢印;开辟停放自行车地点,组织专人看护,机关、学校、商店以及公园、影剧院等公共场所均建立停车场所专人看管,机关大院和楼群宿舍区也落实防范措施;加强自行车交易市场管理,健全制度,买卖双方凭证登记交易，堵塞漏洞；加强查堵工作，对市区通往邻近县、市一些交通要道口和车站码头设卡查堵，重点是下半夜，通过盘查堵住赃物去路。9月中旬，公安机关将这批追缴的自行车全部发还给失主。郊区公安分局在七里塘镇召开认领自行车大会，有千余名群众前往认领追缴的197辆自行车。东市分局将破案查获的200辆自行车、5台彩电以及其他总共价值13.3万元的赃物发还给失主。广大群众写感谢信、赠送锦旗，感谢公安机关破案追赃，使失物“完璧归赵”。

20世纪80年代中期，由于受资产阶级自由化思潮和剥削阶级腐朽文化的影响，20世纪50年代后期基本绝迹或很少出现的卖淫嫖娼、制作贩卖传播淫秽物品、拐卖妇女儿童、私种吸食贩运毒品、聚众赌博、利用封建迷信骗财害人等社会丑恶现象，开始死灰复燃，摧残广大群众特别是青少年的身心健康，社会各界反映十分强烈。对此，市公安局认真贯彻执行中共中央、省委、省公安厅的系列指示精神，多次进行查禁、取缔社会丑恶现象的专项斗争。

1989年10月，开展为期半年的扫“六害”专项斗争，确定三县农村以打击贩卖人口和查禁赌博为重点；市区以查禁赌博，卖淫嫖娼，传播、复制淫秽物品为重点。利用广播、电视、报纸、宣传车等新闻媒介揭露“六害”毒化社会风气以及对广大群众特别是青少年身心健康的严重危害。1990年元旦、春节期间，全市查处赌博案件250余起，抓获参赌人员1550余名；对重点地区和部位采取公开与秘密相结合的方法，打击各类违法犯罪活动，东市区抓获卖淫妇女、嫖客、老鸨、拉皮条的等78人，捣毁卖淫窝点6处。扫“六害”专项斗争中，坚持打击少数、教育多数的原则。省青年实验艺术团在广东、福建演出期间，少数人趁机购买淫秽物品，市治安大队获悉后，上门进行扫“六害”的宣传教育，5名演职员当场主动交出淫秽物品。

截至1990年4月，全市共查处“六害”案件1861起，打击、处理有“六害”行为的人员9995名，其中拐卖人口者132名，卖淫嫖娼者187名，传播、复制淫秽物品者189名，赌博者5627名，摧毁违法犯罪团伙59个，捣毁卖淫、传播淫秽物品的窝点30余处，解救被拐卖的妇女儿童248名，收缴淫秽非法书刊、画册250种11万册，收缴淫秽录像带200余盘，缴获赌资20余万元。

附1：创设维护社会治安基金会

1988年4月22日，合肥市个体企业小刘瓜子厂厂长刘天成向市公安局写信，感谢党的改革开放的好政策，使他走上致富道路，建议成立维护社会治安基金会，自愿捐款1万元作为奖励基金，奖励那些为维护社会治安做出贡献的人。5月6日，合肥市人民群众维护社会治安基金会成立，由市人大常委会副主任王文昭任名誉会长，周延文任会长，刘天成、王世清任副会长。社会各界、广大群众纷纷捐款，以实际行动支持基金会。截至1989年年底，捐助维护社会治安基金15万元，其中合肥电冰箱总厂捐助10万元。市委、市政府决定成立市、县、区三级维护社会治安基金，奖励见义勇为、积极同违法犯罪做斗争和在维护社会治安中做出贡献的先进人物，同时，向因维护社会治安和同违法犯罪分子斗争遭到伤害的群众提供医疗和生活救助。基金会先后向10余名勇斗歹徒的群众发放奖金。如协助公安人员擒获扒窃持刀行凶歹徒的合肥铸锻厂干部王中明，勇擒盗窃犯的刘国应夫妇,挺身制止流氓斗殴的经济民警张炳华、李平等5人分别荣获“见义勇为奖”,奖金各100元。

附2:典型刑事案例选录

华昌盐粮行被劫案

1949年7月3日晚21时许,一伙化过装的持枪土匪,混入东门外华昌盐粮行,堵住进出门,切断电话线,以菜刀威逼老板娘,自称是九路军来借菜金的,将店内贵重物品掳掠而去,临走还将女老板拉着带走,并威胁店里人说:“谁也不许喊,否则就打死她(指女老板)。”土匪将女老板挟持到铁路东后放回。此案共抢去旧币112万元、黄金首饰4件、棉纱7包以及手表、衣物等物品。

市公安局接到报案后,通过勘查现场、访问事主,分析认为可能是惯匪预谋作案:一是土匪进门后怕被人认出,以手巾、帽子化装;分工明确,如有的剪电话线,有的把门,有的将伙计、客人赶进里屋,看守着不准动,有的找老板娘要东西。二是可能有内奸,对被抢商户无恶意,未伤人、打人。

侦破思路确定后,侦查人员对被劫商户的店内人员进行排查。经了解,店员大都是老伙计,其中有一名奶妈的丈夫吴某某,曾当过国民党士兵,后做木匠维持生活,身份复杂,还发现有其他疑点。遂决定以吴某某为主要侦察对象,通过土匪线索,扩大侦察范围。据附近开馆子的黄小姐和摆烟摊的老人反映,吴某某曾透露这起劫案是张国荣勾结人来干的。侦查人员遂以追查未登记户口的名义,将张国荣作为重点嫌疑对象拘留,当日审查无果。次日上午,张国荣辩白:“你们是否问华昌抢劫案的事呢?唉!那我真冤了!”侦察人员一听有希望,便继续进行政策教育。张国荣供认,他先前与朱广安计划抢华昌盐粮行,朱也带人来了,因惊动了周围群众未敢动手。昨天闻知华昌盐粮行被人抢了,估计少不了朱启鸿、朱广安一帮人。张国荣并说,朱启鸿家为土匪的接头处,只要将其抓获,案子就可以破掉,他的冤情也就真相大白了。

朱启鸿被捕后,拒不认罪,并说出“你们若问华昌的事,这是张国荣做的底”。经再次找张国荣谈话,张才吐出真言,这次抢劫案,他虽不在场,可是在抢劫案发生后,他曾去找朱广安、朱启鸿“分账”。去时只见到朱启龙的小姨子,才知道抢劫华昌后每人分了多少,但说不出参加抢劫的土匪名字。据有人见到朱启龙在银楼兑换金子,加上张国荣的供词,遂逮捕了朱启龙。朱启龙因人赃俱在,很快坦白交代案情:“这事情是我们做的,是朱广安他们带东大圩人没抢上,后来又找我们去抢的。7月3日,先由朱启鸿、王锡和装卖小麦的到华昌盐粮行打探情况。下晚,冒充九路军分两路包抄,陈家文和沈广德在街心把外水(匪语,望风的意思),朱广安把后门,丁先银把守二门,黄大蛋管整水(匪语,抢财物的意思),王洪元剪电话线,以后也帮整水,朱广龙等看管人,不准出房子。”根据朱启龙的口供,以及掌握的其他材料,很快便将这伙持枪匪徒抓获归案,首犯朱启鸿、朱广安被依法处以极刑。

“1973·9·9”杀人案

1973年9月9日,合肥市发生一起杀人碎尸案。罪犯将一名6岁女孩杀害碎尸后,抛入南淝河，毁尸灭迹。市公安局集中优势兵力，经过4天紧张战斗，破获此案。

9月9日上午，在长江路大桥工地东边的水面上漂浮着一条人腿。市公安局接到报案后，立即派出侦察员赶到现场，发现是小孩右下肢，长40厘米，已轻度腐败。

市公安局领导根据案情分析，立即通知各派出所，一面组织人员打捞、寻找死者碎尸，一面发动群众提供线索。10日上午，先后有人电话报称：在粮食一库前面河里发现1个人头，北门大桥东侧300米处发现一条人腿。下午17时许，巢湖路派出所在延安路大桥下的木排间找到一个编有菱花纹的草藤手提包，内有小孩躯干一段及白底浅红旧连衣裙、内裤各一条，粉红色海绵拖鞋一双。11日下午13时半，在北门大桥下水里捞到小孩右上股。经法医检验，各尸段拼接后，确认是同一人体的女性童尸，年龄6至7岁，受害者是被凶犯手扼窒息死后，用利刀分尸，然后将尸体抛往各处。市公安局遂确定为"1973·9·9"杀人碎尸案，立案侦查。

为了查明死者身份，市公安局立即召开各分局、派出所负责人会议。会上，西市区二里街派出所的同志提出一条重要线索：该辖区光明电影院附近居民许某某的外甥女宁某，于9月4日晚8时失踪，至今未归。经宁某的母亲辨认死者的衣物以及技术鉴定，确认被害者就是宁某。

根据现场提取的物证和宁某母亲证实的情况，分析案情认为：

从宁某的外阴部和处女膜未见损害看，可以排除流氓奸杀。一种可能是宁某家长与罪犯有利害关系而引起的一起仇杀，一种可能是一起反革命凶杀案。从尸体的腐败程度和宁某失踪的时间看，宁某被害约在9月4日晚。因此，在调查中应着重查清嫌疑对象当晚的活动情况。从各尸段的断伤面无生命反应看，是死后肢解的。从肢解均在关节部截断，肌肉均从腕关节和踝关节处向上剥离看，凶犯具有屠宰和剥离动物的技能。第一现场肯定有大量血迹。杀人现场应以北门大桥和西市区三孝口附近为重点。

根据以上分析，市公安局领导决定在全市普遍撒网，以北门大桥和西市区三孝口为重点开展侦查，寻找第一杀人现场。

9月12日晚，侦查人员来到长江路237号，据户主反映：9月4日深夜1点多钟，其侄儿王圣聪从外面回来，3个多小时未睡，好像听到从床底下拖拉什么，可能在外面又偷了东西或干了其他坏事。于是，专案组便对王圣聪开展重点侦察。王自幼顽劣不轨，曾因盗窃、结伙打架、私藏枪支等先后被治安拘留15次。这次强制劳教回家不久，经常帮人家杀猪、偷狗剥肉，并常与一些不三不四的人来往，屡屡旷工，多次散布对社会不满的言论，有作案时间和条件。

9月13日下午14时，侦查人员同街道干部来到王家。"我们是来检查卫生的，你这屋子打扫得怎样?"王表面故作镇定，抽着香烟，但右手有些微微颤抖，内心极为紧张。"哟，这是什么肉?"侦查人员端详了半天，指着挂在墙上用塑料雨衣包着的几块肉。"是咸小猪肉，我妹妹从北门双岗买的。"王回答说。"啊呀，这肉都臭了，快拿出去晒晒，放在家里不卫生。"王圣聪没作声，取下肉走出房间，侦查员随后紧跟上去。王圣聪见来人盯着肉反复看，心情十分紧张，预感不妙，便伪装上厕所小便，企图翻墙逃跑。机警的侦查员一面对王进行严密控制，一面电话报告市公安局。市公安局领导很快带领技术人员对王的住处进行搜查，发现在床头柜和床之间的地板上及墙壁上有两处血迹，门后扫把上沾有毛发,并有一块血迹。技术人员立即提取样本,并将4块肉取回进行技术鉴定。

经组织学检验、抗人血素试验,这4块肉均为人肉,断端切口特征与宁某尸段切口吻合,证明同属一个尸体组织。

经血型检验,肉块与地板、席子上血迹的血型与碎尸残骸上的肉块血型同为A型。根据侦察中所取得的证据,确认王圣聪是杀害宁某的重大嫌疑犯,遂将王拘留审查。

为了进一步获取罪证,侦察、技术、预审、看守紧密配合,协同作战。预审人员在审讯中,抓住王犯求生怕死的心理,反复指明利害,促使他坦白交代。在王思想激烈斗争之时,预审人员出其不意地打开其母亲、姐姐和妹妹的录音,并出示碎尸拼接、皮肉复位的照片。王犯在铁的证据面前,终于彻底交代分尸食肉、毁灭残骸的经过。

杀人凶犯王圣聪被依法判处死刑。

侦破系列轮奸、抢劫案

1979年10～12月,合肥市城郊接合部连续发生持刀轮奸妇女、行凶抢劫的重大案件。合肥化工厂的1名青年女工与其表哥下夜班回家,行至合钢苗圃时,被4名犯罪分子拦住,一犯手持铁棍监视男青年,另三犯强行将女青年拉到树林里轮奸。长丰县三十头公社一对未婚青年行至东七里塘站台附近,被4名凶犯持刀拦截,抢走男青年的现金,轮奸女青年。12月18日21时许,合肥元件六厂有位女学员在延安路(今芜湖路)桥边的女厕所内,被2名凶犯猛击数棍,头部连砍2刀,抢走手表。这些案件的接连发生,一度造成行人害怕走夜路,女工上夜班要人接送的状况。

市公安局立即组织侦破班子,及时勘查现场,综合分析几起大案现场的痕迹物证和走访被害人等情况,认为这些案件有以下特点:从受害者反映和现场留下的大白鞋痕迹认定,犯罪分子都是20岁左右的青少年;凶犯作案时都带有凶器,受害者稍有反抗,就惨遭伤害,可能系惯犯作案;从受害者反映的凶犯人数、面貌特征、作案手法等特点看,可能是同一伙罪犯所为;发案地点和作案时间集中,几起抢劫、轮奸均发生在从北门外、三角线至东门七里站一带行人稀少的偏僻地区,说明凶犯对这些地区比较熟悉;作案手段狡猾诡秘,很可能是违法青少年或在逃的劳改、劳教人员作案,蓄意制造混乱。

为此,市公安局采取全面撒网、重点调查的侦破措施。一是抽调72名干警,组成4个小组,深入各区帮助整顿社会治安,通过对刑嫌分子的调查摸底,发现可疑人和物。二是严密防范,组织公开巡逻和秘密守候,注意抓获犯罪分子。三是成立侦破领导小组,统一指挥,及时召开发案地区附近的派出所和内部单位保卫干部会议,分析案情,研究落实措施。

巢湖路派出所在查破延安路桥边女厕所发生的抢劫案中,根据群众提供的线索,抓获抢劫嫌疑人沈某年、凌某德。经深追细挖,发现他们交往的违法人员中有一个“矮子”叫沈某江,是安徽纺织厂学员,曾参加过抢劫团伙,窝藏劳教逃跑人员。据此,双岗派出所立即传讯沈某江,在党的政策感召下,沈终于交代参与郑某友、万某轮奸妇女案,并揭发同伙其他罪行,为突破全案打开缺口。

侦破领导小组当机立断,遂将郑、万两犯拘留审查。根据郑、万两犯的交代和已掌握的罪证,及时抓获同案犯陈某、李某钧、马某、张某、宋某虎、张某祥,罪犯孙某军被迫投案自首。经过进一步审讯和查证,全市发生的21起重大轮奸、抢劫案件,均系两个犯罪团伙的12名罪犯所为,其中最大的23岁,最小的17岁。一个犯罪团伙是以陈某(合钢厂学员)为首,纠合临时工郑某友、李某钧,社会青年万某,合钢三厂学员孙某军,安纺二厂学员沈某江等6人组成的;另一个团伙是以合肥园林场农工马某为首,纠合王某、李某梁(入伍后押回),社会青年张某、张某祥,合钢学员宋某虎等6人组成。这两个重大轮奸、抢劫团伙的罪犯,有的原是同学,有的是在犯罪活动中相识的,臭味相投,最终得到法律的严惩。

余某传盗窃国家财产案

1983年9月中旬,部分个体经营户反映,安徽印染厂生产的各类印花棉布在青年路商场标价比国家规定零售价低40%。商场经理费某荣一会儿说是标价搞错了,一会儿又说进货发票未到,搞不清价格。经查,该商场降价出售的40件棉布并没有进货发票,账面上只有庐州百货商店副主任任某良写的一张白纸条。在宏大商场,发现更为离奇复杂的情况。这家商场从庐州百货商店调进287件色棉布,都是凭"商品内部调拨单"做的账,而对方未经销批发过棉布,在批发账面上写的是百货,不是棉布,并将一等品全部按残次品销售。

市物价检查委员会和政法机关组成联合专案组,决定对这批廉价棉布问题立案审查。经侦查,群众检举这批棉布是和平路仓库保管员余某传搞来的。宏大商场副经理贺某道、青年路商场经理费某荣、庐州百货商店副主任任某良和余某传一伙多次密谋,订攻守同盟,四处活动,串通销赃人员毁灭证据。9月20日,余某传见风声紧,负罪潜逃上海。10月1日,刑侦人员孙元斌等跟踪追击,在上海市第十百货公司附近将余某传抓获归案,从其身上和住地查获3000多元赃款以及企图畏罪自杀的一瓶毒药。

专案组通过对余某传的审讯、查证,将参与盗窃、销赃、窝赃和包庇犯罪的所有人分别依法逮捕和收容审查。这伙人利用他们所掌握的商店和财物的权力,导演一幕以偷梁换柱的手法盗卖国家物资的丑剧。先由宏大商场派人直接从余某传保管的仓库提取一等品的色棉布,部分送到青年路商场销售,然后以庐州百货商店为发货单位,分别将布款汇到该店账户。继之,余某传、贺某道、费某荣等人则按账面上布款数,堂而皇之地从庐州百货商店提走相等的百货商品,通过关系转手到肥西、无为等县的知青店和个体经商户销售,变换为现金后分赃。如1983年4月,贺某道从该店提走价值1万余元的百货商品,用汽车装运到无为县,由其岳父销赃获得赃款。自1982年8月至1983年8月,这伙人内外勾结,在和平路仓库先后70次用汽车、拖拉机、板车装运盗走棉布550件32.5万余米,价值43.6万元。破案后追回价值30余万元的赃款赃物。

贪污犯余某传被依法判处死刑,立即执行。贺某道、费某荣、任某良等9名被告,分别按贪污、销赃、包庇罪判处有期徒刑、拘役。

张某林系列强奸案

1986年11月20日下午6时许,一名14岁的小姑娘走下公共汽车,哼着歌一蹦一跳地朝省送变电宿舍走去,眼看就要到家了,一根绳子突然从后面勒住她的脖子,把她拖到阴暗处……11月28日晚9时,安医住院部一名年轻的女医生下班回宿舍,一根勒紧脖子的绳索把她拖出七八米远,幸亏过来几个上夜班的人,罪犯丢下她逃走,临走还抢去她的钱包。半小时后,在省电力局院内的花园里,人们发现一个披头散发被脱去下衣的女青年,已奄奄一息。12 月 17 日晚,一名刚刚和男友分手的姑娘回到永红路的家门前,突然一条绳索从身后飞来兜住她的脖子,魔爪无情地撕毁了姑娘青春的梦。

不到一个月时间,合肥市连续发生4起恶性强奸案件,从提取的现场痕迹看,至少有2起案件是同一人作案,而几名被害人中,竟无一人能提供犯罪分子的面貌特征。合肥市公安局全体动员,在可能发案的场所设置守候哨卡,并动员发案地段金寨路周围所有单位的保卫部门配合公安机关全面摸排防范,张网以待。

1987 年 1 月 18 日,下着大雨,益民街道干部丁守英气喘吁吁地向廻龙桥派出所所长刘长荣报告:当天晚上 21 时左右,住在他们同一幢楼的一名女青年下夜校回家,在楼梯口被人捂住嘴拖到阴暗处。姑娘趁那人抽出手拽她衣服的当口,高声呼救,喊声惊动回来度假的池州师专青年体育教师张徽。张徽连鞋带都没顾上系就冲出门外,追了 90 多米,当场抓住那个作恶的歹徒。原来这人是合肥百货大楼临时装卸工张松林,因盗窃、抢劫伤人多次被处理过,1986 年 5 月才刑释回家,3 个月后又因流氓、抢劫被收容审查。这人很有可能就是那个重大强奸犯。

1 月 19 日,市公安局从中市分局、廻龙桥派出所抽调力量,对张松林进行全面调查、审讯。经技术鉴定证实,案犯藏在家中的旅游鞋与 11 月 28 日晚两次案发现场遗留的鞋印一致,而几个现场勘查的大量材料,基本确定张松林就是这几起重大强奸案的作案者。在审讯中张松林一再申辩:"我没犯什么错误。我只想跟那个女孩交朋友,她害怕就喊起来了。""你捂住人家的嘴往路边拖,也是在交朋友?"审讯人员穷追不舍。"我怕她喊,并没有要害她的意思。"张松林狡辩称。"那她脖子上的掐印又是怎么回事?"张松林自知不交代无法过关,只得交代 18 日晚作案的全过程,但拒不交代作案动机。"去年 12 月 17 日晚上 10 到 11 点之间你干什么去了?""那天晚上我到车站送人去了,10 点 50 分,我从火车站出来,乘 1 路公共汽车回家,11 点 20 分到家,以后就没出去了。""经调查,晚上 10 点半到 11 点之间,1 路公共汽车根本就没有朝南七方向开……"张松林终于交代12 月 17 日晚的强奸罪行。此时,已是 1 月 22 日凌晨 4 点。

1 月 23 日凌晨 2 点 30 分,第五次审讯开始。"12 月 17 日晚,那个姑娘脖子上有被勒过的痕迹,这是怎么回事?还有被害人身上的东西哪里去了?"张犯一下子慌了,承认是用自行车链条勒的,后又说是用绳子勒的,钱不是抢的,是顺手拿的。在公安干警强大的审讯压力之下,张松林心理防线最终崩溃,对他所做的 6 起强奸案的全部事实供认不讳。

1987 年 1 月 24 日下午,市公安局召开大会,授予张徽"英勇与犯罪分子做斗争的好公民"称号,授予丁守英"维护社会治安的好公民"称号。强奸犯张松林于 1988 年 1 月 19 日被依法判处死刑,立即执行。

杨某忠报复爆炸案

1989 年 12 月 15 日 11 时许,大通路派出所青年民警刘维权回家,发现门前放着一包东西,仔细一看,是一个红色的塑料手提袋,里面鼓鼓的。是谁丢放在这儿的?他拎起包想看个究竟,突然发出一声巨响,楼板被炸穿,玻璃被震碎,过道里硝烟弥漫,刘维权倒在血泊中,生命垂危。

当天下午15时许,市公安局召开侦察特大爆炸案会议,成立专案组。当晚召开专案组第一次会议,讨论中大家认为:“十有八九是被刘维权处理过的劳改释放人员和解教人员或受过治安处罚的人干的。”“今年刚解决一批农转非户口,是否个别不符合条件的人转不成而泄私愤呢?”“不能排除与刘维权家庭有矛盾的人,不能忽视民警以外的因素。”专案组决定分4个小组开展调查工作。以大通路派出所辖区为面,刘维权分管的户籍段为重点,兼顾其他地段,几十名干警大面积排查。与此同时,东市公安分局组织力量保护现场,现场除了满地血迹、药屑和烧焦的塑料片以外,别无他物,要想从中找出蛛丝马迹非常困难。从现场情况和作案方式来看,凶手显然熟悉爆炸常识并对引爆有过一定的研究。侦查员对60多个嫌疑人逐一进行深入调查,结果全部被否定,案件陷入困境。

12月27日下午,专案组在侦查中发现一个重要线索。有人反映,爆炸案发生的当天下午,市航运局青工杨成忠在现场出现过,行迹极为可疑。市航运局到大通路并不近,杨成忠在上班时间跑到这么远的现场看热闹绝非偶然。经进一步查实,杨成忠当天考勤表上显示是满勤,与现场出现的情况显然不符。侦查员们兵分两路,一路对杨成忠的家庭情况、社会交往和个人表现进行深入细致的调查;另一路人配合技术人员核实现场遗留物与杨成忠的关系。

12月28日晚,公安机关将杨成忠作为重大嫌疑人,对其采取强制措施。通过对杨成忠住处搜查,查获6枚炸弹(其中定时炸弹2枚)、6枚雷管(其中电雷管3枚)、2000千克炸药、自制手枪一把和子弹若干发以及整套齐备的爆炸设施。

原来杨成忠在1983年7月因持钢珠枪结伙打架,由刘维权主办,被处以治安拘留。1986年,他又因打架斗殴,受到单位行政警告处分。杨成忠认为自己的名声坏了,遂产生一种报复心理。在长达6年的时间里,每遇一件不愉快的事情,其报复心理就增强一分。为此他从运输船上偷来炸药,又到农村采石场买来雷管,配齐爆炸所需用的所有材料。1989年12月15日上班时,杨成忠因工作中的琐事与同事发生争吵,触动他有过污迹的伤疤,驱使他产生报复的念头。他悄悄溜出工作间,回到家中把事先做好的启动装置安在装满炸药的玻璃瓶上,然后放在红色塑料袋里,实施早已预谋好的罪恶计划。

在审讯时,杨成忠交代自制引爆启动装置的详细过程。“你是怎么学会的?”“我是从电影上学的,《最后的疯狂》中的罪犯就是这样干的。”

爆炸犯杨成忠终被依法判处死刑。

第四章　预审　监所管理

预审工作是刑事侦查工作的继续。人犯被刑事拘留或逮捕关押在监所,案件后续侦察和结案移交检察院等,均由预审部门办理。预审、监所业务关系最为密切,在公安机关内部,预审、监所常被称作"一家"。

第一节　预　审

机构沿革

1949 年 2 月,合肥市公安局建立审讯科,设科长、科员、办事员、看守所长 4 人。1953 年 10 月,审讯科并入政保科。

1955 年 2 月,根据第六次全国公安会议精神,市公安局增设预审科,编制 25 人,内设预审组、办事组、外线组、技术组、看守所。

1959 年 2 月,由于受"左"的思想干扰,预审工作一度受到较大影响,预审机构并入劳改科。不久,又恢复预审科。

1963 年 4 月,预审科编制 6 人(不含看守所)。"文化大革命"期间,1969 年 8 月,预审机构被取消。1972 年 6 月 20 日,市公检法军管会增设预审组,行使原检察和预审机构的职能。1973 年 6 月,市公安局恢复预审科建制。

1977 年,增设案件审批科,序列七科,主要负责报捕和劳教案件的审查把关工作。该科于 1978 年 2 月撤销。

1983 年,审批科改称预审处,序列五处,同时将拘留所改由五处领导。

1984 年 8 月,将收容审查所业务划归五处领导。

1994 年 5 月 25 日,预审处内设政秘科、预审科和监所管理科。

职能职责

预审工作主要职责是:执行逮捕、搜查被告人,审查拘留人犯,讯问逮捕人犯,询问被害人、证人等,依照法定程序查明案件全部事实,揭露证实犯罪,依法将案件移交人民检察院。预审部门领导看守所、拘留所日常管理工作,协助对人犯的管理教育。20 世纪 80 年代后期,预审处承办劳动教养审批业务等。

预审工作

合肥解放初期,市公安局审讯科主要负责审讯搜捕武装匪特、恶霸等反革命分子,及时清理在押案犯,加强生活管理与教育;及时审讯、收集、核实证据,上报处理,对已处理案件材料整理归档;临时案犯在所内临时处理,在月终将案件处理情况分类统计上报。

1955年年初,市公安局将预审业务从政保科划出,主要负责对反革命案件和其他刑事案件的预审工作。因市公安机关全体干部投入"肃反"学习,积压一批案犯,由市委政法部统一领导,从公安、检察、法院抽调干部联合成立预审组、审判组。预审组13人,由预审科长、检察员担任正、副组长,审判组由法院负责。清理中采取分工负责、先易后难,以关押时间较长的案犯为主进行审理。预审结束后,即交审判组审判,相互配合,加快办案速度。

1956年6月,合肥市召开预审工作会议,着重检查贯彻执行《逮捕拘留条例》和试行《关于逮捕及预审工作暂行条例(草案)》的情况。通过执行和试行两个条例,预审干部法制观念有所增强,乱捕乱押和诱供指供等违法乱纪现象得到纠正,逮捕起诉基本能按法律程序办理。同时也发现一些不按法律手续办案的现象,如有个别案件在逮捕10多天后才向检察院办理呈批逮捕手续。

1958年,提出预审工作"大跃进",采取"三员办案、三长研究、党委批准、分别办理手续的办法"审理案件,使刚制定的《预审工作守则》受到冲击。是年,审理1069名案犯,达到当年无积案的目标,但出现法律手续不齐全、处理畸轻畸重和错判等问题。1959年春,市委组织公检法部门复查这批案件材料。复查结果是:逮捕和处理正确的1043名,占积案总数1069名的97.5%;错捕的8名,可捕可不捕、可判可不判的17名,重罪轻判的1名,计26人,占积案总数2.43%。

1964年,预审工作围绕党的增产节约、"三反"运动、社会主义教育和维护"下马"工厂物资不受损失等保卫工作,先后选择30名贪污、盗窃、投机倒把、巫婆神汉、赌博等典型案犯,在企业单位和社会上召开9次宣判大会,震慑罪犯,打击经济领域的犯罪活动。

"文化大革命"时期,预审机构随着"彻底砸烂公检法"、推行封建法西斯的办案原则和方式,造成一些冤假错案。1970年,无线电一厂通过办学习班,搞刑讯逼供、据供定案,搞出一个所谓"中国三民党"反革命集团案,报经市革委会常委会议认定后,由公检法军管会审理。在办案中,由于轻信口供,带着框框去寻找材料,在查无实据情况下仍拖延处理,以致郑某某、王某某等14人被长期关押,郑某某在关押中死亡。直至1974年3月,经专案复查,平反昭雪。

当时,公检法军管会以审判组替代法院、检察院和预审机构的职能,办案程序混乱,不能互相制约,影响办案质量。为此,于1973年恢复预审科。

1979年,第三次全国预审工作会议以后,恢复实行公检法三机关分工协作和互相制约的原则,从而把预审工作逐步纳入政策、法制的轨道。是年,预审科按照《逮捕拘留条例》的规定,对报捕的163件240人,采取个人阅卷、责任到人、集体讨论、上报审批的方法,报请逮捕216人,占审查数的96%,被依法批准逮捕的201人,占报批数的93%。办理的案件,基本上做到事实清楚、证据充分、定性准确、处理恰当、手续完备。

《中华人民共和国刑法》《中华人民共和国刑事诉讼法》(分别简称《刑法》《刑事诉讼法》)公布后,东市、西市、中市、郊区4个分局均增设预审股,组织预审干部和有关办案人员学习《刑法》《刑事诉讼法》并进行考核。1981年8月底,根据省公安厅召开的全省预审工作会议精神,市公安局提出预审工作应围绕整顿社会治安这个中心,贯彻依法从重从快方针的具体措施,采取先重点后一般,以重点带一般的方法审理案件。优先从快审理杀人、放火、抢劫、强奸、爆炸和其他严重危害社会治安案件,做到审讯快、查证快、结案快。郊区分局预审股,全年受理逮捕案件40件55人,平均每案办案时间为26天;大案19件27人,平均每案办案时间为23天。8月初,受理余某轮奸团伙案件时,案犯成员多、工作量大,6名预审员夜以继日进行审讯和调查取证,3天半时间就结案起诉(余某被判处死刑)。在审理拦路持刀强奸犯谢某平一案时,内审和外查穿插进行,仅5天半的时间就结案起诉。

1981年6月11日,全国人大常委会第十九次会议公布《关于处理逃跑或者重新犯罪的劳改犯和劳教人员的决定》,预审部门干警深入市公安局看守所、拘留所、劳教审查所和基建队,及时组织在押的人犯和劳教人员进行学习,采取政策感化、法律兑现等措施。截至7月31日,违法犯罪人员坦白交代各种案件144起,其中刑事案件58起、治安案件86起。对此,从轻处罚的4人,解除劳教的17人。与此同时,在社会上大张旗鼓地宣传、贯彻全国人大常委会通过的《关于处理逃跑或者重新犯罪的劳改犯和劳教人员的决定》《关于严惩严重破坏经济的罪犯的决定》等3个法律。截至8月27日,24名在逃劳改犯、劳教人员自动投案或返回劳教、劳改场所。预审部门干警根据他们揭发的32份材料,破获刑事案件21起,收缴各种凶器52件。

1982年,预审部门对严重暴力犯罪大案和严重经济犯罪案件,做到随到随办,在坚持依法办事、保证办案质量的前提下,及时审结。全年共依法逮捕531人,配合法院公判处理118人。

1983年,开展"严打"斗争第一战役后,市公安局党委研究部署如何抓紧对拘捕人犯的审讯查证,以及开展政治攻势等方面工作,抽调12名干警配合各监所搞好政治攻势。4名局领导先后到各所宣讲全国六届人大二次会议《关于严惩严重危害社会治安的犯罪分子的决定》,阐明党的"坦白从宽、抗拒从严"等一系列政策,号召在押人犯主动坦白检举,立功赎罪,走坦白从宽的道路。在两次公判大会后,各所分别组织关押人犯专门学习讨论。平时还采取分号学习座谈、个别提审教育等方法,促使他们坦白检举,认罪服法,悔悟自新。通过一系列的宣传教育工作,一些违法犯罪分子纷纷坦白问题,揭发同伙。如收审人员戴某某,经过教育,不仅老实交代了自己的问题,还检举了安徽医学院青工张某某、孙某某等3人挟持、强奸1名少女的罪行。收审人员温某某在戴某某的启发和影响下消除顾虑,检举揭发市公交公司青工汪某某、沈某、周某某等人结伙盗窃的问题。大通路派出所根据其揭发的线索,挖出2个盗窃市公交公司、商业储运公司等单位价值8000多元的犯罪团伙。收审人员阎某,"哥儿们"义气较重,曾在一次打架斗殴中为表示自己"够朋友",替人受过,自己被治安拘留。阎这次被关押后,通过个别教育,冲破"江湖义气"的束缚,检举无线电分厂青工徐某某的盗窃问题,从徐某某家中查获盗窃的价值1000余元的2台收录机。后又顺线追查,挖出一个抢劫盗窃团伙。

1986年,预审部门主要工作是:1. 狠抓办案质量。全年刑拘转捕率为98.6%,起诉率为97.7%,做到各种法律手续完备、合格,讯问笔录、证据材料合法;赃款赃物、扣押物品与发还处理扣押物品数量相等;审理案件均在24小时内2人审讯1次,并发送被逮捕人家属通知书,确保在法定时间内预审终结。2. 深挖余罪,扩大战果,在审理案件过程中注重发挥继续侦察作用。如东市分局预审科在审理案件中带破刑事案件32起,查缴赃款赃物共1.08万元。3. 注重办案效果,杜绝刑讯逼供。在审理案件中,有的放矢地向人犯宣传法律、政策,循序渐进,引导他们走坦白自新的道路,认罪服法。同时做到拘留、逮捕、搜查、预审、调查取证等严格按法律规定的条件、时限和程序办理,对人犯不打不骂、不逼不诱,做到有法可依、宽严相济。

1989年,预审处将深挖余罪作为一项重要工作来抓。通过审理案件扩大75件线索,带破各类刑事案件29起40人,其中重大线索4起4人,追究罪犯14人,追缴赃款及赃物折款17.5万元。如审理沈某斌故意杀人一案时,通过认真阅卷,调查取证,反复对其政策攻心,终于挖出沈犯贪污受贿、投机倒把等犯罪事实,追回赃款2万元。中市分局在审理程某某撬门扭锁盗窃一案时,发现程犯"哥儿们"多、社会交往复杂,反复对其进行法制、政策教育,促使其检举揭发拎包盗窃2.3万元和贩卖假西凤酒获利10万余元的两起大案,经查证核实追缴赃款5万余元。

第二节　看守所

机构沿革

合肥解放初期,看守所隶属司法部门管辖。1950年,看守所移交公安部门统一管理,市公安局看守所地址在六安路。随后,看守所建制一直未发生变化。"文化大革命"时期,公检法被砸烂,市公安局被军管,看守所建制仍保留运行。1988年,省公安厅看守所因年久失修已成危房,省公安厅看守所职责任务暂交市公安局看守所承担。

1961年,东市、西市、中市、北市(后来的郊区分局)4个公安分局均设置拘留所。

1973年,成立合肥市公安局治安拘留所。

职能职责

看守所主要职责:依据国家法律、法规对被羁押的嫌疑人、被告人、罪犯实行武装警戒看守,保障安全;做好上级领导交办案件,市政法委、省公安厅直接办理案件的犯罪嫌疑人、被告人的收押、管理、教育转化工作,确保侦查、起诉和审判工作的顺利进行;承担部分已决犯和死刑犯以及余刑一年的留所服刑人员的关押任务。

看守管理

1950年,看守所移交市公安局,看守干警和公安队一个班(15人)负责看守、警戒等管理工作,开始建立一些规章制度。如收押案犯时进行登记、检查、编号、发号牌后分别关押;收押案犯有物资时发给收据,案犯出所时凭据领物;每月灵活检查号房;找个别表现较好的人犯了解号房情况。

1952 年后,市看守所逐步建立健全收押、警戒、看守、提讯、押解、接见和生活卫生、物品信件检查等规章制度。如"犯人规则"规定:不得私自越过警戒线,违者以越狱论处;不准串供交谈案情;不准与外界私通消息;同室案犯有不轨行为检举有功者酌情减刑,功大者予以奖励等,计 15 条。

1953 年 9 月上旬,市检察部门对监所进行历时 8 天的检查,认为监所较整洁,无臭虫、跳蚤和虱子,无传染病;管教方面存在方法简单、偏重惩罚等缺点。对此,看守所进行认真整顿,加强管理和教育。

1954 年,对犯人开展改造前途、认罪服法、总路线等教育,颇有成效。一些人犯经教育后坦白余罪,检举他人。

1956 年,市公安局看守所兴建房屋 54 间,增设浴池、图书室、医疗室、理发室等,改善人犯生活条件。

1958 年,根据中央提出的"惩罚管制与思想改造相结合,劳动生产与政治教育相结合"的方针,市公安局看守所组织一些在押犯生产自给,如挑土方、做坩埚、砸矿石等,老弱病残犯、女犯在室内做鞋底、织毛衣、磨豆腐、缝纫等。

1959 年,利用特赦机会,对看守所在押犯开展政治攻势。据不完全统计,在押犯检举监内外反革命和其他刑事案件线索材料 327 件,经查证属实 199 件。

1960 年 1 月 30 日晚,发生 18 名行政拘留人员挖洞逃跑事件,看守所采取紧急措施组织追捕,并总结教训对监所进行检查,堵塞漏洞,消除隐患。

1962 年,撤销分局拘留所,行拘人员关押仍在看守所,与未决犯分别关押和管理。是年,市公安局看守所落实刑事在押犯一般不参加劳动的规定,判刑后全部送往省劳改局所属劳改场所。

1963 年 6 月底,市公安局对东市、西市、中市、郊区 4 个公安分局看守所进行检查,发现如下问题:没有严格执行看守工作制度,无证关押人犯现象时有发生,检查中发现无证、无领导批示关押的有 3 人;被拘留人犯大部分超过时间,据 5 月底统计,关押过期的有 76 人,占拘留总数 77%,其中属检察院起诉、法院审判不及时关押的 21 人;管教不严,犯人违反监规现象比较严重,据本年度统计,违反监规事件 51 人,占关押总数的 21.1%;少数干警轻敌麻痹思想严重,如收押人犯时搜查不严,监舍常出现小刀、指甲刀、人民币等违禁品。通过检查,建立健全催办案件制度、犯人通信和接见制度等,严格规定:凭逮捕证、拘留证和押票收押人犯,否则一律拒收。即使有特殊情况,必须见领导签字,收押后补办手续,一律凭"提审证"提人。

1973 年,市公安局颁布《关于拘留所工作制度暂行规定(试行草案)》,明确拘留所负责关押管理依照《治安管理处罚条例》,被处以拘留的人员,收押时凭治安管理处罚裁决书,并规定其主要任务及教育、生活、卫生等制度。1975 年 5 月,拘留所在押违法人员中流行斑疹伤寒,传染发病最多 1 天达 70 多人。在省、市防疫部门的协助下,立即采取紧急防治措施,制止传染病的蔓延,没有发生死亡事故。

1978年8月25日,市公安局召开看守所、拘留所、收容审查所、五科、六科和武装中队负责人座谈会。会上学习公安部关于"于都县发生武装民警放跑在押犯人的严重事件"通报等材料,与会人员就全市监所管理与教育、看守与执勤等进行座谈,就进一步管理好人犯问题达成共识,管理人犯安全是第一位。

1979年,在检察院的配合下,市公安局对看守所、拘留所、收容审查所进行2次全面检查和整顿。及时组织清理积案,解决关押超过法定期限问题。划分号房,包管包教,及时掌握人犯思想动态,如轮奸、抢劫犯万某、郑某某,盗窃犯陈某某扳弯号房铁窗栅,企图越狱逃跑未遂自杀,由于事先布置落实防范措施,被及时发现制止。开展政治攻势,通过处理宽严典型案件,促使在押犯认罪服法,先后有35名人犯坦白检举违法犯罪线索170多件,从中破获34起刑事案件。抓监所环境卫生和生活管理。定期进行消毒、洗晒衣被、洗澡、理发和剪指甲。对病犯及时检查治疗,有急病和疑难病的,均经批准住院治疗和手术。按照规定的标准,本着平时略有节余、节日适当改善的原则,做到吃粗、吃饱、卫生。

1981~1982年,市公安局看守所认真贯彻中央21号文件和全国人大常委会发布的《关于严惩严重破坏经济的罪犯的决定》等3个法律,采取宣讲法律文件、宣传宽严典型案例、组织亲戚规劝等措施,消除在押犯思想顾虑。1981年7月28日至9月底,先后有34名在押犯坦白检举案件线索161件,各种违犯监规问题48件,查破一批刑事案件,其中重大案件16起,挖出8名隐藏较深的严重刑事罪犯。2年内,在押人犯坦白交代各类案件205起。

在学习、宣讲、教育阶段,采取集中宣讲和分组学习相结合、个别谈话和集体讨论相结合的方法。首先由三长(法院院长、检察院检察长、公安局局长)结合实际宣讲3个法律文件,然后将文件材料发至各个号房,进行分组学习。并根据不同对象,采取不同的教育方式,对轻微犯罪人员,立足于教育、挽救,通过摆事实、讲道理,感化他们;对多次逃跑或几次拘留、劳教、劳改的,则着重讲明政策,晓以利害,启发他们主动交代。同时注意抓住典型案例,政策兑现。如抢劫犯阮某某,进入看守所时,产生轻生念头,曾3次服铁皮、铁钉。通过反复教育疏导,以及在其他人犯坦白检举得到从宽处理的事实教育下,不仅交代自己的问题,还检举14条重大线索,并能较好地遵守监规,有悔改的诚意和表现。阮犯论罪该判8~10年有期徒刑,后法院减轻为1年,在犯人中引起强烈反响。

1984年始,看守所逐步实行以明确职责、考勤考核为主要内容的岗位责任制。管教干部分号包干后,做到"四包",即包安全、包教育、包管理、包卫生。每月组织干警检查评比。考勤办法:每天由本人签到,所领导查核,月终统计,张榜公布,年终结算评比,根据每人出勤和实绩,对照岗位责任制实行奖惩。与此同时,在看守人员中开展"搞好文明管理是不是全心全意为人民服务"和"假如我的亲属在关押期间被虐待,我是怎么想的"讨论。许多看守员在讨论后,自觉改变过去简单粗暴的管理方法,不打骂虐待,实行革命人道主义。为了搞好监管秩序,还在人犯中开展创"五好个人""五好监房"活动。"五好个人"的具体内容是:1. 学习好。熟记监规,知道本人触犯《刑法》哪条,知道当天报纸、广播上刊播的重要新闻。2. 遵守制度好。遵守各项监规,发现他人违反监规及时报告管教干部。认罪服法,不搞串供,不将危险违禁物品带入号房。3. 文明礼貌好。不讲脏话,举止文明,不吵嘴打架。4. 卫生整洁好。不在墙壁、铺板、门窗上乱写乱画,讲究个人卫生,保持室内整洁卫生。5.爱护公物好。爱护衣被、书刊、报纸,不损坏门窗、铺板等监房设施。每月由分包监房干部掌握,评比一次“五好个人”。经本人对照,大家评议,报所务会审批后给予奖励,有的建议办案单位予以从宽处理,有的结案后,将“五好个人”登记表转送劳改单位。对“牢头狱霸”经报批给予加带戒具。对其中屡教不改的,将其表现材料送办案单位建议从严惩处。7月10日,市公安局会同检察院、法院、司法局等部门,对全市看守所等5个关押场所的“严打”在押犯展开政治攻势。仅1个月时间,收到在押人员坦白交代余罪和揭发材料531份,从中破获刑事积案41起,查获犯罪分子49人。

1985年5月25日、26日,市公安局五处分别召开看守所长、收审所长及两所医生会议,传达贯彻省厅召开的关于组织监所在押人犯、收审人员生产劳动会议和监所卫生会议精神,确立“以安全为主,室内和院内生产为辅”方针,组织公安监所在押人犯、收审人员适量的生产劳动;两所配备专职医生,制度化、经常化地搞好监所周边和监所内卫生。是年8月27日至9月2日,市公安局从五处抽出3人和看守所长、收审所长组成安全检查组,对长丰、肥东、肥西3个县和市看守所、收审所进行检查,通过肯定成绩,找出差距,重在建立健全岗位责任制,严格规章制度,狠抓依法管理,从严管理,文明管教。

1986年,市公安局看守所按照严密警戒看管与教育改造相结合的方针,牢固树立“监所安全第一”思想,高度重视看守所安全管理工作。日常工作中,做到严把“四关”,即入所检查关、凭证收押关、随身物品检查关和提审会见关;坚持“四查”,即日检查、周检查、每半年大检查和节日前重点检查。日常管理中,坚持依法管理、文明管理、从严管理。加强监所安全设施,加固和更换铁窗及破损铺板。严格收押、出所人犯的检查制度。清查危险物品,排除事故隐患。实行目标管理,管教人员对包干的号房人犯做到知姓名、知案情、知思想,特别对重点人犯严格控制管理,落实防范措施,并严格交接班制度。整顿监房秩序,实行文明管理,经常对在押人犯进行法制和前途教育,组织收听广播,订阅报刊,学习文化知识,开展“假如我是受害者”的讨论。采用请人犯亲属规劝的办法,利用人犯亲属送衣探监等机会,介绍人犯入监后思想情况,请他们讲话录音或写信规劝,取得事半功倍之效。加强对人犯的卫生防病工作,督促人犯搞好个人卫生,监房内外经常清洗消毒,保持整洁。严禁打骂体罚和随意使用电警棍、戴戒具。

1987年后,看守所开始推行定岗定责为主要内容的目标管理,使教育经常化、管理制度化、生活规范化,促进人犯认罪服法、改恶从善,保证监所安全。此后,看守单位总的管理发展为“四四”目标管理。具体内容为:“四无”,即无自杀、无逃跑、无行凶、无传染病蔓延;“四落实”,即组织落实、制度落实、措施落实、生活卫生落实;“四要求”,即与办案单位配合协调,抓耳目建设,完善监管设施,做好信息反馈;“四严禁”,即严禁打骂体罚人犯,严禁接受人犯及亲属馈赠物品、为人犯通风报信,严禁侵占挪用囚粮和人犯物品,严禁使用人犯为管教干部干私活。

1989年4月,市公安局执行省公安厅文件规定,落实看守所安全检查工作与武装安全警戒工作进一步细化和分离,按时顺利完成武警安全工作的“内转外”工作,即监区内的安全工作由公安负责,监区外的安全工作由武警负责。同时,把经常性检查与突击性检查相结合,年终考核与年中检查相结合,将安全工作纳入和贯穿看守工作的始终,常抓不懈,并拥有监管工作一票否决权。

第三节　劳动教养

机构沿革

1949年7月,根据皖北行署《关于游民改造教养的指示》,市公安局在三孝口南边建立劳动教育所。

1950至1980年,劳改、劳教人员关押在一起,单独编组,分开管教。1957年,省公安厅上张圩劳改农场移交给合肥市公安局管理。

1957年8月3日,根据国务院《关于劳动教养问题的决定》,合肥市设立劳动教养管理委员会,由公安、民政等单位负责人组成,并在市公安局治安科(三科)内设劳教办公室,负责处理劳教审批具体事宜。

1959年,市公安局机关增设劳改科,劳教办公室划归劳改科管辖。1960年年底撤销,审批劳教等业务又划归治安科。

"文化大革命"期间,劳教审批业务曾一度停办。

1972年3月20日,将螺丝岗法纪学习班改为合肥市违法人员第一管教所,岗集法纪学习班改为合肥市违法人员第二管教所。10月,恢复劳教业务,仍归三科管辖。

1979年12月,市委常委第九十七次会议决定成立劳动教养管理委员会,下设劳动教养办公室(简称"劳教办")。劳教办设在市公安局治安科。

1984年7月,市公安局正式设立劳动教养办公室,正科级建制。

职能职责

合肥市劳教办公室是合肥市劳动教养管理委员会的办事机构,设在合肥市公安局。主要职责是:承办、审查和报批收容劳动教养案件,打击不够刑罚处理的反革命和其他刑事犯罪分子,强制收容不务正业、长期拒绝劳动、无生活出路的人员,以维护社会治安秩序。

劳教管理

合肥解放初期,市公安局劳教管理工作劳教所,认真贯彻执行皖北行署公安局1949年3月10日颁发的《关于游民改造工作指示》(又称"劳教工作六条"),明确劳教工作的方针:要达到使游民自食其力,改造寄生现象;要以劳动改造为主,政治思想教育为辅。劳教的主要收容对象是:名娼妓、烟民、乞丐、赌棍、地痞、流氓、小偷、扒手等。参加劳教所的游民原则上要生产自给,如初期不够自给,可先垫付,以后扣除。公安局派出干部负责管理,劳动和生活均由游民管理游民。当时的劳教管理因偏重于劳动改造,思想改造工作薄弱,逃跑现象比较严重。

1950年上半年,收容小偷小扒、强讨恶要等143人。这个时期,劳改劳教统在一起,单独编组,分开管教。劳教所逐步建立一些规章制度和奖惩办法,注重思想教育,对转变较快的积极分子给予物质和精神奖励,对已改造成自食其力、有单独生活技能的游民,允许回家自谋生活,安排一些无家可归的游民就业,或于土改时分配一份土地帮助其安家立业。劳教所开垦水旱田40多亩,基本实行生活自给。

1951年,劳教所将172名重刑犯投入小西门外垦种10多亩小麦。将判10年以下的反革命犯和140名其他刑事犯,投入劳教所劳改,并编成三个分队:东门外从事农业生产的为第一分队,窑厂为第二分队,在劳教所的部分犯人为第三分队。

1952年6月,劳教所制订案犯日常生活作息时间表,使案犯劳动、学习制度化,克服以前光劳不教的缺点。同时,对在教人员进行劳动意义教育,并依据皖北劳改处奖惩条例精神,拟订《劳改犯人奖惩暂行办法》。

1958年10月,市公安局贯彻全省第六次劳改工作会议精神,认真执行"改造第一,生产第二""惩罚管制与思想改造相结合,劳动生产与政治教育相结合"的劳改方针和原则。是年,市公安局新增耐火材料厂、炼焦厂、电机修配厂3个工业劳改单位。"两劳"人员由原来的1160人(劳改犯429人、劳教人员731人)增至3018人,其中劳改犯2060人、劳教人员958人。

1959年9月28日,市公安局召开特赦大会,第一批特赦罪犯7名,随后又陆续特赦改恶从善较好的134名罪犯。特赦在"两劳"人员中震动很大,许多人积极改过自新。年底受物质奖励的849名,记功的65名,减刑的25名,提前释放的16名,解除劳教的101名。

1961年,整顿劳改劳教场所,撤销市淝河工程队、淝河砖瓦厂等7个劳改单位,保留淝河机电厂、上涨圩农场、巢县政法矿厂、肥东白马山等4个劳改单位,将原有三类人员5217人上调公安厅1617名,由省公安厅劳改劳教部门安排处理。

1962年初,市劳动教养领导小组复查397名劳教人员,平反纠正3名,对39名可劳教可不劳教的予以提前解教。上述处理不当的42名劳教人员中,把群众落后言行当作反革命造谣破坏的14件;把因不懂技术造成事故当作破坏事故处理的1件;把有偷窃行为当作盗窃犯处理的21件;把一般违法行为、骗吃骗喝当作贪污、诈骗处理的10件;把违反劳动纪律,作风不好,闹个人问题当作流氓坏分子处理的6件。

"文化大革命"期间,劳动教养审批工作停办,1972年1月恢复。

1980年1月,成立合肥市人民政府劳动教养管理委员会,下设办公室,日常工作由公安局在编人员承办,负责全市劳教审批工作。6月,市公安局成立修缮队,后改为修建工程队,以138名劳教人员为主,实行单独核算,自负盈亏。配备队长、指导员及管教干部16人。建队2年,创利润42.8万元,由原来只能维修,发展到能承担新建工程任务。

1981年,根据《国务院关于将强制劳动和收容审查两项措施统一于劳动教养的通知》(简称《通知》)精神,市公安局决定将现有的收容审查所改为劳教审查队。该队建立健全劳教人员学习制度,冬春季节集中组织整训,利用每月两次家属探望机会,向其亲属介绍情况,要求家庭配合帮教,要求每个劳教人员向家里写信,汇报改造情况。管教干部上门做工作,向家属提出施教意见。有个待业青年因偷窃劳教,父母不认他,也不去看望,管教干部多次上门做工作,动员其父母去探望他,促使其安心服教,其后来表现较好。实行奖惩制度,对悔过自新或有立功表现的25名劳教人员提前解教。合肥重型机械厂有个青工,在教期间遵纪守法,先后抓获5名劳教逃跑人员,被提前5个月解教。有11人因不服管教,甚至逃跑作案,被延长劳教期或依法逮捕。

1982年,撤销劳教审查队,成立劳动教养所。合肥市劳教所根据省劳教委《通知》要求,对劳教人员领回自教问题进行整顿。规定:劳教人员已投教1/2以上时间,确实表现较好,家长和单位确有自教条件和在保证帮教好的前提下,可由家长申请,取得劳教单位的表现材料,由当地派出所签署意见后报市劳教办审批。是年底,对决定劳教的21名青年职工试行"所外执行"的办法,由家属、单位和街道共同组织帮教。这些人员回单位后,除拿生活费外,其他与职工一视同仁。在保外帮教中,坚持单位教育和家属规劝相结合,思想教育和帮助解决实际问题相结合,公安干警经常进行家访、谈心,定期考察。经跟踪调查,19人有悔改的诚意和表现,改过自新。市农资公司工人吴某某,在保外帮教期间表现较好,还被提前定为二级工。市塑料六厂党支部书记、厂长包教的两名"所外执行"的劳教青工,都有明显转变。劳教办公室经常对保外帮教的人员进行考核。省石油化工机械厂青工熊某某,在所外执行期间,劣性不改,又在公共汽车上扒窃,并将失主捅伤,市劳教管理委员会决定注销其城市户口,送劳教场所投教。

1983年,"严打"斗争开始后,停止批准领回自教、劳教所外执行。劳动教养工作移交市司法局劳改处主管。

1989年,市公安局推进社会治安综合治理,借鉴1982年试行的劳教人员"所外执行"办法,借助社会力量,采取多种方法和手段教育、改造、感化、挽救违法青少年,恢复并完善劳教人员"所外执行"自教制度:对少数违法青少年由家长交纳"保证金",领回自教的办法进行帮教。这一改革尝试,只限于被决定劳动教养人员中年龄较小、在校学生或有工作单位、初次违法、情节轻微、对社会危害不大的,由其家长提出书面申请,单位或学校签署意见,事先征求派出所意见,上报管委会讨论决定后保回。这些人保回后,要接受当地派出所和本单位保卫部门的监督,并定期向派出所和保卫部门汇报思想,市劳教办不定期派人进行考察。对在保教期间内重新违法犯罪的,及时收回劳教场所,并没收全部保证金上缴财政;没有重新违法犯罪的,到期如数退还保证金。经过6个月的试行,60多名保回自教人员只有1名有轻微犯罪。

第四节　收容审查

收容审查源于民政部门的收容遣送工作。公安机关的收容审查工作主要是收容审查流动人口中的违法犯罪人员和潜逃人员。

机构沿革

1976年,合肥市始设收容审查所。

1979年,合肥市建立精神病人收容管理所,由收容审查所兼管。1988年7月19日,合肥市精神病人收容管理所更名为合肥市公安局安康医院。

1981 年,收容审查所改为劳教审查队。1983 年底仍恢复收容审查所。

1984 年 8 月,将收容审查所业务划归五处领导,实有编制 17 人,担负着拘留、收审、中转遣送三项任务。

收容审查工作

合肥市收容审查分两个阶段。1976 年前,收容审查以民政部门为主,公安机关协助,具有帮扶性质,以收容为主,审查为辅。1976 年后,收容审查主要针对流动人口中少数有违法犯罪嫌疑、隐瞒真实身份者等,治安管理性质明显增强。

1959～1961 年,国民经济三年困难时期,安徽农村人口外流骤增,出现灾民拥入合肥市现象。这其中除少数人能找些零工糊口外,大部分人白天乞讨,夜晚露宿街头小巷、车站码头,时常与本市居民发生纠纷。

一些灾民常常抢夺他人食物充饥。这些抢食灾民中,有无依无靠流浪社会的孤儿;有体弱病残、生活困难或因用粮无计划,吃了“过头粮”的人,生活无着,流入城市;有长期外流和一贯好逸恶劳的二流子、懒汉;有家庭管教不严或在他人影响带动下屡遣屡返,或因有盗窃行为,怕受处分,流入合肥市的青少年;有逃避监督改造流入城市的地富反坏右分子。主要原因是口粮标准低,群众生活困难,寻找生路所致。

灾民中还有一部分人因生活无着,或受坏人勾引、教唆从事违法犯罪活动。有的在车站、码头等公共场所,乘人多拥挤之机,进行扒窃、拎包;有的结伙强拿硬要;有的与惯盗惯窃分子合伙潜入机关、住民家中盗窃财物。市公安局针对外流人口中出现的问题,认真落实合肥市委、省公安厅的指示,严格区分两类不同性质的矛盾,积极配合民政部门做好宣传教育、动员劝阻、遣送原籍、收容工作,确有影响城市治安者,市公安局区别对待,分别处理。

1960 年收容 3.34 万余人,从中审查出劳改逃跑犯、外逃反革命分子、刑事犯罪分子 1900 余人,对维护省会城市社会治安起到积极作用。同时也发现存在的问题和错误:界限不分,乱行收容,侵犯公民人身自由。据临时收容所登记簿上登记的 2.4 万名被收容人员,有 6527 人不该收容,占收容总数的 26.8%。从被收容人员记载的理由来看,6527 人是路过合肥的,1950 人是来省城探亲的,809 人是来看病的,554 人是来合肥购物的。有的是机关、学校职工、学生,因晚上看戏看电影、洗澡回去较晚,也当作外流人员收容。拷打体罚被收容的外流人员,管理上视同犯人一样看待。以大蜀山收容劳动点最为突出,参加劳动的吃三餐,不服管教、受到禁闭者吃两餐,还出现打死 2 人、逼死 1 人、打伤 1 人的现象。有的收容点虚报冒领国家粮油,克扣、多占、贪污被收容人员伙食。生活管理不善。被收容人员长期得不到洗脸、洗澡,所睡地铺潮湿霉烂,跳蚤、虱子、臭虫猖獗。制度不健全,对被收容人员携带的财物不登记,任意没收和侵占被收容人员财物。据大蜀山收容劳动点清理,未退还原主的现金 2537.53 元、银圆 37 块、金戒指 8 只、手表 2 块、公债券 50 元。更为严重的是,胜利路派出所内勤干事方某某等人无视国家法纪,胡作非为,草菅人命,严重破坏党的政策,被逮捕法办。市公安局针对收容审查工作出现的问题,汲取教训,开展整顿,从组织上、制度上、职责上明确收容审查工作范围和权限,使收容审查工作逐渐步入正轨。

1976年,市公安局在岗集原管教所基础上始设收容审查所。收容审查对象主要是对有流窜作案嫌疑或有犯罪行为又不讲真实姓名、住址、来历不明的人。收容审查所先后制定《收容管理制度》《值班制度》《收审人员学习、生活、生产制度》《管教工作守则》《接待室工作制度》《提审须知》等一系列规章制度。坚持教育改造第一、生产第二的原则,组织收审人员劳动时,由管教干部带领,进出监舍清点人数,以防携带违禁危险物品进室内。严禁打骂、虐待、侮辱人格和其他不文明行为。对收审人员中遵守纪律、爱护公物、完成和超额完成生产任务的予以表扬或物质奖励。实行管教人员岗位责任制,管教干部分号房包干,坚持每天找1~2名收审人员谈话,了解号房动态,利用报纸、广播宣传党的政策,进行法制教育,表彰好人好事。如女收审人员陈某某顾虑重重,透露要自杀,管教干部随即找其谈话,教育疏导,避免可能发生的事故。加强卫生防疫工作,做到定期让收审人员洗澡、理发、剪指甲,经常晒洗衣被。坚持每天清扫号房,保持清洁卫生。发现病员及时予以诊治。不定期对号房、食堂进行消毒。对收审人员伙食给予吃够标准,吃足定量,做到不扣不超。每月改善伙食3~4次,让他们吃热、吃熟、吃得卫生,保证开水供应。

1983年年底,市公安局对收容审查的48名扒窃分子进行为期12天的集中教育和审查。首先对他们进行形势和前途教育,列举一些"浪子回头"的生动事例,阐明党和政府对他们采取教育、挽救和改造政策。号召他们坦白检举,将功补过。大会动员后,划分若干小组进行学习讨论,干部分到小组反复进行启发教育。通过个人表决心,写交代,个别谈,重点审问,进行政策攻心等方法,促使他们坦白交代,检举揭发。扒窃分子高某因扒窃未遂被抓获审查,开始坚不吐实,还用扒窃得来的证件假冒失主,隐瞒身份和来历。在集中教育中,经他人检举,查清高犯原系和县历阳旅社收款员,因盗窃被劳教3年。其逃跑后,流窜于肥东至合肥的班车上行窃,作案10多起,共扒窃现金600余元。惯窃韩某某被抓获收审后3次审问,均隐瞒身份,查无结果。经集中教育,终于交代真实姓名和来历,原来他因扒窃被判刑9年,刑满留厂后又进行盗窃活动,在审查中畏罪逃跑,继续进行扒窃。经集中教育和审查从中破获刑事案件72起,缴获赃款2800元。坦白检举告一段落后,予以政策兑现,教育释放22人,劳动教养14人,交原籍公安机关处理4人。

1984年,市公安局收容审查所积极改革管教方式,实行文明管教和劳动责任制,收容秩序明显好转。在全年收审1439人中,有3人立功,6人提前释放,8人减刑,208人受奖,235人按期解教释放。

1985年,根据公安部《关于整顿收审所的通知》要求,市公安局组成由五处副处长侯同香负责的4人工作组,于4月9日至7月下旬进驻市收审所,开展为期3个多月的整顿工作。市公安局整顿工作组组织收审所全体干警学习《刑法》《刑事诉讼法》《公安人员八大纪律十项注意》《政法公安人员守则》《收容审查所管理工作暂行规定》等有关文件,使全体干警明确这次整顿的目的、意义和要求,进一步认识到在收审工作中,只有坚持依法管理,文明管教,才能切实履行好法律赋予的职责。在整顿工作中,发现收审所存在如下问题:收审所现有干部、职工17人,管教干部偏少,承担着近2000名收审、拘留人员任务,负荷量过大,管理上显得忙乱;收审所成立时间短,管理制度不尽完善,且在执行上不力;收审、拘留人员混押;号房钥匙放置随便,收审人员掌管号房钥匙;每次开饭放出人员多且集中,秩序混乱;多个号房同时放风,对审查工作影响大;收审所现有一名女医生,而收审、拘留人员大多数为男性，工作上有诸多不便；等等。针对收审所存在的具体问题，做到边整边改：增加 6 名管教干警，其中增加 1 名男性医生；建立健全《收审所工作制度》《管教工作责任制》《后勤工作制度》《所长、教导员工作职责》等 13 项管理制度；严格行政拘留、收审人员分开关押制度；号房钥匙由管教干警严加掌管；改进开饭方法，由原来每次开门打饭改为从通风门窗打饭，实践证明，此种方法既安全又卫生，同时也缩短了开饭时间；改变放风方法，由原来几个号房同时放风改为每个号房间隔放风；打击牢头狱霸，整顿号房秩序。4 月 22 日下午，北楼五号房赵某某、王某、李某某、章某某、陈某某等 5 名牢头狱霸将刚被收审送入的吴某某轮番殴打致伤，经及时侦查和检察院批准，于 5 月 9 日在收审所内公开对以上 5 名牢头狱霸依法进行逮捕，号房秩序明显好转。是年 1～7 月，收审所接收收审人员 664 人，行政拘留人员 1355 人，未发生死亡、逃跑、自杀事故，较好地完成拘留、收审、中转遣送任务。

1985 年年底，市公安局根据公安部《关于严格控制使用收容审查手段的通知》，市公安局全面检查收容审查工作。检查中发现：有的收审对象范围有所扩大；有的超过收审期限；有的将一些在本地作案、身份清楚、查有实据的犯罪分子，予以收审，形成以收审代替侦查、以收容代替处罚的违规现象。为此，市公安局重申严格控制使用收容审查手段，对存在的问题全面进行整改，共清理释放 761 人。

1987 年，市公安局收审所采取统查、自查、重点抽查的方法，对监所进行安全检查。即预审处、检察部门、武警部队统一组织安全检查，收审所自行组织清查、清号。重大节日前，由主管领导带队，查岗位、值班制度落实情况，对监房重点抽查。安全检查的重点是监房门、窗、墙壁是否牢固，号内有无违禁危险物品。同时，制定目标管理试行方案。

1989 年，市公安局收审所为解决武警内卫哨撤出后的监所安全问题，制定应急方案，对监舍安全设施进行全面检查和整修，严格执行安全制度和措施，开展百日无事故活动。5～6 月，集中清理收审人员 610 人，缓解监舍拥挤状况。

第五节　精神病人收容管理

新中国成立至改革开放前期，由于精神病医院数量少，有关部门对精神病人也没有采取有效的管理措施，因而许多精神病人得不到应有的治疗与管理，致使一部分精神病人游荡街头巷尾，肇事肇祸，影响社会治安和稳定，对人民群众生命财产和公共秩序带来危害。但只有极少数危害社会治安的精神病人被关押或寄放在普通精神病医院。改革开放后，国家重视解决肇事肇祸精神病人收治问题，由公安机关将流散在社会的精神病人收容起来，然后视情况分别处理：对有家庭并能约束管理的，交由其家属严加管束；对需要救治的，送进医院治疗；对治好后无家可归的，则交给民政救济部门管理。

精神病人收容所

1979 年，合肥市人民政府根据中共中央（1978）61 号、省委（1978）63 号关于加强对精神病人管治工作的文件精神，结合历年来精神病人危害社会治安的实际，拨款11万元，指示市公安局在长丰县岗集筹建精神病人收容所（简称“精管所”）。筹建初期，由市公安局收容审查所兼管。

1980年年初，精神病管理所新建的1300平方米病房、综合办公楼房完工，实际床位50张，收治病人17人。因医院条件简陋，无医无药，由一名负责副院长、几名知青和“两劳”人员进行看管病人。随着精管所收治病人逐渐增多，而医技人员、器械、药品和经费迟迟不能到位，实际形成“收来就关，只管不治”，如同关押犯人一般，致使有些病人的病情加重。是年10月，合肥市政府在长丰县岗集镇正式建立精神病人收容管理所，科级建制，事业编制15人。精管所由市公安局代管，无家可归、无人抚养、无经济来源的“三无”精神病人的费用由市民政部门解决，医务人员和医疗器械由市卫生局负责安排。

1981年下半年，市领导牵头主持公安局、民政局、卫生局3家单位协商解决精管所存在的困难问题，商定卫生局就近从长丰县借调4名医生、3名护士到精管所开展医疗工作，并配置旧X光机、显微镜、病床等部分医疗设备，公安局再调配3名民警担任行政管理和服务工作。至此，精管所单一的关管状态有所改变。

1982年3月，合肥市政府专题向安徽省政府做了《关于要求批准扩建精神病收容管理所的报告》，省政府拨款70万元予以扩建合肥市精神病收容管理所。1983年8月，合肥市精神病人管理所扩建完成，扩建后占地60亩，其中建筑面积2600平方米，床位100张。

1984年2月，市精管所制定10项管理制度及各类管理职责16条。9月，市公安局拟定《精神病人收容管理暂行办法》《入所须知》《收容严重精神病人呈批表》《精神病人临时收容通知单》等，逐步使合肥市精神病管理工作有章可循。与此同时，加强精管所人员力量的配置，至1985年4月，市精管所有行管人员5人、医务人员7人、临时工9人。1980年9月至1985年3月，合肥市精管所共收容精神病患者371人（次）。

1987年2月，市公安局从肥东卫校招聘15名毕业生充实到精管所，担任护理工作。8月，原借调的7名医护人员均回原单位，精管所从此由市公安局一家管理。9月又从淮南医专招聘3名大专生作为精管所专职医生。是年底，市公安局又从当年转业干部中挑选6名医疗技术人员分配到精管所，加强精管所的医疗技术力量。

安康医院

1988年7月19日，根据1987年12月中旬公安部召开全国公安机关第一次精神病管治工作会议精神，合肥市精神病人收容管理所更名为合肥市公安局安康医院，院址、机构性质、级别、人员编制不变。合肥市公安局安康医院是安徽省唯一一家依法对危害社会治安的精神病人进行强制治疗专门机构，具有治安管理与精神医学治疗的双重职能，主要收治的对象为合肥市肇事肇祸精神病患者和其他市、县的部分精神病患者。

1989年，市公安局安康医院坚持“科学管理，精心治疗，管治结合，服务治安”的方针，收治精神病人114人（次），其中曾因精神病行凶致死、致伤他人的29人，抢劫、放火的6人，强奸、耍流氓的18人，其他扰乱社会秩序的59人。通过精心护理治疗，有47人病愈出院，减少了危害社会的隐患。

第五章 治安行政管理

合肥解放后,治安行政管理涉及量多面广,其体制和职能变动较多,主要负责户政、交通秩序、危险物品、特种行业、公共秩序、禁烟禁赌、治安巡逻、收容审查外流人员,管制反革命分子和其他犯罪分子,组织治保会开展同刑事犯罪活动、治安灾害事故做斗争,搜集掌握社会治安动态等。

中共十一届三中全会以后,合肥市治安管理部门认真贯彻执行公安部提出的治安工作实行"党委领导,依靠群众,预防为主,管理从严,及时打击,保障安全"的方针,进行各项治安行政管理工作。改革开放时期,合肥治安行政管理突出管理与服务并重的方针,专业化、职业化明显增强。

第一节 管理机构

机构沿革

1949 年 2 月中旬,合肥市人民政府公安局内设治安科。除政治侦察、审讯外,治安科负责维护治安秩序的所有工作,包括侦破一般刑事案件、管理各项治安行政工作、管理户籍人口等。并在科内设有交通消防队,专司交通、消防之职责。

1952 年 3 月,合肥市人民政府公安局将原治安科内设的交通消防队划入新增设的警察大队,单设交通警察队、消防队。1953 年 10 月,撤销警察大队,所辖的交通警察队、消防队划归市公安局直属领导。

1955 年,治安科定编 48 人,其中正、副科长各 1 人,治安行政组 5 人,户籍组 3 人,农村工作组 4 人,刑侦队 16 人,内勤组 2 人,其他 16 人。

1956 年 8 月 21 日,市公安局治安科内设的刑侦队划出,单独设立刑侦科。

1962 年 1 月,市公安局撤销劳改科,将劳改回归人员管制业务划入治安科。

1969 年 8 月,合肥市军管会设立人保组,代替公检法职能。人保组下设治安组,代替治安科职能。

1973 年,合肥市公安局恢复治安科建制,序列为三科。

1977 年 4 月,市公安局将治安科负责的公共场所、文化市场治安管理业务,划入新增设的治安民警队管理。

1981 年,市公安局将原属治安科管理的行政拘留所,划归治安民警队管理。

1983年11月,市公安局治安科(三科)改为治安处(三处),治安民警队改为治安警察大队,并将治安处与治安警察大队合并,实行"一套机构两块牌子"。

1985年3月,市公安局将刑事警察大队(四处)的反扒窃业务,划入治安警察大队(三处),编为治安警察大队三队。

职能职责

市公安局治安管理部门的职能职责几经演变,至1989年其主要职责是:负责户口、特种行业、民用枪支弹药、爆炸物品的管理,审批过境通行证,管制反革命分子和其他犯罪分子,组织治保会开展同刑事犯罪活动、治安灾害事故做斗争,搜集掌握社会治安动态,统计人口、治安案件和治安灾害事故等各项数据。

第二节　群众治安防范

治保组织

治安保卫委员会(简称"治保会")是群众性组织,是公安机关联系人民群众的纽带和桥梁。担负着维护所在单位和辖区治安秩序工作,保卫国家、集体和个人的生命财产安全。

1950年,全市有18个单位组建治保会,下设治保小组24个,成员75人,其中党员66人、团员9人,这是合肥市治保会的雏形。

1951年8月,根据毛泽东主席"全国各地,必须在此次镇压反革命的伟大斗争中普遍地组织群众的治安保卫委员会"的指示,将治保会工作范围扩大,任务提到更高要求,参与新生政权的政治活动之中。治保会的主要任务是:对群众进行防奸防盗的宣传教育,以提高群众的政治觉悟和对敌斗争的警惕性;组织与领导群众向人民政府、公安机关或所属组织检举暗藏隐蔽的特务间谍或正在进行危害国家人民利益的各种现行反革命分子和坏分子,以保卫国家和人民财产的安全;发动群众协助政府维护革命秩序与公共治安,监督管制反革命分子,使其遵守政府法令,安分守己,劳动生产;向所属组织或公安机关反映可疑情况和社情动态,并对所发现的谣言加以批驳;协助政府、公安机关进行防空、防火、防盗工作。

市公安局首先在东门派出所辖区进行组建治保会试点工作。取得初步经验后,在全市91个警区普遍推行,采取宣传发动群众投票选举的办法,先后组建61个治保会,治保委员428名。治保会在基层政府和公安机关领导下宣传、组织群众,开展防空、防奸、防特、防火、防盗(简称"五防")活动。

1952年8月,根据公安部公布的《治安保卫委员会暂行组织条例》,市公安局对治保会进行全面整顿,先后解散3个治保会,洗刷45人,处分27人,市区和郊区新建5个治保会。经过整顿,全市总计有57个治保会,治保委员564人,从组织建设上保障治保会发挥

强有力的作用

1954 年 3 月,市公安局公布《关于工厂企业机关建立治安保卫委员会暂行办法》。9 月,市公安局公布《关于治安保卫委员会暂行组织条例具体执行办法(草案)》。先后在企业、事业单位新建 18 个治保会,成员 126 人。1952～1954 年,治保会发动群众检举并查实反革命分子 274 人,其中依法处理 194 人。

1955 年,市公安局派出 7 人工作小组,帮助郊区 28 个农业社分别建立治保会 200 多个,自然村建立治保小组 284 个,全郊区治保成员 849 人。同时,在食品公司、木材公司、水厂、烟厂等单位建立 12 个治保会,治保成员 91 人。

1957 年,市公安局结合"肃反"运动和反右派斗争,整顿治保会 36 个,洗刷不适合做治保会工作的 58 人,增添 25 人。

1961 年 12 月,市公安局集中整顿省委、市委、飞机场、稻香楼、江淮旅社、长江饭店、江淮戏院、长江剧院等警卫地区的治保组织,从 240 个治保小组 1169 个治保委员中查出有各种问题的 114 人。经过整顿,建立健全治保小组 339 个,治保委员 1376 人,并分区划段,分片包干。在年终召开的治保积极分子大会上,有 13 个先进治保小组、236 名治安积极分子受到表彰奖励。胜利路街道治保委员许昌孟在维护社会治安中,抓获偷、扒窃分子 56 人,投机倒把分子 26 人,被评为合肥市治安积极分子。

1962 年 1 月,市公安局借 1961 年 12 月 29 日在省体育馆召开合肥市公判大会的强劲东风,通过全市各机关、工厂、企业、学校治保组织广泛开展宣传,发动群众检举揭发坏人坏事。仅 10 天时间就收到坦白检举材料 2149 件,破获各类案件 71 起,查获犯罪分子 53 人。

1964 年 4 月 7 日,市公安局召开全市先进治保会和治安积极分子表彰大会。会上,局长徐晓东宣读受表彰先进单位和先进个人,并简要地介绍了他们的先进事迹;副市长徐传奇、市委政法领导小组副组长徐方兴给 25 个先进治保会和 518 名治安积极分子颁奖。

1966 年"文化大革命"开始后,治保会受到严重冲击,许多治保干部被批斗,惨遭迫害,治保工作无人问津。

1973 年,开始恢复、重建治保组织。全市组建治保会 636 个,治保小组 2517 个,成员 14505 人。治保组织积极开展防特、防盗、防火、防事故的"四防"活动,协助公安机关对重点地区、特种行业和复杂场所进行清查,查出各种违法犯罪分子 260 名,查破各类案件 228 起。

1975 年 3 月,合钢三厂、省农机二厂进行民兵、治保、消防"三位一体"的试点,以后又在全市范围内推广。至 1976 年 9 月,全市有 943 个治保会被取消,削弱了公安机关基层基础工作。

1977 年,市公安局先后在市无线电二厂、电池厂进行内部单位治保组织的恢复整建试点,取得经验后再全面推广。至年底,全市内部单位恢复治保会 386 个,治保小组 1586 个,治保成员 8811 人。

1978 年,全市治保会扩大至 1135 个,治保小组 3460 个,治保成员 13264 人。在整顿和加强治保组织的同时,对治保干部进行业务轮训。治保主任由市公安局进行培训,治保成员由各分局进行分期培训。认真组织治保成员学习《治保工作细则》和"怎样预防犯罪”“如何保护和勘查现场”等业务知识。此后每年冬、春季节,各级公安机关均对治保干部进行业务培训,使之成为维护社会治安一支生力军。

1980年1月14日,市公安局召开表彰大会,有26名治保成员受到表彰。在治保会的影响和推动下,广大群众积极参与维护治安秩序,开展“四防”宣传教育,协助公安机关破案,帮教违法青少年等,涌现出一大批见义勇为、敢于同违法犯罪分子做斗争的治安积极分子。

1981年,全市建立路段联防片138个、居民巡逻组260个、哨卡36个,每晚1500多人参加巡逻执勤,维护治安。仅上半年就在巡逻执勤中破获拦路抢劫、强奸、盗窃等现行案件195起,抓获违法犯罪分子579人,制止聚众斗殴、流氓滋事152起。全年,群众向公安机关检举揭发犯罪线索591件,扭送违法犯罪分子717人,送子归案46人。1982年1月16日,市政府召开大会表彰208名治安积极分子,其中治保成员142人,占表彰总数的68.27%。

1984年,市公安局重在抓好治保干部业务培训工作,主要以经验交流、轮训等方式提高治保干部业务水平。1月17日,中市公安分局组织各街道、居委会、饮食服务业等治保干部173人进行培训。会上有6个基层治保会介绍经验,然后进行讨论,不断完善治保工作方法。培训中,还组织学习“保险与防火的关系”“怎样搞好居民防火和使用普通消防器材”“怎样加强治保会建设”等实际有用的业务课。

1989年,全市有治保组织3102个,成员14116人。许多治保干部在当地派出所组建的治安办公室担负巡逻执勤,维护社会秩序。6月14日晚,青年治安员许道军没有轮到值班,照例来到东陈岗治安办公室工作。21时许,他隐约听到从远处传来呼救声,迅速冲出办公室,循声赶往出事地点,正在行凶的流氓闻风逃散,许道军追撵为首的歹徒时,被树丛中窜出的歹徒用菜刀砍伤头部,抢救无效,光荣献身。许道军在治安办公室的一年多时间里,抓获违法犯罪分子20多名,查处各类案件134起。《合肥晚报》以“闪光的生命”为题,长篇报道许道军的英勇事迹。许道军被评为合肥市第二届精神文明“十佳”代表。

治安联防

合肥刚解放时,国民党飞机不断空袭,土匪特务四处骚扰,社会治安混乱。市公安机关配合城防司令部加强治安防范,组织纠察队员夜巡街面,取缔赌博、暗娼等活动,在街口要道盘查可疑人员,追缴暗藏的枪支弹药,维护社会秩序。

1950年2月,合肥市成立由驻肥部队与公安局牵头的冬防治安委员会。由解放军、公安干警、民兵混合编组,走街串巷,日夜巡逻,查堵逃亡土匪、潜伏特务,维护社会治安。

1950年9月9日,合肥市联防治安委员会正式成立。由合肥市、肥西县、肥东县三地公安机关以及城郊区党政负责同志13人组成,主任黄建中,副主任翟金波,下设若干小组,在市、县郊结合部公开巡逻,秘密守候。联防的任务是:通报匪特情况,协作查核材料,研究对策,确定计划,统一步调;加强城乡之间、区乡之间结合部的控制,堵塞匪特活动空隙;加强护路工作,确保铁路运输的安全;发动群众对敌开展政治攻势;有关三地的案件,统一步骤,全力破获。是年,合肥市、肥西县、肥东县三地区公安机关协同破获“苏浙皖反共救国军独立第三支队”,抓获流散匪特15人、逃亡地主2人;破获“江北反共游击纵队独立第三支队”,抓获支队长程道宽等3人,缴获长短枪各1支,在肥东县击毙和捕获该支队所属200余人枪。

1960年6月,市公安局主持召开合肥铁路沿线的县公安局、派出所、铁路派出所、合钢保卫科负责人会议,成立6个治安联防委员会,成员111人。在铁路沿线建立护路、护线、护桥、护站等防护小组75个,有效防止盗车案件发生,11个车站杜绝了路外伤亡事故。

1977年9月,卫岗派出所牵头成立以合肥制药厂、省医疗器械厂、江淮汽车制造厂、郊区向阳公社竹西大队为成员的厂社安全保卫联防小组,制定《厂社联防十条措施》。工厂和大队相互协作,值班巡逻,护队护厂,压缩犯罪分子活动的空间。

1980年下半年,全市基层公安机关和街道、单位密切配合,划片组织治安联防,成立治安联防小组51个,联防片333个,巡逻队(组)754个,巡逻人员2859人,联防队员白天看门护院,夜晚巡逻放哨。据五里墩和延安西路两个派出所的8个联防片统计,抓获违法犯罪分子48人,破获刑事案件19起,查破治安案件95起,缴获价值5000元的赃款赃物,发案较上一年下降54%。

1981年下半年,在重要路段、复杂地区建立治安联防巡逻片138个,联防巡逻人员723人。在巡逻中,抓获各种违法犯罪人员579名,破获或制止拦路抢劫、抢夺、强奸、流氓、盗窃案件195起,查获或制止流氓滋事152起,治安案件358起,缴获价值2万多元的赃款赃物及各类凶器408件。10月,在长丰县召开合肥、淮南、蚌埠三市及附近8个县的治安联防协作会,交流第一次淮南联防协作会议以来联防协作方面的情况。据统计,1981年,联防区协破各类案件800多起。

1982年1月9日,市委批准抽调320名民兵加强巡逻执勤,远郊社队由公社酌情抽调人员。执勤的基干民兵必须具备政治思想好、组织纪律性强、热心公益活动等条件。民兵的工资、福利及执勤所需物品由单位解决,每3个月或半年轮换一次。对抽调人员训练教育由区武装部负责,业务指导、考勤考核由公安分局和派出所负责。是年6月底,郊区由于落实群防群治综合治理社会治安,刑事案件比1981年同期下降44.8%,其中重大案件发案率减少44%。他们的主要做法是:在城郊接合部的167个工厂企业组成39个治安联防片,6个月内抓获违法犯罪分子170多人,破获各类案件91起,制止打架斗殴、流氓滋扰等83起。

1984年6月,根据巢湖水上治安联防会议精神,成立肥东县、肥西县、合肥市郊区3个联防协作片,片下设联络小组。各片公安机关在当地党政领导下,和有关单位密切配合,及时打击巢湖水面上违法犯罪活动。11月,郊区分局在卫岗派出所召开治安联防现场会,总结推广治安联防工作经验。西市区分局根据路段和社会治安情况,建立31个路段治安联防片,各派出所按照联防片的划分,从辖区工厂企业抽调治保人员共同组织巡逻队,维护社会秩序。联防协作片经常召开联防会议,互通情报,交流经验,协同侦破案件。

1985年,城区东市、西市、中市、郊区4个公安分局设立治安警察队,加强对基层单位治安巡逻管理,建立由市公安局、分局、派出所三级管理的治安巡逻网。据统计,全市42个派出所,每晚有72个小组217名干警深入联防片督查巡逻情况;各联防片有183个小组655名巡逻人员对重点单位、地段进行巡逻。全年在治安巡逻中抓获各类违法犯罪分子1204名。合肥制药厂联防片巡逻队员阎军在执勤中5次抓获7名违法犯罪分子,截获钢材、水泥、架子车等价值4000多元的赃物。

1987年,加强巡逻防范,严密社会面的控制,除机动车公开巡逻外,对舞场、溜冰场等文化娱乐场所内外结合巡逻控制,对火车站、市府广场、三孝口等易发案地区,对环城公园、河滨游园等偏僻地段,派出精干小组巡逻。在巡逻中处理各类案件170起,扭获违法犯罪人员260人,调解治安纠纷137起,为群众排忧解难做好事54件。

1989年,市公安局开始建设遍布全市的治安三级巡逻网,组织治安、武装民警在市区偏僻复杂路段和街头巷尾日夜巡逻;以派出所为单位,从辖区内部单位抽调人员,统一参加区域内巡逻;根据"谁主管,谁负责"的原则,组织护厂队、护校队、经济民警队负责本单位内部的巡逻盘查。三级巡逻网组成网络化,构成初步的群防群治体系。

第三节　特种行业管理

管理范围

新中国成立初期,公安机关内部把实行治安行政管理的部分工商、服务行业称作"特种行业",简称"特行"。一般包括旅馆业、旧货业、印铸刻字业、修理业、公共娱乐场所等。随着国家经济发展和社会治安变化的情况,特种行业管理范围有所调整。

1950年5月14日,平民戏剧院遭到一枚炸弹袭击,因炸弹受潮未爆炸。市公安局及时组织人员进行侦查,将挟私报复的4人查获归案。据此,根据皖北行署公安局颁发的《管理戏院书场暂行规定》,市公安局将合肥市的影剧院、书场、杂要场、茶社等公共场所纳入特种行业管理。

1951年9月,将旧货业纳入特种行业管理。市公安局对旧货业的管理执行的是皖北行署公安局翻印上海市公安局颁布的《管理旧货业暂行办法》:凡经营旧货业者,应向公安机关申请登记,领取许可证,并向工商机关申请登记,经核准后始准营业;凡经营旧货业者,应备买卖物品登记簿,按照各项规定详细填注,以便公安机关调阅查核;并且不得收购或代售违禁品、危险品及军用品,不得有任何欺诈行为损害他人。12月30日,据市公安局统计,全市特种行业总数359家,其中旅栈125家、饭店138家、住客商行58家、旧货业8家、印刷19家、电影院1家、电料行7家、说书坊3家。

1954年,市公安局贯彻省公安厅下发的《四年来管理特种行业工作总结和今后工作意见》,对所辖特种行业实行重点管理和一般管理相结合的方法;根据不同行业的特点,管理上既讲共性,又讲个性;整建特殊性业务的管理;对特种行业贯彻群众路线的方针;对过去建立的7项制度要进一步健全;10个派出所要加强业务学习,注意经验交流;对违反规定的特种营业户,一般进行批评、教育、警告,对于屡教不改、情节严重恶劣的,应与有关部门协商,撤销其许可证,停止其营业;对检举有功或一贯遵守法规的,给予必要的奖励或表扬。1958年12月,公共娱乐场所业划出特行管理范围。

1962年,合肥市特种行业240户,其中旅店业73户,印铸刻字业26户,旧货废品收购业35户,自行车、钟表等修理业106户。这些行业属于国营69户、公私合营37户、分社和街道95户、合作办21户、个体经营18户。特种行业人员复杂,其中党员128人、团员174人、基本群众1276人、手工业者170人、资本家25人、敌伪军宪警人员114人、地富反坏右"五类分子"69人。

"文化大革命"期间,特种行业的行政管理法规被废止,以致管理混乱,治安问题较多,少数废旧物资回收部门、旅店形成盗窃销赃和流窜犯落脚藏身之所。

1979年6月,全国工商行政管理局、公安部等七部门发出《关于特种行业企业进行登记管理的通知》,明确特种行业登记管理的范围:旅馆业、旧货业、印铸刻字业和修理业。恢复经营特种行业必须申请登记、核发营业执照和许可证等规章制度。

1985年根据《公安部关于改革和加强特种行业管理工作的通知》,将修理业、印铸业、一般废旧物品收购业不再列为特行管理,公安机关只做登记;生产性废旧金属收购和旅馆业仍纳入特行管理范围。实践证明,将修理业、印铸业、一般废旧物品收购业不再列为特行管理,带来一系列社会治安管理问题,如印铸业失控,伪造印章公文诈骗案件增多等。

1986年6月,市政府从公安、工商、税务、第二轻商工业局、乡镇企业局等单位抽调人员成立特种行业清理整顿领导小组,办公室设立在市公安局。领导小组对全市486家特种行业(旅店业398家、旧货业74家、刻字业14家)普遍进行清理整顿,对违法经营、为违法分子行方便之门的,依法取缔10家,吊销营业执照3家,停业或限期整顿97家;对合格的420多家特种行业单位,核发营业许可证,并本着"缺建少补"的原则,帮助健全完善特种行业的各项治安管理制度。通过清理整顿,查获26名犯罪分子,破获刑事案件29起,缴获1.4万多元的赃款赃物。

1988年4月,合肥市出现首家永昌典当商行,市公安局及时追踪典当行新模式的管理工作。6月,三处派人到江西南昌、九江实地考察"取经"。10月,市公安局将典当业作为旧货业列入特种行业管理,审批权在分县局。典当拍卖行业仅限于国营、集体经济性质,个体户及外地在肥机构一律不得经营,以利归口管理。

对特种行业管理,市公安局主要是通过贯彻执行国务院和省、市制定的有关管理特种行业行政法规,特行内部建立健全治保组织,落实治安承包责任制,以及不断地进行治理整顿,增强防范机制,保障合法经营活动。

旅馆业管理

旅馆业是指国营、集体、个体经营、中外合资经营或是专营、兼营的对外营业、接待中外旅客住宿的宾馆、饭店、旅社、招待所、车马店等。

新中国成立初期,市公安局贯彻执行皖北行署公安局发布的《旅店管理暂行规则》:凡开设旅店者均向工商局申领营业执照,并经公安局核发许可证方准经营;对入住的普通旅客必须登记"姓名""职业""籍贯""从何处来""到何处去""来此事由及停留时间""有何证件""同行人数"等内容;各旅店在每晚8时半之前,将本日登录旅客循环簿送当地公安分局或派出所审核并加盖戳记,以便随时检验。

1950年,全市登记旅馆客栈98家、饭店130家、住客商行58家。市公安局在查店中,发现怡春楼旅社、益民饭店等8户私营旅店窝住土匪和留宿土娼,并查明有的店主就是以旅店为掩护的反动党团骨干分子。

1952年,清理旅馆业内部人员,从200名管业人员和304名从业人员中,查出反动党团特、土匪、反动道会门骨干、青洪帮头子等反革命分子55名。旅馆业职工还检举揭发混入旅客中的10多名小偷扒手以及管理人员中的违法犯罪问题。东市区古楼旅社业主蔡某某偷税漏税,并以色妓招待贿赂干部被依法惩处。

1957年,合肥市基本完成对私营旅馆业的社会主义改造,实行国营或公私合营,少数小客栈停业,店主从事其他工作。旅馆业经营管理和组织由此发生变化。1959年2月后,对旅馆业的管理主要由工商、城市服务部门负责,公安机关配合管理。

1961年,在旅馆业治安管理中,发现21家街道办的旅社没有营业许可证,还有的旅社对包房放任不管。如交通旅社85个房间中,有49个房间被旅客包房,包房住客流动性大,治安问题较多。皖北旅社、淮河旅社登记员接受贿赂,窝住劳改、劳教逃跑人员,多次发生旅客财物失盗案。12月11日,全市清查50家旅店,发现住客没登记的有144人,没有证件的有55人,查出投机倒把分子15人。据13个旅社统计,一年发生偷窃案40起,其中重大案件8起。为此,市公安局召开全市旅店业负责人会议,依法拘留收受贿赂、包庇窝藏违法犯罪分子的服务人员,督促和帮助旅馆建立健全住客登记等安全管理制度。

1963年1月,对全市87家旅栈、住客饭店、浴池进行集中整顿,其中新开业15家街道旅社,补办申领特种营业许可证。整顿中查获劳改逃犯聂文顺、王传昆等在高潮旅社会计马某的庇护下,先后留住半年时间,结伙盗窃自行车43辆、马车2辆。

1964年8月,市公安局、商业局发布《合肥旅店业治安管理规定》,各旅店分别建立店簿登记、财物管理、会客登记和出入制度、安全防范制度、服务人员交接班、通缉通报对照等制度,制定旅店负责人和职工的主要职责和工作守则等。

"文化大革命"期间,有关治安管理的规章制度名存实亡。1973年7月,市公检法军管会成立常住旅客整顿办公室,对全市30家旅社、10家住客浴池进行清理整顿,但成效甚微。

1977年,旅店业经过整顿,恢复治保组织和安全管理制度。新华浴池每天接待浴客700~2000人次,晚间接待旅客130~190人,该池坚持把好"三关":验证关,在旅客登记住宿时,认真检验证件的真伪,防止伪造、伪冒证件住宿;住店关,向旅客进行"四防三禁"(防特、防盗、防火、防灾害事故和禁赌、禁毒、禁嫖)宣传教育,注意发现可疑迹象;离店关,旅客离店时,提醒他们所带物品是否短缺、差错。2年内,协助公安机关破案11起,抓获犯罪分子14人,缴获赃款赃物折款6000多元。

1979年11月,根据工商行政管理总局、公安部等7个部门颁发的《关于特种行业企业进行登记管理的通知》,由工商、公安、商业、轻工局、供销社、人民银行、税务局、市社队企业局等单位组成领导小组,下设特种行业登记管理办公室,对全市旅店业进行清理登记,核发特种行业企业营业证照412家。

1980年,双岗贸易市场周围15户居民私开旅社,每晚住客三四百人;郊区红旗公社社员出租房屋,居住来自4省27个县的399名外流人员,仅一次清查,从中查获流窜犯15名。市公安局会同工商局对旅店业进行重新审核,换发营业执照,取缔无证经营的私人旅社，并对全市 208 户旅店实行市公安局、分局和派出所三级管理制度。同时，对全市 27 家私开旅店的店主，集中举办业务知识和法规培训班，要求店主向工商部门申请办理营业执照，旅客凭证登记住宿，照章纳税，搞好安全防范工作。

1983 年 9 月 3 日，胜利旅社服务员彭玉芝追踪查疑，抓获先后流窜重庆、武汉、大连、杭州等 10 多个城市的全国通缉在逃的重大流窜盗窃犯李德宝。

1984 年，长江饭店通过 2 个月整顿，破获各类积案 10 余起，挖出 11 名犯罪分子，保障旅客安全。7 月 2 日，长寿旅社职工和旅客抓获流窜抢劫杀人犯宋坚平。

1985 年，市公安局拟定《改革和加强特种行业管理的暂行规定》，取消对申请开业单位的登记发证和审批手续。试行不久，发现旅馆业失控，管理混乱，不少旅馆仓促开业，缺乏必需安全条件，有的片面追求经济收入，忽视安全管理，甚至有些私营旅社店主和内部职工本身就是违法犯罪分子。为此，市公安机关立即恢复对旅馆业的控制管理。并于 1986 年 6～8 月，对全市 398 户旅店进行集中清理整顿，重点查处少数不顾安全，庇护违法犯罪活动的旅社。对违反安全规定，经指出不改的 86 家旅店客栈发出警告通知书，责令限期整改；对参与违法犯罪活动的店主或使旅馆成为流氓窝点的，及时予以查封并依法追究刑事责任。这次整顿中，查封窝赃和卖淫点 4 处，抓获嫖客 28 人、卖淫妇女 11 人。鸿庆旅社老板王某某经营个体旅社时，先后引诱胁迫、容留 5 名妇女卖淫，从中渔利 500 余元。王某某多次奸污蹂躏一名外地来肥的少女，并胁迫其卖淫，被公安机关查获后，依法判处无期徒刑，剥夺政治权利终身。

通过清理整顿，公安机关重新制定《旅馆业治安管理暂行规定》，对旅店的开设、经营、旅客住店以及旅店工作人员职责等均进行明文规定。并根据"谁主管谁负责"的原则，配合有关部门对旅社职工进行安全业务培训，落实专职专责，定点承包责任制。

1988 年，市公安局治安管理部门贯彻落实公安部下发的《旅馆业治安管理办法》，开办合肥市旅馆业业务培训中心，对旅馆业的负责人、接待登记人员、治保干部分期分批进行业务培训。还在私营旅店较多的双岗、胜利路地区建立联合治保小组，加强治安联防，依靠行业职工群众，做好发现控制违法犯罪活动的相关工作。

1989 年，全市 1860 名旅馆业负责人、治保干部通过业务培训，在行业治安管理中发挥重要作用，抓获违法犯罪分子 135 人，缴获赃款赃物价值 3.45 万元。

旧货业管理

1949 年年底，市公安局调查城区旧货业，计有旧货店、古玩店、寄售行等 29 家，管业、从业人员 40 人。旧货业主要是寄售商店代客卖物，不少群众挑高箩，走街串巷拣拾、收买碎钢烂铁等，少数坏人混迹其间，乘隙进行偷窃、销赃等违法犯罪活动。市公安局组织摊贩联合会，对 40 多名挑高箩者进行登记管理，发放特种营业许可证，指定地区设立收购站，取缔外地流入挑高箩者，堵塞销赃漏洞。

1956 年，个体经营进入合作社，有的合作商店转为国营或集体，归口合肥市供销社领导。1958 年以后，国营废旧物资部门开始收购社会废旧物资，主要品种有废旧有色金属、黑色金属、塑料、橡胶、废纸、废麻及制品、人发杂骨、旧包装等十大类，凡经营废旧物资的单位，必须向工商、公安部门申请，经批准发给营业证和特业许可证。回收旧品或寄售商品,均须凭证登记,审查物资来源,发现可疑的人和物,及时报告公安部门查处。

1961 年,调查发现少数寄售商店、废品收购站制度松懈,不断发生犯罪分子涉足销赃等问题。北市区综合商店旧货第一门市部估价员为盗窃犯销赃自行车,受到治安处罚;三里街废品收购门市部主任接受贿赂,擅自收购偷盗的 50 千克高压铜电线,该门市部停业 14 天,有关责任人受到纪律处分。

“文化大革命”期间,公检法被砸烂,旧货业治安管理无人问津。

1974 年 2 月,市革委会批转市公安局、商业局、工商局《关于加强废旧物资回收管理工作意见》,开始恢复定点、凭证登记收购等规章制度。

1980 年,废品收购部门查扣有色金属 770 千克、黑色金属 1.7 万多千克、赃款 3800 余元。为此,市公安局、工商局联合发出通知:凡生产性废旧有色金属、钢铁器材、机器零配件,指定由 6 个国营门市部凭证收购。合作商店、代购店、有证摊贩均不得回收。郊区向阳公社钟油坊岗废品代购点,擅自收购生产性紫铜电线、熟铝、汽车盖等,被依法吊销营业执照。

1981 年 4 月上旬,郊区公安分局查获盗窃红旗钢球厂工业用铜的犯罪分子牛某某、吴某某,经深追细挖,查获盗窃、销赃犯 112 人。这伙人利用一些工厂企业的物资管理漏洞,内外勾结,城乡勾结,盗窃与销赃勾结,先后从 30 多家工厂企业盗窃价值 10 万多元的有色金属等大量物资。这批物资主要被社队企业和废品收购站非法收购。肥西县滨湖公社翻砂厂派人住雨花桥旅社,从盗窃犯手中非法收买工业用铜 300 千克;六安县固镇集和霍邱县砖洪集 2 个废品收购点,仅 3 个月时间,就从合肥收购盗窃犯销赃的工业用铜 2700 千克。为此,市公安局在文化宫举办展览会,展出破案缴获的赃物,组织全市工厂、供销社等单位职工参观,进行直观形象化的法制教育。

1985 年,省内外 25 家集体企业因无原料供应或供应不足,采取“找米下锅”方法,在合肥市城郊接合部设点非法收购生产性金属器材。合肥科学分院价值 1.3 万多元的电话电缆线,被犯罪分子偷走后变“宝”为“废”卖掉。繁昌县峨山综合厂未办营业执照,在合肥租房收购 2 个月,非法收购铝 5 吨多。蜀山农场职工陈义炳留职停薪,非法收购工业用金属近 50 吨。据郊区公安分局查获的 10 处收购点统计,非法收购铜 30 吨、铝近 100 吨、钢铁 20 多吨。这些收购点收购金属器材不要证明,不问来源,甚至鼓动利诱人们去偷盗。霍山县驻肥竹木土产商店非法收购废旧金属 475 吨,成为盗窃犯销赃场所,使国家财物遭受严重损失。1986 年,市公安局配合物资回收公司,清理整顿废旧金属物资收购点,有 26 家收购点重新申请登记,发给证、照,其他凡属非法经营的予以取缔。收购点违章收购工业用有色金属为盗窃犯销赃开方便之门的,由公安机关根据有关法规进行批评教育,责令停业,对违法者和直接责任人根据情节给予警告、罚款、拘留处罚,直至追究刑事责任。

1988 年 1 月,市公安局、工商局、供销社就工业废旧有色金属定点收购发出联合通知,确定全市设 30 个工业废旧有色金属收购点。指定的收购点落实岗位责任制,坚持凭证登记收购等各项管理制度。是年 5 月,城隍庙市场新设一家永昌典当商行,对家用电器、金银制品、古玩字画、珠宝首饰、积压产品、富余原材料、房产等 15 类动产或不动产作为抵押的物品,实行典当、收购、寄售、拍卖一条龙服务。市公安局经过登记审核后,将其归为旧货业,纳入特种行业管理。鉴于对当铺管理尚缺经验,暂定开业单位需经公安分局进行安全业务审查后,报市公安局统一发给许可证,并只限于国营、集体单位经营。

1989 年年初,合肥市设立工商废旧物资市场联合管理办公室。这是全省第一个工商、公安、供销三位一体的废旧物资市场管理机构。其主要任务是依照国家有关法律、行政法规,依法对全市废旧金属、造纸原料、废橡胶等其他再生资源的经营、生产、交易等进行日常行政管理和监督。公安机关负责该行业管理中的治安问题。办公室负责对废旧行业单位发照、验证,出具计划调拨外运的废旧物资外运许可证。对查扣非法、违章外运、违章收购物资的处理:通过集中整顿周谷堆、淝河路、铜陵路南段、东七里站等 7 个重点地区的废品收购点,查扣 20 吨废金属,处罚 40 余人。同时,在设卡堵截中,查获非法外运的有色金属 10 吨、废钢铁 50 吨,以及其他禁止外运的废旧物资 16 吨,从中查获盗窃、销赃犯 20 余人。

印铸刻字业管理

1951 年 8 月 15 日,公安部颁布《印铸刻字业暂行管理规则》,凡刻制图记,长戳公章,印刷公文标语、信封、商标、印花等须持刻印机关的证件,经当地派出所审查后方准印制。公安机关据此对经营印铸刻字业进行调查登记,全市有 15 家印刷厂、31 家刻字店领取营业管理许可证,订立申报与日报制度。

1952 年,全市有印刷厂 19 家、刻字 36 家、印铸业 1 家,管业人员 61 人、从业人员 145 人。在登记管理中发现 6 起代客伪造关防、假刻印信等问题,纠正在管理中"满地抓"失去"重心"的偏向,重点抓私营印铸刻字业管理。

1956 年,在印铸刻字业管理中,市公安局查获逃亡地主、原国民党上校军官高鹏飞。高逃亡至祁门县双桥区,通过其妻用金钱收买私营刻字人员,刻制"肥西县程店区丰乐乡人民政府"公章。案发后,高供认企图伪造证件,逃避打击处理。原肥西县税务局干部李某某,因贪污被开除公职,企图找英明刻字摊刻制"肥西县人民政府"印章,混入政府机关工作,被营业主发现报告公安机关。

1961 年,市公安局召开印铸刻字业负责人会议,表彰北市钢模厂所属 4 个门市部协助公安机关抓获 23 名伪造公章的犯罪分子。对未申领证照营业的街道印刷厂、缮写组、刻字摊,予以补办手续或依法取缔。并规定凡本市或外地各单位刻铸公章、首长名章、证章等,须持上级主管机关证明、函件,经所辖地公安派出所审查后,发给准予刻铸介绍信到指定门市部刻铸。

1963 年,通过对 23 家印铸字业和晒图社的检查,发现钢模生产合作社第一门市部只凭本单位介绍信承制定远县食品公司朱巷食品站公章,淝河印刷组无证承揽印刷业务,其单位负责人均受到行政拘留处罚,并对此事发出通报,以起警示作用。

"文化大革命"期间,印铸刻字业治安管理制度名存实亡,处于放任不管的状况。

1979 年 6 月,工商、公安等部门对全市印铸刻字业进行清理登记,换发特行营业证明,并规定街道只宜开设誊写、晒图社等行业。以此缩小印铸刻字业经营晒图等业务范围,加强对印铸刻字业的专业管理。

1981 年,市公安局、工商局对个体工商户刻制印章发出通知,规定个体工商户的印章与营业执照一致,规格一律为椭圆形,印章中加"个体"二字,下面为经营地址,不得刻制其他形状印章。是年6月，转发《全省印铸刻字管理办法》，调查全市54家印刷厂、5家刻字店，发现刻制公章管理混乱。郊区发现不凭执照，凭熟人关系刻制公章；霍邱县个体刻字户方某某，流入合肥市私自刻制公章，受到治安拘留处罚。

1982年7月，市工商局、公安局换发"文革"期间发的"安徽省个体特种行业营业执照"，刻字誊写等行业67家个体户分别申请换发营业证照。

1984年，市公安局对刻制公章的审核实行市公安局和分局二级负责制，市公安局主要负责党政群团以及省、市直属工厂企业刻制印章的审核，其他均由各单位所在地的公安分局审核后，到指定地点刻制。对印刷单位进行调查登记，先后查处省体委印刷厂等5家单位擅自承印非法出版物和淫秽书刊问题。

20世纪80年代中后期，改革开放进一步扩大，资产阶级自由化思潮泛滥，非法印刷品的危害性凸显。1987年7月，重申将印刷业纳入特行管理，对110家印刷厂进行清理登记，从东方红、骆岗等19家印刷厂查获非法印刷品49种，计22万册，分别予以警告、停业整顿的处罚。

1988年，市公安局会同保密、工商局制定《合肥市复印刻字业管理规定》。在抽查中，发现16个单位复印不登记、不凭证，及时进行批评教育，帮助建立健全制度。芜湖市劳改保外就医人员丁某某，利用在印刷厂门市部购买的铅字，伪造3枚党政机关的印章，在合肥行骗时被查获。

第四节　帮教工作

失足青少年帮教

新中国成立初期，青少年违法犯罪主要是偷窃、打架斗殴等一般刑事犯罪。据统计，1952～1957年，全市查获各类案犯中，青少年占总数的10%～15%左右。

1962年9月，三里街派出所召开辖区顽劣儿童和家长座谈会，明确家长教育子女的社会责任和光荣义务，要求他们对子女因人施教，做好教育疏导工作。会后有14名顽劣儿童检举坦白21份材料。市公安局总结推广这一做法，发出关于加强屡教不改的违法人员、少年犯和顽劣儿童教育改造工作的意见，将这项工作列入各派出所的议事日程。

1964年，各级公安机关配合工厂、学校、街道成立儿童校外教育委员会，建立"红孩子之家"，以派出所为单位召开顽劣儿童及其家长会议，加强对青少年的教育工作。

"文化大革命"时期，"江青反革命集团"推崇"白卷英雄"张铁生、"不学ABC，照样当接班人"黄帅等谬论，许多青少年在此毒害下，三五成群地浪迹街头，寻衅滋事，危害社会治安，形成"大法不犯，小法常犯，家庭管不了，社会管不住"的尴尬局面。1970年，各派出所配合街道举办"毛泽东思想法纪教育学习班"，将违法青少年集中进行学、忆、查，组织学习毛泽东著作，请老干部、老工人做忆苦思甜报告，联系实际查违法犯罪的根源和具体表现。中市区共办14期违法青少年学习班，通过对254人教育疏导，破获42起刑事案件,追回照相机、自行车、收音机、钟表、板车、衣服等价值3000多元的赃物。

1971～1979年,市公安局开办法纪学习班,在征求有关单位、学校、街道和家长意见后,将195名大法不犯、小法不断,已走到犯罪边缘的青少年,集中到螺丝岗法纪学习班,学习和劳动3～6个月,最长不超过1年。对通过学习,认错态度好,能主动坦白交代,检举揭发坏人坏事,劳动表现好的,给予按期或提前结业。1978年,这种封闭式的法纪学习班停办,代之以分局派出所为单位举办违法青少年法纪教育学习班。

1975年8月7日,中市区向阳街道同春巷居委会建立"向阳院",该民间组织在丰富群众文化生活和青少年法制教育中发挥了积极作用,被市公安局联合有关部门在全市推广。截至9月5日,全市建立124个向阳院。

1979年,中央58号文件转发中央宣传部等8个单位的《关于提请全党重视解决青少年违法犯罪的报告》。市委成立青少年教育领导小组,各级党组织和社会各方面加强对青少年教育工作,市各级公安机关承担违法青少年帮教的主体责任之一。

1980年,全市内部单位开始组织对违法青工的帮教工作。机械局、合钢公司、邮政局、被单厂、电池厂、化工厂、无线电二厂等单位分别采取办青工违纪教育学习班、集中上法制课及"五讲四美"教育课和采取一帮一、二帮一等各种方法,加强对违法青工遵纪守法教育。据统计,经保系统建立违法青工帮教小组96个,成员205人。96名违法青工经过帮教,表现好的32人,有所转变的45人,仍有轻微违法犯罪行为的19人。

是年5月,市委青少年教育领导小组召开表彰大会。市公安局宣布11名劳教青年提前释放。团市委表彰益民街道贾振波、胜利路街道胡成明等8名失足青年转变为先进青年的典型,总结推广廻龙桥派出所、合肥锻压机床厂帮教违法青少年的经验。店街派出所民警刘建生积极组织退休工人成立帮教小组,主动接近后进青年,同他们交朋友,进行遵纪守法教育,他管辖的地段内,一年中没有青少年违法犯罪。东市区召开53次违法青少年及其家长会议,组织浪子回头报告会,开辟青少年活动场所,全区94名帮教对象中,改过转好的22人,有明显转变、停止违法犯罪活动的56人。据年底统计,全市确定帮教对象747人,建立帮教小组458个。

1981年,市公安局结合"五讲四美"活动,运用正反两方面的典型事例,编印青少年法制宣传教育材料1500多份,发到全市各单位。公安机关各级领导分别到工厂、学校、街道,向青工艺徒、在校学生、社会青年上法制教育课200余场,受教育人数达20多万人。

1982年,全市对748名违法青少年实行"四包"(即单位包职工,学校包学生,家庭包子女,农村包农民),分别从基层干部、职工、治保人员、教师、家长中物色人员组织帮教。派出所干警除负责督促检查管段内帮教工作外,还选择本地的"尖子货"亲自进行帮教,收到"帮教一个,教育一片"之效。

1983年1月4日,公安部部长赵苍璧视察合肥市庙街18号居民大院,肯定这种以帮教违法青少年为中心的综合治理措施。市委及时批转市公安局报告,召开现场会,并在省机械厅、花园巷等38个宿舍区、居民大院和生产大队进行推广。下半年,又在全市实行帮教责任制。确定帮教对象的条件是:有轻微违法行为不够打击处理的;受过司法机关惩处,回来后表现不好的,劳教领回自教,所外执行的;刚误入歧途,沾染不良习气,开始进行违法活动的青少年。各派出所与单位研究确定帮教对象后,由公安分局向其单位和街道发出《帮教违法青少年通知书》,由他们逐一建立帮教组织,选好帮教力量(一般2~3人),并针对不同对象提出帮教任务和措施,帮教时间为1年。对确有悔改表现的,由单位、派出所考核,撤销帮教;对少数仍有不良习气、表现不好、有继续违法犯罪活动的,延长帮教时间(半年至1年),并列入重点帮教。对重点对象,由派出所干警和保卫干部帮教,实行"双帮教"。内部保卫部门,对帮教工作建立了检查、评比制度,并列入单位评选先进条件之一,奖惩兑现。

1985年,全市列入帮教违法青少年1021人,建立帮教小组736个,帮教成员2648人,对其中确有改过自新表现的288人,提前撤销帮教。

1987年,全市内部单位建立帮教小组448个,被帮教的违法青工629人。许多工厂把帮教违法青工,作为预防和减少犯罪的治本之策,纳入治安承包责任制,发动治保人员、老师傅及其家长建立帮教小组,签订帮教承包合同书,根据帮教效果好坏进行考核奖惩,直接与经济利益、政治荣誉挂钩。厂保卫科还会同工会、青年团组织等召开浪子回头报告会,表彰教子有方和浪子回头的典型,认真落实"两劳"(劳动改造人员和劳动教养人员)回归人员安置和接茬教育,使他们既安身又安心,弃旧图新。其中表现较好,有明显改过表现的占89%。

1989年,针对青少年违法犯罪居高不下的情况,进一步贯彻落实综合治理的方针,开展扫"六害"斗争。清查收缴淫秽书刊、录像制品,净化社会生活中的不良环境;配合有关部门开办家长学校,帮助家长正确教育引导子女走正道,培养"四有"(即有理想、有道德、有文化、有纪律)新人;加强普法教育,举办"青少年之家"、英模报告会,开展法律知识竞赛、法制教育讲座,放映法制教育影视等;把帮教失足青少年纳入治安承包责任制,根据帮教效果进行奖惩,表彰奖励教子有方和浪子回头典型,逐步形成一个内外结合的多渠道、多层次的帮教网络。

工读教育

1980年,合肥市开始筹办工读学校,校址设在郊区四里河畔,即合肥市师范学校旧址,占地面积42.5亩。学校经几次修建、改造,建筑面积达3000平方米,并建有田径、球场、健身房、舞蹈厅、澡堂等,还有2个校办工厂、1个农场,作为学生的职业训练场所。工读学校由市教育局主管,公安局派两名干警担任副校长协助进行法制教育等工作。工读学校是一种教育、挽救轻微违法犯罪学生的学校。这所新型学校按照德、智、体全面发展的要求,坚持"挽救孩子,造就人才,立足教育,科学育人"十六字方针办学,学生毕业后,升学、招工、参军等均不受影响。

1981年,学校试招收工读学生50人,招生对象是13~18周岁,有违法或轻微犯罪行为,不适宜留在原校学习,但又不够劳动教养或少年管教条件的中学生(包括那些被学校开除或自动退学,在社会上游荡的18周岁以下的青少年)。学生入学由家长申请,学校和派出所推荐,经工读学校审批。工读学生集中食宿、集中管理,在学校期间的生活、学习费用由家长负担,确有困难的,可申请助学金。

工读学校以音、体、美、文为突破口,以职业技术教育为主,将生产劳动纳入教学计划。工读学校开设法制教育课,组织学生学习《宪法》《刑法》《国务院关于劳动教养问题的决定》《治安管理处罚条例》,并结合典型案例进行教育;经常组织学生去蜀山烈士陵园扫墓,参观革命烈士陈列馆,进行革命传统和精神文明教育;组织学雷锋小分队到火车站、影剧院打扫卫生,扶老携幼,维护秩序;开展丰富多彩的文体活动,寓教于乐,学生自编自演文艺节目,与机关、工厂、学校进行联欢;召开家长座谈会,共商教育子女的方法和措施。学校针对学生文化程度参差不齐的情况,设置从小学到高中教学班,每周上 38 节课。学校还举行"向昨天告别"的班会活动,建立荣誉簿、光荣册,促使他们分清是非荣辱界限,克服自暴自弃的思想,走改过自新的道路。学生沈文明在"文明礼貌月"活动中,主动学习理发技术,帮助同学理发,还利用休息时间疏通阴沟,打扫厕所,砌花坛,修校舍。他于 1982 年 5 月出席市学雷锋代表大会,受到团市委的表彰。还有 2 名工读学生通过学习,改过自新,留校任教。

1984 年,工读学校因办学经费不足、招生难等原因一度停办。

1985 年,市政府拨款 38 万元,整修校舍、校园,恢复招生,学制定为两年。凡在校能改过自新,文化、技术课考核合格者,由学校发给毕业或结业证书。1985 年恢复办学后,共招收 152 名学生,通过对毕业离校的 51 名学生追踪调查,除 2 名劳教、1 名重新回校学习外,其他 48 名学生表现较好,有的学生干部毕业后留校工作,有的参军、招工、升学,还有的回到社会后成了维护社会治安积极分子。合肥市工读学校还通过调查研究,撰写 10 多篇调查报告和论文,将青少年违法犯罪的信息和在校生的意识倾向、行为动态,及时报告给有关部门,反馈给兄弟学校,并协助他们做好后进生、双差生、失足生的帮教工作。

"两劳"回归人员管理

刑满释放和解除劳教人员(简称"两劳"回归人员),由于社会歧视、家庭嫌弃以及安置教育工作不够落实,一度出现捉了放、放了捉的恶性循环状况。少数人破罐破摔,重新违法犯罪现象较为突出。据 1981 年调查统计,全市两年内解除劳教人员 429 人,安置就业的 273 人(其中知青 139 人),占 62.9%;回农村参加农业生产的 42 人,占 10%;待安置的 110 人,占 27.1%。经追踪调查考察,这类人员中,表现较好的 58 人,占 13.6%;表现一般的 249 人,占 57.7%;有轻微违法行为的 122 人,占 28%;重新违法犯罪的 34 人,占 8%。针对这一现状,公安机关发动和依靠社会各部门,加强对"两劳"回归人员教育安置工作。廻龙桥派出所在综合治理中,把对"两劳"回归人员的教育与安置结合起来,每当"两劳"回归人员到派出所申报户口时,分别进行个别谈心和家访,为他们协调家庭关系。同时与原单位取得联系,给予安置就业,还为自谋职业的人提供方便,经常召开座谈会,帮助解决一些实际困难,使"两劳"回归人员既安身又安心。胜利路街道待业青年宋某某,曾两次被拘留和强劳,通过耐心帮教,改过自新,被派出所聘为治安员,执勤一年时间,抓获违法犯罪分子 26 人,缴获手表、自行车等价值 2000 元的赃物,被市政府授予"治安积极分子"称号。

1982 年 6 月,市公安局按照全国人大常委会《关于处理逃跑或者重新犯罪的劳改犯和劳教人员的决定》,注销 11 名"两劳"逃跑和重新犯罪人员的城市户口。

1983 年,全市清理"两劳"人员的户口簿,凡注有劳改、劳教场所迁入或刑满释放和解除劳教,以及"强劳""少管"等字样的,分别予以更换新户口簿和户口卡片,体现中央关于教育、感化、挽救失足者，化消极因素为积极因素的方针，为“两劳”回归人员解除思想包袱。

1984 年，市政府转发国务院办公厅《关于做好犯人刑满释放后落户和安置工作的通知》，各级公安机关积极与有关部门联系，凡是原来有固定工作单位的，一般尽量回原单位安置，对原来无职业的以及劳改释放的，大部分安置在街道集体企业；对有一技之长的，帮助其从事个体经济，给予生活出路。稻香村街道在综合治理社会治安中把帮教工作做在劳改、劳教人员出监所之前，他们组织“两劳”人员的家长及其单位保卫、工、青、妇干部等先后到白湖、九成坂等地看望劳改、劳教人员，签订帮教协议书，规定管教干部负责抓好服刑、服教期间的教育改造工作，“两劳”人员具结认罪（错）服法改过自新的保证，街道和单位负责释放、解教后的安置就业，家长配合进行规劝管教，使“两劳”人员感到党和政府在关怀着他们，家庭和单位没有抛弃他们，只要改造好，就有光明的前途，从而增强自我改造的决心和力量。东市区 1983～1985 年，“两劳”回归人员 431 人，通过街道和工厂企业单位安置 377 人。由于安置教育工作落实，1985 年“两劳”回归人员重新违法犯罪占 8%，1986 年下降到 2.7%。

1987 年 6 月，西市区委、区政府召开有安置任务的工厂企业和街道负责人会议，动员落实安置教育工作。同时总结推广包河街道对“两劳”人员安置教育工作的经验。“严打”斗争以来，包河街道陆续放回的 114 名“两劳”人员，全部得到安置，进行因人施教，落实接茬教育，无一人重新违法犯罪。合肥自行车厂、肉类加工厂、锻压机床厂等大型企业单位把“两劳”回归人员的安置教育工作纳入治安承包责任制，签订帮教承包合同书，并根据帮教好坏进行奖惩，有效地预防和减少了“两劳”人员重新犯罪。西市区普法办、工、青、妇等各部门还结合各自工作实际，组织“帮青送暖”代表团，探望“两劳”人员，举办法制图片展览，放映法制教育录像，召开浪子回头报告会、“两劳”回归人员及其家长座谈会以及开办家长学校等，把“两劳”单位的管教力量、公安司法部门的控制力量、家庭的特殊影响力量以及“两劳”人员的自控力量等有机地组成一股综合治理的合力，使“两劳”人员在改造过程中产生最佳状态和整体效果。光明街道居民黄某某因盗窃投入第二监狱服刑，妻子同他离婚，7 岁的儿子流落街头。街道党支部得知后，主动包下孩子上学和生活费用，并让孩子在五保户许大娘家生活。街道妇女干部还带着孩子去探监，黄某某听了儿子的倾诉后，热泪盈眶，激动地说：“过去一个人犯罪全家遭殃，而今我犯了罪，政府还抚养我的孩子，我一定要……”从而唤起他弃旧图新、重新做人的决心。

第五节　公共秩序管理

娱乐场所治安管理

1952 年 6 月，经调查登记，全市有电影院 2 家、戏院 3 家、书场 1 家、茶馆业 4 家，共有管理人员 12 人、从业人员 94 人、艺员 129 名。治安民警通过定点联系，组织纠察人员维持场内外治安秩序，进行安全检查等，加强对这些场所的治安管理。

1958 年，公共娱乐场所划出特种行业管理范围，作为公安派出所的基层基础工作之一。对有外宾、中央和省、市负责同志参加的大型文体活动，事先制定安全方案，组织干警和治保人员维持秩序，加强安全防范工作。据 1958～1965 年统计，在江淮大戏院、长江剧院举行有外宾和中央领导参加的 80 余场大型文娱活动，没有发生打架斗殴，挤、踩伤和火灾等治安灾害事故。

1971 年 10 月 2 日，东风公园(现逍遥津公园)溜冰场开放，当时打架斗殴、捅刀子等治安问题较为突出。公园根据公安机关的建议，予以关闭。后来，省体育场、市体育场、工人文化宫等单位陆续开放溜冰场。市公安局派员到这些单位帮助制定溜冰场治安规则，组建治安办公室维护秩序，收到了良好的社会效果。

1979 年 10 月，市公安局转发文化部、公安部《关于确保群众文娱活动治安问题的通报》，并针对逍遥津公园发生陈玉虎、凌岗一伙无票闯入园内，捅死、捅伤游客事件和公园的治安状况，建立公园派出所，主要负责维护逍遥津、包河、环城、花冲等公园的公共秩序，保障游客安全。该所实行分片包干的治安责任制和治安联防，使逍遥津、包河两公园的发案数较上年同期下降 48%。

1980 年，市区有 2100 多个康乐球盘，遍布大街小巷，一度成了少数人变相赌博场所，经常发生打架斗殴，仅半年内发生打架斗殴 50 多起，捅刀致死 1 人、伤 16 人。市公安局及时报请市人大、市政府专题研究加强康乐球活动管理的措施。市人大常委会于 1981 年 4 月 16 日颁布《关于加强康乐球活动管理的决定》，私人康乐球盘一律停止设摊出租，已领取营业执照者，限期缴销，由文化宫(馆)统一组织，使这一活动走向健康发展的轨道。

1981 年 9 月 30 日，市公安局派出干警和治安积极分子，对溜冰场、影剧院等公共娱乐场所突击检查，抓获违法犯罪分子 50 多人，取缔黑店、赌场和销赃点 20 多处，收缴凶器 60 多件。10 月 29 日，文化部、公安部下达《关于取缔流散艺人和艺技团体表演恐怖、残忍和摧残少年儿童节目的通知》，市公安局组织干警对出没街头流散艺人进行清理，清场 3 家 27 人，对街头卖艺负责人进行约谈和相关法纪教育。同时，合肥市人民政府发布《关于加强文化市场管理的规定》。

1982 年 3 月，公安机关认真贯彻市委下达的《关于贯彻中共中央国务院〈关于严禁进口、复制、销售反动黄色下流录音录像制品的规定〉的通知》，配合文化、教育等单位，收缴淫秽书刊、手抄本 402 本，黄色录音带 25 盒，黄色歌曲 390 首。

1983 年 5 月，根据公安部、文化部《关于取缔伤风败俗舞会的通报》精神，对全市营业性舞会、公共场所自发舞会、家庭舞会明令取缔，并严格控制学校、工厂、机关团体举办舞会。6 月 29 日，安徽足球队与湖北足球队在省灯光球场进行比赛，少数不法分子在观众席上鸣放鞭炮，投掷石块，有的冲下看台进入赛场，迫使比赛中断数分钟。市公安局将为首起哄闹事的朱某某、卫某某等 4 人治安拘留。11 月，市公安局、文化局、工商局、城管会和东市、西市、中市 3 个区联合组成文化市场管理小组，查收未经出版部门批准，私自铅印油印的图书、画册、报刊等 500 本(张)，没收油印黄色歌曲小册子 20 多本，制止在街头广场玩杂要、看相算命、赌博等 20 多起，没收非法出版的小报《野草》480 多份。合肥轻机厂女工圣某某经常出入舞场，沉醉于靡靡之音，进而利用裸体女人像和淫书、淫画等引诱 20

多名男性青年,满足自己的淫乱生活。11 月 19 日,市公安机关以流氓犯罪行为对其予以逮捕。

1985 年 4 月,全市舞场、溜冰场、录像放映点发生打架斗殴捅刀子、流氓滋扰案件 36 起,公安机关采取措施进行集中整顿,市委、市政府领导参加检查验收。7 月 24 日,市政府批转市文化市场管理领导小组制定的《关于加强营业性录像放映管理的暂行办法》《关于加强报刊、图书发行管理的暂行规定》,对整顿文化市场秩序提供法规依据。公安机关会同文化市场管理办公室,查出省科普器材商店、市春蕾家用电器经理部等 10 个商店,自制黄色磁带近万盒,查扣露骨宣扬色情的刊物 24 种;取缔无营业执照的个体报摊 20 多处,以及 6 处无证录像放映点,收缴淫秽录像带 269 盒,抓获 19 名播放、复制贩卖淫秽录像的犯罪分子。

1986 年 1 月 28 日,合肥市委宣传部、公安局、文化局就舞会管理问题做出规定。对具备办舞会的单位,须经主管部门审查同意,报市文管办批准,并向公安机关备案,还对舞会的管理及安全保卫工作等进行明确规定,全市审查批准 16 家营业性舞厅。与此同时,市公安局对全市 400 多个文化单位及经营文化产品个体户进行普查和重点抽查,取得一些成功经验,被举荐到省文化厅、国家文化部作为典型介绍。如查处刘某某、钱某、付某某、查某某等人非法印刷、出版内容荒诞不经的书籍 2 万多册,没收非法牟利 2 万多元。3 月 30 日,市公安局对全市出售的录像、磁带进行全面检查,查出黄色录像、磁带近万盒。11 月 12 日,通过一个线索进行一星期深挖,查获 4 起传播、复制淫秽录像案,涉及 80 多人,收审 9 人、拘留 2 人。

1987 年 3 月 30 至 4 月 1 日,市公安局治安大队举办为期 3 天的"文化娱乐场所治安管理人员"业务培训班,影剧院、舞场、溜冰场、录像放映点等文化娱乐公共场所治安管理负责人 130 人参加培训。培训班采用学文件掌握法规政策、听报告学经验、上课与辅导相结合。是年,市公安局推广江淮舞厅开办 3 年不出事的"管理严,秩序好"经验。江淮舞厅地处闹市区,从不无限量售票,而是由初办时 600 多张控制到 500 张以内,解决人满为患、难以管理的问题;对自身的舞厅管理人员严明纪律,不得擅自离岗进入舞池,敢于管理,又讲究方式方法,达到有利于维护好场内秩序。在全市推广过程中,文化市场实行谁主管谁负责的治安承包责任制,落实"安全、有秩序、内容健康"为主要内容的目标管理,对管理不善、秩序较乱的银河舞厅、庐州艺苑进行停业整顿。全市 15 家大型文化娱乐公共场所均设立治安办公室,其他场所配备专职治安员,各区还聘请兼职文化市场管理员共 400 人,文化娱乐公共场所治安管理网络正逐步形成。

1987 年,市公安局打击贩卖传播淫秽录像 39 人,查获 300 多种非法出版物 20 多万份,以及非法出版、复制、销售盒式录音、录像带 3 万多盒,文化市场的治安案件比上年下降 48%,没有发生重大案件。合肥市文化娱乐场所管理工作经验,在全国第一次文化事业发展战略问题研讨会上得到好评。

1989 年,全市有舞厅茶座 20 多个、录像点 64 处、书刊摊店 300 多个、电子游艺室 60 多家,还有各类棋牌室、健身馆等。市各级公安机关向这些单位广泛宣传《合肥市文化市场管理办法》,落实治安责任制,依法查处倒卖复制、传播淫秽物品案 39 起,非法出版读物案 4 起,对 49 人分别予以劳教、拘留处罚,查扣、收缴淫秽录像带 64 种 706 盒,查封收缴书刊 248 种 11 万余册,销毁明令查禁的书刊 43 种 1.1 万册。

集贸市场治安管理

合肥解放初期,合肥市政府根据皖北行政公署颁发的《管理摊贩暂行规则(草案)》发布《柴草市场布告》,全市设 8 个柴草市场,规定摊贩摆设必须遵守三个条件:不得妨碍交通畅行和市容整齐,不得妨碍沿街商店营业,保持清洁卫生。市公安局配合工商部门执行,在全市设立 3 个摊贩登记处,对 1400 户摊贩分别进行登记审查,动员店面摊贩回店内营业,合伙摊贩合股开店。对审查合格的 820 户摊贩分别发给营业执照和许可证,按行业划分摊位,设点营业,使摊点整齐有序,市场秩序井然,也确保交通秩序畅通无阻。

1955 年 3 月 1 日,中共中央、国务院决定在全国开始发行新币,合肥市民持欢迎、接受态度,认为新币使用、交易、核算方便。新币兑现旧币时,市场物价稳定,但也有极少数破坏分子乘机干些不法勾当。截至 3 月 19 日,市公安局查处破坏新币发行金融事件 12 起,其中拿伪币冒充新币在市场使用的 8 起,拿伪币冒充旧币到银行兑换新币的 2 起。

1961 年下半年,公安机关配合商业和市场管理部门,加强市场管理,取缔黑市交易,打击投机倒把。据北市公安分局统计,半年时间,破获刑事案件 24 起,对投机倒把分子依法判刑、拘役 48 人,劳教 4 人。

"文化大革命"时期,极"左"思潮泛滥,认为集贸市场是资产阶级产物,全市集贸市场被取缔,但仍有一些零散集贸市场存在,只是管理缺乏应有的规范性。

1978 年,集贸市场公开开放,地处城郊接合部的南七集贸市场流动人口多,治安情况复杂,自行车被盗突出。南七派出所采取发布安全防范告示、张贴标语和宣传牌,进行"四防"宣传,组织治安积极分子巡逻放哨,专人看管自行车,既解决了自行车乱停放、堵塞交通问题,又有效防止了自行车被盗案件的发生。市公安局总结推广南七派出所好的做法和实用防范经验。

安庆路轻工业品市场是个批零兼营的综合性小商品市场,人、钱、物流量大,由于管理工作跟不上,市场治安比较混乱,盗窃销赃、走私贩私、打架斗殴、流氓滋扰等事件不断发生。1980 年 12 月,市公安局、工商局联合在该市场设立治安办公室。从抓基础工作入手,对 370 户个体摊贩进行编号编组、定位,对 200 多家国营和个体的商业棚子进行填表登记,按营业种类分成 3 个大组,每 10 户摊贩为 1 小组,有正、副组长负责治安工作。在半年时间里,市场治安办共处理违反治安管理案件 96 起,处罚 26 人,收缴淫秽书画、迷信品 500 多件,各类凶器 25 件,轻工业品市场治安状况明显好转。后该市场搬迁至城隍庙。

1981 年 6 月 10 日,《合肥市人民政府关于当前市场管理若干问题的规定》颁布,市公安局配合工商部门分别在双岗、坝上街、南七等农贸市场设立治安办公室,维护市场治安秩序,防范控制盗窃销赃犯罪。诈骗犯王某某长期混迹于坝上街农贸市场,先后冒充省委、省总工会干部,以帮助淮北来肥出售农副产品的农民购买自行车、缝纫机、化肥等为诱饵,先后行骗 7 次,骗取现金 7000 余元,被治安人员发现后抓获归案。

1983 年 2 月,市公安局组织 800 多名公安干警走上街头,深入各农贸市场宣传国务院发布的《城乡集市贸易管理办法》,维护公共秩序。配合工商部门查处就街骑市、违章设摊,加强农贸市场的管理,整治公共交通秩序。

城隍庙市场是一个集商业服务、文化娱乐为一体的综合性大型商业市场。1986 年 1 月开业时，登记营业的经营单位 887 户，每天人流量 10 万多人次，节假日高峰期达 20 万人次，治安情况复杂。新设立的城隍庙市场公安派出所，认真组织群防群治队伍，根据市场分布特点，从经营单位物色治安积极分子，成立 3 个治保会 22 个治保小组，治保会成员 147 人；组建义务消防队，下设 4 个分队，队员 240 人。城隍庙市场公安派出所坚持“谁主管，谁负责”的原则，依靠群众治安力量，维护市场治安秩序、交通秩序、经营秩序，强化各项管理工作，对市场内暂住人口进行登记管理；对旅社、当铺、舞厅、茶座确定专人管理，定期检查整顿；对经商中的“两劳”回归人员调查摸底，对其中 27 人重点帮助教育；在小百货市场组织 9 名热心治保工作的个体工商户，开展治安联防，日夜巡逻执勤，强化治安管理。据统计，1986～1989 年，全市场发生刑事案件 33 起，破 24 起，受理治安案件 453 起，查破 451 起，调解治安纠纷 1200 多起，处理各类违法人员 630 人，缴获赃款赃物 3 万余元。

公共交通秩序管理

公交站车秩序管理 1980 年，合肥市增设公共交通公安派出所，主要负责全市公共交通治安管理。是年，合肥市共有公交线路 21 条，公交站点 588 个，线路长 232.65 公里，每天运行车辆 323 台，客流量 72.5 万人次。1982 年 2 月开始，全市组织 308 名退休职工参加维护公共交通秩序纠察队，采取定点包干的办法，在市区 6 条重点公共汽车线路的 44 个主要站台执勤，维护乘车秩序。9 月 27 日，市政府召开公共交通最佳站台、最佳纠察队员授奖大会。1 路车三孝口北站等 10 个站台被评选为“最佳公共汽车站”，叶治等 83 人被评为“最佳纠察队员”，受到市政府嘉奖。

1983 年 6 月，市公交公司就公共汽车上不断发生抢劫、行凶、扒窃等违法犯罪问题，报告有关部门。市公安局当即组织治安队协助公共交通公安派出所跟车、驻站维持秩序，及时打击各种违法犯罪活动，遏制公交车辆内扒窃、斗殴等案件上升的势头。

1985 年，公交派出所着重抓 1～5 路车和南七、农机三厂、市府广场（四牌楼处）等 9 个重点站台的公共交通秩序，实行上、下客分流管理，减少拥挤混乱。还在市府广场、三里庵等处设 7 个民警值班室，以便及时处理发生的治安问题。

1986 年 3 月和 11 月，市公安局两次集中警力整治公交治安秩序，开展反扒攻势。3 月行动，抓获 184 名扒窃分子；11 月开展 8 次行动，抓获扒窃分子 145 名。全年抓获扒窃人员 622 名，其中扒窃团伙 44 个 152 人；破获刑事案件 61 起、治安案件 376 起；逮捕 5 人，劳教 55 人，缴获赃款赃物折款 32567 元。

1987 年 2 月 19 日 14 时许，1 路公共汽车从南七里站发车，售票员陆忠一边热情接待乘客，一边招呼乘客买票。当他请刚上车的 10 个年轻人买票时，遭到他们的殴打，陆忠忍痛叫驾驶员将车开往公交派出所。当车途中停靠时，这伙歹徒拉开车门蜂拥而下，强行把陆忠拖下车，拳打脚踢后用三角刀向陆忠刺 5 刀，致陆忠死亡。陆忠被害一案引起全社会关注，中共安徽省委和省政府领导多次批示尽快破案，严惩凶手。市公安机关经过两昼夜连续作战，将主要凶犯沈云峰、梅奎风缉拿归案，其余犯罪分子也很快被一网打尽。4 月 8 日，2 名主犯被依法处决。安徽省人民政府追认陆忠为“革命烈士”，共青团安徽省委、共青团合肥市委追认陆忠为“新长征突击手”，合肥市总工会追授陆忠“五一劳动奖章”一枚,陆忠生前所在车组被命名为“陆忠车组”。

1987 年,随着合肥城市建设的发展,公交线路增加到 27 条,每天运行车辆 400 多部,客流量 80 多万人次。一些不法人员利用上下班高峰人多拥挤的特点,在公交车上趁机作案。据统计,是年,全市在册扒窃分子 1000 人以上,加上外地扒窃分子流窜作案,反扒斗争十分艰巨。公交派出所、市公安局治安三队先后 6 次组织反扒统一行动,采取公开、秘密相结合的办法,车上、路面一齐抓;发动广大群众提供信息,捕捉罪犯;选择典型案件,公开处理,坚持不懈地开展反扒窃斗争。

1988 年,市公安机关抓获扒窃分子 946 人,其中,劳改劳教在逃的 30 人,破获刑事案件 33 起。3 月 27 日下午 4 时许,郊区三十岗青年侯俊标在 24 路郊区班车上被扒窃并遭殴打致重伤,而一伙歹徒却在众目睽睽之下逃逸。治安大队接到报案迅速组织专案侦破,经过四天三夜的紧张战斗,终于将瞿某文等 3 名扒窃行凶犯抓获。9 月 11 日下午,蚌埠市一名乘客在 1 路公共汽车上被拉开背包拉链,扒走现金 3500 元。公安干警通过现场查访追踪,翌日就将扒窃犯章勇、徐斌等人抓获。

1989 年,公交派出所实行目标管理,公交线路划分 3 个联勤组,每组分别负责 3 个路队的治安管理,并在南七、市府广场、三孝口、亳州路、葛大店、东七、曙光路、农机三厂、双岗等 9 个主要站点设立民警值班室。2 月 25 日,江苏省两名乘客在 1 路车上被扒现金 4600 元,值勤人员迅速出动,追踪查疑,扒窃犯杨家发人赃俱获。

1985～1989 年合肥市维护公共交通治安秩序情况统计表

表 5－1

年份	调解纠纷(起)	处理扭送违法犯罪人员(人)	破获刑事案(起)	查破治安案件(起)	收缴凶器(件)	缴获赃款赃物(元)
1985	2500	419	70	395	29	43750
1986	1850	602	61	376	32	32567
1987	480	578	35	218	21	37600
1988	196	946	33	135	16	11400
1989	214	780	10	151	25	15231

汽车站秩序管理　1960 年底至 1961 年春,针对合肥市外流人口中,灾民在车站等公共场所抢食现象严重的问题,合肥市委、安徽省公安厅多次指示,要严格区分两类不同性质的矛盾。市公安机关配合民政部门做好宣传教育,动员劝阻,有的被遣送原籍,有的就地收容。确有影响城市治安者,市公安局区别对待,分别处理,维护了车站等公共场所的秩序,没有出现大的混乱。

20 世纪 80 年代,每天由合肥发出的长途、短途客运班车 395 个班次,运送旅客 2 万多人次,客运流量大,治安问题也随之增多。1981 年 11 月,汽车站设立治安办公室,从治乱入手,整顿站区秩序。执勤人员佩带袖章,组织旅客排队买票,按号上车;将车站周围摊贩、小吃部和搬运散车定点定位,统一管理;划分责任区,加强巡视,打击现行犯罪。经过整顿治理,1982 年,汽车站扒窃、捅刀、流氓案件比 1980 年下降 54%。

长途汽车站、火车站地区是合肥市的东大门,每天过往旅客数万人,治安情况复杂。1984 年 8 月,市公安局组织该地区的车站、胜利路和铁路派出所及驻地单位保卫部门统一开展打流窜犯的专项斗争。18 名干警带领民兵,组成若干战斗小组,日夜巡逻守候,严密控制。通过 1 个多月的集中整顿,抓获各类犯罪分子 59 名,破案 120 起,使这一治安"死角"改变了面貌。

1985 年 6 月 3 日,长途汽车站始设公安派出所,业务隶属东市公安分局领导。当时由于客流量大,"买票难"的问题较为突出,该所干警采取多种形式,向广大旅客进行遵纪守法和安全乘车的宣传教育,组织旅客有秩序地买票,及时打击扒窃犯罪和车票贩子,切实保护旅客的切身利益。每年国庆、春节期间,以查禁易燃易爆危险物品为重点,集中整顿站车秩序,消除隐患。针对少数流窜犯混迹旅客中乘隙作案的情况,坚持公开巡逻执勤和便衣跟踪守候相结合,不失时机地打击各类违法犯罪分子。

1989 年,市公安部门实行岗位责任制,对售票厅、候车厅、车场等复杂场所定人定岗,重点管理;确定专人管理车站周围的摊点、旅社、商贩,旅社登记服务人员挂牌服务,狠刹强拉旅客住宿、敲诈勒索旅客等歪风和违法行为。全年查获违法犯罪分子 230 人,缴获赃物自行车 13 辆、赃款 8000 多元。指导员孙超、民警张建宁得知有位旅客在候车室包被偷,在半小时内就将盗包犯魏克明抓获,缴获赃款 1100 元。民警张经捷、马勇追踪查疑,为旅客追回一只装有 1.3 万元巨款的密码箱,旅客赠送了"及时破案、为民解忧"的锦旗表示感谢。

整顿铁路站车秩序　新中国成立初期,合肥火车站治安秩序比较混乱,原因有两个:一是群众抢剥树皮。当地群众抢剥铁路货场树皮充当生活燃料或贩卖,已经形成一种习惯。早在 1942 年就发生过一起因抢剥树皮斗殴致死人命事件,直至新中国成立后仍不断发生。1950 年为制止抢剥树皮,曾逮捕 1 人并判刑,仍未达到制止目的。1956 年,省、市因基建工程需要从东北运来大批圆木,卸至火车站北三角线。每次运圆木火车一到站,崇德街河下沿一带 700 多人参与抢剥树皮,其中以市区、车站、洋桥、郊区东外、北外、里店乡等地最多。有时还发生车站人员因制止被殴打事件,影响火车正常发车是常有的事。二是无组织扁担挑子在火车站专门抢挑旅客货物。每天在火车站的扁担挑子有 160 多人,每当火车进站,扁担挑子纷纷拥入站台或堵塞出口,争抢旅客行李和包裹行为粗野。有的妇女抱着孩子、带着行李,被他们争夺得啼哭叫苦,其中还出现不法分子乘机拐骗旅客行李财物现象有。

针对群众抢剥树皮和无组织扁担桃子影响火车站安全问题,市公安局派出工作组进驻合肥火车站和周边街道整顿火车站治安秩序。首先,进行法制宣传教育,区别对待,打击少数、教育多数;其次,配合民政部门对灾民进行遣送工作;第三,配合劳动部门对火车站临时用工进行整顿,保障火车站正常交通秩序。

1962 年,由于自然灾害造成外流人口急剧增多,合肥火车站无票乘车、扒乘货车现象突出,哄抢运输物资的事件时有发生,以致造成有的客货列车进不了站,开不出去。为此,市里专门设立整顿站车秩序领导小组,从公安、粮食、交通、物资、民政、铁路和 4 个区抽调 20 多名干部集中办公,并由各区人武部从厂矿企业选派民兵轮流执勤,查堵无票乘车,遣送外流人员,查处扒窃、哄抢盗窃运输物资的违法犯罪分子,维护站车秩序。整顿站车秩序办公室的工作一直延续到“文化大革命”。

1975 年 3 月,合肥市革委会成立整顿站车秩序领导小组,办公室设在市公安局,主要负责 12 个大、小车站的站车秩序以及 28 条铁路专用线的治安保卫工作,协同铁路公安做好春运安全保卫工作。

1977 年 4 月下旬和 5 月下旬,市公安局在全市范围内组织开展两次以整顿铁路沿线治安秩序为重点,全面整顿社会治安秩序统一行动,8500 多名干警、保卫干部、治保会积极分子参加,采取连续作战、反复出击方式对合肥市辖区铁路沿线和火车站周边进行清查行动。抓获各种违法犯罪分子 372 人,其中流窜惯犯 11 人、有重大流窜犯罪嫌疑 46 人、为流窜犯销赃 11 人、通缉在逃犯 2 人、抢劫犯 2 人、现行反革命分子 5 人、盗窃犯 96 人、强奸犯 10 人、流氓诈骗犯 39 人、其他 150 人;缴获子弹 22 发、匕首等各种凶器 18 件,赃款 11634 元,赃物折款 10143 元。

1978 年春运期间,抽调 220 余名执勤人员(包括驻军、民兵和铁路职工),大力开展宣传教育和整顿工作。先后发送旅客总数达 31.9 万余人,高峰期间每天上下车旅客达 2.5 万多人,车站治安秩序一直较好。通过认真贯彻全省铁路治安工作会议精神,实行路社联防,建立 55 座护路哨所,使铁路治安秩序明显好转,合肥站客车正点率达 99.3%,货车正点率达 94.3%。水家湖中心站全面超额完成客、货运输任务,跃居全国铁路学大庆先进行列。

铁路治安办公室把合肥站的站车秩序列为一项重要任务,常抓不懈,突击整顿和经常性管理相结合。1981 ~ 1984 年,共查堵无票乘车、扒乘货车等 1.95 万人,补罚款达 3.57 万元。选配 139 名护路员,护路哨所贯彻“以护为主,劳护结合”的原则,在开展护路的同时,因地制宜地进行农副业生产,做到生产生活自给。沿线 15 个车站建立了路社(铁路和公社)联防组织,19 个公社(镇)建立铁路治安、警卫领导小组,对铁路实行了划段包干责任制,多数社队制定《爱路护路公约》。对沿线两侧 2.5 公里内盲聋哑残疾人员、治安危险分子,调查摸底建立档卡,并落实监护监改和控制工作。

合肥火车站以及毗邻汽车站一带,车多、人流量大,治安情况复杂。1984 年 9 月,市公安局组织东市分局、刑侦、治安大队和胜利路派出所,以这一带为重点,开展打击流窜犯、深挖刑事犯罪分子的斗争。经 1 个多月奋战,抓获刑事犯罪分子 59 人,破获各类案件 100 多起。

1985 年,铁路治安办公室以确保铁路运输安全畅通为目标,以整顿重点站段的铁路治安秩序为重点,深入市辖区沿线广泛进行“三保”(即保行车安全、保人身安全、保牲畜安全)和爱路护路的宣传教育。总结推广下塘镇和下塘集火车站开展共建文明镇站活动的经验,组织力量对管区内 23 座桥梁、143 处涵洞、119 个道口进行安全检查,进一步落实和完善分段划片包干的治安责任制,在铁路沿线建立 19 个路乡(铁路与乡)联防领导小组。沿线村、队治保组织较健全,基本上做到在哪个区段出问题,就由哪里的铁路和乡政府联防组织负责解决。1985 年,先后处理路乡民事纠纷 10 多起,协助处理路外伤亡事故 9 起,23 个哨所的护路员坚持白天生产眺望,夜间巡逻,抓获违法犯罪分子 102 人。

1989 年,针对铁路治安问题渐趋增多的情况,在铁路沿线加强爱路护路的宣传教育,在肥东县、长丰县分别召开铁路沿线区、乡(镇)和学校负责人参加的铁路治安工作会议,总结部署加强路乡联防,护路哨所建设,落实分段划片承包责任制等工作,并组织力量侦破铁路线发生的刑事案件。3月6日,128次列车行至水家湖时,一名军人被钢珠枪击中身亡。历经4个多月的侦破,将凶犯张志平、李传兵查获归案。全年发生刑事案件19起,破16起;发生治安案件101起,破84起。同时,还查处无票乘车、爬乘货车885人次,查获大量易燃易爆危险物品,保障旅客安全。但铁路治安问题仍较突出,盗窃旅客财物和运输物资、拆盗铁路设施、扫扒煤炭等事件时有发生。全年发生路外伤亡事故45起,死、伤人数分别比1988年上升21.8%和18.1%,还发生3起道口车辆肇事,损失严重。

1991年,《铁路法》颁布后,铁路治安办公室的工作移交铁路部门。

集会游行示威管理

1981年11月12日、16日两个晚上,中国足球队战胜沙特阿拉伯队和女排夺冠胜利时,一些大专院校学生上街欢庆,社会上一些不法分子乘机混杂其间,滋事生非,起哄闹事,拦截汽车,殴打行人,掀翻三轮车、小轿车,砸烂28辆汽车玻璃,打伤售票员、乘客和执勤民警数人。市公安局落实省委、市委、省公安厅领导指示,采取措施,依法拘留为首肇事者张某某、王某某,制止了事态发展。市公安局领导向市委做出检查,对这一新出现的事件发生规模、人数、态势估计不足,发生问题时处置不够及时,采取措施缺乏应有力度等。为吸取教训,防范和果断处置这类群众性治安事件,市公安局经认真研究做出具体部署:除省里拨给市公安局特种武装民警30人外,采取4个分局和12个重点地区派出所每晚必须有1/3干警集中住宿等多项举措。这就是市公安局后来制定备勤制度的雏形。

1986年12月,合肥市部分高校学生游行示威,由于没有有关集会、游行、示威的地方性法规,对学生上街游行示威问题的管理,主要是疏导和劝阻。12月5日,合肥6所高校数千名学生在合肥市主要道路游行时,市公安局根据中共安徽省委指示,首先在各闹市区主要道路布置警力,维持公共秩序。交通警察全力以赴,坚守岗位,指挥车辆分流,部分机动车辆绕道行驶,使游行畅通,避免拥挤和堵塞交通的现象发生,防止少数别有用心的坏人乘机扰乱滋事。12月9日、23日,合肥市又出现两次部分高校学生大规模上街游行。市公安局遵照省公安厅部署,先后出动警察近1000人次上街维持秩序。

1987年1月6日,合肥市第九届人民代表大会常务委员会第24次会议通过《合肥市关于游行示威的暂行规定》。同月13日,经安徽省第六届人民代表大会常务委员会第27次会议批准。这是安徽省新中国成立以来第一部对游行示威秩序进行管理的地方性法规。

1988年3月上旬,合肥市区有少数青少年观看美国影片《霹雳舞》后一味模仿,先后在九狮桥、省博物馆附近狂跳霹雳舞。开始在周末晚上,人数较少,间隔时间较长。进入下旬以后,已发展到白天、夜晚都有,地点扩展到博物馆拐弯处、马鞍山路、大东门等马路上,跳舞及围观群众日趋增多。有的吹口哨起哄,有的似醉如狂、胡言乱语,发泄对现实不满情绪,有的拦截过往车辆,哄抢车上水果等物品。有少数不法分子混迹其间,进行扒窃、煽动斗殴,向车辆和行人投掷石块,制造混乱,破坏公共治安和交通秩序。3月26日、27日,上述几处马路上,跳舞和围观群众达数千人之多,造成长江路桥、马鞍山路一度交通阻塞，有 20 多辆车被拦截、敲打、石击，前往维持秩序的武警遭到围攻。市公安局当即采取三项措施：组织干警白天加强流动执勤，夜晚增派警力到上述路段维持公共治安和交通秩序；责成所在地分局、派出所随时掌握动向，维护好治安秩序；对闹事者进行劝阻教育，对个别为首煽动起哄的予以必要惩处。同时，通过《合肥晚报》刊发有关文章，扩大影响面和教育面，严禁在马路上和交通要道擅自结伙跳霹雳舞。凡不听劝阻者，要给予治安处罚；拦截车辆、打架斗殴滋扰治安的，要严格处理，直至依法追究刑事责任。

1989 年 4 月至 6 月，合肥地区部分大学学生出现上街游行示威、串联静坐、阻碍交通等行为，少数不法分子乘机进行打、砸、抢等违法犯罪活动。合肥市公安机关坚决贯彻中共中央、国务院、公安部和安徽省委、省政府、省公安厅以及合肥市委、市政府的指示，旗帜鲜明地坚持社会主义道路，坚持人民民主专政，坚持共产党的领导，坚持马克思列宁主义、毛泽东思想，义无反顾地投入制止动乱的斗争。合肥公安干警经受住了政治风波的洗礼和锤炼，夜以继日、不辞劳苦地维护交通、治安秩序，确保省会城市社会政治稳定安全，为保卫改革开放做出了贡献。

第六节　危险物品管理

民用爆炸物品管理

民用爆炸物品管理，合肥解放初期至 1958 年，由治安科管理；1959 ~ 1984 年，由消防部门管理；1984 年 3 月，消防大队将民用爆炸物品管理工作移交治安部门。

1949 年 8 月 10 日晚上 19 时 30 分，合肥市火车站装运子弹时不慎引起爆炸，死伤 20 人。市公安局及时派出干警赶赴现场组织抢救，协助市政府处理善后工作。

1958 年，根据国务院颁布的《爆炸物品管理规则》和省公安厅《转发公安部第十局〈关于加强爆炸易燃物品安全运输的通知〉的通知》，市公安局制定《合肥市爆炸物品管理暂行规定》。消防大队确定专职管理人员，调查全市生产、运输、储存使用危险物品方面存在的问题，提出加强爆炸易燃物品管理的 22 项措施。是年，消防大队对设在北门外双岗街居民住宅区的合肥大同爆竹社进行检查，发现存有制造黑炸药的硝酸钾、硫酸、氯酸钾、赤磷等 32 吨。针对这一重大安全隐患，市公安局拟报告要求该单位搬迁至郊外。

1959 年上半年，合肥炸药厂因操作不慎发生 5 起爆炸事故，炸死 3 人，炸伤 7 人，炸毁房屋 5 间。7 月上旬召开合肥地区（含县）45 个制造、使用、储存、运输爆炸物品单位和市县公安局负责人会议，现场调查分析造成爆炸事故的主要原因：某些单位片面追求高产，忽视安全，不懂得炸药的性能，无限制地增加炮眼装药量；爆破现场没有划定危险警戒区和设瞭望哨；有的单位没有爆炸物品仓库，炸药雷管以及其他危险物品混放，有的单位仓库没有建立严格的领取、清退管理制度；少数船户和平车主人蒙蔽管理部门，私自代运爆炸物品；有的人民公社没向公安机关申请领取许可证，擅自开矿采石，思想麻痹，以致发生爆炸事故。会议对爆炸物品的生产、运输、使用、储存等各环节的管理工作进行具体部署。

接着又召开合肥地区危险物品一条龙安全运输会议，做出安全协作运输的决议，并举办两期安全使用爆炸物品短训班，培训100多名生产和管理干部。9月13日，消防监督部门通知合肥炸药厂停止试验使用机器生产导火线，该厂领导置若罔闻，于翌日晚私自开机试验，因药粉撒在蒸汽管道上引起炸药爆炸，当场将厂党委书记、车间主任等5人炸伤。10月15日，针对合肥炸药厂频发爆炸事故，且位于东门外七里站，与周边皮革厂等单位、居民区距离较近，存在重大安全隐患等情况，市公安局向市委及政法部门书面报告，请求该厂迁移至郊外。

1960年7月1日，针对上半年发生爆炸事故23起，炸伤21人，死亡13人情况，市公安局召开肥东、肥西、巢县三县局和市区公安分局以及合肥地区45家制造、使用、储存、运输爆炸物品单位负责人会议，具体贯彻《合肥市爆炸物品管理暂行规定》。7月5日，会同市劳动局举办短训班，培训100多名生产和管理爆炸物品企业干部，普及各种爆炸物品性能和制造、使用、储存、运输的安全常识。7月13日，市委批转公安局、劳动局《关于蒸汽锅炉检查情况的报告》，指出检查合肥油厂等42个单位的锅炉存在不安全严重隐患，及时得到整改。是年10月4日，市公安局与合肥火车站等单位召开合肥地区危险品一条龙安全运输协作会议，对易燃易爆物品的生产、使用、储存、运输等分别制定具体规章制度和安全措施，堵塞漏洞。

1962年6~7月，市公安局派出组成21个消防安全检查组，对所属333个单位进行一次全面防火安全检查。通过检查，一是摸清危险品分布情况，市区7个化工重点单位贮存各种易燃易爆、有毒化工产品3015吨、汽油2276吨；二是协助重点单位采取安全措施，如合肥工业大学没有危险品仓库，危险品到处乱放。

1965年5月31日，江苏省邗江县青年农民芦文朋等4人因身无分文来到东市收容站，要求遣送回原籍。收容站工作人员在登记时发现芦文朋背包里有炸药雷管，经查明，芦文朋等4人在肥西县一水利工地打工，从事爆破作业，剩余爆炸物品未送回，准备带回家炸鱼。市公安局将上述情况通报六安行署，同时对胜利路派出所所长陈跃在接到东市收容站报告后未及时处理做出批评，通报全局，责令其做出检查。

1978年4月28日，市公安局在日常检查中，发现合肥礼花工艺厂6吨氯酸钾、4吨雄黄、1300发礼花弹合计炸药2.6吨放在厂内，炸药仓库和生产车间连成一片，附近设火炉；杏花村公社石子加工厂将2吨炸药放在不符合要求的仓库里，附近住人，生火做饭；蜀山公社石子加工厂将1吨炸药、5000发雷管放在不符合要求仓库，库内住人，附近堆有易燃物。当晚，消防大队派7人督查上述3家单位，责其将爆炸危险品送到一〇一仓库统一保管。8月，市公安局根据国家计委、公安部联合下发的关于辽宁省盖县盖州镇东风街爆竹厂发生重大爆炸事故的通报精神，对全市生产、运输、储存民用爆炸危险品单位进行拉网式突击检查，发现隐患18处，均及时得到整改。各区人武部炸药由警备区集中统一保管。

1979年，合肥化工厂一〇一〇车间，因工人违反操作规程，致使向癸二胺蒸馏釜爆炸，经济损失2.84万元。

合肥建材一厂是合肥市生产砖瓦的一家大厂，每年生产砖瓦需要炸药2吨、雷管近千发（炸土），一直没有炸药库。1980年，该厂在消防大队协助下建成一座面积5200平方米的炸药库。厂保卫科制定雷管、炸药储运和使用规定，炸药、雷管需专车专人押运、分开储存，专人保管领发；坚持对爆破员业务培训，考核合格方准上岗。该厂建库以来没有发生任何事故。

1981 年 4 月 14 日下午 13 时 15 分，合肥化工厂氯化车间六六六工段因蒸馏釜产生的尾气（氯和苯）与苯系统的尾气在钢管内起催化放热反应，引起爆炸，造成直接经济损失 6.43 万余元，炸伤 1 人。

1983 年 3 月 20 日上午，郊区杏花礼花工艺厂鞭炮装药房由于工人违章操作发生爆炸，当场炸死 1 人，炸伤 2 人，两间装药房全部炸毁。

1984 年 3 月，消防大队将爆炸物品管理工作移交治安部门。市公安局召开县局、分局治安股长及县属镇派出所所长和有关生产、储存、使用爆炸物品的单位负责人会议，学习贯彻《中华人民共和国民用爆炸物品管理条例》，建立市公安局、分局、派出所三级管理制度。市公安局主要负责建立技术档案，审批发放各种许可证；负责爆破员技术考核；统一收缴销毁非法生产、散失社会上以及报废的民爆物品，并对民用爆炸物品的生产、储存、使用情况进行重点检查；分局、派出所按所管单位的隶属关系，对爆炸物品的使用、储存单位实行监督，在检查中发现隐患下达整改意见书，限期或停业整顿。国庆节前，全市进行一次易燃易爆物品大检查，收缴炸药 131.5 公斤、雷管 4200 余发、导火索 31 米、自制炸弹 33 枚。是年 10 月中旬，举办爆破员训练班，组织 88 名学员学习《爆炸物品管理条例》，并进行实地操作考核，合格者发给爆破员证书。

1985 年 4 月 29 日，市公安局三处检查蜀山石子厂、建华窑厂、杏花礼花工艺厂等单位的炸药、雷管、火药库，发现隐患 11 处，及时得到整改。6 月 28 日，市公安局组织市、郊区乡镇企业局和各分局治安科的检查组，进行为期 8 天的安全检查，发现隐患 173 处，均及时得到整改。

1986 年，全市（含长丰、肥东、肥西 3 个县）有储存炸药爆炸物品单位（仓库）82 个、爆竹生产单位和个体户 200 家、烟花爆竹销售单位或点 600 多个，其中市区（含郊区）烟花爆竹生产单位 1 个、储存炸药爆炸物品单位（仓库）4 个、烟花爆竹销售单位或点 200 多个。民用爆炸物品使用单位 144 个，专职爆破作业人员 443 人，押运员、保管员 431 人，其中市区民用爆炸物品使用单位 18 个，专职爆破作业人员 55 人。市公安局认真贯彻《民用爆炸物品管理条例》，实行民用爆炸物品审批发证制度；协助民用爆炸物品使用单位审查安全员、爆破员、押运员和保管员，加强业务培训和技术指导；开展经常性安全检查，全年收缴和销毁炸药 55 千克、雷管 3746 发。11 月 18 日，经合肥市人民政府批准，市公安局首次发布《关于烟花爆竹实行安全管理的通告》，规定任何单位和个人生产、运输、销售烟花爆竹必须到公安机关办理许可证，未经批准予以没收，由此发生伤害、火警、火灾事故的追究法律责任。

1987 年，市公安局对贯彻执行《关于烟花爆竹实行安全管理的通告》进行深入仔细检查，邀请省电视台协助录像对烟花爆竹检查情况，并以"燃放烟花爆竹安全常识"为题，在省电视台《消费之声》栏目中播放。1 月 26 日、28 日，省电视台和中央电视台分别在新闻节目中予以播放，扩大了宣传面。全市发证烟花爆竹生产单位 7 家，储存民用爆炸物品及烟花爆竹单位 82 家，经营销售烟花爆竹单位和个体户 902 个。5 月下旬，市公安局对 12

个单位43位专职爆破员举办为期10天的培训班。11月中旬，市公安局根据国务院办公厅、公安部和省政府关于加强烟花爆竹安全管理的紧急指示精神，对172个单位225人举办为期2天的烟花爆竹生产、储存、销售人员安全知识培训班。是年，市公安局执行新颁发的《治安管理处罚条例》，加强以防爆为重点的安全检查，收缴和销毁炸药9万千克，雷管8500发，导火索4万多米，手榴弹、炮弹142发，空包弹1900发。

1988年1月2日，合肥五一商店未办理《爆炸物品销售许可证》，私自从江西省萍乡市芦溪花炮厂将55箱烟花爆竹运进市区。市公安局根据国家、省、市关于民用爆炸物品管理相关规定，没收55箱烟花爆竹，由供销系统作价处理，货款上缴国库。1月4日，肥西县金桥乡曹坊自然村个体户李国好、李国强兄弟俩私自制作爆竹，在装药时发生爆炸，兄弟俩当场被炸死，炸毁4间房屋，损失约5600元。1月18日，肥东县马集乡二陈自然村陈时金家发生爆竹爆炸事故，陈的3个儿子2死1伤，炸毁8间房屋，损失约5000元。1月28日，市公安局查扣、没收五品热食店私自从广东省东莞市运进市区的271箱爆竹，由供销系统作价处理，货款37274.76元上缴国库。4月30日，市公安局查扣、没收湖南省浏阳县轻工业局烟花鞭炮公司私自运进本市的200箱爆竹，由供销系统作价处理，货款4.2万元上缴国库。5月1日，市公安局举办四期民用爆炸物品爆破员、押运员培训班。

放射性、化学危险物品管理

1962年7月，合肥农药厂48个液氯剧毒钢瓶长期堆放在仓库，阀门锈死，无法打开，钢瓶外壳部分腐锈深度达1厘米，一旦氯气溢出会给人民群众生命财产造成重大危害。检查组督办该厂将液氯剧毒钢瓶转让至合肥市水厂作自来水消毒剂使用。是年12月26日，合肥钢厂保卫科组织安全生产大检查时，发现技术科贮藏的4箱219瓶剧毒、易爆危险药品全部被盗，其中过氧酸82瓶、乙醚25瓶、硝酸钾50瓶、过硫酸铵62瓶。这批药品存放在破碎机房里，门窗用钢条加固，至检查时发现窗子被撬开。市公安局接到报告后，经10多天的调查，除2瓶打开丢弃外，全部追回，避免重大安全事故的发生。

1963年1月，省科委拨给安徽农学院钴放射源一具，供辐射实验使用。该院将装有钴源的铅罐放在学院西头三里庵大塘边的一块空地上，认为此物笨重不会有人动它。1月11日，五里墩居民葛传福和其他4名青少年到三里庵大塘钓鱼，见空地上有一铅罐，葛传福拧开螺丝将铅塞拔出，发现铅塞末端空腔内有一金属物（即钴源），取出放入自己口袋内。下午16时许，葛传福回家途中感到恶心，并出现呕吐症状，到家后即卧床不起。晚上，他与哥哥、弟弟同睡一床。13日，葛传福将钴源从衣服口袋取出放在床头。14日，钴源又被葛的弟弟装入自己口袋内。17日，葛的弟弟又将钴源放在其母的针线篮内。这样，葛传福及葛的弟弟、哥哥、母亲、姐姐和其他亲戚、葛家的邻居、葛传福到西市卫生所时接触的医务人员等共73人均受到钴照射，尤以葛传福及家人受到伤害最为严重。18日下午，安徽农学院发现钴源丢失，即向公安机关报告。20日，市公安局获悉钴源在葛家，遂在防化兵的协助下，将钴源取回送至安徽农学院仓库，并将葛家5人送入医院抢救。23日下午，葛传福死亡。葛的哥哥、弟弟被转送北京医治，24日，葛的弟弟在北京死亡。由此，市公安局对全市拥有放射源物品的13家医疗、科研等单位进行全面检查，凡存有放射源的物品，必须入库且有专人保管，从保管上、使用上实行严格的规章制度。

1964 年 5 月,市公安局贯彻执行省公安厅下发的《对放射同位素进行登记管理工作的通知》,落实具体措施有:1. 市公安局指定三科明确专人兼管放射同位素工作。2. 实行许可登记制度。市公安局会同市科委、卫生部门对应用放射同位素的 9 家单位工作场所和储存仓库的安全条件进行审查,由卫生部门发给"放射同位素工作许可证",市公安局发给"放射同位素工作登记证"。驻市内省直属 13 家单位有应用放射同位素的,均由市公安局再发给"放射同位素工作登记证"。两证每年换发一次。3. 实行检查制度。市公安局会同市科委、卫生部门对应用放射同位素的 22 家单位进行检查,发现不安全因素 5 处,及时整改。4. 市公安局配合各单位党组织对从事放射性工作的人员进行政治审查,在政治上必须具备机要条件,保证绝对纯洁可靠。经 1 个多月工作,全市 84 名从事放射性工作的人员中,发现 3 人不符合条件,及时进行调岗。

1976 年 4 月 16 日凌晨 2 时许,江淮化肥厂碳化车间汽柜发生毒气池泄漏事故,操作工吴龙华、杨德根,调度员赵金冠,车间副主任耿祥信、方永寿等 5 人下去抢修,全都中毒身亡。4 月 27 日,市委决定追认杨德根、耿祥信、赵金冠为中国共产党党员。

20 世纪 80 年代,合肥消防支队设立化学危险物品审批办公室,严格对化学物品的购买、运输、储存和使用实行审批管理制度。

1989 年,市公安局三处集中培训 110 名化学危险物品保管员、押运员、采购员,并派人到化学危险物品单位进行现场指导和安全检查,及时消除隐患 17 处。

民用枪支管理

合法民用枪支管理　民用枪支管理包括合法和非法两个方面。合法民用枪支如体育系统的射击枪支、民间狩猎者拥有的枪支,管理不善会给社会治安带来危害;非法枪支大多为私制或通过其他途径拥有,除少数青少年由于好奇外,绝大部分系直接危害社会治安的目的,历来是公安机关整治和打击的重点。

1956 年 10 月,市公安局执行省公安厅下发的《关于小口径步枪管理问题的通知》,除省直机关外,市属体育委员会等 17 家单位拥有 52 支小口径步枪,进行登记造册,在治安科备案;指定专人负责;统一集中使用、保管,并建立小口径步枪管理规章制度等。

1958 年 2 月,针对合肥市在除"四害"(即苍蝇、蚊子、老鼠、麻雀)运动中,少数单位将步枪改为猎枪或用自来水管制成猎枪,出现枪筒爆炸、打断高压电线等事件,市公安局及时派人下到各工矿等单位进行检查,要求保卫组织或治保组织加强枪支管理,禁止使用存在危险、不合格的枪支;猎枪由公安机关发给持枪证,由单位指定政治上可靠的人使用;"反坏分子"和对党严重不满的人,只可交给其完成除"四害"任务,不准其保管使用枪支,防止发生意外。

1979 年春,合肥第八中学、第四中学两名学生撬窗入室,盗走市体委靶场仓库重磅气枪 3 支、小口径步枪 1 支,随后纠集少数社会青年携带小口径步枪、钢球、小刀等凶器窜到新华社安徽分社附近,开枪击伤与其有矛盾的 1 名女学生。后这伙人又窜到三孝口、杏花村、安庆路一带打狗射猫,击碎居民玻璃窗,还将路过的 2 名妇女击伤。针对连续发生用小口径步枪伤人、危害社会治安的情况,市公安局发出通知责令,各单位和个人使用的小口径步枪、猎枪、气枪必须经公安机关验证登记,并严格保管和使用,不准私自转借,不准在市区射击。

合肥市西郊靶场是全市民兵、驻合肥部队和广大青少年开展军事体育实弹射击运动的场所，自1958年建成以来长期使用而未曾维修，在“文化大革命”中因无人管理而受到严重破坏，多次出现伤人甚至致人死亡事故。1980年9月，市公安局与合肥市体育运动委员会协商，加强靶场规范化建设和管理。

1985年1月9日，省体委报案称：省体工二大队军械仓库6支报废的小口径手枪被盗。市公安局立即成立由刑警大队、中市区分局组成的40人专案组，此案6月5日告破。

收缴非法枪支凶器　1979年4月4日，市革委会发布《关于加强治安管理的通告》，至12月14日，市公安局共清查收缴各种凶器1300多件。但仍有少数犯罪分子和一些违法青少年无视“通告”规定，私藏凶器不缴，甚至有的还在私自制造凶器和枪支，为非作歹，行凶伤人，杀人害命。1～11月，发生此类案件208起，其中死15人、伤227人。如杀人犯陶祥稳，原是省广播器材厂工人，自1979年6月起，与合肥家具厂青工吕速进、苏伟，合肥市一中校办工厂青工杨继勇结成团伙，非法制造手枪，常出入公共场所任意鸣枪，威胁群众，无恶不作。11月13日晚，陶祥稳用自制手枪将女知青沈某打死，并和吕速进把尸体绑在偷来的自行车上，扔到南门外路旁水沟里。案件破获时，收缴自制手枪11支、子弹120多发、匕首4把、宝剑1把、九节鞭1根。案发后，根据省、市领导关于查清杀人犯陶祥稳非法制造枪支有关问题的指示精神，省公安局八处、市检察院和市公安局组成联合调查组进驻省广播器材厂，历时10天进行调查。查明自1978年5月起，陶伙同合肥家具厂青工吕速进采取盗窃和利用私人关系，非法搞到无缝钢管、不锈钢等材料，乘假日和车间无人之机，制造单管、双管、四管手枪5支，导致后来结伙盗窃、杀害人命。陶祥稳于1979年12月23日被市中级人民法院判处死刑。

1981年8～10月，在整顿社会治安中，合肥市公安机关共查获收缴各种火药钢珠枪100多支。这些火药钢珠枪大都是青少年用从工厂企业偷摸来的粗铁丝、钢管等材料私下制成的，枪管里放上黑火药和钢珠进行射击，一般能射三四十米远距离。平时，这些人携带自制火药钢珠枪三五成群游荡于社会上，寻衅滋事，危害治安。有的任意打鸡、打狗、打路灯；有的向行人开枪取乐，危及人身安全；有的报复行凶，拦路抢劫。10月20日18时许，省建一公司知青袁某和待业青年郭某等3人，乘坐7路公交车游逛到安纺附近时，袁从车窗口用自制火药钢珠枪向人行道上2名女青年射击，将1名女青年面颊击穿，打掉3颗牙齿，另1名女青年肩部中弹。10月4日下午，待业青年叶某、王某等4人，携带自制火药钢珠枪先在原飞机场附近抢劫行人未遂，后又窜至十一中旁边抢走两名学生1.7元钱。对此，市公安局组织警力，深入工厂、学校、居民区等进行宣传教育，指明自制火药钢珠枪危害性和收缴重要性、紧迫性，发现火药钢一起，落实一起，见人见枪，深究本末，分别情况，据情处理，情节轻微的进行教育，较重的办学习班集中教育，予以严重打击。

1982年6至12月，少数违法犯罪分子自制火药钢珠枪，出没于公共汽车和公园、溜冰场等公共场所，寻衅滋事，先后发生钢珠枪伤人案件120起，其中致死5人，严重危害社会治安。市公安局两次发出清查收缴火药钢珠枪的通告，在机关、工厂、学校宣传动员清查收缴，组织巡逻队走街串巷控制街面，深入公共娱乐场所进行清查收缴。市公安局还确定包河公园、逍遥津公园、环城公园、十里庙铁路桥等19处为巡逻防范的重点地段，从机关、消防、武警等单位抽调250名干警,定点、定路段,分片包干负责,加强巡逻执勤,清查收缴火药钢珠枪等各类凶器1300多件。

1983年6月上旬,市公安局抽调一批干警,由2名副局长带队,组织12个派出所统一行动,集中整顿治安问题较突出的南七、东门城郊接合部的社会秩序,查获违法犯罪分子119人,收缴火药钢珠枪、匕首等凶器70多件。6月28日、29日晚,市公安局组织800多名干警和治安积极分子,分别到10多条公共汽车线路以及影剧院、饭店、车站、城郊接合部,宣传市公安局《关于清查收缴火药钢珠枪等凶器的通告》,先后清查收缴各种凶器280余件。截至年底,全市共清查收缴火药钢珠枪等各种管制枪支刀具3786件。

1983年"严打"至1987年专项斗争中,市公安机关将持有非法枪支凶器列为重点打击对象,固定刑事案件证据,消除社会危害,案件制成图片作为打击刑事犯罪活动展览宣传品,起到很好的教育效果。

1988年1月28日,市公安局查扣销毁青云楼百货商店私自销售的仿真塑料左轮手枪3902把、子弹10780板。2月24日,市公安局查扣销毁合肥市红旗百货大楼销售的仿真手枪47把、子弹10箱1.5万板。

第七节　烟毒与禁毒

烟　毒

清末、民国时期,合肥地区是盛产烟土的地区之一。肥东长临河,号称"烟土之国",种烟面积高达可耕地的1/10以上。国民政府征收烟苗捐,美其名为"禁种烟苗"。民国17年(1928年)8月,蒋介石到合肥巡视,抗缴烟苗税的群众拦轿告状,蒋只得答应"减轻烟苗捐,禁种烟苗"。但烟土仍流行不绝,贻害甚深。

民国24年(1935年),据《安徽民政季刊》载:合肥县吸食鸦片者有1.5万多人,年耗烟土3500余万克,价值银圆100余万元。当时合肥城内烟馆林立,鸠形鹄面的烟鬼充斥街头,毒品吞噬许多人的生命和财产。日伪时期,合肥共有130家烟土行。

民国26年(1937年),烟毒惯犯刘大帮在二道桥、二里街开设烟土站,每天公开收购烟土5000克左右,运至上海、南京等地出售。日本侵略军占领合肥后开设一家大坂洋行,公开出售鸦片,帮助日本侵略军推行毒化政策。抗日战争胜利后,国民党安徽省政府从金寨迁入合肥后,虽推行过禁烟戒毒,但禁而不止,烟毒仍然广泛流行。

民国34年(1945年),刘大帮与牛和发、陶子玉等6人重新组织贩运烟土集团,先后从肥东长临河一带收购烟土24.5万克,在合肥各烟馆倾销。贩毒犯汪少武在日伪时期就开始贩毒,并建有一条贩运线和推销网。汪从上海、南京等地购买大量吗啡,供给王少坤等7家吗啡场子。汪自己还给人打吗啡针,经他打针致死12人,致伤20余人。合肥解放后,贩毒犯刘大帮、刘朝文等4人重操旧业,仅1年时间就从蚌埠、肥东购买烟土275万克,贩运至舒城、六安等地推销。"二刘"在西门外开设烟土分销站,后由公开转入秘密,直至被查获归案。

民国36年(1947年),《公正报》刊载《横箫乐曲各地吹,北外破获芙蓉窟》的报道:"虽政府不遗余力严厉取缔,但播毒很深,食烟者过多,短期内禁绝,殊非易事,城内烟鬼纷纷前往乡镇觅馆吸食……"西门有个叫李华荣的"老烟鬼",原来家里开设杂货铺、糟坊,后因染上烟毒,把家中的店吸垮了,老婆卖了,自己以沿街乞讨、行窃为生。还有一对夫妇吃大烟,把家里楼房和200多亩田全都卖光,老婆沦落为娼。西门陆某某因吸大烟,家里仅剩一间破屋栖身,夫妻两人只有一条裤子换着穿。

据1952年6月调查统计,经铁路贩运到合肥的烟土有32.5万克,通过其他渠道贩毒的290人,贩入合肥的烟土105万余克、吗啡200万余克。在肃毒运动中依法逮捕的107名烟毒犯中,贩毒犯就有69名。为逃避打击处理,贩毒犯绞尽脑汁,把烟土放在小孩尿布里、绑在妇女大腿上、藏在夹层皮箱底里,致使毒品流行,危害人民。合肥有烟馆69家,吸食毒品者有892人,依法逮捕的107名烟毒犯中,吸毒的特务、土匪、反动党团骨干、旧军官、地主等42人。

禁　毒

合肥解放初期,人民政府在全市范围内推行坚决的禁毒措施。1949年7月,市公安局设立劳教院,收容150多名吸毒分子,通过劳动与教育相结合的方法,使旧有的吸毒分子成为自食其力新人。

1950年2月24日,政务院颁布禁烟禁毒令,合肥市查获烟毒犯304名。

1952年7月10日,合肥市开展肃毒运动,市设禁毒委员会,下设禁毒办公室。这一工作以公安部门为主,统一行动。市委召开公安、司法、检察、民政、税务、卫生、邮政等部门负责人会议,对肃毒运动进行部署,确定打击的重点是:大量的制毒、贩毒、运毒的主犯、惯犯和现行犯以及严重违反政府禁令的国家工作人员。整个运动分三个阶段进行,准备阶段由公安部门抽调38名干警对全市制毒、贩毒、吸毒人员和存毒户进行调查摸底。8月上旬进入行动阶段,组织27个行动小组,对全市烟毒犯进行逮捕,并召开万人宣判大会,依法判处12名烟毒犯。贩毒惯犯周文祥,曾任国民党警长,合肥解放后专事贩毒,在市内有20余人为他推销毒品,可供300人吸食。周文祥还勾结毒犯宗文山制造吗啡1200两,订立生死同盟,负隅顽抗,被公安机关查获后,依法判处死刑。

全市还组织629人组成42个规劝小组,分头清查收缴毒品,组成14个工作队,5辆宣传车上街、上门进行宣传教育。对吸毒犯进行集训,组织受害人在群众大会上控诉贩毒犯的罪行。东市区受害人常某某控诉说:"我父母吸大烟,把家中的祖业抽光了,还把女儿推下火坑当妓女。我逃出妓院后结了婚,丈夫吸毒把我也染上烟瘾,结果家里铺子被吸掉了,夫妻也离了婚。现在我在教养院戒了烟,多亏政府的教育改造……"通过广泛宣传,出现妻子检举丈夫、父亲检举儿子、儿女检举父母等大义灭亲的情景。

在处理阶段,对466名烟毒犯、153户存毒户依照中央关于"处理毒犯的量刑办法(草案)",依法判处死刑立即执行1人,判处徒刑96人,管制136人,具保登记免于刑事处分的233人。全市查获烟土1.77万克,吗啡折合1025克,缴获毒具473件,以及贩毒所得的黄金260克、银圆147块。经过禁毒运动,吸毒、贩毒基本绝迹,仍存有死灰复燃现象。

1953 年,根据中央人民政府内务部、公安部、卫生部联合下发的《关于全面开展戒毒工作的指示》,市成立由民政、卫生、公安等部门组成的戒毒办公室,对吸食鸦片者实行"教育改造,治病救人"的方针,免费供应戒烟药,以群众、亲友规劝,分散自戒为主,对中毒较深的 41 人送教养院强制施戒。

1963 年 5 月 11 日,市公安局破获以夏某顺、王坤鼎为首的 14 人盗窃贩毒集团。这伙人从合肥市以每克 1.2 元收购鸦片烟 2500 克,带至河北承德市以每克 6～10 元倒卖。同时,夏、王等人还大肆进行盗窃活动。是年,全市查获吸、贩毒案件 44 起,捕获烟毒犯 51 人,其中老烟毒分子 35 人。以江召甫为首的 11 人吸毒、贩毒集团,先后在合肥购买烟土 1795 克,除 700 克被这伙人抽掉外,其余倒卖给甘肃省来的贩毒犯。

1969 年 6 月,市公检法军管会查获吸毒犯童曙华。童犯恶习难改,长期吸毒贩毒,先后贩卖鸦片 1.5 万余克,牟利万余元,在关押期间继续吞服隐藏衣内的鸦片,被依法判处死刑。

自 1982 年开始,市郊和长丰、肥东、肥西三县少数农村出现私种罂粟现象,如长丰县朱巷公社社员梁某某私种罂粟,收取烟土 4 两(折合 200 克),均受到处理。

1983 年,省政府发出《关于严禁私种罂粟的通知》后,各级公安机关配合区、乡政府,发动群众突击铲除罂粟。肥东县铲除罂粟 269152 棵,肥西县铲除罂粟 20800 棵。

1984 年 4 月 1 日,市公安局转发省公安厅《关于进一步查禁私种罂粟的通知》,经 1 个多月的宣传教育和检查督促,全市铲除私种罂粟 45499 棵,其中市区 9141 棵,长丰、肥东、肥西三县 36458 棵,收缴罂粟 500 多克,并对拒绝铲除私种罂粟的 24 人予以罚款和治安拘留。

1985 年 6 月 11 日,根据省公安厅、卫生厅《关于切实查禁私种罂粟的通知》精神,市公安局三处及时布置、及时行动,在肥东县铲除私种 140 亩罂粟,在长丰县铲除私种罂粟 4355 棵,市区利用花园种植的零星罂粟均被铲除。

1987 年,市公安机关执行新修改的《治安管理处罚条例》,深入郊区和长丰、肥东、肥西三县发动群众,铲除罂粟 102 万棵,治安拘留 33 人。

第八节　赌博与禁赌

赌　博

赌博是社会丑恶现象之一,历代王朝都有禁赌律令。清朝咸丰年间,在肥西县三河镇上竖立的"禁止聚众赌博"石碑至今犹存。在旧志书上,有赌徒被官府和乡民断手或断指的记载。然而官赌日甚,赌风经久不衰。清光绪三十四年(1908)9 月 15 日晚,合肥两巡警避雨于同事弁素来家中,与众巡兵聚赌一室,吆五喝六,声震屋外。官府派人捉拿赌徒,闯屋抓赌时,巡警弁素来勇悍,遂两相械斗,刀伤查禁的巡兵腿部。巡兵因事关赌博,未敢向队官报告,庐州知府穆特恩闻知,即将赌徒传来讯问,后不了了之。

民国时期，赌风日益严重，竟堂而皇之成了一种“社会职业”。民国16年(1927年)，据《公正报》报道，梁园镇赌风甚炽，以致盗案迭起。当时镇公所召开镇务会议，有位王代表建议禁赌以缉盗源，招致一班赌徒之怒，数十名赌棍各持棍棒，拥至王代表住处意欲毒打。后经绅士调解，废止禁赌，风波始息。

民国19年(1930年)，合肥县长汪植如风闻三孝口徽菜馆老板朱开志秘密摆赌，抽头渔利，遂令捕目徐守粹、警目盛万洲同警吏数人，将朱开志等4人拘至县府。汪县长亲自坐堂讯问，革除朱开志承发吏职务，用封条封闭朱之住宅大门，以儆效尤。

民国21年(1932年)，省公安局局长张本舜签署《严禁鸦片赌博娼妓的布告》，指出：“社会上三件最能害人的物事，就是鸦片、赌博、娼妓。前已三番五次布告严禁，没有革除净尽。民众应立志戒绝赌博恶习，根本铲除这些害人物事……”1945年，《新皖日报》报道称：“虽颁有禁赌布告，迭经抓获赌徒分别惩罚，仍有不肖之徒，秘密窝赌，耗财误业，妨碍安宁。”

1948年，《合肥日报》刊载“梁园赌风之盛空前未有”的消息。据统计，该镇逢集(二、四、七、九日)有正式赌台13场，赌徒有自百里外的定远张桥、江巷等处闻风而至者，每场胜负约在2亿元(旧币，折合人民币2000元)，每日所得抽头着实可观。《逍遥津》登载一名七旬老人，在合肥沿街喊冤，控诉龙城乡乡长张铿聚赌杀害其子的罪行。原来，这名老人叫阎仁杰，系赶驴老客，因乡丁浦金茂骑驴赶赌场没给钱，老人和儿子找到赌场向浦要钱，双方发生争执，惹恼赌兴正浓的乡长张铿，他认为阎家父子有碍自己聚赌抽头，下令将阎的儿子带到乡公所拷打拘禁，自己仍泡在赌场行赌。翌日拂晓前，乡长张铿以将其解送县城为由，指使浦金茂等人在途中将其勒死掩埋，后被老人追踪寻获尸体而告发。

民国时期，合肥公开赌窟，赌风之盛行，令人咂舌。多少人在赌场倾家荡产，典当衣物，强者变为土匪，弱者沦为乞丐。赌窟大都设在小花园一带，赌徒们多系游手好闲的下等流民与小贩娼妓等，他们一掷数十万毫无吝色，好像是职业赌徒一般。街头行赌时间多在下午二三时，他们用牌九、骰子及各种不同的玩意，引诱路人。两名乡下来城贩布的小贩被引诱入局，留恋不返，结果输掉血汗钱，欲跳河自杀，被人拦住。一个以卖蒸饭为业的小商人，因生意清淡，无法维生，竟想以赌吃饭，输去家中所有现款，尚欠债20余万，一气之下，吞服鸦片企图走绝路，幸发觉尚早，免酿命案。1948年，据警局某督察长向记者透露，还有更大规模之赌，动辄以百万计。赌场主尽是一些地方上有地位、有背景的暴发户，与一些囤积居奇、来钱快的商人，更有少数高等流民作护。警察们生活清苦，给他们点小钱，对赌博也就不管不问。

省会警察局明令禁止赌博，警察走街串巷巡查，其实都是装装样子而已。当时街头赌场林立，赌徒招摇过市，搞得乌烟瘴气。有的警察还以抓赌为名，敲诈赌犯。1948年，《公正报》报道，省会警察局第四分局及保安警察第三中队警士吴光异、唐祝三等人，假借查缉赌博，瓜分赌资55万元(旧币)。在国民政府警察局像这类假借禁赌名义，在外招摇、诈取钱财的丑事屡见不鲜。为此，警察当局曾发出布告：凡在外查缉烟馆赌场以及土娼等事，均须有局长手谕，取缔假名招摇，但仍无济于事。有的身染赌博恶习的警察，还经常出入赌场行赌。

国民政府曾三令五申禁赌，其实是做官样文章，官赌日甚无人问津，以致赌风越演越烈,遗毒深远。

禁 赌

新中国成立初期,合肥市人民政府公安局明令禁止一切赌博活动。在每年冬、春季节,结合“四防”发动群众查禁赌博,使积弊多年的赌风大有收敛。

1953年5月12日,市公安局执行省公安厅《关于部署禁赌工作的通知》。首先,解决基层干部参与赌博问题,对有赌博行为的干部,令其深刻检讨,认识错误,对情节严重屡教不改的,给予适当处分。其次,对群众中的赌博,本着说服教育的方针,如系以往赌博,一律不予追究;如系现行赌博,坚决制止,没收其赌具;对屡教不改的赌头、赌棍、流氓,采取强制劳动的办法处理,情节恶劣的,予以逮捕法办;对地主、被管制的分子聚赌的,严加处分。截至7月15日,因参与赌博初犯经教育的173人,对屡教不改的赌头、赌棍送劳教所的31人。

1957年上半年,全年发生大小赌博百余次,特别是春季赌风盛行,影响春耕生产和社会治安。为此,市人委发出严禁赌博布告,广泛深入地开展禁止赌博的宣传教育活动。通过广大群众揭发检举,查获117名赌徒,其中判处徒刑和拘役8人,治安拘留46人,交单位党纪政纪处分7人,使一度滋长的赌风基本刹住。

1960年,在河滨公园、火车站广场等处,出现公开以摸红绿白果、红黑弹子、套圈子、掷骰子等10余种变相赌博活动。市公安局发现后,立即予以取缔,并通报全市,遏止了开始抬头的赌风。

“文化大革命”期间,由于公安机关一度瘫痪,对赌博疏于管理以致赌风滋长。1978年,郊区抓赌34场,参加赌博的400余人,开始在赌场出现抢劫钱物、斗殴、伤害他人的案件。蜀山公社十八岗大队社员吴成业因赌博输了钱,串通他人采取骰眼里装铁砂,暗中在桌下翻弄磁铁的手法,赢得500元钱,被旁人察觉后引起聚众殴斗。红星大队有名社员将200元卖猪钱输掉,后又以口粮抵赌债,引起家庭不睦,影响农业生产。

1979年12月,市公安局先后对百货大楼、长江饭店、江淮旅社小卖部、合肥工艺美术厂小卖部、省美术服务部等5家商店敞开出售麻将进行查禁,收缴麻将668副。

1980年2月14日,市公安局对省轻工业、手工业产品合肥试销部在双岗、南七贸易市场出售麻雀纸牌进行查禁,收缴393副,会同二轻局共同销毁,同时加强对销售单位相关人员进行法制教育。1980年1月21日,郊区分局在红旗公社召开大会,公开处理聚众赌博、结伙盗窃的20名违法犯罪分子,唐桥大队社员朱某某等4人经常聚赌,赌输了就盗窃,先后从合钢一厂、化工厂、造纸厂等单位盗窃价值2000多元的物资,分别被依法逮捕,还有4名惯赌被劳动教养。

1981年春节,郊区抓赌40多场,参加赌博的有200多人,没收赌资1800多元、手表29只。治安民警队在郊区杏花公社板桥大队查禁赌博,没收赌资517元、手表11只。郊区供销社七里塘门市部营业员史某某赌输了近千元,遂起盗窃之心,撬开门市部的门锁,盗走营业款2900多元。

1982年,省政府发出《关于严格禁止赌博的布告》,市公安局抽调15名干警,在安徽纺织厂、安徽拖拉机厂和中市区查获116名赌徒,其中在职职工104人,党、团员和干部占

37%。市纺织局武装保卫干部刘某某曾因赌博被拘留过,仍不思悔改,不仅在家中聚赌,有时值夜班在自己办公室赌,在群众中造成恶劣影响。市公安局对上述参赌人员分别给予劳教、治安处罚,并举办法纪学习班,建议单位予以纪律处分,市政府还为此发了通报予以警诫。

1985年,市公安机关查禁赌博91场,追缴赌资48107.32元,处理618人次,其中拘留175人次,罚款195人次,收审6人次,批评教育242人次,并进行登记控制。同时,在2月12日、15日和3月7日、9日夜,统一组织长丰、肥东、肥西3个县及东市、西市、中市、郊区4个区集中行动,狠刹赌风,没收赌具810副(件),缴获赌资3万多元,其中千元以上大赌4场。5月8日,肥东县到合肥做生意、做工的丁某某、温某某、周某某等13人聚集在新华浴池旅社推牌九,当场缴获赌资4300元。

1986年,市公安局查禁赌博74场次,没收赌具77副(件),处理赌博人员468人,其中拘留92人,罚款170人,具结悔过206人,追缴赌资25565.50元。9月,针对市汽车运输公司三队赌博成风,查处42人,严重者给予拘留、罚款和行政处分,刹住赌博风。10月,该队营收35.6万元,名列公司榜首。

1988~1989年,赌博活动的形式主要有街赌、官赌、家赌、富人赌四大类。街赌即街头赌博,在车站、公园、商场附近出现的名目繁多的地摊行赌。官赌主要指乡镇企业、商业公司为洽谈业务而公开设的赌场,有的单位为打通供销门路,疏通财路,改变送礼、回扣等方式,采取请客后陪同打麻将,进行赌博,故意让客人赢钱,讨得欢心,做成生意。富人赌是指个体户、专业户、建筑队的老板聚赌。有个区的个体协会分会的干部赌输掉5000元,为了翻本,将几年积攒的1万元钱全押上。治安大队抓获1000元以上的大赌30场,其中这类人参赌的占75%。家赌,以老年人为多数,大都是退休在家的老同事、老邻居或一家人之间打麻将,赌钱输赢一般不大。从全市查获的311场赌博分析,赌博活动发生五个变化:时间由夜晚转向白天;赌具由多转少,花样百出,行赌的扑克改为3张,或赌猜人民币号码奇偶数等;赌资数额由小到大,由现金变贵重物品;赌场由派人望风发展到现代化通信工具,由室内改为在出租汽车、船只上行赌;由"文赌"转变为吵嘴打架、抢赌场。赌博已成了公害,因赌博铤而走险,偷窃、抢劫、伤害人命等屡见不鲜。

附:关于整顿合肥市庙街18号大院的做法和体会(节录)

合肥市西市区庙街18号大院,社会风气长期不好,违法犯罪现象严重,是全市治安问题十分突出的一个居民大院。1981年4月,省、市公安机关和西市区委联合组成工作组,帮助所在街道和派出所对这个大院进行综合治理。经过将近一年的治理,发生了深刻变化。1981年12月以来,先后5次被评为省、市、区精神文明先进集体称号,受到省委、省政府嘉奖。

一、大院过去的基本情况

庙街18号大院,居住着45户165人。其中青少年70人,占人口总数42%。居民多是木工,瓦工,土、壮工,服务行业职工和个体小商贩。这个大院过去"五风盛行":一是赌风盛行,30年"不衰",有的一家三代同赌。二是斗殴不断,有时纠集数十人械斗。有些青年以好斗为荣,叫喊:"要用刀子为大院增光""要打出大院的威风来"。连附近的一些小痞子与别人打架,也冒充18号大院的,借以抖威壮胆,吓唬别人。三是有些人经常偷窃,有单独偷窃,有结伙偷窃。四是少数人乱搞两性关系,有伤风化的事时有发生。五是搞迷信活动。有5户人家挂“照妖镜”“避灾压邪”,驱“鬼”求“神”的事时有发生。

尤其令人不安的是,这个只有70名青少年的大院,竟有24个青少年违法犯罪,占34.3%。一些群众极为忧虑,想方设法迁往别处居住。大院里四五年时间选不出一个居民组长。许多居民急切盼望党和政府采取有效措施,整治这个令人厌恶的居民大院。

二、整顿后的显著变化

工作组进点以后,认真贯彻执行综合治理方针,采取一切措施,在半年时间内,使大院发生了明显变化。接着又用将近半年的时间做巩固提高工作,终于促使大院由后进变为先进。

1.违法青少年提高了文明道德水平,增强了法制观念,分清了善恶美丑,改正了错误。有的主动交出凶器和赌具,有的送还或赔偿侵占集体或他人的财物,有的积极参加公益劳动,为孤寡老人做好事。2.居民关心社会治安,敢于同不法行为做斗争。一些不文明的言行随时都会受到批评,违法乱纪的行为也及时得到制止或受到检举。1981年9月,有两个“难缠”居民违反用水公约,没有通过管水小组同意,私自装上了自来水。居民组长立即召开居民会进行批评,并按公约规定,进行罚款处理。3.尊老爱幼、关心青少年成长蔚然成风。这个大院有4名80岁以上老人,青少年成立了“敬老小组”,经常开展敬老活动,把老人们生活事务全包下来。大院有两个青年在外地劳教,干部群众多次写信给他们,告诉他们大院的变化和青少年的进步情况,鼓励他们认错改悔,争取早日解教归来。4.群众文化教育活动比较活跃,环境面貌焕然一新。在市、区群众团体和文化部门支援下,大院办起了一个文化室,拥有六七百册书刊、画报、杂志,还有两个水泥乒乓球台,两副羽毛球拍,十几副象棋、扑克,经常开展图书阅览和球棋类活动,组织读报、教唱歌曲、举办游艺会、乘凉晚会、图片展览和曲艺专场。春节和建军节,他们组织了一个有20多个男女青年参加的合唱队,参加街道军民、警民联欢,慰问军警和烈军属。他们创作编排的《文明春风吹进大院》表演唱,多次参加省、市、区业余文艺创作会演,并得到奖励。过去,这个大院污泥浊水、枯柴烂草遍地,现在全都铺上了水泥板路面,垒砌了20多个各种形状的花池、花台、花墩、花圃,绿化美化都搞得比较好,被评为全市绿化先进单位。

三、整顿大院的做法和体会

1981年4月,工作组进点以后,首先对大院过去几次整顿的情况进行了解分析,发现过去的整顿重点放在打击上,结果不是治安形势的逐步好转,而是打击面越来越大,违法犯罪人数越来越多。据调查统计,从合肥解放初期到这次工作组进点的30年间,大院有违法犯罪行为的共37人,受各种打击的23人。这批人涉及16个家庭,占大院总户数的35.6%。其中“文化大革命”以后受打击的全部是青少年。

过去之所以把惩罚当作人民内部矛盾的主要手段,是因为受了“左”倾思想的影响。这次先从教育入手,采取综合治理的办法,来解决大院多种因素造成的严重问题。

1.开展文明道德教育和法制宣传,努力提高道德水平,增强法制观念。根据“五讲四美”活动的要求和中央有关指示精神,结合街道、大院实际情况,自编教材,给大院群众上文明道德与法制教育课,召开“文明礼貌问题座谈会”“法纪学习漫谈会”“三中全会前后回忆对比讨论会”“教育子女经验交流会”;制订推广“十句”文明礼貌语,教唱文明礼貌歌;运用大院青年创办的《街头报》,报道大院活动情况,表扬好人好事,批评不良倾向。同时制订《街规民约》,开展“创立五好家庭,争当优秀居民”的群众活动,并不断以“安全月”“卫生周”“敬老日”“教育子女活动日”等形式,推动《街规民约》的贯彻实施。

2. 认真选择典型家庭和典型人物,大力进行转化工作。有个居民是集偷窃、赌博、打架斗殴、乱搞男女关系于一身的“痞头”,多次受到处罚。1978 年被劳教两年,解教后劣性不改,又几次受罚。工作组进点后,找他谈话他不理睬,虽经耐心帮助又几经反复,继续偷人家的东西。工作组考虑到这种人劣根较深,不可能没有反复,于是再找他谈话,指出:“你爱花,想把墙壁粉刷好,这是爱美的表现,符合‘五讲四美’要求。不过拿别人的花,拿公家的石灰来美化环境,就是环境美了,心灵也不美。”工作组动之以情,晓之以理,他很惭愧。事隔不久,他父亲退休让他顶替工作,因工种分配不当,他又大闹情绪。工作组得悉后,一方面教育他正确对待领导,正确对待群众,努力搞好工作;另一方面,几次找他所在单位领导,说明情况,建议给予适当照顾,尽可能地调换一下工作。从此他精神振奋,表现很突出,后被评为合肥市糖业烟酒公司“六好”职工。

有一家在大院是典型的后进家庭,7 个孩子中有 5 个违法犯罪(其中 1 个被处决),另外两个孩子 1 个是精神病人、1 个还年幼。工作组进点第三天,听说她丈夫(过去曾有违法行为)患肺癌死在家里。考虑到她的儿子被处决才两个月,丈夫又去世了,自己又是个老病号,还有这么多不成器的孩子,经济上也相当困难,十分需要照顾帮助,工作组和居委会主任到她家去劝慰一番,她很感激。她丈夫的后事刚处理完,她就把孩子找到一起进行教育,要他们听政府的话,好好做人,不要再做违法事情。从那以后,她成了大院积极分子,被选为大院卫生组长,评为优秀居民。

3. 及时调解民事纠纷,妥善解决人民内部矛盾。这个大院过去不少人不讲文明道德,再加上历次运动造成的怨恨,人们之间的关系十分紧张,往往为点小事引起轩然大波,甚至打得头破血流。在整顿过程中,针对邻居之间存在的具体问题,从“五讲四美”教育入手,从抓骨干着手,逐个进行调解,逐步加以解决,收到了良好的效果。

4. 积极组织利民活动,促进转化工作深入开展。这个大院 40 多户人家共用一口水源不足的水井,群众渴望把自来水引进大院。经与自来水公司联系,决定立即施工。自来水公司及时派来技工,人防办支援了部分水管,街道干部和派出所干警以及军分区部分战士都参加了挖沟、运管、培土等劳动,很快把自来水引进了各家各户。在区城建局的支持下,又发动群众整修高低不平的大院路面,并且把通道全部铺上了水泥板块。又整顿大院室外环境,清除断砖碎石和枯柴烂草,建造成花池、花台,大搞绿化、美化环境活动,使大院杂乱无章的旧貌发生很大变化。有些老居民感慨地说:这次工作组帮助我们大院洗了一个澡,从里到外洗得干干净净,打扮得漂漂亮亮。

大院里有 5 个失足青年长期没事干,他们就像野马,到处流窜,惹是生非。经与有关单位协商,使他们先后都得到安置。还有 4 个被中小学校当作包袱甩出来的儿童,没有着落,经与街道、派出所商量,决定用募捐的办法筹办少年文化补习班,解决大院和附近失学儿童的就学问题。这一倡议得到社会各界的同情和支持。一些中小学校送来 20 多张课桌、椅子,街道挤出 3 间公房,房管部门无偿帮助整修,教育、民政、体育、军分区、工、青、妇等单位支持四五百元和一些文体教材,起用一名退休教师,借用一名小学教师,还请了附近中小学教师代一点课,学校很快就办起来了。

5. 紧紧依靠党委领导,主动积极地贯彻落实综合治理方针。大院严重的治安问题不是孤立的现象,是同其他社会问题联系在一起的。要解决这个问题,只靠公安部门一家,采取单一的惩罚措施是不够的。根据以往的经验教训,在这次整顿过程中,打破老框框,改变老办法,坚决贯彻落实综合治理的方针和教育感化的政策。综合治理涉及面广,工作量大,需要党委总抓,工作组经常向区、街领导汇报情况,请示解决问题,无论采取政治、经济、行政、教育、文化和法律等措施,都得到了区委、区政府和街道党政组织的支持。

省公安厅暨合肥市整顿18号大院治安秩序联合工作组

1982年6月

第六章　户政管理

第一节　管理机构

机构沿革

1949 年 3 月,合肥废除保甲制,由市公安局治安科掌管户籍,下设 9 个派出所负责户口管理工作。1953 年 10 月,市公安局增设户籍科,全市有户籍警 65 人。

1955 年 1 月,户籍科撤销,由三科内设户籍组,编制 3 人,负责户籍工作。全市 10 个派出所,共有户籍警 78 人。

1956 年,户籍警增加到 97 人。

1962 年,市公安局三科编制 20 人,户籍组主要负责户口统计、审批入迁户口、管理口卡等工作。东市、西市、中市、郊区 4 个公安分局 20 个派出所共有户籍警 128 人。

1978 年,全市户籍警 123 人,按每个户籍警管理 500 至 700 户,尚缺编制 30 名。户口段范围过大,影响基础工作,如二里街派出所辖区梅山路户口段为 2710 户 11344 人,仅 1 名户籍警。

1989 年,全市由市公安局三处户籍室、各公安分局治安科、43 个派出所分级统一归口管理户籍。

职能职责

户政管理的主要职能职责是:贯彻执行户政管理的政策、法律、法规;指导、查处违反户口、居民身份证管理案件;审批入迁户口、管理口卡等工作和指导常住人口、流动人口及居民身份证日常管理;负责人口统计;协助市有关部门进行人口普查工作等。

第二节　人口状况

人口概况

旧志书只有丁额而无户口,《合肥县志》记载,清顺治元年(1644 年),合肥县原额人丁 13.71 万名。据史料介绍,明清人口统计的目的在于“田赋徭征”,只计壮丁,老少妇女因免役故不计入,因此丁数只可作为推算人口总数之参考。按人丁与总人口之比 1:4.99 推算,当时人口总数为 68.5 万余人。

清康熙五十二年(1713 年),清政府颁布以五十年丁数为准续生人丁,名为“盛世滋生,永不加赋”。其丁银“一则起科,每丁科银五分”。据志书记载,当年合肥县共征银 7675.55 两,赋税人丁 153511 名,人口约 76.7 万人。

清乾隆六年(1741 年),合肥县实有人丁 224570 名,约 112 万人。

清嘉庆七年(1802 年),合肥县实有人口 266233 户 1598085 人。

清光绪十一年(1885 年),合肥县人口为 706520 人,清政府发展农业,鼓励增加人口,对人口赋税由 3 年编审一次改为 5 年。但仍有匿报户口“以减赋税”的现象,加之官吏因图吞贡税又常故意少报,故当时人口统计数只少不多。

民国之初,曾进行过人口调查。1919 年,合肥县人口为 236018 户 1416111 人。

民国 17 年(1928 年),据《安徽省第一次户籍调查报告》中记载,合肥县实有 225467 户 1300781 人。

民国 22 年(1933 年),据《安徽概况统计》记载,合肥县人口为 209871 户 1270512 人。

民国 25 年(1936 年),据《安徽省民政工作纪要》记载,合肥县人口为 1254385 人。

民国 28 年至 33 年(1939 ~ 1944),《安徽统计年鉴》《安徽概览》《安徽统计简编》等资料记载,合肥县人口为 192800 户 1274384 人。

民国 34 年(1945 年),据《安徽农情报告》记载,上半年统计合肥县人口为 227138 户 1351472 人。

民国 36 年(1947 年),合肥《公正报》报道,合肥县、乡、保户口整编清查完竣,发布统计结果,合肥县人口为 189621 户 1223199 人,其中县城 9615 户 62089 人。

新中国成立前合肥县人口状况一览表

表6－1

时期		土地面积（平方公里）	人口		
年代	公元（年）		户数	人口数	人口密度（人/平方公里）
清顺治元年	1644			137100丁 约68.5万人	
清康熙五十年	1711			154023丁 约77万人	
清乾隆六年	1741			224570丁 约112万人	
清嘉庆七年	1802	12648.96	266233	1598085人	126
清光绪十一年	1885			706520人	
民国8年	1919		236018	1416111人	
民国17年	1928	6363	225467	1300781人	204.42
民国22年	1933	6363	209871	1270512人	199.67
民国24年	1935	5582	201505	1356059人	243
民国28年	1939	6034.6	192800	1274384人	211.18
民国32年	1943	6034.6	192800	1274384人	211.18
民国36年	1947	6034	189621	1323199人	202.7

1949年2月，合肥市人民政府成立，据市公安局户口调查登记统计，全市为13550户69015人。

1949 年年底合肥市人口年龄统计表

表 6－2　　单位:人

类别 数字 性别	合计	1～6 岁	7～16 岁	17～25 岁	26～40 岁	41～50 岁	50 岁以上
男	39929	4867	7767	8234	9573	4621	4867
女	27150	3582	4849	3824	6433	3304	5158
总计	67079	8429	12616	12058	16006	7925	10025

注:1949 年年底,合肥市户数为 13249 户。

除“文化大革命”时期人口统计资料失真和不完备外,以 6 年时间段记载合肥市人口状况,其最大特点是:随年度增加,人口绝对数一直呈现递增趋势。

1951 年,合肥市人口为 24689 户 127975 人。

1957 年,合肥市人口为 42298 户 303781 人。

1963 年,合肥市人口为 47646 户 448167 人。

1966 年,合肥市人口为 90961 户 506385 人。

1977 年,合肥市人口为 135900 户 606131 人。

1985 年,合肥市人口为 227601 户 853118 人。

1989 年,合肥市人口为 271590 户 977288 人。

人口自然变动

新中国成立后,合肥市人口自然变动存在着阶段性差异。1950 年年初,全市人口 69620 人,出生 826 人,出生率 12.5‰,死亡 488 人,死亡率 7.4‰。

1953 年,全市人口 138551 人,出生 2104 人,出生率 14.2‰,死亡 433 人,死亡率 2.9‰。

1954 年,全市人口 153570 人,出生 4986 人,出生率 29‰,死亡 735 人,死亡率 4.2‰。

1958 年,全市人口 303781 人,出生 9858 人,出生率 25.4‰,死亡 1875 人,死亡率 4.8‰。这一阶段,出生率在 25.4‰～36.6‰,死亡率在 4.2‰～6.7‰。人口出生处于高峰期,死亡率较前有所下降。

1959 年,全市人口 471205 人,出生 11262 人,出生率 22.1‰,死亡 4088 人,死亡率 8‰。

1963 年,全市人口 448167 人,出生 21266 人,出生率 43.8‰,死亡 2033 人,死亡率 4.7‰。这一阶段中,1962 年、1963 年为出生高峰,分别为 40.3‰～48.8‰;1959～1961 年,由于自然灾害等诸因素,死亡率达到 8‰～16‰。

1964 年,全市人口 431490 人,出生 14611 人,出生率 33.8‰,死亡 1900 人,死亡率 4.4‰。

1967 至 1969 年,受“文化大革命”影响,人口出生率略有回升。1970 年,全市人口出生率下降为 26.4‰,死亡率下降为 4.3‰。以后人口出生逐年下降,到 1976 年,人口出生率下降为12.5‰,死亡率4.33‰。

1977年,全市人口606131人,出生7764人,出生率10.73‰,死亡2656人,死亡率4.35‰。

1985年,全市人口853118人,出生9365人,出生率10.8‰,死亡3614人,死亡率4.17‰。

1989年,全市人口977288人,出生14089人,出生率14‰,死亡3899人,死亡率3‰。这一时期人口出生率一直保持在10‰~15‰,死亡率为3.25‰~4.5‰。

人口机械变动

人口机械变动相对于人口自然变动而言,与行政区划、政治波动、经济发展等诸多因素干预密切相关。1949~1985年,合肥市人口迁入共1329433人,迁出950311人,迁入多于迁出379122人。行政区划变动11次,划入人口226788人,3次划出人口48046人,划入多于划出178742人。两项合计,划入比划出多达557864人,占1985年年底实有人口63%,平均每年机械增长15496人,机械增长规模超过自然增长,总的机械增长率达31‰。

合肥市周边乡、村变更情况 1951年1月,从肥东县划入郊区张洼、城东等3个乡计17722人,从肥西县划入郊区城南、卫岗、德胜、北外5个乡计27695人。

1956年,从肥西县划入郊区蜀山乡(原名山北乡)10489人,从肥东县马岗、大兴两乡划入郊区勾塘、庙岗等5个自然村103户4130人。同年9月,从肥西县义兴乡划入郊区官塘乡管辖20户77人。

1957年,肥西县岗集乡1770人划给郊区北外乡管辖。

1958年,从肥西县划入郊区远景、优胜、风景、水库、淮西等6个农业社约2.8万人。从肥东县大兴乡划入群生、淮南、合裕、新生、回兴等5个农业社6000余人。11月,将巢湖四周边沿的肥东、肥西、巢县、庐江部分乡村划出,单独设立合肥市巢湖区,至1959年3月16日止,实际划入45个村镇16190人,增加人口20744人。

1960~1961年,划入8751人。并将巢湖区农业社队还给原辖县,划出10941人,保留忠店公社和植业队、场。

1962年11月,巢湖区全部撤销,中庙公社划还肥东县,划出人口6718人。

1963年7月,合肥市郊区兴集公社5个大队6508人,划归肥东县管辖;郊区园林公社全部及优胜、江淮、蜀山等公社13个大队和大铺头的9个生产队24073人,又划归肥西县管辖。1969年,肥东县大兴公社再次划入市郊区管辖,实际划入6272人。

1964年夏,肥西县优胜、园林、井岗等3个公社和十八岗等7个大队划入郊区管辖,计24933人。

1973年,长丰县土山公社瞿咀、枉堰2个大队2864人,划归郊区三十岗公社管辖。

1978年,肥西县义城、义兴、晓星、大圩等4个公社及烟墩公社2个大队划入合肥市郊区管辖,划入71294人。

市辖县行政区划变更情况 1958年7月,省人委决定将肥东县、肥西县、巢县划归合肥市管辖。1963年仍划归原专署管辖。

1964年,从寿县划入296506人,定远县划入43630人,肥西县划入岗集区52957人,肥东县划入双墩区全部及造甲、埠里、拓塘等乡 70115 人,三地共划入 462208 人,至年底为 493195 人,设置长丰县,为合肥市市辖县。

1983 年 7 月,肥东县、肥西县再次划为合肥市辖县。

1989 年,合肥市领辖长丰、肥东、肥西 3 个县。

合肥市人口机械变动的阶段性差异　20 世纪 50 年代,省际迁移占有相当大的比重,前期主要是各级政权建立。皖南、皖北合并为省级机构,并调入和吸收公职人员较多;第一个"五年计划"时期,大批工厂企业由上海等地迁来合肥,加之兴办各类大学及中等专业院校,招生人数多达 2 万余人;新建安纺、合钢等大型企业,需要大批劳动力资源,促进省内外人口向合肥流动。据 1950 ~ 1959 年人口统计,机械增长人数计 444242 人,机械增长率 199.6‰,是 1949 年年底人口的 6.3 倍。其中 1956 年迁移入超 77165 人,1958 年迁移入超 125463 人。

据 1960 ~ 1969 年人口统计,减少人口 166430 人。其中,1961 ~ 1963 年在国民经济大调整中,压缩城市人口,3 年中迁入迁出、划入划出实际减少 196051 人。1964 ~ 1966 年,国民经济恢复发展较快,人口机械增长的势头再现,这 3 年中划入人口 24933 人,迁入多于迁出 25051 人,机械增长人数近 5 万人。1967 ~ 1969 年,因受"文化大革命"影响,大专院校、中等学校停止招生,知识青年上山下乡、干部下放等导致迁出多于迁入,全市人口减少 48393 人。1970 ~ 1979 年,合肥市人口机械增长幅度较小,年机械增长 176413 人,机械增长率为 29.84‰。每年迁入超规模在 2500 至 1 万人之间。粉碎"江青反革命集团"后的 1978 ~ 1979 年,迁移入超多达 39817 人,占 10 年来迁移入超的 41.4% 。究其原因,主要是中国科技大学和铁道部第四工程局陆续迁入合肥,仅铁四局所属职工家属就有 2 万余人。

20 世纪 80 年代,在对外开放、对内搞活经济的情况下,1980 ~ 1985 年,迁移入超人口多达 97685 人,机械增长率为 20‰。1989 年迁移入超 18815 人,机械增长率为 19.3‰。

第三节　人口构成

非农业人口

合肥市非农业人口占总人口比例　1949 年年底,全市人口 67079 人,其中非农业人口 53600 人,占总人口 79.9% 。

1951 年,设立郊区后,从肥东县、肥西县 8 个乡划入农业人口 27695 人,因此,非农业人口占总人口比例上升到 58.3% 。

1952 ~ 1963 年,非农业人口占总人口比例在 62% ~ 80% 之间,大都因区划变动引起比例上下波动。

1963 年,郊区兴集、园林、优胜等 4 个公社 18 个大队划归肥东县、肥西县管辖,故全市非农业人口的比例上升到 80.96% 。

1964～1976年，非农业人口占总人口比例在69%～78%之间。其中1969和1970年，非农业人口比例分别下降69.7%和72.1%，其他年份缓慢上升。

1977～1989年，非农业人口占总人口比例在65%～71%之间，非农业人口比例略有下降。

在业人口职业状况　据1947年户籍调查，合肥城区在业人口中，手工业、建筑业、交通运输业人口5491人，占人口总数的8.8%。

1954年，在业人口中，工业、建筑业、交通运输业人口9582人，占城市人口总数的6.7%。

1956年，在业人口中，工业职工10864人，建筑业职工15701人，交通运输业1761人，占城市人口总数的12.2%。

1958年，在业人口中，工业职工124062人，建筑业职工22761人，交通运输业12179人，占城市人口总数的33.7%。

1964年，在业人口187506人，占全市人口总数的43.6%。

1982年，在业人口487356人，占全市人口总数的59.3%。其中工业、建筑业、交通运输业职工人数占36.1%。

待业情况　据1947年户籍调查，合肥城区无业人员8055人，占总人口的12.9%。

1954年，全市有待业青年2240人，占城市人口1.56%。

1956年，全市待业青年1130人，占城市人口0.49%。

1982年，全市待业人员4545人，占城市人口0.55%。

在业人口年龄状况　据1982年分别统计，在业人口中，20～29岁占总在业人口的18.3%，30～39岁占总在业人口的24.74%，40～49岁占总在业人口的20.5%。

性别结构

新中国成立前，合肥地区人口性别因封建传统和受社会动荡、战乱的影响，男女比例失调。1928～1940年，合肥地区人口男女比例为130～149∶100，其主要原因是受军阀混战、抗日战争爆发，人民处在水深火热之中，加之户主受封建传统重男轻女思想影响，护男不护女，弃婴大多数是女婴。1946年，第三次国内战争爆发，受国民党军队抓“壮丁”等因素影响，1946～1947年，合肥地区人口男性人数明显下降。

新中国成立后，合肥市人民群众安居乐业，人口性别比例逐步走上正常自然比例数。但在1958年“大跃进”年代是个例外，合肥市工业快速“上马”，就业人口猛增，其中男性比例大幅度上升。因工农业生产比例失衡，1959～1963年，一些“上马”的企业关闭，国民经济处于调整时期，合肥市男女比例又趋于正常状态。

若干年份合肥地区（市）男女性别比例表

表 6－3

类别 年份	人口			男女之比
	总人数	男	女	女＝100
1928	1300781	748141	552640	135.4∶100
1932	1270512	732310	536618	136.5∶100
1933	1274352	736150	538202	136.7∶100
1935	1356059	804653	551406	145.9∶100
1939	1274384	720928	553456	130.3∶100
1940	1274384	763922	510462	149.7∶100
1946	1367938	740531	627407	118∶100
1947	1323199	672666	650533	103.4∶100
1950	70526	38388	32138	119.4∶100
1954	153570	88774	64796	137∶100
1958	471505	305624	165881	184.2∶100
1964	431490	237744	193746	122.7∶100
1970	519255	283546	235709	120.3∶100
1975	595995	322442	273553	117.9∶100
1982	821812	440242	381570	115.4∶100
1985	881421	478242	403179	118.6∶100
1989	977288	525009	452279	116.1∶100

注：1. 1950 年前统计的数据为合肥地区。

2. 1950 年后统计的数据为合肥市。

民族结构

合肥市人口中，汉族人口占绝对多数。据 1951 年统计，全市有少数民族 521 人，占总人口 0.44%。少数民族中，回族 507 人，满族 4 人，其他民族 10 人。

1954 年，全市有少数民族 826 人，占总人口 0.54%。

1958 年，全市有少数民族 2031 人，占总人口 0.43%。少数民族中，回族 1945 人，满族 42 人，蒙古族 8 人，壮族 10 人，朝鲜族 25 人，藏族 1 人。

1964 年，全市有 12 个少数民族 3439 人，占总人口 0.8%。

1982 年，全市有 20 个少数民族 6742 人，占总人口 0.82%。

1964和1982年合肥市各民族人口对照表

表6－4

民族	1982年普查人口数	1964年普查人口数	占总人口百分比(%)		人口增长百分比(%)	
			1982年	1964年	1982年比1964年	平均每年增长
总计	821812	509840	100.00	100.00	61.19	2.7
汉族	815077	506355	99.18	99.32	60.97	2.7
蒙古族	65	25	0.01	0.64	160.00	5.5
回族	5994	3250	0.73		84.43	3.5
藏族	1	1				
维吾尔族	1					
苗族	56	11	0.01		409.09	9.5
彝族	14					
壮族	84	30	0.01	0.01	180.00	5.6
布依族	81		0.01			
朝鲜族	46	26	0.01		76.92	3.2
满族	316	129	0.04	0.03	144.96	5.1
侗族	17					
瑶族	4	3			33.33	1.6
白族	6	2			200.00	6.3
土家族	16	3			433	9.7
傣族	1	1				
畲族	14					
高山族	1					
达斡尔族	3					
毛南族	3					
锡伯族	12					

文化程度

据1933年调查统计，合肥县识字人口男女之比为644:100。1947年调查统计，合肥县有文化人口183129人，占总人口的18.84%，其中小学文化168826人，初中文化9030

人,高中文化 4204 人,大学文化 1069 人。

1951 年 12 月统计,合肥市有文化人口 50051 人,占总人口数的 49.8%,其中小学文化 34972 人,初中文化 12080 人,高中文化 2326 人,大学文化 673 人。

1964 年,全市有文化人口 254898 人,占总人口 59.1%,其中小学文化 139888 人,初中文化 56475 人,高中文化 30493 人,大学文化 28042 人。

1970 年,全市有文化人口 324803 人,占总人口的 62.6%,其中小学文化 192821 人,初中文化 91462 人,高中文化 28204 人,大学文化 12316 人。

根据人口普查资料,合肥市人口文化素质逐年提高,有文化人口由 1951 年占总人口的 49.8%,提高到 1982 年的 78.04%。其中大学文化程度者由 673 人增加到 49410 人,绝对数增加 48737 人,占总人口的 0.57%。“文化大革命”时期,大学停止招生,大学文化程度人数锐减,由 1964 年的 28042 人,减少到 12316 人。粉碎“江青反革命集团”以后,教育事业发展较快,1982 年大学文化程度有 49440 人,占总人口 6.1%。

1949 年年底合肥市人口文化教育状况统计表

表 6－5

数字　成分 性别	合计	已受教育				正在受教育			不识字
		大学以上	中学	小学	私塾	大学	中学	小学	
男	39929	506	2632	2439	9974	67	1050	3691	19570
女	27150	94	984	939	1154	11	561	1705	21702
总计	67079	602	3616	3377	11128	79	1611	5396	41271

第四节　人口普查

民国时期户籍调查

民国 17 年(1928 年)5 月,安徽省进行第一次户籍调查。合肥县政府附设户口调查处,委任各户籍调查区长。每乡镇选送 3 名青年为户口调查员,并对他们进行户口调查意义及方法、户口异动登记意义及方法、保甲长之任务等课目的训练。调查员训练结束后,分派各乡、保召集民众,开会动员,然后逐人逐户进行调查,登记填表。户籍调查仅户口门牌就有普字编查、船字编查、庙字编查、公字编查,有普查户口调查表、寺庙僧道调查表、公共处所调查表、船户户口调查表等,最后汇总填报区户口调查总表,呈报到县,由县政府汇集各区形成县户口调查总表。是年 9 月中旬,全县户籍调查完毕,经省民政厅委派专员抽查核实,总数为 226478 户 1305646 人,其中男 751759 人,女 553887 人,男女性别比例为 100:74;普查户口 224745 户 1296326 人,船舶户口 1009 户 4865 人,寺庙户口 396 户 712

人,公共处所户口328户3743人。全县面积6363平方公里,每平方公里平均人数为204人。这次户籍调查结束后,合肥设县人事登记事务所,按照户籍登记区域,委派户籍人员办理人事登记及户籍调查等事宜。

民国25年(1936年),合肥县进行第二次户口总调查,因抗日战争爆发,县城居民纷纷逃往乡间,户口册籍多有散失,合肥县政府迁至肥西南分路口,户籍调查事项由保公处负责,难收实效。这次户籍调查历经3年草率结束,全县6个区105个乡镇1356保15049甲192800户,总人口1274384人。

民国36年(1947年)年初,合肥县进行第三次户籍调查。全县共187941户1323199人。合肥城区计有分驻所、派出所各4所,46个警察服务区,30保268甲,计9615户62089人。其中男40192人,女21960人。在业人数27593人,占总人口数的44%,其中:农业1097人,工业4846人,商业5680人,交通运输业645人,公务2608人,人事服务12227人,自由职业982人,其他1526人。全市无业8055人,占总人口数的12.9%;文化程度:有文化人口41726人,占总人口数的67.2%,其中大学文化程度1055人,高中文化程度2024人,初中文化程度2983人,小学文化程度35664人。合肥县乡保户口:共73乡镇664保8009甲189621户1323199人,其中男672666人,女650533人。

新中国成立后全国人口普查

新中国成立后,合肥市先后在1953年、1964年、1982年3次参加全国人口普查。普查的标准时间,按全国统一规定为7月1日零时。普查对象:常住人口。即常住本市并已在本市登记常住户口的人;在本市已居住1年以上,常住户口在外埠的人;在本市居住不满1年,但已离开常住户口登记地一年以上的人;普查时在本市,常住户口待定的人;原住本市,普查时在国外工作或学习,暂无常住户口的人。经过普查,基本搞清本市常住人口的出生、死亡、迁入迁出、人口年龄、文化程度等各项情况。

第一次全国人口普查　1953年1月1日,合肥市结合普选进行第一次人口普查。市区均设立人口调查登记办公室,郊区各乡确定专人进行人口调查登记工作。市公安局抽调84名干警参加人口普查。

1953年2月,市公安局对537名普查技术人员进行集训。培训的主要内容是人口登记办法、填表说明、年龄推算等人口普查业务常识。同时,各基层选举单位采取召开会议和读报组、黑板报等形成宣传人口普查意义、任务及有关规定。2月中旬,全市各基层选举单位开始进行人口登记,主要普查姓名、与户主关系、性别、年龄、民族和现住址6个项目。全市共设立106个人口登记站。市区每一选区设一个登记站,郊区每个乡设3~4个登记站。每个登记站配3~5名普查技术人员,没有设立登记站的机关由人事、秘书或行政管理部门确定专人办理人口登记工作。全市组织803名宣传员、联络员分别到登记站服务。一般在三四天内完成人口登记和人口复查工作。登记中,采取边登记、边审查、边发证的办法。绝大部分人家都由户主到站登记,领取选民证。登记结束后,经过照表校对和挨户普查等方法,共计发现漏登73户181人,占此次17个基层选举单位登记的总人口数的1.6‰。重复13户112人,占此次登记的总人口数的1‰。这些重漏登记问题,均及时做了补登和更正。

在人口统计之前,以区为单位,对141名统计人员进行业务训练。市区以派出所进行集中统计,乡以财粮员、户籍员为主组织统计。统计方法:首先整理校对原始表;其次由1个人报数字,2个人打字分段进行统计(指年龄统计);最后把校对好的分段数字逐级合成每个乡和每个派出所的人口数。市人口调查登记办公室组织两个检查组深入各个基层统计单位进行检查。德胜门派出所管辖10个选区,统计工作几乎无差错,受到表扬。洋桥派出所管辖9个户口段,经检查发现3个户口段人口统计有遗漏和重复现象;在年龄项目栏中颠倒统计的有57项,均及时发现更正。这次人口普查结果表明,全市有常住人口153770人,其中男88774人,女64996人。

第二次全人口普查 1964年6月15日至8月20日,合肥市进行第二次全国人口普查。市人口普查办公室由人委、公安局、计委、建设局、劳动局、粮食局、商业局、民政局等单位抽调39名干部组成。各区、公社均成立相应办事机构,由党政负责同志主持这项工作。市委、市人委发出《关于组织力量保证做好人口普查工作的通知》,召开全市各机关单位负责人会议,布置全市人口普查工作任务。城市居民按500人配1名普查员的要求,抽调查人员1443人。普查前,分两批对普查技术人员进行培训。培训结束后,各公社、派出所选择1～2个试点单位,组织普查人员实习登记。通过实践,掌握人口普查的方法和经验。同时,在全市范围内广泛开展人口普查意义、任务的宣传。各影剧院、文化馆在人口普查期间,利用银幕报、黑板报、有线广播等广为宣传。全市各街道、公社以及省粮食厅、起重机厂、江淮仪表厂等单位分别召开职工、社员会议及小型干部会议、居民会议,广泛进行宣传。受教育的达228820人次,占总人口数5.3%以上。

户口普查标准时间为7月1日零时。普查项目比1953年普查增加"出生年月""本人成分""文化程度"和"职业"4个项目。登记时,采取简便易行的"问、对、记、改"四字办法。"问"就是逐户、逐人、逐项按照登记项目耐心地进行询问;"对"就是以户口登记表,与户口簿和实有人数进行查对,看人数、项目有无差错;"记"就是在核对中发现有差错的人数、项目当时记录下来,带回审查;"改"就是以派出所、公社为单位将记录下来的差错人数、项目核实清楚后统一改正。市普查办公室还以区、公社为单位,组织普查人员和基层干部统一行动,分片包干,对全市旅馆、收容所、灾民站以及自由流动人口进行全面普查,共普查自由人口2737人,其中符合登记条件的453人,对其他自流人口逐一登记并发函至流出地联系,以防重、漏。

在普查中,还发现户口管理中存在一些问题,全市共查出多报人口325人,其中死亡147人,自由流出44人,精简和自动离职36人,退学和自动离校学生21人,双重户口18人,失踪7人,劳改逃跑42人,服兵役10人。在上述多报人口中查出冒名顶替的30人。

全市共查出登记项目差错的有59729人次,其中文化程度差错18727人次,年龄差错26944人次,性别差错651人次,姓名差错2677人次,民族差错80人次,籍贯与出生地差错7371人次,成分差错3279人次。为保证普查质量,各单位除党政负责人外,还选派代表参加复查验收工作,并有重点地抽查59个单位4364户22071人,发现漏登11人,重登5人。

普查进入统计汇总阶段后,全市在普查人员中挑选345人,进行统计汇总工作,然后利用半个月时间审查、复核,基本上符合要求。这次人口普查全市总户数85117户,人口

431490 人，其中男 237744 人，女 193746 人，非农业人口 342299 人，农业人口 89191 人。

第三次全国人口普查　合肥市第三次全国人口普查准备工作从 1981 年年初便着手进行。市成立人口普查领导小组，下设办公室，各单位均成立人口普查办公机构。

1981 年下半年，市公安局按照第三次全国人口普查要求，对全市户口进行整顿，为人口普查奠定基础。市普查办公室还组织 71 名干部对市区拱辰街居委会、郊区杏花村 2 个点进行人口普查试点工作。

1982 年 4 月 20 日，市委、市政府召开大会，布置第三次人口普查工作，并对选调的 3000 名普查员、指导员分区进行培训。同时编印全市 25 个街道、16 个公社的地址码和行业码，各种表格材料共 34 种 41.3 万份，分送各区。还组织 30 多支文艺宣传队和宣讲小分队，走上街头，宣讲《第三次全国人口普查宣传提纲》《人口普查十个问答》等。普查员走街串巷，挨门逐户熟悉普查区自然地段情况、门牌起讫号数，走访居民组长、生产队长、老住户，了解人户状况、职业构成和妇女专项，以及需要登记 5 种人的人户状况，参照户口底册，编制人口普查底册，为登记做准备。

7 月 1 日零时为普查标准时间。全市 488 名普查指导员、2546 名普查员、552 名普查干部投入普查登记。这次登记在原 10 个项目基础上，又增加在业人口的行业、不在业人口状况、婚姻状况、妇女生育子女数和存活子女数、常住户口登记状况、1981 年育龄妇女生育状况、户的类别、本户住址编码、本户人数、有常住户口已外出 1 年以上人数等 10 个项目。普查时，每两个普查员为一组，一人问、一人登记，互相协作，密切配合，发现错、漏，立即改正。设站登记和上门登记相结合，以居民组设站，由居民组长组织户主或熟悉户内情况的人到站登记，对不能到站登记的，普查员则利用职工工休日，中午、晚上、下班时间上门登记，登记前先问一遍申报人户内人口状况，再按表上要求逐人逐项问清楚再登。一户登完，当面向申报人宣读核对，发现差错及时更正。普查登记结束后，按照工作细则要求进行自查、互查、议查。自查：每个普查点登记完毕，普查指导员便组织普查员将自己登记的普查表集中起来逐户、逐人、逐项进行逻辑审查，发现差错，进行更正。互查：以居民组、生产队交叉互查，发现问题予以记载。议查：在自查、互查后，召集生产队长、居民组长、老住户进行座谈。通过"三查"发现和更正漏、错圈填项目 139 笔。编码前，组织全体普查员学习行业、职业码分类原则和编码方法。在编码中，有不明之处，及时核查，走访普查对象。在编码抽查基础上，对人口普查资料进行审核整理，编号装订成册。据这次人口普查统计，合肥市人口总数 821812 人，其中男 440242 人，女 381570 人。

新中国成立后省、市人口普查

省、市人口普查相对全国人口普查而言属于地方性事务，是根据本地政治、经济形势和社会状况，需要出台某项重大地方性政策、经济规划等进行人口摸底。省、市人口普查总体要求和程序上与全国人口普查大致相同，项目上有本地的需求，一般而言更为仔细。

合肥市人口普查　1960 年 12 月，合肥市结合选举工作，进行户口普查。市粮食局、公安局抽调 11 名干部，组成市户口普查办公室。市区 4 个公社(类似于区)分别抽调 3～6 名干部，成立户口普查办公室；各公社和农业大队及较大机关、学校、工厂、企事业单位，均成立户口普查小组。全市抽调集训 1286 名户口普查人员分别到户口普查点，由户主或本人到点核对；有的深入办公室、宿舍、车间、工地、田间等，见人核对；有的利用职工、社员吃饭、休息和记工分时间进行查对。在普查中，做到户口簿、户口登记簿、购粮证三见面。每普查结束一个单位或户口段，即张榜公布或开会宣布，使户口与群众见面。在普查中发现一些机关、工厂企业和居民，为了多分、冒领油粮，应当注销户口而不注销的2528人，占全市总人口的4.5%，其中应征服兵役23人，逮捕92人，劳教56人，死亡899人，冒名顶替63人，私自离职和外流837人，有户口无人163人，重复户口71人，回农村不要户口241人，弃婴4人，瞒报工种67人。如合肥化工厂实有人口3267人，向粮食局编造用粮计划是3519人，多领252人油粮、糕点（票）。通过普查，纠正户口项目差错37357项，其中变更、更正姓名1295项、性别300项、年龄5057项、籍贯2723项、职业8046项、成分4967项、文化10005项、住址2412项、婚姻状况2547项、民族5项。还结合户口普查，调整一些机关、工厂等单位的专职和兼职户口员。

在户口普查时，调查户口在市区、长期居住外地的人口情况。据统计，常住户口在市区，人长期居住外地的有8376人，包括调出和原在下属单位工作的118人，在外搞建筑工程的5393人，在外采矿的365人，调下属单位长期搞农副业生产的1172人，被动员回乡生产、不迁户口的106人，长期驻外地搞采购的106人，自动离职和外流的57人。其中，在外3个月以上1年以内的600人，1年以上的7776人。这些人应迁出户口而未迁移的原因，主要是城市供应标准较高，如交通厅造船厂厂址在肥西县，全厂548名职工，常住户口在市区；蚌埠铁路工务段159人，调寿县下塘集车站工作，户口没有迁走。有的单位为了冒领粮油和其他计划供应的物资，对自动离职和外流人员也不申报注销户口及油粮。为此，市公安局、粮食局结合普查，审核城市人口和粮食供应情况，以工厂企业和街道为单位，组织专人填写人口和粮油卡片，张榜公布，堵塞虚报人口冒领粮油的漏洞。市公安局还印发《关于进一步加强户口管理和控制人户问题的意见》，严格户口登记制度、市外迁入批准入户的条件和手续。

安徽省人口普查　“文化大革命”时期，户口管理工作遭到破坏，许多地方户口资料被销毁或散失。1971年1～4月，安徽省革命委员会决定在全省进行人口普查。1971年1月15日至3月10日，根据省革命委员会《关于进行人口普查工作的通知》，合肥市对全市常住人口进行普查。这次人口普查分三个阶段进行。第一阶段，市、区和街道、公社分别成立人口普查领导小组，并设立办公室，做好普查人员的抽调和训练工作，印制各种表格，进行调查摸底和普查试点工作。第二阶段，全面进行人口登记和核对工作，普查以1971年2月10日零时为准，由普查人员划片包干，以原有户口簿为依据，人册对照，按户口簿册登记项目，逐一查对落实。查清1970年1月1日零时至1970年12月31日24时，合肥市常住人口和出生、死亡、迁入、迁出、人口年龄、文化程度、农业与非农业等各项数字。第三阶段，统计报表，建立健全日常户口登记管理制度。经普查，1970年1月1日至12月31日，合肥市总户数104977户519255人，其中男283546人、女235709人，农业人口144480人、非农业人口374775人。出生13719人，其中男7061人、女6658人，出生率26.4‰；死亡2273人，其中男1170人、女1103人，死亡率4.4‰，自然增长率22‰。迁入28149人，迁出20505人，机械增长率14.7‰。

第五节　户口管理

户口登记

清末,合肥实行保甲户口登记制度。每户在门上悬一门牌,上面注明本户姓名、籍贯、人口、田粮等。每10户为1甲,公置一扇高脚木牌注明10户姓名,并轮流置于各家门头。各甲还须将每户姓名、性别、年龄、职业、人口和田亩数等情况登记造册,送交总甲,由总甲根据名册定期抽查。

民国时期,仍沿袭保甲制度。先后由民政、警察局管理户口事宜。民国28年(1939年)1月,合肥县公署下设城东、城西2个坊,坊下设保,保下设甲,并实行5家连环保。抗日战争胜利后,合肥设省会警察局,城区由各警察分局户籍员专管户口事项,各分局下辖分驻所、派出所,负责户口登记管理。

新中国成立后,由市公安局主管户政管理,以派出所为单位进行户口登记、统计等项工作。1949年11月24日至1950年1月14日,市公安局组织1800多人,对全市户口进行登记。登记工作分宣传动员、群众自登、互相复查核对等4个阶段。全市9个派出所严格执行常住、暂住、出生、死亡、迁入、迁出、变更更正等七项基本登记制度和人口统计制度。通过户口查登工作,基本搞清市内户数、人数、职业、阶级关系社会活动等情况。在登记中新发现国民党党、团、特、政、宪人员1368人,小偷、扒手、娼妓、烟鬼、流氓、会道门等524人;收缴步枪2支、手枪1支、子弹63粒、手榴弹5枚、刺刀2把。

1950年3月,各派出所设立警区办公室,废除市民报、登户口麻烦手续。即实行警员责任制,每个派出所设户籍组长1人,专管户籍各种统计内务,每个户籍警员负责每月250名左右市民的户口登记工作。同时,废除外来居民报、登流动户口书面呈报、组长盖章手续,分设警区登记,一省去市民、居民跑路,二省去不识字的求人写书面报告,方便群众,也利于户籍登记工作。

1951年,根据中央公安部《城市户口管理暂行条例》精神,市公安局结合换发华东区统一印制的《城市居民户口簿》,进行一次户口重新登记。通过登记,发现假报姓名的260人,虚报年龄的896人,发现隐瞒身份的国民党军、政人员528人,反动会道门人员195人。

1955年6月,根据中央公安部《城市户口管理暂行条例》第九条之规定和贯彻执行省公安厅制定的《公共户口登记管理暂行规定》,以精确的人口资料作为计划经济规划依据,适应新中国成立初期国民经济建设需要,市公安局对全市公共户口进行登记管理。首先,以大东门派出所开展公共户口登记管理试点工作,取得经验后在全市推广。其次,对200人以上的单位,以科室为单位,根据户口表内容,参照人事部门掌握档案材料进行登记,对登记不全的个别项目或有疑问项目,尤其是年龄一项,采取个别询问的方法登记;对100人以下较小单位,事先通知确定时间、地点或登记人员深入工地见人登记。同时也登记家属、保姆等非编制内人员。截至1956年5月12日,登记503户公共户口,正式人口63185人,男性46016人,女性17169人,非工作人员男性17288人、女性8129人,寄宿人口男性1759人、女性6196人。

1957年下半年,市公安局为市民建立统一户口簿和建卡工作,涉及全市43116户296381人,其中城市居民42656户190353人,公共户46户106028人。

1958年,市公安机关办理各种户口登记的具体规定是:出生凭卫生机关发给出生证,经外勤民警查实后及时登入出生簿、户口册和居民户口簿。凡居民死亡的及时申报并上门注销户口,并通知其亲属前往粮管站注销油粮供应。居民需将户口迁出的或新迁入的,可写一张纸条放到申报户口箱内,由民警办理后及时带交群众。暂住户口按3个月以下办理,延长最多不超过6个月。更正姓名、漏登户口等问题,需经所长批准方可更正,一般项目由民警予以更正并记入户口簿。根据中共中央和国务院"关于制止农村人口盲目外流"的指示,以及《户口登记条例》的精神,市公安局对迁入合肥市户口范围规定如下:外地人口已为本市各工厂企业等单位雇用转为正式工的;外地人口系本市干部、职工、居民直系亲属,如年幼子女必须依靠父母抚养,或年老、残疾必须投靠子女等人供养,或者爱人在婆家无法参加农、副业生产,以及丈夫必须依靠妻子生活的;居民、干部、职工家庭人口在本市,与农村妇女结婚必须迁来户口的;由农村雇用的保姆、奶姆;经上级机关批准新吸收的干部和长期工人,应准予入户,登记为常住人口。凡户口申请迁入本市的,必须由本人申请,本单位领导批准,并加盖公章,经当地公安派出所审查批准始可发给"准予迁入证明"。

1963年6月,对常住人口登记坚持以家立户和常住地登记的原则。集体户口在同一单位共住一处的立为一户,分居几处的分别立户,单位内部带有家属的职工单独立户。据统计,全市808个集体单位,带家属职工52000户208000人。为此,市公安局全面进行换发户口簿登记工作。对特别户口,如水上渔、船民以家立户,每户发给一本船舶户口簿;国有企业船舶,以船立户,每船发给一本船舶户口簿。农村学生自带口粮在城镇读书的,在农村登记为常住人口,在城镇登记为寄住人口,城镇居民坚持使用户口簿册制度,市郊人民公社以生产队立簿、以户登记人口,公社设置户口登记簿,登记全社辖区常住人口。公社和生产队均设置出生、死亡、迁入、迁出四项变动登记簿,公社由秘书、生产队由会计负责及时登记变动情况。

1972年4月,由市人保组、粮食局、民劳局、五七小组等4个单位各固定1人组成合肥市户口、粮油联合审批办公室,办公地点设在市公检法治安组。其职责主要是共同研究审批对于完全丧失劳动能力和单独生活能力,农村无依无靠,非投靠城镇直系亲属生活的老、幼、病、残入户问题。对于省革委会人保组(69)241号文件中13条规定和经部队师以上政治机关批准,其随军家属、子女户口仍由公安机关批准入户。

1973年,通过联合办公室共同研究审批入户3548人,其中属老、弱、病、残,由农业户口转非农业户口(以下简称"农转非")326人,外地农村与郊区蔬菜队社员结婚的112人,占指标调动的115人,还有从农村招工的2000多人等。

1977年3月,撤销户口联合审批办公室,根据省、市《关于坚决压缩粮食销量严格控制职工人数和吃商品粮人口的通知》精神,停止"农转非"户口的审批。年底,由市公安局恢复审批"农转非"户口。

1985～1989年,根据国务院关于"要加强户口管理,严格按照国家政策规定审批农业人口转为粮食定量供应人口"的规定,每年批准"农转非"户口的指标数,控制在总人口2‰范围内。市公安局本着为知识分子办实事,优先照顾其家属、子女"农转非"户口的原则,当年为工程师、中小学教师解决家属、子女"农转非"户口1617人。

户口整顿

新中国成立后,市公安机关结合各个时期党的中心工作和户政管理工作状况,多次进行户口整顿工作。在镇压反革命运动中,少数反革命分子反复变更姓名、住址,以隐匿自己的身份,逃避打击处理。为此,市公安局于1951、1953和1955年分别进行户口整顿,从中查获一批外地逃亡的反革命分子。如有个逃亡反革命分子,申请从山东省单县迁往本市莱市街,户口迁来后不住迁移地址,而住到潜山路庙巷,后又在市内迁移多次。据1955年统计,户口整顿中发现各类反革命分子99人、刑事犯罪分子30人。

1958年,大办钢铁,大办工业,招收大批民工和学员,户口管理出现一些混乱现象。市公安局集中整顿新建扩建单位的公共户口、城郊偏僻地区和复杂场所的居民户口,逐个单位、逐户进行核查,并区别处置。对现有户口,逐一补全性别、年龄、职业、文化、民族等登记项目,需变更的,在户口变更栏内注明。并及时消除漏人漏户、重复户口和人动卡未动的现象。对持有劳动部门录用、学校录取证明和户口迁移证没有入户的,及时核实情况,予以入户,填报口卡;对临时工以及有人无证件,又未登记暂住户口的,逐一查清来历,申报暂住户口,堵塞户口管理中的漏洞。

1961年,根据省委关于核实城市人口和粮食供应的指示精神,公安、粮食等部门联合成立办公室,抽调4082名工作人员,采取居民自报和调查相结合,各单位集体户自查、互查和抽查相结合的方法,逐人逐户地进行核对。全市查出虚报人口10540人,其中有户口无人的370人,有粮油关系无户口的1820人,服兵役未销的73人,自动离职和久假不归的7459人,逮捕、劳教未销的671人,冒名顶替的40人,并查出虚报冒领粮742996斤。

"文化大革命"期间,户口管理制度松弛,户口"走后门"现象较为突出。1972年,公安机关对分局派出所153名干警,分期分批进行整顿纠正户口工作中的不正之风。通过集中学习,自我解剖,揭露出私安户口482人,并予以纠正。户口迁移中的不正之风有以下表现:一是搭桥进城。外地户口先迁入郊区,自行入户后,从郊区招工或以其他办法,将户口迁入市内。二是架空移居。将非法入户的户口,擅自填写市内户口迁移活页,在几个派出所、粮店之间,速迁速安,一飞而过。三是冒名顶替。顶替城市有常住户口的,将农村妇女的婴儿入户城市。四是假领结婚、离婚证,把户口从外地农村迁入市、郊区入户。五是搞非法交易。有的民警与粮店粮管员之间,搞非法交易,互相解决户口、粮油关系,以权谋私。市公安局对以上问题查实后,本着从哪里来到哪里去的原则,分别予以迁回原籍和注销处理,并停止使用市内户口迁移活页,改用市内户口迁移证。市内移居,须将户口簿转迁入地派出所,底表由迁出地派出所存查,郊区和市区社队的农业人口(包括菜农)迁出公社范围,一律使用市外迁移证。凡申请迁入本市的户口,须经基层单位群众讨论,单位签署意见,逐级审查,连同户籍民警核实的材料,提交所务会议研究后,由所领导签字,报经市户口粮油联合审批办公室批准。

1973 年,长丰县土山公社汪汇、瞿嘴 2 个生产大队划归郊区管辖后,列表移交常住人口 3146 人,实有常住人口 2864 人,多报出 282 人。这其中既无人又无迁移证件入户的 104 人,有迁移证件但无人入户的 178 人。这些人中,有的爱人、父母、子女在市区工作,想把亲人的农村户口通过郊区搭桥迁入市区。市公安局根据《户口登记条例》和中央关于控制扩大郊区的有关指示精神,对以上搭桥挂户的 282 人,不予列入郊区户口,户口未迁来的,不予承认,已经迁来的,动员回原地复户。

1975 年 8 月,长丰县土山公社划归合肥市郊区管辖的汪汇、瞿嘴 2 个生产队 282 人,趁交接之机采用不正当手续将户口迁入合肥市。为此,市公安局决定注销非法迁入户口,不予落户。

1978 年,市公安局在户口整顿中着重调查城市无户口人员的情况。全市无户口人员 2373 户 10150 人,其中职工家属 2059 户 8236 人。从年龄上看:成年人 5570 人,17 岁以下 4580 人。按到合肥时间计算:6 个月以上的 1674 人,1 年以上的 3569 人,5 年以上的 3100 人,10 年以上的 1807 人。在合肥的生活来源:投靠亲属生活的 8527 人,做临时工的 930 人,搞其他副业的 623 人。以上这些无户口人员,主要有以下几种情况:职工因公负伤致残、患病,不能从事体力劳动,生活不能自理,农村的家属来厂照顾,长期居住不走的;在农村的父母确无依靠、生活难以自理和在农村无人照顾的小孩;有的家住农村集镇、吃商品粮,但无工作可干,投靠城市亲属生活;农民进城从事修理服务业的。这些人员长期逗留城市,带来许多社会问题。如合肥钢铁厂无户口家属违章建筑"自由村"影响市容,有的挪用侵吞公物甚至偷窃扒拿,危害社会治安。为此,市公安局采取以下相应措施:与职工居民结婚的农村妇女及其子女,确因长期病残生活难以自理,农村又无亲属照顾的;职工在农村的父母,确因无亲属依靠,生活难以自理,必须到城市投靠子女的;对在农村无亲属照顾的 15 周岁以下的子女,经审批准予迁入城市;职工本人因公致残,生活不能自理,建议安置到原籍供养。如护理职工的家属,身体也有病,可以照顾把家属户口迁来;对农村集镇吃商品粮的职工家属,根据适当控制的精神和具体情况,酌情审批户口;对下放倒流的或户口已迁出人不走的,原则上应回农村安家落户;农村妇女与家住本市郊区蔬菜队职工结婚的,适当控制迁入。

1985 年,在户口整顿中,市公安机关发现存在的主要问题是:1. 空挂户、分户多。人口实际居住地址与户口登记地脱节。2. 户口登记差错多。有的因参军、迁出或死亡、逮捕等不销户口,有的年龄、职业、婚姻状况等登记项目发生变化,没有变更;郊区农民婚姻嫁娶来者不登记,走者不销户口。通过组织力量登记,查对、核实、纠错消除人户不符现象和各项登记差错,进一步健全户口管理制度。同时,恢复对暂住人口的申报、登记制度,对郊区农业人口分别建立户口簿册和人口卡片。

常住户口管理

新中国成立初期,以派出所为单位,分段管理户口,每个派出所设 1 名户籍组长或户政干事,专管户籍各种统计内务事宜。户籍警每人管理 200～250 户。为便于对常住人口管理,市公安局对居民门牌进行重新编排。街道采取单、双号的编法;街巷以对编或连续编法；散乱居民住宅，依次编或混合编。随后，逐步编排巷牌、幢牌。

1951年，城市居民户实行以家立户，发放户籍牌照。

1954年年初，市公安局实行户口重点项目管理。各派出所的主要力量由过去放在一般户口管理转到户口重点项目管理上。通过社会调查，全市确定户口重点项目710人，其中特务嫌疑和社会危险分子176人，通过查证，逮捕反革命分子23人。

1956年8月，全市19937户居民全部换发新户口簿。通过登记调查，发现和纠正错漏、假报姓名、年龄、职业的1200人，新发现国民党党、团、特、宪等人员243人，封建会道门195人。同时在全市户口登记基础上，建立户口的月报、季报、年报、特种人口管制等管理制度。

1958年，各派出所实行上门办理户口制度。每个户口段，选择适当地区设立2～3处申报户口箱，每户制作一个硬纸牌，牌上写清户主姓名、详细地址。申报户口箱大小式样与选举箱相似。申报户口箱每天开放两次。群众不论申报任何户口，只要将本户的纸牌放入附近申报户口箱内，民警在下段工作时，开箱看到纸牌就上门办理户口手续。如群众需要向民警反映情况或解决问题，也可向箱内投放纸牌。民警因特殊情况不能按时下段，实行两段为一协作区办法，每两段抽出1个民警下去办理户口事项。

1961年，东市分局、西市分局、南市分局（庐阳分局的前身）、北市分局（包河分局的前身）确定1名干部负责户口管理工作。户籍民警由1960年年底的80人增加到103人，平均每人管理515户；郊区农业蔬菜大队一般为1名民警负责1个大队，少数负责2个大队。同时建立健全户口管理制度，公共户口每月由派出所审查证明实有人数后方可核批供应粮油；自动离职和久假不归逾期1个月以上的职工，注销户口粮油关系，回归后予以恢复；对于被逮捕、劳教人员，由看守所分别通知派出所和粮站注销户口粮油；应征服役和死亡人口，由派出所与兵役部门、粮站联系注销。做到人粮相符，不错、不重、不漏。

1963年，全市居民换发户口簿，从街道和内部单位聘请254名干部、职工和群众，填写、登记户口表格及户口簿。在换发前，各派出所对居民户口逐人、逐户、逐项核对，并整理门牌号码。然后由派出所参照旧户口簿和核对的情况填写新的常住人口登记表和新户口簿。再次核对无误后，召开小型群众会议，逐户逐人宣读发给居民。此举较好地解决居民不以常住地立户的现象。

"文化大革命"期间，许多街巷按政治性术语更名，门牌编号混乱，影响户口管理工作。1972年开始更换部分带政治性术语的门牌、巷牌，恢复一些原地名、街巷名称。以后随着市政建设，协同民政部门普遍进行正名和更名，并编印合肥市地名录。

1976年8月2日，根据省革委会批转省公安局《关于加强户口管理的报告》精神，市公安局决定对户口迁入实行分级审批的办法，严格控制城乡吃商品粮人口的增长，限制农村迁往城市、集镇以及从集镇迁往城市，加强户口管理。

1981年年初，市公安局恢复重点人口管理制度。先在花冲派出所进行试点，后在东市区总结推广该所经验。通过翻阅档案、内查外调和严格审批，全区确定有问题的133人，其中，反革命嫌疑分子11人，刑事嫌疑分子73人，治安危险分子49人，逐人建立档案，落实管理措施。

1982年，市公安局要求各派出所把主要精力放在户口段，强化基层基础工作。户籍警每周有 4 天时间下户口段,进行“四知”(知辖区居民家庭基本情况、知家庭经济就业情况、知家庭成员政治表现、知家庭成员遵纪守法情况)和“四防”(防反革命破坏活动、防火、防盗、防治安灾害事故)工作,并保证户籍警相对稳定,不准随便抽调,如要调整,要报经市公安局批准。户籍警在户口管理中,着重调查掌握下列 5 种人的情况:有反革命活动可疑的人和其他刑事犯罪活动嫌疑的人,有危害社会治安行为的人,受过各种打击处理现实表现不好的人,依法交付公安机关监督改造和监督考核的人,有违法犯罪行为的青少年。配合有关部门对上述人员做好教育疏导工作,落实帮教组织和措施,减少和消除危害社会治安的因素。

暂住人口管理

新中国成立初期,市公安局将暂住人口纳入户口管理的重要内容。每个户籍民警在管区内设立警区办事处,每天下午 18 时许,开始报登临时户口,建立暂住人口申报、登记、注销等制度。据 1954 ~ 1956 年统计,全市有暂住人口 45986 人,年平均占常住人口的 8.6‰。

1958 年 1 月,市公安局调查全市暂住人口。市区以居民委员会、郊区以农业社为单位,对暂住人口逐人逐项填表登记。全市暂住人口 1.2 万余人,占常住人口总数的 25‰。通过调查区别对待,对于探亲、访友治病的人,准予申报暂住户口,少数无法自理的,必须依靠其子女养活的老人及必须依靠父母生活的年幼子女,准予办理迁移手续。对保姆、临时工、勤杂工,如继续需要的准予延长暂住时间,已经解雇的动员其还乡。对盲目流入城市的无业游民、无照商贩、从事无正当职业的人员,一律不准住留,经动员不愿返回的,则由民政部门配合强制遣返。

1960 年下半年,合肥市收容遣送外流人员出现扩大化倾向和错收容的问题。芜湖专署有一名到合肥探亲的干部,被胜利路派出所送进收容所。他将耳闻目睹的违法乱纪问题,写成《探亲记》寄给中共中央办公厅。后省、市联合检查组调查《探亲记》揭发的问题属实。市公安局吸取教训,在全系统开展整风肃纪运动和反旧警风活动,使暂住人口管理工作回到正确的轨道。

“文化大革命”期间,暂住人口管理失控。据 1973 年对和平路派出所辖区的安徽纺织总厂、拖拉机厂、省建二公司部分生活区调查,该地区 385 户常住户中,共查出居住城市 3 个月以上的暂住人口 563 人,占该地区常住人口总数的 25%。据统计,这些暂住人口中,省内各县的 418 人,来自浙江、江苏、山东等 14 个省的 145 人。居住合肥 1 年以内的 228 人,1 ~5 年的 199 人,6 年以上的 136 人。这些人中到合肥投靠子女、爱人的 409 人,当保姆、帮亲友搞家务的 121 人,寄养的小孩 7 人,盲目流入城市的 26 人。从这些人员中查出偷窃扒拿、投机倒把的 53 人,占非常住户口人员的 10%。

1980 年 3 月,对全市暂住人口进行调查登记。以西市区为例,全区常住人口为 204476 人,暂住人口 8285 人,占常住人口的 4%。1984 年 1 ~4 月,西市分局处理的违法犯罪人员 259 人,其中暂住人口 43 人,占总数的 16.6%。

20 世纪 80 至 90 年代初,合肥市暂住人口日趋增多。构成流动(暂住)人口的主要因素:合肥市经营旅馆业共 375 户,拥有住宿床位 29869 张,按 80% 利用率计算,住宿旅客量日平均可达2.4万人。全市各类医院47所,开放正规病床5616张,住院病人中约有半数为外地病人,加上外地住院患者的陪护人员,每天约6000人。经市建筑管理处登记注册外地来合肥承包建筑等施工的118个建制单位4.19万余人,按90%的人常年在合肥施工作业计算,每年有3.6万余人。外地到合肥参加各种长短期职业技术培训班和干部轮训的流动暂住人口,每天有7000~8000人。外地在合肥设立各种办事处、中转站、技术维修服务站等常设或临时机构,有固定办公和住宿地点的100多户,每天有1000余人。进入农贸市场客商,随货住宿货栈、堆场、车站、露宿街头的肩挑小贩,各种工匠修理人员,水上船户及外来游民乞讨者,被收容、审查、关押的外地违法人员,超计划生育未入户者5000余人。进入居民住宅或农户的暂住人口多。1986年,有关部门联合组织对中市区县桥街道、西市区芜湖路街道、东市区红光街道调查,共有15岁以上、居住1个月以上、从事一定行业的暂住人口6018人,占这3个街道常住人口数的8.9%。据此推算,3个市区暂住人口4万~5万人。据常青乡调查,1985年年底(不含公共场所)有暂住人口5500余人,占常住人口数的17%。据此估计,郊区暂住人口2万~3万人。合肥市各种交通客运(铁路、公路、水上、航空4个方面)1985年每日有8万~9万人。根据以上估计,全市每天有14万~15万流动(暂住)人口。

1985年,市公安局派出调查组,对常青乡暂住人口进行典型调查,从查破案件来看,流动人口作案的占80%左右。有的犯罪分子混入经商人员中,乘机进行盗窃、诈骗等活动;有的租用民房为窝赃销赃场所;还有的聚众赌博、打架斗殴。该乡6300名外来人员中,来自江苏、浙江、广东等10多个省份50多个县。其中,经商的1082名,做工的2480名,收废品、拾破烂的243名,外地来上学租住的280名,因单位无房租住的职工1600名,其他的615名。常青派出所依靠基层党组织,通过召开村干部和群众会,广播、印发宣传材料等形式,向群众宣传《户口登记条例》和市政府《关于恢复城镇暂住人口管理制度的通知》精神。区别情况予以登记发证,有原籍乡以上的证明或工商部门发给的摊贩证、营业执照、学生证,经过验证符合暂住条件的准予登记。住3个月以上的发给暂住证,3个月以下的发给暂住人口登记卡。该乡10个行政村,凡是暂住人口超过300人的,设专职户管员,300人以下的设兼职户管员。户管员要负责对暂住人口的登记管理,熟悉和掌握这些人的姓名、住址、交往、经济收入和现实表现等情况,协助派出所搞好治安管理工作。专职户管员列为村干部编制,享受村干部工资待遇;兼职户管员,从收取户管费中给予生活补贴。同时,以派出所、乡政府名义制定《暂住人口须知》《房东职责》《村长、兼职户管员职责》等规章制度。房东应按《暂住人口管理规定》,来人申报,走人注销,人户相符。对来人不报、走人不销的,对暂住人口中有违法犯罪行为知情不报的,甚至窝赃、销赃的,给予经济处罚,直至追究刑事责任。通过暂住人口管理,堵塞漏洞,从中破获一批案件。

1987~1989年,市公安机关在各单位配合下,通过召开各种会议、发信、上门宣传等多种形式,广泛宣传《户口登记条例》和对暂住人口管理的有关规定,教育和发动"三队"(包工队、运输队、建筑队)、旅社和私房出租户,严格遵守暂住人口管理规定,协助公安机关搞好管理。同时加强审查发证工作。凡是居住3个月以上的务工经商者,凭乡政府以上证明,发给暂住证;对居住3个月以下的,由派出所建立临时登记卡进行登记。建立和健全对暂住人口的管理制度:一是坚持随来随登记的制度,来人及时申报,人走及时到派出所注销,如发现有违法嫌疑的人和事,及时报告。二是加强对“三队”管理,实行队长和工地负责人治安承包责任制措施,堵塞漏洞。三是雇佣外来人员的单位和个体旅社、饭店等,向派出所申报登记,不得雇用无证明的外来人员,旅社接待旅客和租住私房者,都要凭证住宿或租赁。四是对私自搭棚盖房的外来人口,经常进行检查、核对,加强管理。五是按照暂住人口分布情况,分片建立治保小组,对集体到合肥的50人以上的“三队”,建立治保会,发挥治保组织在暂住人口管理和维护社会治安中的作用。

第六节　人口卡片和身份证管理

人口卡片管理

1957年5月,市公安局抽调151名干警、616名公共单位填卡人员,开始建立全市居民人口卡片。首先,对全市户口逐一进行核对,纠正户口重登、漏登、出生未报、迁出、死亡、逮捕未销,姓名、年龄、籍贯等差错,并换发街巷门牌,为填卡打下基础。同时,组织填卡人员集中学习拼音字母、填写卡片说明和卡片编排方法等。然后,以街道、乡和机关团体为单位,分头填写卡片。全市共填卡197044张,其中登记卡177208张,别名卡19836张,凡年满17周岁的常住人口,全部建立人口卡片。市公安局在治安科设立口卡室,调配6名管卡干警,将口卡以汉语拼音为标准音,拼成每一卡片姓名的注音符号后,把同音姓名卡片编排在一起。先编姓,后编名,最后把全部卡片按注音符号的顺序编排,这一工作历时3个月。

人口卡片的运用,先由内部查阅,后对群众开放,即人口、住址查询。此项工作的实施,用于人民群众查找失散的亲友、居民的新住址;查找疑难电报、信件地址,银行付错款的人;用于失物招领,查找迷路老人、儿童的家庭住址,协助寻找逃跑的案犯及破案线索。

1958年7月,市公安局在火车站、范巷口附近设置木亭作为地址查询服务处。人口卡片室和服务处分别装置电话,制定公民查询亲友地址办法。人口、住址查询,用于人民群众查找失散的亲友、居民的新住址;查找疑难电报、信件地址,银行付错款的人;用于失物招领,查找迷路老人、儿童的家庭住址;协助寻找逃跑的案犯及破案线索。凡本市或外地群众需查询年龄17岁以上常住人口地址的,均可用电话、写信或直接到口卡室、服务处查询。服务处还负责解答查询机关、学校、工厂、企业和街巷名称等,指迷引路,热心为群众服务。从7月8～22日的15天内,市公安局口卡对外开放为群众找寻亲友68人,帮助2301人查到机关和街道住址,为邮局查到无法投递信件、电报12件,送回迷失儿童4人。

1961年,市公安局口卡室接待查卡10428人次,查中率达99%。通过查卡,提供侦察线索172起,转递下落不明的材料2031件,为群众查到亲友114人,查寻失物现金800元。郊区东方红公社发生一起凶杀案,经查系外流人员袁金友作案后潜逃,通过查阅袁犯哥哥的口卡,搞清其原籍住址,将凶手从其原籍河南省缉拿归案。合肥交通机械厂发生一起盗窃案,经查系该厂被开除工人王某所为,但王迁往地址不明,经查卡顺线追查,终将其捕获。

1982 年,市公安局口卡室为海外侨胞、港澳及台湾同胞查活死信 80 封,使失散 30 余年的亲友取得联系。台湾同胞夏慰华来信查找 34 年未见面的儿子,口卡室几经周折,终于查到,帮助母子俩取得联系。

1984 年,卡片入柜 5 万多张,接待电话查卡 1000 多次,为本市单位查卡 2000 多人次,来人来函查卡 2500 人次。侨居印度尼西亚的陈先生来信寻找 40 年前老朋友的女儿张敏珍,通过查卡反复核对,实现陈先生多年的心愿。

1987 年,市公安局三处组织人员完成 20 多万张积压卡片清理工作。购置卡片专用柜,改善工作条件,使口卡管理规范化,查阅更加迅速方便。是年,口卡室及时提供破案线索 307 件(人)。协助省公安厅查出全国通报的、携带贪污巨款逃跑的犯罪分子程某某下落,很快破案。轰动全市的"7·22"分尸案,从受害者裤口袋内发现一张看病处方单上写有董某某名字,经查,死者与无线电四厂的董某某年龄相似,不到 10 小时查明死者下落和嫌疑对象,为破案提供先决条件。提供原始户口依据 250 人次。如年逾七旬的薛色靖老人的儿子被打成右派,1963 年全家下放回原籍泗县。因找不到原下放存根,其后一直无法落实政策,后从口卡室查到注销卡,才使户口问题得到解决。提供寻找亲友线索 160 人次,使一些失散多年、饱尝骨肉分离痛苦的亲人团聚。一位远居云南的老人千里迢迢到合肥寻找失散 20 多年的亲生女儿,在大量重名的卡片中,终于查到其女儿下落。另外还提供查找银行错款线索 50 人次。

1988 年,口卡室接待查卡 3500 人次,电话查卡 1000 多人次,其中为港澳台胞查卡 600 多人次。3 月 12 日,台胞蒯文飞从台湾到合肥找其弟蒯文瀚(未曾通信),口卡室查到其弟地址后,送其到弟弟的住处。是年为侦破案件查卡 2000 多人次;为银行查卡 600 余人次,查出少付利息 1025 元,多付给储户 1500 元;为落实政策查卡 120 人次。

1989 年,完成 5.4 万张新口卡编排入柜,接待查卡 1350 人次。1 月 10 日,芜湖市公安局在侦破抢劫银行万元现金案时,通过合肥市口卡查出罪犯住址后,迅速抓获罪犯。

居民身份证管理

民国 27 年(1938 年),合肥沦陷后。日伪政权合肥县维持会发放用白布条印制的"难民证"(后改为"良民证"),上写持证人姓名、年龄,加盖维持会公章,出城须佩挂胸前,以供日军查验。避居乡村的老百姓回城探亲,必须先由居住城内亲友两人作保后,向维持会派往城门人员办理登记手续,领取"良民证",方可凭证出入。

民国 28 年(1939 年)1 月,日伪合肥知县公署成立后,取消"良民证",改为"县民证"。领取县民证,须填写履历表及照片一式 5 份(报县、坊〔区〕、保和日本宪兵队),由 5 家连环保,报县公署核发。"县民证"贴有照片,由日伪县公署及日军特务机关加盖钢印,随身携带,以备日军随时查验。"县民证"使用 3 年后缴销,换发"居住证"。

民国 37 年(1948 年),国民政府省会警察局改发国民身份证。合肥城区 18 岁以上 2 万多居民领取国民身份证。

新中国成立以后,1985 年 9 月,国务院公布《中华人民共和国居民身份证条例》。

1986 年 3 月 5 日,合肥市政府成立颁发居民身份证办公室,设在市公安局。市公安局选调专门干警,购置制证设备,聘请技术人员,筹备建立居民身份证制作所。制作身份证是一项技术性较强工作,每个证件分基础和技术制证两部分,先后经过翻拍、扩印、塑封等 8 道工序,流水作业,任何一道工序出现差错都要重新制作。居民身份证制作所制定严密操作程序等规章制度,确保居民身份证质量。

1986 年 4 月 1 日至 6 月 30 日,市公安局在西市区太湖新村和曙光新村进行颁发居民身份证试点,取得经验后在全市推广。主要是先设机构,进行宣传发动,再核对户口、组织照相、按人编码填卡、检查验收,后制证发证。8 月 23 日下午,合肥市首批发证在安徽大剧院隆重举行。省、市及有关部门负责同志出席大会,并为首批领证的 1334 位居民颁发中华人民共和国居民身份证。这次发证不仅是合肥市,也是全省第一次。《安徽日报》、安徽电视台、《安徽公安》、《合肥晚报》、合肥广播电台在会后进行了新闻报道。首批发证大会之后,市公安局完成太湖新村和曙光新村居民身份证制证颁发任务。

1987 年年底,合肥市区制发证 56 万人,在全省率先完成颁发居民身份证任务。

1989 年,市公安局增设居民身份证制作所,当年完成市区和长丰、肥东、肥西 3 个县 1710988 人的居民身份证和 752 人临时身份证制作任务。同时还为安庆、庐江等 30 多个市县制作 1985561 人的居民身份证。

1989 年 9 月底至 10 月 15 日,根据省委宣传部、公安厅转发中共中央宣传部、公安部《关于印发〈全国实施居民身份证使用和查验制度的宣传提纲〉的通知》要求,市公安局联合市委宣传部利用广播电视等宣传工具,采取多种形式对广大市民进行广泛性的宣传,受教育市民 50 多万人,为落实居民身份证的使用、核查和查验做好准备工作。

第七章　经济文化保卫

第一节　管理机构

经济保卫机构

机构沿革　1951 年 1 月，根据中央公安部召开的全国经济保卫工作会议精神，市公安局始设经保科。1953 年 10 月，机关保卫科与经保科合并为经济机关保卫科，简称经机保卫科。

1954 年 10 月，市公安局恢复经保科，编制 19 人，其中正、副科长 3 人，内勤组 2 人，企业组 7 人，工厂组 3 人，办事员 4 人。

1955 年 2 月，市公安局将经保科序列为市公安局二科。1956 年 9 月，市公安局增设财贸科。1958 年撤销财贸科并入二科，编制 15 人。1963 年 4 月 29 日，二科编制 14 人。

“文化大革命”开始后，公检法军管会取消经济文化保卫机构。1973 年，市公安局机关恢复原有建制，由四科负责经济文化保卫工作。

1978 年 2 月，原负责“四反”案件的二科改为内保科，侦察“四反”案件业务并入一科。

1979 年 7 月 13 日，省公安厅根据省编委(79)第 062 号文件精神，将省直机关和在肥大专院校内部发生的政治、刑事、治安案件划归合肥市管辖，并拨给市公安局 10 名行政编制。

1983 年，市公安局成立经济警察大队，与经保科合署办公，不久为独立机构。11 月，二科改为二处，主要从事经济保卫工作。

职能职责　运用预防手段，防范、制止企事业单位内部犯罪活动和治安灾害事故的发生，确保重点单位和要害部位的安全，以及对“地富反坏右”五类分子的监督改造、军工生产的保卫、经济民警的管理教育训练和内部治安管理、案件的侦破工作等。

文化保卫机构

机构沿革　1953 年 2 月，市公安局增设机关保卫科，编制 7 人。10 月，其与经保科合并为经济机关保卫科，简称经机保卫科。

1954 年 12 月，根据全国文化保卫工作会议精神，设立文保科，编制 11 人，其中正、副科长各 1 人，内勤组 1 人，学校组 3 人，卫生组 2 人，机关保卫组 3 人。

1963 年 4 月,文保科编制 8 人,直至“文化大革命”被撤销。

1980 年 3 月,市公安局恢复文保科,序列八科。

1983 年 11 月 21 日,八科改为八处,其职责不变。

职能职责　负责省、市属文化、教育、卫生、科研等机关的保卫;负责省、市党政首脑机关、大专院校等内部单位的安全保卫工作。

第二节　内部保卫机构

保卫处(科)

1951 年,全市共有 38 个机关企事业单位,53 名保卫干部。

1952 年,在部分机关、企事业单位开始设立保卫处、科、股。凡大型工厂、院校及其他重要企事业单位设置保卫处,县团级企事业单位设置保卫科,乡(镇)、科级单位设置保卫股,其他单位设置专职保卫干部,并按单位职工总数的 3% 配备保卫干部。至 1958 年,全市有保卫处、科(股)80 个,专职保卫干部 271 人,兼职 55 人。

1962 年,由于一些工厂停办,全市撤并保卫科 20 个,减少保卫干部 46 人。

“文化大革命”期间推行“三位一体”(军管会、文攻武卫指挥部、民兵指挥部三部门控制社会面的治安),内部保卫组织受到严重破坏。

1975 年 7 月 1 日,全市有 343 个独立支部以上的单位,职工 13.6 万人。其中党委单位 79 个,独立总支单位 53 个,独立支部单位 211 个。114 个单位设有保卫处(科)组织,配备专职保卫干部 362 人;未设保卫机构的单位,配备专职保卫干部 84 人,兼职 138 人。内部单位有治保会 419 人、治保小组 964 个、治保成员 6701 人。机械、轻工、商业等 24 个系统共有 77 个重点保卫单位。市公安局要求配齐配强保卫干部,并保持稳定性,以加强内部单位保卫工作。

1978 年,全市内部单位恢复治保会 386 个、治保小组 1586 个、治保成员 8811 名。是年 7 月,根据中共中央(1978)4 号文件精神,全市机关工厂企业(不含省直属单位)普遍恢复保卫处、科(股)的建制,建立 145 个保卫组织,计 507 人。

1985 年 7 月 25 日,市公安局和省警校联合举办“合肥地区专职保卫干部培训班”开学典礼,局长王贞铨和省警校校长郑化友做了动员,省公安厅副厅长张思靖到会讲话。119 名保卫干部参加了为期 1 个多月的培训,其中省直单位保卫干部 53 人。

1986 年 11 月上旬和 12 月下旬,市公安局举办两期 500 名保卫干部参加的培训班,为 1987 年 1 月 1 日施行《治安处罚条例》做好准备工作。

1987 年,全市整顿和充实内部单位治保组织,共有治保会(组)1988 个、治保人员 9205 人。随着工厂企业实行经营承包后,少数工厂企业出现撤、并保卫组织现象,群众性的治保队伍量少质弱,削弱了治安保卫工作的基础。为此,市公安局及时向市政府报告这一情况,呼吁各系统、各单位领导重视保卫组织建设,应根据国家有关规定,按单位规模大小、重要程度设立保卫机构,配齐配强保卫干部,并注意发挥经济民警、义务消防队、治保会、调解组织的作用,强化内部单位的自防自治。

1987年,文保系统保卫部门自破刑事案件25起,占发案总数213起的11.27%,协助公安机关破获刑事案件92起,占发案总数的43.2%。年底,省委党校保卫处、省博物馆保卫科荣立集体三等功,安徽工学院保卫干部张达祥、稻香楼宾馆保卫干部管怀群荣立个人三等功。

合肥纺织公司实行承包经营责任制后,由于受旧的管理体制和陈腐观念的影响,职工中少数"难缠户"为奖金、住房等问题经常与厂领导胡搅蛮缠,甚至发生殴打厂长、经理事件。公司保卫科及时召开专门会议,制定《维护厂长经理依法行使职权的有关规定》,认真调查摸底,教育疏导。1988年,查处12起殴打厂长、经理事件,及时制止50多起可能发生的行凶闹事苗头。

1989年,先后有10多个市属局(公司)恢复保卫组织,全市共有保卫处32个、保卫科429个、保卫股16个,共有专职保卫干部1548人。

企事业公安机构

企事业公安机构是所在单位特殊的行政职能部门,也是公安机关的派出机构。执行公安机关的法规和部分职权,实行"谁主管,谁负责"的原则,依法管理与行政管理并举,强化内部治安管理;还独立承担查破一般治安、刑事案件,参与维护社会治安活动,促进内部单位及社会治安的稳定。

1959年,在"钢铁挂帅""大跃进"鼓舞下,省、市各单位兴办钢铁厂或建炼铁炉。因较大钢铁厂人员多,物资进出频繁,市公安局增设省财贸钢厂派出所和省委机关钢铁厂派出所。不久,两个派出所被撤销。

1980年1月23日,合肥市革命委员会批准,市公安局设立合肥市公共交通公安派出所,暂定事业编制33人。其主要任务是:负责公共交通治安,维护乘车治安秩序,查处公共交通发生的案件和事故纠纷。接着又成立合肥市公园公安派出所,暂定编制15人,主要负责维护逍遥津、包河、环城、花冲公园的公共秩序,保障游客安全。5月31日,市委第二十一次常委会议决定,成立蜀山公园公安派出所,暂定事业编制10人。以上3个派出所均由公交公司和园林管理处按编制将各项经费划拨市公安局统一支付。直至1988年底,以上3个派出所相继交回市公交公司和市园林管理处,公安业务仍由市公安局领导。

1984年,根据全国保卫工作会议关于"地处城郊接合部,社会治安情况复杂,地方公安机关管不过来,内部保卫组织又承担不了维护社会治安任务的单位,经批准可建立由企事业出编制、出经费的公安机构"的精神,鉴于合肥钢铁公司(简称"合钢")拥有职工、家属近5万人,地处城郊,与4个公社接壤,内部单位点多面广,商业网点多等治安情况复杂状况,省公安厅同意设立合肥市公安局刑警大队驻合钢刑警队。由合钢出编制和经费,为科级建制,编制30人,隶属合钢保卫处和市公安局刑警大队双重领导。其间,根据省公安厅批复,市公安局相继设立市公路管理局派出所、合肥工业大学派出所、中国科技大学派出所、安徽大学派出所。

1985年6月3日,省公安厅批准设立合肥市公安局汽车站公安派出所。合肥市汽车站每日发出长、短途客运班车 3950 个班次,运送旅客 2 万多人,1981 年 11 月设立治安民警办公室,但难以应付众多治安问题。为此,决定建立企业性质的公安派出所,定编 16 人. 人员编制和经费均由交通部门解决,业务受东市区公安分局领导。

1985 年 12 月 25 日,省公安厅批准设立安徽省电力工业局公安处、安徽省送变电工业公司公安科、合肥市供电局公安科,人员编制分别为 23 人、9 人和 7 人。省建筑工程总公司拥有 2 万多名职工,承担着合肥地区及全省大中型建筑安装任务,点多面广线长,报经省公安厅批准,设立省建筑工程总公司公安处,编制 20 人。以上公安处(科)人员编制和经费均由企业、单位解决,业务受市公安局领导,行使城市公安分局职权。

1987 年 1 月 7 日,省公安厅批准设立城隍庙市场治安派出所,编制 20 人,其中 5 人属正式公安编制。15 人编制和 20 人经费均由城隍庙市场管理处解决,业务受中市区公安分局领导。是年 5 月 12 日,经省人民政府批准,省国防工办下属浦信化工厂由六安县迁到合肥市,与合肥化工厂合并,厂区面积为 47.7 万平方米,人口近 2 万人。浦信化工厂原于 1982 年 7 月成立龙门冲派出所。后经省厅批准,将龙门冲派出所更名为郎溪路派出所。

截至 1989 年,全市(含省直单位)有企事业公安处(科)5 个、派出所 12 个、刑警队 1 个、干警 240 名。

2003 年,经省公安厅、省编制办批准,先后将公交公安分局、合钢刑警队等 6 家企业公安收归市公安局管辖,人员编制划归市公安局。

经济民警组织

1953 年,合肥市公安局开始在较大工厂企业建立经济民警组织,有经济民警 71 人,主要担负重要单位和要害部位警戒守卫任务。

1958 年,合肥市建有 8 个经济民警队 142 人,由市公安局经保科负责经济民警业务指导工作。

1964 年 3 月,市公安局成立经济民警大队,负责全市经济民警管理和业务培训工作。全市建警单位 33 个,有 576 名经济民警。

1966 年,根据总参谋部、公安部联合发出的《关于经济民警整编中若干问题的规定》,撤销经济民警大队。某些具有保密性质单位,由公安部队派兵守卫。

1981 年 7 月,市公安局根据国务院批转《关于建立经济民警的实施方案》,开始重建经济民警组织。1982 年,全面进行组建,市内大型工厂企业 7 个系统 22 个单位第一批经济民警 459 人。是年底,全市经保系统成立经济民警单位 48 个,经济民警 1084 人。1981 年,经济民警执勤时,当场抓获违法犯罪人员 1409 人,协助公安机关破获案件 236 起,缴获赃款赃物 4 万多元。17 个经济民警小队被评为先进集体,经济民警中有 93 人被评为先进工作者,6 人被评为先进标兵,36 人立功。

1983 年,市公安局恢复经济民警大队,对重建经济民警组织进行整顿巩固。截至 8 月 6 日,全市建警单位 54 个(含肥东、肥西、长丰 3 个县)1089 人;上岗执勤经济民警 920 人,分布 113 个固定哨和 68 个流动哨。在"严打"斗争中,市公安局抽调 51 名经济民警协助市司法局看管劳改劳教人员。在执勤巡逻中,经济民警协助公安机关破获案件 127 起,缴获赃款、赃物折合人民币5.85万多元。全市内部单位没有发生政治案件，刑事案件发生144起，破获110起，破案率76.4%，其中重大刑事案件发生7起，破获6起，破案率85.7%。如合肥旅栈中心店服务员、兼职经济民警彭玉英，在当班时机警抓获1名流窜26个省、市的盗窃犯，受到云南省公安机关表彰奖励。

1984年11月26日至12月1日，市公安局举办69名经济民警小队长以上骨干参加的培训班，副局长张士峰、省公安厅业务处负责人到会讲话，传达省经济民警座谈会精神，学习《人民警察内务条令》等有关文件，系统地授受业务课，组织观看淮南经济民警业务训练的实况录像等。

1985年5月25日，合肥市第一期经济民警擒敌技术训练班结束，来自省、市61个单位的75名经警，经过1个月的紧张训练，当天上午在省体育馆举行首届擒敌技术汇报表演。省公安厅厅长张锡、市政法委副书记褚农、市公安局领导以及省市建警单位领导、公安干警、经警500多人出席观摩表演。第二期由46个单位69名经警参加，于5月27日开训。6月10日，市公安局印发《合肥市经济民警管理条例（试行）》，这是合肥市经济民警首次纳入法规性管理。

1986年，全市有121个经济民警单位，建有13个中队22个分队86个小队，经济民警1800人，其特点是人多、面广、线长。5月，市公安局用36天时间在安徽拖拉机厂对92个单位的104名骨干进行军事队列、擒敌技术和法律知识集训。11月10日至12月8日历时28天进行年度考核。12月24日，市公安局在文化宫召开1981年建警以来第一次合肥地区经济民警表彰大会，表彰1986年经济民警在“严打”和维护社会治安秩序中立功的集体和个人，对经济民警大比武取得前三名的16个单位和一些优秀指挥员给予表彰奖励。1986年，在执勤巡逻中，经济民警抓获各类违法犯罪人员4230人次，协助公安机关破获案件159起，缴获赃款、赃物折合人民币77万多元；及时发现和排除火警、火灾86起，避免经济损失61万多元。9月29日凌晨1时许，在和平路派出所助勤的安徽纺织厂经济民警费维民，接到南陵路有几名歹徒持刀强奸一女青年报警后，快速赶赴现场，奋不顾身擒获案犯。合肥日用化工厂经济民警副队长陈国贤在1986年抓获、扭送违法犯罪人员9人。

1987年，合肥市建立经济民警单位135个，经济民警1725人。在执勤巡逻中，经济民警抓获各类违法犯罪人员2896人，协助公安机关破获案件262起，自破案件232起，缴获赃款赃物25万多元；及时发现火警、火灾320起，避免经济损失75万多元。

第三节　内部安全保卫

内保制度

1954年，各级保卫组织协同本单位的生产、技术、安全、行政等部门，先后制定机关保卫、学校保卫、医院药品管理及消防安全等制度。

1959年起，加强同治安灾害事故的斗争，逐步建立各项治安保卫制度。如要害部位的安全、保卫、保密制度,大型设备和精密仪器安全操作和维修制度,易燃易爆、剧毒、放射性物质等危险物品和枪支弹药安全管理使用制度,物资仓库、珍贵文物、现金票证安全管理制度,门卫、值班巡逻制度,等等。

1978 年,先后总结推广合肥晶体管厂、自行车厂等单位试行治安责任制经验。在商业、财贸、物资系统,对现金、票证和重要物资的安全管理实行岗位责任制。

1981 年,市公安局制定《合肥市工厂、企事业单位治安管理责任制条例(草案)》。绝大部分企事业单位都建立治安安全责任制,有的制定细则,把治安安全责任制同生产、经济责任制有机结合起来。是年,全市有 33 个单位建立 560 人的经济民警组织,抓获偷窃142 人次,缴获偷窃财物 3400 多元,及时扑灭火警 3 起。

1983 年,全市经保系统 360 个独立支部以上单位均建立治安保卫责任制。

1986 年底,在全省召开的内部单位治安保卫责任制会议上,市纺织公司、合肥自行车厂等单位交流治安保卫目标管理的经验。

1987 年 6 月,总结推广合钢公司《内部治安目标责任制管理办法》。合肥自行车厂是个拥有 3000 多名职工的大型企业,由分管保卫副厂长为全厂治安保卫总责任人。根据“谁主管,谁负责”的原则,确定各车间、科室负责人为治安保卫责任人,厂里分别与他们签订治安承包协议,分解落实普法教育、安全生产、防盗防火、帮教违法青工等各项管理目标,定期归口考核,奖惩兑现。1988 年,该厂 5 个车间 33 名治安责任人达标,兑现奖金7000 元,对没有达标的 2 人分别给予罚款和扣发奖金。

安全检查

新中国成立初期,内部单位安全检查工作一般由保卫部门配合生产、技术、安全等部门共同进行,通过节日(春节、元旦、国庆、五一)前夕的安全检查和季节性检查、专项检查,及时发现和消除安全隐患。

1957 年 1～6 月,经、文卫组织协助市公安局对财贸系统单位进行安全检查和保密制度检查,发现隐患 137 处,及时进行整改。

1959 年,从内部单位抽调 830 人组成 102 个小组,深入工厂、采取召开座谈会等形式,揭出不安全因素 22443 条,检查组与单位领导现场商定整改措施,并制定 258 项安全防范制度。

1961 年,经济、文化保卫组织先后开展 4 次以防火防爆为中心的安全大检查,采取重点检查与普遍检查相结合、群众自查与互查相结合、边查边改的方法,有 98% 的不安全因素在检查中得到整改。同时,建立健全 658 项各种安全防火责任制。

1965 年,开展以防火、防爆、防毒、防事故为中心的安全检查。先后 4 次抽调 223 人分别组成工作组,对 23 个储存和生产易爆剧毒等危险物品单位进行安全检查,查出不安全因素 1207 项,年底整改 1009 项。

1977～1983 年,安全检查形成制度化、常态化,内容和形式日趋完善。检查的主要内容是:查思想,看领导是否重视,职工有无麻痹思想;查制度,看规章制度是否健全,责任是否分明,执行是否严格;查隐患,看存在哪些不安全因素;查措施,看防范措施是否严密落实。发现存在重大隐患的单位和要害部门,由公安部门发出《隐患通知书》,限期整改。

1985～1989年,安全检查重点是大型物资仓库、管钱管物场所、易燃易爆和剧毒物品单位,以及粮、油、棉、水、电、金融等部门。采取单位自查、主管局组织互查、内保部门重点抽查的方法,常抓不懈。市工商银行明光路分理处楼上的住户随意出入营业厅,门窗缺少加固。检查组及时发出《隐患通知书》,引起该行领导的重视,立即采取双人取送款、双人值班、双人临柜、窗户加防护网、柜台设防护栏等防范措施,堵塞漏洞。中市区有587家商场、银行、旅馆等钱物集中的单位,中市公安分局在这些繁华地区设立9个治安办公室,组织保卫干部、治保人员和职工维持经营和工作秩序。每晚由公安干警、保卫干部分片到各单位检查值班巡逻情况,采取发通报、登报、广播等形式,推动各单位和商业网点落实治安承包责任制,加强治安防控工作。仅1988年,治安办公室就抓获违法犯罪人员79人,协破刑事案件129起,制止犯罪68起。是年,中市区85%以上单位未发生刑事案件和大的治安案件。

技术防范

1950～1979年,由于受社会经济的制约等因素影响,合肥市大型企事业单位内部保卫工作主要依靠人力和发挥人的主观能动性完成其职责使命。

1979～1989年,市公安局内保部门经常检查督促厂矿企事业、商场、银行分理处等单位购置安全报警装置。截至1989年年底,全市内部单位安装各种报警器、电子密码锁、安全包、报警保险柜等461只,有的单位装置电视安全监控技术以及安全防范通信技术,加强技术防范。1989年,合肥淝河钢窗总厂研制出GFS钢制防盗纱门,通过省级技术鉴定,深受单位、商业网点和广大居民群众的欢迎。

第四节　重点单位和要害部位保卫

保卫范围

重点单位和要害部位是经济文化保卫的重心。不同时期,重点单位和要害部位有所变化,概括起来主要有:党政首脑机关、国防军工、大型工厂、企业、物资仓库、科研、动力、能源、通讯、金融、重要桥梁、车站、港口、高等院校以及掌管重要机密和指挥决策部位,生产、科研关键部位,供电、供气、供水部位,集中储存钱财物部位等。

1952年11月,通过对粮食部门人员清理,给予依法惩处和调离工作的37人。同时取缔粮棉黑市交易,保卫粮食和棉花统购统销的顺利进行。

1955年上半年,通过对全市文保系统133个单位的管理,查出反革命分子136人,其中依法惩处17人。

1957年1～6月,对财贸系统的重点单位进行安全和保密制度检查,对要害部位428名人员进行审查,其中6人调离要害部位工作。

1963年,全市经过检查和审定,确定68个重点单位,要害部位273处,对接触要害部位 4012 名人员进行政治审查,对不符合条件的 199 人给予调离,对暂不能调离的 59 人控制使用并积极物色培养新生力量接替。

1964 年,市公安局大抓国防工业保卫保密工作和粮油棉物资仓库的保卫工作,对 32 名不适合在国防工业部门工作的建议给予调出。

1974 年,重新审定重点保卫单位 77 个,对这些单位保卫、治保组织及要害部位人员进行审核,对不符合条件的 4 人进行调离。

1977 年,对内部单位按照党的领导关系实行两级管理,重点单位仍是一级管理。即:总支以上内部单位和重点单位的保卫工作由市公安局负责,总支以下内部单位的保卫工作由分局负责。1980 年,重新划分市区二级管理的范围。党委以上内部单位和重点单位由市公安局负责管理,总支以下由分局负责管理。是年,由市公安局负责管理的重点单位 137 家,分局负责管理的重点单位 258 家。

1985 年,市公安局重新审定重点单位、要害部位,调整充实要害部位人员,加强要害保卫保密工作。对一些单位的生产经营决策、机密核心、技术关键、重要设备,分别制定档案和保卫保密制度,落实值班守护力量,适时开展安全检查。针对已经开工或即将开工的合肥电厂 12.5 万千瓦发电机组、合肥化肥厂 4 万吨烧碱工程、合肥啤酒厂 5 万吨扩建工程、合肥地区 50 万伏超高压变电复线工程、电子部 28 所试验基地、合肥电缆厂扩建工程等 10 多项重点工程,以及省工商银行、橡胶轮胎厂、变压器厂、丝绸厂等 20 多个单位从国外引进设备的安全,市政府批转《关于加强要害部门、要害单位保卫工作的暂行规定》,各级保卫组织会同有关部门抓住运输、施工、安装、投入使用等各个环节,分别落实安全岗位责任制,建立健全用火、用电、设备管理维修、安全操作等安全保卫制度。经常组织安全检查,建立要害保卫档案,调整要害部位和修改保卫方案,落实重点守护、防范工作。截至 1989 年年底,全市重点单位和要害部位没有发生重大刑事案件和治安灾害事故。

保卫工作

新中国成立初期,粮油物资仓库、银行金库,均由军队和公安部队守护。

1958～1964 年,全市有 33 个重点工厂企业建立经济民警,分布在 50 个执勤点 125 个哨位,主要负责企业的守卫、巡逻和护厂工作。

1981 年以后,大中型工业企业和大型商业企业陆续建立经济警察队,对现金、票据、珍贵文物、稀有金属以及易燃易爆、剧毒、放射性等物品管理,逐一落实目标管理责任制和目标保卫措施。市工商银行、建设银行等金融单位,在经济民警重点守卫的同时,加强对值班巡逻人员业务训练,组建治安联防网,提高各单位的自防自卫能力。

1983 年,中国科技大学、合肥工业大学、安徽大学等 8 所大学陆续建立校卫队,有校卫队员 200 多人。1983 年 6 月 5 日,安纺二厂经济民警陈跃和何建祥执勤时,在厂区围墙外抓获 3 名轮奸两名少女的犯罪分子。10 月 8 日晚,蜀山化肥厂经济民警樊昌武、李延红、梁俊经过两昼夜守候伏击,当场抓获盗窃上海牌小轿车的犯罪分子,挖出一个 4 人盗窃团伙,破获 10 起积案。

1984 年,合肥市 59 个单位建立经济民警 1068 人。另有省拟下放到市管理的单位 26 个,经济民警 350 人。是年,在守卫要害部位和执勤巡逻中,经济民警当场抓获正在作案的违法犯罪人员790名；协助公安机关侦破刑事案件86起，缴获赃款、赃物折款5万多元；及时发现和排除火警、火灾18起。

1985年，合肥市109个单位建立经济民警1234人。设有固定哨139个，流动哨102个，担负起191个要害部位的保卫任务。截至是年8月，在守卫要害部位和执勤巡逻中，经济民警当场抓获正在作案的违法犯罪人员190名，协助公安机关侦破刑事案件87起，缴获赃款和赃物折款5.8万多元，及时发现和排除火警、火灾7起。1984～1985年，344名经济民警受到各级党政机构表彰奖励，其中1人荣立三等功。省工业设备安装公司担负着国家、省、市重点工程安装任务，由于该公司认真落实安全保卫责任制，坚持把施工现场各项预防工作作为中心环节，主动与对方单位和驻地派出所联合组成治安办公室，制定落实施工现场治安管理综合承包，加强重点目标的守卫，先后承建的30多项重点工程，94%没有发生案件。螺丝岗变电所是华东网络局七大容量枢纽之一，担负着合肥市1/3的供电任务。该所实行安全生产目标管理，经常进行安全防范事故教育，组织现场反事故演习，加强技术培训工作，实现安全运行无事故1000天目标，1989年被评为省电力局先进集体。

1989年，中科大、安大、合工大等5所高等院校均设立派出所，加强校园治安秩序管理。安徽农学院推行重点保卫目标管理责任制，将图书馆、电教室、学生管理站等21个重点保卫目标，分别由主管单位落实安全员承包，做到以任务定人，以人员定岗位，以岗位定职责，以职责定奖惩。如教研实验楼有价值上百万元的教学仪器和设备，学院总务处承包后，采取加固门窗、技术报警、专人值班守卫、增添消防设施等配套防范措施，确保安全。

随着经济建设发展，经济民警在守卫重要目标、巡逻护厂、及时发现和制止违法犯罪行为、消除治安事故隐患、协助公安机关破案、维护社会秩序等方面做出重大贡献，被人民赞誉为"四化卫士"。据统计，1987～1989年，全市经济民警在守卫、巡逻执勤中，抓获各类违法犯罪分子8889人次，破获刑事案件1212起，消除火灾隐患339起，缴获赃款、赃物折合人民币112万余元。

第五节　惩治单位内部违法犯罪

新中国成立后，经文保战线上不甘心失败的反革命分子和坏分子，利用企业技术工人少的弱点，连续制造机器重大事故进行破坏活动。1950～1960年，打击和防范反革命分子的破坏活动，是经文保系统管理机构和保卫部门最为紧要的工作之一。

1950年6月，市公安局结合镇压反革命运动，进行内部清理，对全市干部和勤杂人员登记审查，从中清查出一批混入内部的国民党特务、反动会道门骨干分子，摧毁了残留的各种反动组织。

1954年6月3日始，根据市第二次党代会决议，市公安局先后在食品、专卖、木材、土产、百货、印刷、制版等8个行业，进行政治清洗工作，历时5个月。从1269名干部中，清理出反革命分子22人，其中逮捕10人，管制6人，清洗6人。

1955 年，市所辖工厂企业、邮电运输 50 个单位，职工 5636 人。市公安局依靠企业党组织和职工对内部单位进行清理、整顿，查出反革命分子和坏分子 76 人，其中逮捕 30 人，开除 6 人。公私合营合肥制版厂的反革命分子朱某某在 4 个月内，蓄意在印刷机器上制造重大事故 6 起，案件侦破后朱某某被逮捕法办。公私合营合肥针织厂反革命分子沈某某(已捕)等，在该厂由上海迁来之初，煽动工人请愿不成，又与应某某、熊某某等在逍遥津策划烧毁全厂。其于 7 月 13 日 17 时许，乘工人下班之机，私自进入绕针车间将电门拉开，企图以电火烧工厂。幸该厂全是钢筋混凝土结构、门窗紧闭、电闸保险丝爆断，火自行熄火。

1956 年 1～10 月，市公安局在市委 5 人小组统一领导下，在全市 7 个工矿企业开展第一批肃反运动。清查出反革命分子 2 人、坏分子 7 人，经调查和甄别后逮捕 2 人，劳教 3 人，免予处分 4 人；侦破破坏事故 5 起；破获刑事案件 5 起，占总数 8 起的 62.5%。11～12 月，在全市 11 个工矿企业 2550 名职工中开展第二批肃反运动，清查出反革命分子和坏分子 13 人。

1957 年，市公安局结合肃反运动在经保系统开展反破坏事故斗争。逮捕反革命分子和刑事犯罪分子 135 人，其中，反革命 39 人、刑事案犯 86 人、破坏生产 10 人，缴获长短枪 15 支以及手榴弹 1 个、子弹 14 发。是年，全市文保系统发生刑事案件 22 起，破获 17 起，破案率 77.3%，抓获各类刑事犯罪分子 37 人。

1958 年，市公安局在文保系统破获反革命现行破坏案 10 起，刑事案件 15 起，逮捕 91 人，劳教 27 人。经保系统逮捕隐瞒严重历史罪恶和经过宽大处理又犯罪的反革命分子 236 名。

1959 年，保卫部门通过对 29887 名工厂职工严格审查，协助市公安局逮捕和劳教各类违法犯罪人员 221 人。

1962 年，市属文化、卫生、教育等文化保卫系统 60 个单位干部员工 4589 人。市公安局结合党的整风运动，清查出“地富反坏右”五类分子 87 人，纯洁了文保队伍。是年，经文保系统内部人员发案率比 1961 年下降 40%，部位发案率比 1961 年下降 30%，事故发生数比 1961 年下降 48%。

1974 年，市公安局在经济、文化保卫系统破获反革命案件 7 起、刑事案件 95 起，破案率分别为 70% 和 56%。

1981 年 11 月，市公安局根据看守所在押犯检举揭发的线索，顺藤摸瓜，查明：市第二人民医院门卫值班人员高某某(男，22 岁，是年 6 月曾因流氓被治安拘留)、贺某某(男，31 岁，1975 年因盗窃被判刑 5 年，1980 年 6 月刑满释放)、尚某某(男，25 岁，曾因盗窃被强劳两年)、徐某某(男，21 岁，在部队因打架斗殴提前退伍)、沈某某(男，23 岁)等 5 人，自 1980 年年底纠合以来，在第二人民医院有恃无恐，为非作歹，先后盗窃、抢劫、强奸作案近 10 起，行凶打伤职工和病人 6 名。市公安局会同市检察院打掉这个危害医疗秩序的 5 人盗窃、抢劫、流氓、强奸团伙，依法将团伙成员悉数严惩。

1983 年，经文保系统各单位与公安机关密切配合，积极投入严厉打击严重刑事犯罪的战役。第一仗内部单位刑拘 32 人，报捕 185 人，劳教 91 人，全年破获刑事案件 110 起，破案率为 74%。针对不同时期内部突出的治安问题，组织专门力量，开展专项斗争和专项治理。

1986～1988年，全市内部单位破获刑事案件670余起，其中重大案件103起，追缴赃款、赃物折款达150余万元。如江淮汽车制造厂被广东茂名市一家贸易公司骗走5辆汽车，合肥纺织采购供应站被河北邯郸县2名化名的诈骗犯用假信汇凭证骗去价值12.8万元的棉布等10余起经济案件，均在公安机关协同下及时破案。省建公安处刑警队对刑事案件快侦快破，每年协助友邻地区和单位破案200余起，被称为"一把永不卷刃的尖刀"。

1989年，经济民警在守卫执勤中抓获偷盗违法犯罪人员2800多人次，缴获追回赃款赃物折款81万多元。省立医院经警小队抓获32名盗窃犯，自破和协破盗窃案件82起，缴获自行车50辆及其他物资，总价值9.2万余元。手扶拖拉机厂经警小队在伏击守候中，当场抓获盗窃铜棒的2名罪犯，并顺藤摸瓜，挖出一个盗窃团伙，缴获被盗物资13万元。建立经济民警的单位还抽调警力，协助公安机关维护社会秩序，打击刑事犯罪。先后抽出经警3400多人次，出动55辆摩托车，整顿社会治安，参加打击扒窃、盗窃犯的专项斗争。

附：1983～1989年内部单位发案特点简析

1983年以来，随着"严打"斗争的深入发展，推进综合治理，合肥市内部治安秩序明显好转，全市工厂企业中发案少、秩序好的单位达85%以上。但是，内部治安秩序还不够稳固，影响内部单位安定的问题还不少。

内部单位职工违法犯罪渐趋上升　1982年，内部单位职工刑事犯罪533人，占全市刑事犯罪作案成员总数27.6%。通过"严打"斗争，职工违法犯罪明显减少，1984年，职工刑事犯罪266人，占刑事犯罪总数的13.9%；1986年，职工刑事犯罪比例回升到21.7%；1989年，职工刑事犯罪人数占刑事犯罪总数的23.8%，其中70%～80%是青年职工。据对刑事犯罪330名职工分析，侵犯财产经济犯罪较为突出，其中犯盗窃罪208人，抢劫17人，诈骗9人，合计234人，占职工刑事犯罪总数的70.7%。1987年年底，集中整顿公共交通秩序，抓获145名扒窃分子中，职工90人，占62.1%，这些人中75%是青年工人。

内部单位已成为盗窃犯侵害的主要目标　1986年，全市发生重大盗窃案件83起，从发案的区域和部位看，在机关、企事业单位生活区28起，工厂企业、机关学校27起，旅店商业网点26起，合计81起，占发案总数的97.6%，显然盗窃犯罪分子把内部单位及其生活区作为侵害的主要目标。从内部单位发生的盗窃案看，盗窃现金和高档消费品多，内部单位及其生活区发生盗窃现金和电视机、收录机等高档消费品265起，占入室盗窃案354起的75%。盗窃金属器材物资多，1986年，发生这类案件71起，占内部单位入室盗窃案的20%，郊区公安分局先后查处10处非法收购销赃铜30吨、铅近百吨、钢铁20多吨的收购点。中国科学院合肥分院的1200米电缆线，价值1.3万元，被犯罪分子"剥皮抽筋"变"宝"为"废"卖掉变现金。

内部单位经济犯罪案件不断发生　1986年，全市破获投机倒把、诈骗、贪污案件54起。犯罪分子主要是打着开发、贸易、供销公司的招牌，以签订购、销合同的形式或买空卖空，投机诈骗；有的以代购紧俏高档商品和工业原料、建筑材料为名骗取钱财，有的冒充外商以投资、合资办厂，提供进口紧俏商品行骗，使国家和集体造成360多万元的经济损失。

1989 年，全市查获重大诈骗犯 29 人，比 1985 年增加 3 倍。市农行职工李某某和无业人员姚某某伪造“安徽棉麻公司财务章”，在市农行空白汇票单上加盖伪造的印章，先后向肥东、肥西县工商银行转账 9.2 万元，在购买进口摩托车时案发被查获。

单位内部矛盾激化成为刑事犯罪增多的诱因　随着改革的深入进行，由于利益再分配和人们价值观念的改变，单位内部因调资、住房、发放奖金以及恋爱婚姻等矛盾日益增多，由于疏导缓解工作跟不上，容易引起矛盾激化。1986 年，全市查获职工凶杀、伤害的 52 人，占职工犯罪总数 16%。其中有不少是恋爱婚姻纠纷导致伤害凶杀的。合肥水泥研究院机械厂青工王某某与女青年陈某某恋爱时，怀疑女方另有所爱，当发现她与本车间青工邓某某上班有说有笑时，妒火中烧，遂于酗酒后，持刀闯入车间，将邓杀死。合肥某研究所助理工程师郭某某，因对工作失职受处分不服，恼羞成怒，将一杯稀硫酸泼到所长脸上，构成伤害罪被逮捕入狱。

合肥市公安局文保处
1989 年 12 月

第八章　公安警卫

合肥市公安局警卫机构的设置,开始时有警卫专职干部,而无警卫专职机构,到后来有了警卫专职机构和专职警卫干部。警卫工作也经历由新中国成立初期协助省公安厅承担部分警卫任务,到后来独立承担全部警卫任务的发展过程。在执行警卫任务中,本着既要保证安全,又要方便领导联系群众的原则,认真抓好警卫基础工作,及时制订警卫工作实施方案,采取专门工作与群众路线相结合的工作方法,确保万无一失。

第一节　警卫机构

机构沿革

新中国成立初期,作为省会城市的合肥市公安局,警卫任务主要是协助省公安厅警卫工作外围的住地、会场、视察地等社会面控制和交通沿线警卫。

1954 年,合肥市成立有关负责人组成的警保委员会,市公安局配备专职干部,负责合肥市境内警卫任务。

1955 年 3 月,全省第二次文化保卫工作会议决定,在警卫任务较为繁重的市设立专门警卫机构。市公安局在文保科内设警卫组。

1957 年 10 月,市公安局警卫组撤销,与省公安厅警卫科合并为安徽省公安厅暨合肥市公安局警卫科,担负省会城市警卫工作。

1959 年 10 月,省公安厅专门设立警卫处。合肥市公安局未设立警卫专门机构,一旦有警卫任务,由各警种抽调人员承担警卫工作。

1973 年 4 月,市公安局设立警卫科,序列六科。

1978 年 2 月,市公安局警卫科改为武装民警科,原市公安局内保科改为警卫科。是年 4 月,根据省公安局《关于警卫机构的设置和领导关系的通知》,中共合肥市委警卫科的编制划归市公安局警卫科,同时使用中共合肥市委警卫科和市公安局警卫科的名称。

1983 年 11 月,警卫科改称警卫处。

1984 年 10 月,警卫处编入武警序列,警卫业务仍隶属市公安局领导。

职能职责

警卫处职责主要是负责党和国家领导人、重要外宾以及重要国际知名人士在合肥期间的安全警卫工作;负责在合肥召开的重要会议、重大活动的安全警卫工作;负责本省、市正职领导活动和他省省级正职领导在肥考察、参观的安全警卫工作;负责对全市公安警卫工作的业务指导和工作协调,保证各项警卫工作的顺利开展,完成上级交办的其他工作任务。

第二节　警卫原则

合肥解放初期至20世纪50年代中期,敌情复杂,敌我斗争形势严峻,警卫工作多是采用“人海”战术,警卫森严。

1958年年底,市公安局贯彻第九次全国公安会议就警卫工作做出决议,明确规定警卫工作的方针是“既要保卫首长的绝对安全,又要便利首长联系群众”,认真执行“警卫工作必须进一步贯彻党委领导和群众路线,使专门机关的警卫工作和组织群众性的保卫工作密切结合起来”。

1960年8月,市公安局贯彻执行省公安厅发出的《关于改进警卫工作的几点意见》,对警卫范围进行如下调整:中共中央主席、副主席、总书记、总理来合肥视察时,其警卫工作由省厅直接负责实施,市公安局协助;中共中央政治局委员、候补委员,书记处书记、候补书记,中华人民共和国副主席、人大常委会副委员长、国务院副总理、政协副主席、国防委员会主席、邻省省委第一书记和省长等到合肥视察、参观时,由省公安厅和市公安局共同负责各项警卫工作;各国元首和资本主义国家兄弟党领袖、党政代表团及其他大型代表团到合肥视察、参观、访问,由省公安厅负责警卫工作,市公安局协助;外国一般代表团、外国专家、顾问等到合肥视察、参观、访问时,由省公安厅和市公安局共同负责各项警卫工作。

1974年,市公安局执行警卫工作实行“依靠广大人民群众和专门机关相结合”的方针基础上,采取“充分依靠各单位,实行公安干警、民兵、地段群众积极分子三结合”的工作方法。

1981年,市公安局根据省公安厅下发的中共中央改进警卫工作指示,全面落实领导人到公共场所,安全警卫工作要严格遵守有关公园、场所的制度规定;为领导开车的司机要遵守交通规则,防止特权;领导到影剧院看电影(戏),要事前购票,不临时让群众换票、让座等;加强警卫人员政治教育,树立群众观点;加强经常性基础工作,遇有警卫任务,要合理部署警卫力量,做到形式自然,不脱离群众,不影响群众的正常生活和其他活动。

1987年4月,市公安局根据省公安厅下发的改进和加强警卫工作决定的精神,协助省公安厅负责安全保卫省委、省人大、省政协召开的重要会议和重要节日的庆祝活动、重要集会等;大型群众性文娱、体育活动和非营业性展览等活动的安全保卫工作,按照“谁主管,谁负责”的原则,由举办单位负责,市公安局负责检查指导;领导人外出集体活动,由所到单位负责安全工作,市公安局予以指导和协助;领导人单独活动时安全工作由随行秘书、司机和所到单位负责;领导人的居住地安全由居住区公安机关和保卫部门负责。

30 多年来,从未发生重大交通事故。

第四节　警卫任务

首长警卫

首长警卫工作本着"内紧外松"的原则,严把"吃、住、行"三关,做到既方便生活,又确保安全。首长到来之前对住处和活动场所均进行严格安全检查,消除不安全因素,严格食物管理制度,切实保证首长的饮食安全;对可能接触首长的人员进行严格审查,不适合者调离工作。1950～1985 年,先后有周恩来、朱德、毛泽东、刘少奇、叶剑英、刘伯承、彭德怀、贺龙、聂荣臻、邓小平、彭真、陈毅、赵紫阳、胡耀邦、胡启立、乔石、万里、李鹏等党和国家领导人 84 人次到合肥视察。由于采取专门工作与群众路线相结合的工作方法,市公安局每次都顺利地完成了保卫任务。

1986 年,到合肥市检查视察工作的中央领导有国务院副总理万里,全国人大常委会副委员长严济慈、陈丕显,中央书记处书记邓力群等 21 人。市公安机关配合省公安厅完成中央首长随卫任务以及住地外围、参观时的安全保卫工作。省市领导在本市和外出检查工作时随卫任务 56 次。

1988～1989 年,共执行警卫任务 159 次,其中党和国家领导人到合肥视察、检查、指导工作时的驻地和现场警卫 4 次,省市领导外出检查指导工作时的警卫任务 59 次,其他警卫任务 9 次。在执行任务中,本着既要保证安全,又要方便领导联系群众的原则,认真抓好警卫基础工作,及时制订警卫工作实施方案,采取各种防范措施、确保安全。

外宾警卫

新中国成立初期,到合肥市的外宾很少。列入外宾警卫范围的,主要是在皖考察和担负援助任务的苏联专家及少数到皖访问的外宾。担负援助任务的苏联专家大多只是路过合肥或作短暂停留,外宾警卫工作不是很繁重。但 1950～1985 年,先后有 42 个国家和地区的外宾 95 次 783 人到合肥参观、访问、比赛。

1953 年 5 月 4 日,芬兰代表团经合肥参观佛子岭水库,这是市公安局首次协助省公安厅担负外宾警卫工作。市公安局派出 25 名干警负责火车站、胜利路至头道桥沿线的保卫工作。东市、西市 2 个分局负责控制沿途被管制分子和复杂户,并加强外宾在和平剧场看戏的警卫工作。

1957 年 2 月,苏联专家阿尔希波夫等 5 人到合肥参观访问,市公安局组织警力协助省公安厅担负外宾警卫工作,确保苏联专家在合肥期间的安全。9 月,市公安局贯彻执行省公安厅党组制定的外宾、外国专家警卫范围和警卫任务分工的通知精神,制定相应的规定:各国兄弟党的领袖、国际著名人士和以部长级官员为首的各国政府性代表团到合肥,由公安部门负责保卫;文化、艺术、体育等代表团在演出或竞赛时,应采取必要措施,维护秩序,保证安全;商业、贸易、宗教等方面外宾到合肥的保卫工作,由接待单位负责,市公安机关协助。外国专家在合肥工作或参观时,均由接待单位负责安全,市公安局协助。

1959 年 10 月 18 日,秘鲁、尼加拉瓜、玻利维亚、瑞典等国友好人士到合肥参观访问,市公安局先后抽调干警 400 人协助省公安厅担负外宾警卫工作,确保外宾在合肥期间的安全。

1960 年 8 月,市公安局落实省公安厅《关于改进警卫工作的几点意见》相关规定:各国元首和资本主义国家党政代表团及其他大型代表团到合肥视察、参观、访问,市公安局协助省公安厅组织实施警卫工作;外国一般代表团、外国专家、顾问等到合肥参观、访问时,由市公安局和省公安厅共同负责各项警卫工作;专家组长、一般专家、个别身份不高的外宾,在合肥参观、访问、工作时,由接待单位和所到单位负责安全,市公安局协助。

1974 年 7 月 17 日,市公安局完成也门民主人民共和国足球队在合肥访问、比赛期间的安全。

1975 年 5 月 25 日,赤道几内亚马拉特足球队到合肥访问。市公安局负责其参观访问、比赛场所的安全保卫工作。

1976 年,市公安机关完成 9 个国家 105 名外宾到合肥参观访问的安全保卫任务。

1978 年,合肥市对外体育活动频繁,马耳他足球队、刚果足球队、突尼斯男女手球队相继到合肥访问,市公安机关完成其安全保卫任务。

1981 年 3 月,市公安局执行省人民政府批转省公安厅《关于做好外宾警卫工作意见的报告》,调整外宾警卫范围与分工:外国政府副部长级以上官员所率领的各种专业性代表团、外交使团,在合肥举行重要国际会议、国际体育比赛、大型展览会及重要、大型的外国文艺、体育、科学、党派、群众团体、国际知名人士和 50 人以上的旅游团到合肥访问时,由市公安局负责安全保卫工作;低于副部长级的代表团、50 人以下的旅游团以及外国专家,不列入警卫范围,其安全保卫工作由接待单位和接待部门负责,市公安机关协助维持秩序,保证安全。

1985 年 3 月 27 至 31 日,联邦德国下萨克森州州长率领的该州政府代表团一行 40 人到安徽访问。外宾在合肥期间参观了安徽纺织厂、安徽拖拉机厂、省体校、省艺校、安徽大学和常青乡,并到农民家作客访问,市公安局抽调干警担负外宾警卫工作。与此同时,日本久留米市少年合唱团、芬兰代表团也结束在合肥参观访问,安全离开合肥。5 月11 ~ 13 日,以近见敏之市长为团长的日本久留米市友好代表团一行 8 人和久原忠夫为团长的日中友协访华代表团一行 45 人到合肥参观访问。市公安局抽调干警担负外宾警卫工作。

1986 年,到合肥市参观访问、学术交流的外宾有 28 个国家和地区 2402 人,市公安局执行现场警卫任务 184 次,对其中 10 位重要外宾担负随卫任务。

1988 ~ 1989 年,市公安局完成了 60 个国家和地区的国外友好代表团到合肥参观、访问期间的警卫任务 28 批次。

大型活动安保

1949 ~ 1959 年,每逢五一国际劳动节和十一国庆节,合肥市都组织群众举办大型庆祝活动,此类群众性大型集会由早期的几万人发展到后来的十几万人。市公安机关负责安保工作的主要措施是：节日安全宣传教育；进行区域性和全市安全生产大检查，消除隐患；依靠治保会、企事业单位保卫工作组织开展群防群治工作；以治保小组为单位开展巡查工作；组织公安干警担负大型集会场地警戒任务，确保群众性大型集会的安全。

1962年10月1～10日，市公安局广泛进行节日安全宣传教育，组织332个巡逻小组1478名队员开展夜间巡查，组成64个检查组进行区域性安全检查，保证市政府组织的12万人国庆大型集会、游行活动，秩序井然。

1966年8月20日，省、市15万人在省体育场举行庆祝"无产阶级文化大革命"大会，市公安局组织干警参加安全保卫工作。

1969年3月4日，全市20万人群众集会、游行，抗议苏联军队侵犯中国领土珍宝岛，市公检法军管会组织干警加强集会游行的安全保卫工作。

1972年4月下旬，落实五一、五四两个节日安全保卫工作，全市组织公安干警、民兵、治保人员7616人，采取分段负责、划片包干的方法，对车站、码头、旅馆、浴池、医院、粪棚、坑道、空房和重点户先后进行两次治理大清查，查获97名违法犯罪分子，取缔黑店73处，消除节日安全隐患。

1973年，市公安局结合元旦、春节、五一、十一等重大节日与日常治安管理相结合的方法，先后组织公安干警、民兵、治保人员14932人次，对重点地区、要害部位、特种行业和复杂场所进行清查、整治。取缔114处黑店，破获刑事案件24起、治安案件207起，抓获各种违法犯罪分子260名，消除群众性大型集会游行的安全隐患。

1974年12月30日，市公安局精心组织全市12个剧场元旦晚会以及4000名青年火炬接力赛的安全保卫工作。

1976年10月23日，省暨市30万群众在省体育场集会，热烈庆祝粉碎"江青反革命集团"，会后举行游行。全市公安干警参加群众集会游行，并确保其安全保卫工作。

1983年6月29日晚，省体育场举行湖北和安徽足球比赛，看台观众6000多人。赛前，全国足球甲级队合肥赛区组委会针对前几场比赛中出现少数违法青少年在场内燃放鞭炮、起哄的情况，以市公安局名义发布在赛场禁止燃放鞭炮、起哄等事项的规定。正在广播时，少数违法青少年竟无视法规，大放鞭炮，击鼓起哄，谩骂制止执勤民警，甚至向执勤民警扔燃放的鞭炮、砖头等，先后有4名民警被打伤，其中延安路派出所1名执勤民警伤势较重，致使比赛中断几分钟。执行安保任务的市公安局增援警力，采取果断措施，将为首的劳教领回自教人员朱某某、李某、王某、卫某某进行缉拿，当场宣布治安拘留。散场后，合肥玻璃厂知青黄某、吴某某等20多人边骑车边呼喊"打倒老警（民警）"，沿途见到民警就进行谩骂侮辱，市民反响很大。大通路派出所出动警力截获14人带至公安机关审查，将这伙人中4名在赛场砸石头闹事者治安拘留，其他人分别进行法纪教育，交单位处理。

1984年9月29日，省、市在江淮大剧场等11个影剧院召开庆祝国庆35周年晚会；9月30日晚，市府广场、四牌楼、三孝口、南七等10个点举行街头文娱演出；10月1日上午，省手球场举行各界代表8000人参加的庆祝会，晚上，省体育场、市体育场、三里街机场3处燃放焰火，40万人观看焰火绽放，群众性欢庆活动达到高潮。市公安机关除值班外，全警投入节日安保工作。

1985 年春节期间,市文化局举办"庐州大观园"活动。全市除明教寺、逍遥津公园、少年宫、文化宫等 9 个集中活动点外,四区三县还分别进行小型文娱活动。市公安局制定"庐州大观园"活动安全保卫工作实施方案,派出 250 余名干警分头到各个点执勤,安排专用车辆和对讲机,建立信息网络,维持秩序,确保人民群众春节联欢娱乐安全。

1986 年,承担省市领导在合肥市参加集体活动现场保卫工作 253 次,全省性等重要会议保卫工作 62 次,全国重要比赛保卫工作 20 次。

1988～1989 年,承担全国和省在合肥召开的各种重要会议的警卫任务 44 次,全国和全省性的大型体育比赛安保卫任务 15 次,市公安机关组织民警投入各种重要会议和大型体育比赛的安全保卫工作。

1958～1989 年党和国家领导人到合肥视察时市公安局承担警卫工作一览表

表 8－1

时　间	姓　名	时任职务	警卫简况
1952 年 11 月	张治中	国防委员会副主席	协助省公安厅担任警卫任务
1956 年	康克清	全国妇联副主席	市公安局抽调 30 人担任警卫
	傅作义	水利部部长	
1958 年 1 月 5～6 日	周恩来	国务院总理	(参见重要警卫任务选记二)
1958 年 4 月 24～28 日	朱　德	中共中央副主席	朱德一行 15 人于 4 月 24 日由南京来合肥视察,市公安局抽调干警投入警卫任务
1958 年 5 月	刘伯承	中共中央政治局委员、全国人大常委会副委员长、中央军委副主席	/
1958 年 6 月	谭震林	中共中央政治局委员、中共中央书记处书记、国务院副总理	/
1958 年 9 月 16～20 日	毛泽东	中共中央主席、国家主席	(参见重要警卫任务选记一)
	张治中	国防委员会副主席	
	谭震林	中共中央政治局委员、中共中央书记处书记、国务院副总理	
1958 年 10 月 20 日	刘少奇	中共中央副主席	市公安局抽调干警担任刘少奇警卫工作
1958 年 11 月	彭德怀	国务院副总理、国防部部长	/
1958 年 12 月 13～17 日	刘伯承	中华人民共和国元帅	/

续表 8－1

时　间	姓　名	时任职务	警卫简况
1959 年 5 月 23～26 日	聂荣臻	国务院副总理	聂荣臻一行 9 人来肥视察，市公安局抽调干警担任警卫任务
1959 年 10 月 28 日	毛泽东	中共中央主席、国家主席	毛主席视察省委机关钢铁厂、蜀山公社、蜀山化肥厂
1959 年 10 月	谭震林	中共中央政治局委员、中共中央书记处书记、国务院副总理	/
1959 年 11 月 30 日～12 月 3 日	贺　龙	国务院副总理	贺龙、罗荣桓、谭政等首长视察省社会主义建设成就展览会、合肥钢厂等 10 余家单位，市公安局抽调干警担任警卫任务
	罗荣桓	国防委员会副主席	
	谭　政	中央书记处书记	
1960 年 2 月 19～23 日	邓小平	中共中央总书记	邓小平等首长参观省博物馆、省农具改革展览馆、省委机关钢铁厂、安徽大学、合肥工业大学研究陈列室等地，市公安局抽调干警担任警卫任务
	彭　真	全国人大常委会副委员长	
	杨尚昆	中共中央书记处经外书记、中共中央办公厅主任	
	刘澜涛	中共中央书记处书记	
1960 年 4 月	刘伯承	中共中央政治局委员、全国人大常委会副委员长、中央军委副主席	/
1960 年 4 月 19 日	李先念	中共中央政治局委员、国务院副总理	/
1960 年 4 月 22～24 日	柯施庆	中共中央政治局委员、上海市委第一书记	/
1960 年 5 月 9 日	董必武	中华人民共和国副主席	董必武一行先后视察省委机关钢铁厂、合肥综合工厂、合肥特殊钢厂、郊区江淮公社、蜀山公社等地，市公安局抽调干警担任警卫任务
1960 年 5 月 27～29 日	李维汉	全国人大常委会副委员长	市公安局抽调干警担任警卫任务
1960 年 5 月 28～31 日	李雪峰	中共中央书记处书记	/

续表 8－1

时　间	姓　名	时任职务	警卫简况
1960 年 6 月 24～28 日	朱　德	中共中央副主席、全国人大常委会委员长	参观江淮人民公社、起重运输机械厂、省技术革新展览会、公安厅缴获特务空投物资展览、游览董铺水库、逍遥津公园和合肥市等地。市公安局抽调干警担任警卫任务
1960 年 9 月	周恩来	中共中央副主席、国务院总理	/
1960 年 10 月 28～30 日	陈　云	中共中央副主席 国务院副总理	视察合肥市政建设、江淮化肥厂、起重运输机械厂、省博物馆等，市公安局抽调干警担任警卫工作
1960 年 10 月	邓子恢	国务院总理	/
1961 年 2 月	柯施庆	中共中央政治局委员、上海市委第一书记	/
1961 年 9 月 11～18 日	陈叔通	全国人大常委会副委员长	/
1961 年 10 月 30 日～11 月 4 日	陈　毅	国务院副总理、外交部部长	市公安局抽调干警担任警卫任务
1961 年 10 月	柯施庆	中共中央政治局委员、上海市委第一书记	/
1963 年 10 月 16～22 日	陈　毅	国务院副总理	/
1963 年 10 月	朱　德	中共中央副主席 全国人大常委会委员长	/
1964 年 4 月	刘伯承	中共中央政治局委员、全国人大常委会副委员长、中央军委副主席	/
1964 年 7 月	刘少奇	中共中央副主席、全国人大常委会委员长、中华人民共和国主席	/

续表 8－1

时　间	姓　名	时任职务	警卫简况
1965 年 5 月 20 日～6 月 9 日	董必武	中华人民共和国副主席	／
1965 年 11 月中旬	杨秀峰	最高人民法院院长	／
1966 年 4 月 11 日～5 月 7 日	陆定一	国务院副总理	市公安局抽调干警担任警卫任务
1970 年 10 月 23 日	李德生	中共中央政治局候补委员	／
1974 年 1 月 6～11 日	陈永贵	国务院副总理	市公安局抽调干警担任警卫任务
1976 年 11 月 21－23 日	李德生	中共中央政治局委员	／
1978 年 1 月 28～31 日	谷　牧	国务院副总理	／
1978 年 5 月 24～28 日	荣毅仁	全国政协副主席	／
1978 年 6 月 14～20 日	粟　裕	中共中央军委常委	／
1978 年 8 月 8～17 日	江　华	最高人民法院院长	／
1979 年 2 月 1～3 日	王　震	国务院副总理	／
1980 年 6 月 8～23 日	方　毅	国务院副总理	／
1981 年 5 月 13～18 日	陈慕华	国务院副总理	／
1982 年 10 月 26－29 日	胡耀邦	中共中央总书记	市公安局按一级警卫方案，实施各项警卫措施
	胡启立	中共中央书记处书记	
	乔　石	中共中央书记处候补书记	
	郝建秀	中共中央书记处候补书记	
1984 年 8 月 29 日～9 月 7 日	赵紫阳	国务院总理	市公安局按一级警卫方案实施各项警卫措施
1984 年 11 月 20～24 日	胡启立	中共中央书记处书记	市公安局抽调干警担任警卫任务
1985 年 1 月 22～23 日	田纪云	国务院副总理	同上
1985 年 3 月 7～12 日	李　鹏	国务院副总理	／
1985 年 3 月 9～13 日	万　里	国务院副总理	／
1985 年 12 月 20～22 日	彭　真	中共中央政治局常委、全国人大常委会委员长	市公安局抽调干警担任警卫任务

续表 8－1

时　间	姓　名	时任职务	警卫简况
1986 年 6 月 15～22 日	邓力群	中共中央书记处书记	市公安局抽调干警担任警卫任务
1986 年 10 月 26～28 日	万　里	国务院副总理	同上
1986 年 11 月 29 日～12 月 1 日	万　里	中共中央书记处书记	同上
1986 年 12 月 11～22 日	陈丕显	全国人大常委会副委员长	／
1987 年 5 月 15～23 日	谷　牧	国务委员	／
1987 年 9 月 21～27 日	田纪云	国务院副总理	市公安局抽调干警担任警卫任务
1988 年 5 月 6～18 日	乔　石	中共中央政治局常委、中纪委书记	市公安局抽调干警担任警卫任务
1986 年 8 月 14～15 日	王　震	中华人民共和国副主席	市公安局抽调干警担任警卫工作
1989 年 10 月 7 日～10 月 22 日	孙起孟	全国人大常委会副委员长	市公安局抽调干警担任警卫工作
1989 年 10 月 16 日、25 日	宋　平	中共中央政治局常委	市公安局抽调干警担任警卫任务

附：重要警卫任务选记

毛泽东主席视察合肥

1958 年 9 月 16 日，毛泽东主席到合肥等市进行 3 天视察，先后参观了省博物馆、安徽新式农具展览会、省委机关钢铁厂、合肥钢铁厂。19 日，毛主席首次与合肥 10 多万群众见面。19 日清晨，天刚麻麻亮，群众便自发整队来到马路两旁，夹道欢迎敬爱的领袖毛主席。大家忘记天上下着稠密细雨，秩序井然等待着。当毛主席乘坐的敞篷车缓缓经过人群时，万人欢呼雀跃，万人热泪盈眶，万人高呼“毛主席万岁”，欢腾的情感迸发而出，响彻云霄。

在这次警卫工作中，市公安局认真贯彻省委、市委和省公安厅的指示，竭力设法满足领袖接近群众，并将群众希望见到毛主席的殷切期望和热爱领袖的伟大情感结合起来，打破警卫工作神秘观点，走群众路线。如合工大托儿所主任金敏静，平时表现不好，在“整风”中受到批判（非右派）坚决不认错，她去欢迎毛主席回来时说：“过去大家批评我，我认为组织上不相信我，现在我知道组织非常信任我。”她主动写深刻检讨交给党组织，放下了思想包袱，工作积极性大为提高。省委机关钢铁厂职工见到毛主席后，表决心鼓干劲，动脑筋找窍门，第二天每炉产量从 1 吨提高到 1.65 吨，2 座高炉总产量从每天 23 吨提高到 28 吨。商人程善田说：“我看到了毛主席时，心里非常激动。他老人家这次来合肥，真是合肥人一生的幸福，今后我一定要搞好本身工作，改变政治立场，把资产阶级白旗拔掉，插上无产阶级红旗。”

这次警卫工作，市公安局贯彻既要“确保毛主席绝对安全，又要方便领袖接近群众”的警卫工作方针，书记挂帅，全党动员。市委7个主要领导，除1人抓钢铁生产外，6名书记深入警卫指挥点，分片负责。依靠群众，发动群众。这次警卫工作发动、组织党团员、积极分子配合公安机关开展工作。划分地段，分工负责。在10多万群众夹道欢迎毛主席10余华里的沿线，划分10个地段，设立10个指挥点，其负责人均由市委书记、市长和省公安厅领导分别担任；抽调警卫力量充实到各个地段，分工包干。掌握敌情社情，严密控制社会面。全市划分12个警卫区域，组织警卫干部117人配合派出所对地富反坏右和重点嫌疑分子区别对待，严密控制，做到万无一失。

周恩来总理视察合肥

1958年1月5日，国务院总理周恩来乘专机到合肥，次日回京。

在合肥期间，周恩来参观了省农业机械研究所、省博物馆、肥光农业社，在江淮大戏院向省副处级以上党员干部做了《目前世界形势和整风任务的报告》，还观看了黄梅戏、庐剧等。在省委、省政府和市委、市政府的领导下，在省公安厅的指导下，市公安局全力以赴，精心组织部署警卫，确保周恩来总理在合肥期间的安全。

市公安局接到市委、市政府和省公安厅关于周恩来总理到合肥视察做好警卫安全工作通知后，立即成立警卫领导机构，安排干警，按照省公安厅拟定的警卫方案，在参观点、行车路线及周边进行社情摸底；对有历史罪恶又有现行破坏嫌疑的反革命分子及其他坏分子，均予以控制或临时隔离；对拟定参与接待、服务的工作人员进行审查和教育，严密各项安全保卫措施。

周恩来总理乘专机到合肥后，各项活动安排很紧凑。市公安局遵照既保证总理安全，又方便总理接近群众的原则，除江淮大戏院外，没有采取清场、封闭交通等措施。由于组织准备工作充分，总理参观的各活动点没有发生意外。

丹麦王国首相保罗.施吕特到皖访问

1986年3月26～28日，丹麦王国首相保罗.施吕特携夫人一行4人访问安徽。警卫工作从2月份开始准备：1.实地调查研究，合理部署警力。合肥市公安局对省公安厅拟定的外宾行动路线、活动现场实地调查，合理部署警力。2.落实安全检查，排除涉危隐患。3.划分区段负责，分片包干到人。将警卫任务落实到各分(县)局、派出所、武警支队和交警、刑警、消防、治安大队，明确任务，责任到人。仅道路警卫一项，据统计，丹麦王国首相和夫人在合肥市区行车里程103公里，市公安局出动民警和武警官兵，指挥交通，维护秩序，保证外宾车队畅通无阻。

全国农机产品订货会在合肥举行

1980年11月5～15日，全国农机产品订货会在合肥举行，参加订货会有1000多个单位1.1万多人次,参观人员高峰时每天入场3万多人次。市公安保卫部门成立保卫组配合省公安厅,每天抽调150名公安干警参加保卫工作,消防大队派出两辆消防车执勤,交警大队设立3个临时停车处,武警、治安民警昼夜巡逻,看管展销物资,同时还组织干警跟车执勤,加强公共汽车上的治安预防工作。这次大型订货会时间之长,参展单位、出席订货会代表和参观人员之多,为改革开放后合肥首次。订货会期间,没有发生案件和治安问题,确保订货会安全和代表财物的安全。

第九章　道路交通管理

第一节　管理机构

机构沿革

1949 年 2 月,合肥市人民政府公安局下设交通消防队,留用 53 名旧警察,整编成 1 个中队,下辖 4 个班。队领导称队长,队员继续沿用旧称谓"警士"。

1951 年,市公安局成立警察大队,下设交通警察队,队址设在原国民党省会警察局四分局旧址(现江淮大戏院附近),全队 66 人。

1955 年 10 月,警察大队撤销,交警队直属市公安局领导,迁址淮河路 76 号,增编为 83 人。

1958 年年底,交警队增设 29 人的女警班,参加交通管理。女交警班于 1963 年被撤销。

1959 年 1 月,设立交通民警科与交通警察队,为一套班子两块牌子,总人数 160 人。

1960 年 5 月,交通民警科撤销,改为交通民警大队,下设 2 个中队,大队部设秘书组、宣教组、交通管理组。

1965 年,交警大队增编为 182 人。

1969 年,交警大队改为交警队,撤销所属 2 个中队,全队 120 名干警。

1972 年 7 月,恢复交警大队,大队部搬至市工会二楼临时办公。

1978 年,交警大队下设 2 个中队,干警 164 人。1979 年,交警大队 182 人。

1980 年,交警大队增设 1 个中队,大队部设政秘股、宣传股、后勤股、业务股。

1983 年 3 月 20 日,国务院颁布指令:全国 104 个城市的车辆监理工作由公安部门负责。是年 6 月 1 日,合肥市(含郊区)的车辆监理工作划交合肥市公安局,成立合肥市公安车辆管理所,隶属交警大队。至此,交警大队下设 3 个中队、1 个车辆管理所,大队部设政工科、秘书科、宣传科、交管科,全大队干警 202 人。

1985 年,交警大队迁至大西门新建的 6 层办公大楼。所属车管所、中队陆续在铜陵路、合作化路、屯溪路、合瓦路、蜀山路分别建成新办公楼房。

1986 年 11 月 7 日,根据国务院《关于改革道路交通管理体制的通知》,市交通局所属的交通监理处人员编制、房产、场地、设施、装备等全部划归市公安局。

1987 年 11 月 2 日,交警大队升格为交警支队,副县级建制,下设一大队、二大队、三大队、四大队、直属队及车辆管理所、非机动车管理所,支队内设政委办公室、支队办公室、宣传教育科、交管科等 4 个科室。

职能职责

道路交通安全管理部门的职责:依照政策、法律、法规制定合肥市道路交通安全规章制度和交通管理行政法规;城市道路交通标志的规划与设置,整顿市区道路交通秩序,组织开展道路交通安全宣传,对机动车辆进行路检路查、处理各类违章和交通事故;负责对机动车辆的检审、驾驶员培训和年审,以及交通事故的统计报表等。

第二节　交通法规制定

交通法规是国家法律的重要组成部分。新中国成立后,合肥市公安机关依据国家颁发的交通规则,结合合肥市交通管理实际情况,先后制定了一些地方性交通规则。

1949 年 5 月,市公安局认真贯彻皖北行署公安局颁发的《交通管理暂行规则》,针对市区几条大街及交通干道人行道上充斥着卖草摊子、商业摊点,以及在大街小巷横冲直撞的无辫独轮车,经常造成交通堵塞、事故迭出的情况,先后发布《柴草市场布告》《禁止无辫小车入城布告》,按行业规定要求摊贩设点营业,使摊点整齐有序,交通要道秩序井然。

1954 年 10 月 25 日,市人民政府依据国家公安部颁布的《城市陆上交通管理暂行规则》,制定《合肥市非机动车暂行管理办法》,对全市非机动车,即自行车、人力车(平板车、黄包车、三轮车)、兽力车(马车、骡车)进行登记、申请领取牌照,以及对行驶路线、时间、装载货物等都做了具体规定,使各种车辆有章可循。设立交通管理委员会,组织 500 名纠察队员上路执勤,采取报告会、讨论会、黑板报、有线广播、幻灯片、漫画等 20 多种形式,向群众宣传交通规则和交通安全常识。截至年底,共登记自行车 2282 辆、平架车 3960 辆、黄包车 93 辆,同时核发汽车驾驶执照和牌照。依照交通规则,清理妨碍交通的建筑器材、木料、钢筋、砖瓦等 470 多处,将阻碍交通的 551 个流动摊贩固定营业地点,对机动车、非机动车违章肇事分别给予批评警告、悔过、罚款及吊销执照,直至追究刑事责任。

1956 年 3 月,根据中华人民共和国《城市交通规则》,发布《合肥市实施〈城市交通规则〉补充规定》。交警队在广泛宣传教育的同时,组织力量清理摊贩,清除路障,拆除道路旁的违章建筑物,查禁在市区通行的铁轮车和手推独轮车,提高现有道路通行能力。

1964 年 1 月 29 日,合肥市人民委员会第三次会议通过,并报经省人民委员会批准,公布《合肥市〈城市交通规则〉实施细则》。接着,市人民委员会发布《关于取缔公路交通违章,确保行车安全的布告》。交警大队对在交叉路口、车站、码头等交通要道设置建筑物、摆摊设点、破坏安全标志、人行道路,擅自在公路上挖沟疏水、埋设涵管、堆放曝晒物品等阻碍交通的有关单位和群众进行批评教育和治安处罚。

1981 年 6 月 10 日,经合肥市第八届人民代表大会常务委员会第十一次会议批准,颁布《关于城市交通管理暂行规定》,着重强调市区机动车辆的通行,各种车辆载货体积,骑自行车、行人、乘客应遵守的各项规定,以及对发生交通事故的处置办法。

1984 年 4 月 1 日,根据公安部颁发的《城市交通规则》,结合本市道路交通具体情况,市公安局制定的《合肥市道路交通管理办法》正式实施,并确定 4 月份为交通法规宣传月。市公安局组织 390 名干警在长江路、胜利路等 11 条主要路段设立 16 个点,宣传印发 2.3 万份交通新法规。同时,利用报纸、广播进行广泛宣传,派出干警深入车队、工厂、学校、街道进行宣传教育。实行队、校挂钩开展交通秩序宣传工作,二、三中队挂钩市第一小学和第二小学,少先队员“小喇叭”上街宣传交通法规。交警大队还编印《机动车驾驶员安全教育提纲》《车辆进入市区须知》《行人须知》《骑自行车安全教育提纲》《拉平板车安全教育提纲》《教师和家长的安全教育提纲》《农村社员安全教育提纲》。将重大交通事故的现场录像,分发给车管干部、驾驶人员和有关单位进行放映。出动交通安全宣传车 9 辆,沿街走巷 287 次,印发交通事故通报 6800 多份,宣传贯彻交通法规,整顿交通秩序。1984 年,交通事故四项指标(发生次数、死亡人数、受伤人数、经济损失折款数)与 1983 年相比全面下降。

1986 年,继续广泛开展交通安全宣传教育工作,大力宣传交通法规和法律常识。通过新闻媒介、图片、现场录像等多种形式宣传交通法规,使广大群众和驾驶人员提高遵守交通规则的自觉性,全年发放《交通安全简报》20 期 3 万份,插放交通安全电视新闻、报刊刊发新闻稿和照片 492 件;对小学生开展交通安全法规教育,先后利用安全宣传图片、放映电视录像、上课等形式在各小学巡回宣传,使小学生普遍受到交通法规常识的教育;深入车队、厂矿、部队上安全课,结合放映事故现场录像直观视觉教育,受教育人数近 30 万人次。

1988 年 3 月,《中华人民共和国道路交通管理条例》公布后,交警支队进行广泛深入的宣传,制定配套的规章制度,提高人民群众交通安全意识,促进交通管理工作。

第三节　管辖范围

管理区域

新中国成立初期,合肥市交通安全管理主要限于老城区,即现今长江中路附近地区的 4 条街道。20 世纪 50 年代末至 70 年代末,随着城市改造和建设发展,城区范围扩大,交通管理以徽州路、青年路为界,分为东、西两大片,各设一个中队。

1980 年,交通管理范围调整为:南淝河以东的路段为一中队,寿六路口向南的六安路、桐城路以西为二中队,淝河路以西、六安路以东的中间地段为三中队。

1983 ~ 1986 年,交警大(支)队担负城区郊区道路交通管辖范围:东到二十埠,西至与肥西县交界处,南抵巢湖和与肥西交界处,北达与长丰县交界处。

1987 年,交警支队担负城区郊区道路交通管理管辖范围如下:

交警一大队:淝河、张洼路(不含)以东的路段;寿春路桥、淮河路桥的桥面;合裕路、蚌埠路东至肥东交界处;明光路西至张洼路与明光路交叉口(不含路口);胜利路南至长江路桥的北端(不含桥面)。

交警二大队:自寿六路口向南;六安路(含)、桐城路(含)、金寨路的金屯路口以南(不含),合安路(不含)以西的路段;四里河路以西的路段;管理合作化路桥的桥面;合六路西至肥西交界处;合作化路北至合作化路桥的北端;环湖东至长丰交界处;金寨路南至金屯路口(屯溪路北叉道口);长江路东至六安路口;六安路北至寿春路。

交警三大队:淝潭路以西寿春路(不含)以南,六安路(不含)、桐城路(不含)、金寨路的金屯路口以南(含)至合安路(不含)以东的路段;管理长江路桥、芜湖路桥、屯溪路桥的桥面;合安路;青年路南至肥西交界处;芜湖路西至芜桐路口(不含);长江路至六安路口(不含);淮河路、安庆路西至六安路。

交警四大队:张洼路(含)、淝河以西、寿春路(含)以北,亳州路(含)四里河(含)以东的路段,管理小板桥桥面;张洼路、合寿路、阜阳北路北至长丰交界处,濉溪路西至合作化路桥的北端。

交通岗设置

合肥解放后,市公安局在东门大街和几个主要十字街口以及东门外,共设置8道交通岗。

1949年4月21日,市公安局在东门大街主要十字路口和东门外首次设立交通岗10处,全市仅有3个岗棚、30个路标、95盏路灯。

1956年5月,市区除设14道固定岗外,还在车流量较大的主要路段增设6道流动岗。

1959年年初,由于压缩交通民警编制,警力不足,只得撤掉老城区以外交通岗,以致环城路以外一些街道交叉口出现交通失控,事故不断发生。在市第三届人民代表大会上,有40多份代表提案,建议恢复市郊结合部的交通岗点,改善交通混乱现状。市公安局及时采取措施,增加交警编制50人,设置16道固定岗、20道流动岗。

1979年,全市设23道固定岗,在黄山路、合安路、三孝口、范巷口、四牌楼、十字街、小东门、火车站等处设10道副岗,在长江路、淮河路、徽州路等主干道上设置11道流动岗。

1985年,沿用30多年的"一亭一台岗组,责任范围50米"的值勤方式被打破,民警走出岗亭,把管理工作从路口延伸到路面、沿线。高峰时在路口疏导,平峰时进入路段巡逻检查。撤销日勤区辅助民警,部分衔接岗位实行联岗执勤,调整部分固定日勤岗为单人勤岗。实行弹性工作时间,改变以往平均部署警力的做法。各中队建立机动班,专门负责固定岗控制不到的路段、区域。实行岗位承包责任制:一个执勤民警包一条路段,依照执勤民警和路段定执勤方式,定管理重点和考核标准,简称"一包三定"。"一包三定"使职责分明,责任到位,目标确定,有效地发挥交警队伍的管理功能。

1989年,合肥市共设19道固定岗,即大东门岗、明光路岗、大通路岗、铜陵南路岗、小东门岗、延安路桥岗、黄山路岗、范巷口岗、青年路岗、三孝口岗、合安路岗、大西门岗、五里墩岗、南七岗、寿春路岗、双岗岗。在长江路、寿春路、芜湖路等市区主干道设20道流动岗。

第四节 交通秩序整顿

交通流量控制

合肥旧有道路,快慢车混行。新中国成立后,随着人口、车辆的增长以及交通运输事业的发展,市区主干道负载过大,影响交通安全与畅通。1956 年 2 月 1 日,市区 7 辆公共汽车开始运营,线路是火车站至农学院(现安徽农业大学),全长 8 公里。对此,市公安局实行调整、控制市区交通量,均分交通流量的办法,划分平架车、货车的行驶路线及时间,实行人车各行其道,提高道路通行能力。

1956 年 9 月初,合肥市成立整顿城市交通管理委员会,办公室设在市公安局,下设宣传、秘书、检查 3 个组。重点整顿城市道路管理,交通障碍物,机动车、非机动车和行人遵守交通法规,以及公共卫生 4 个方面。12 月 26 日,市整顿城市交通管理委员会下发(56)办字第 12 号《关于调整车辆流动量的通知》:长江路、淮河路两条主要街道除规定车辆(特种车、邮电通讯车、公共汽车、小吉普车、包车、摩托车)行驶外,在每日 6 ~ 22 时内,禁止载重货车和长途客车通行。从此,以上两种车辆原走淮河路的一律走北环城马路,原走长江路的一律走芜湖路行驶。

1964 年,《合肥市城市交通规则实施细则》严格规定,大货车(包括代客车)、拖拉机、兽力车、铁轮车不准行经长江路、淮河路、宿州路、安庆路、六安路和金寨路。特殊情况必须经过上述街道时,应按市公安局指定时间通过。平板车、大板车进入淮河路东段(东至环城路,西到徽州路),宿州路中段(南至四牌楼,北至寿春路口)须凭市公安局发的通行证。

1971 年,市公安局 3 次发出布告重申:拖拉机、柴油三轮车、带拖挂的货车和无市区通行证货车一律不准驶入环城马路以内的道路。凡经批准进入市区的各种车辆,要按规定时间、路线、速度行驶,少量进入市区运肥、送菜拖拉机要经交警大队批准,按指定时间、路线通行。淮河路(大东门—十字街)、宿州路(四牌楼—合肥三中),在 6 ~ 20 时禁止一切大货车通行。长江路(三孝口以东),在 7 ~ 19 时(冬季为 7 ~ 18 时)禁止一切平板车通行。

1974 年,根据《合肥市城市道路交通管理办法》的规定:重新换发市区货运通行证,严禁牲畜和畜力车进入市区。重申大货车(包括吊车、平板车)、大小拖拉机、柴油四轮翻斗车、三轮车、大小板车,未经公安机关批准,不得进入市区。从 4 月起,长江路禁止大货车通行,淮河路实行单向行驶,使市区事故明显下降。

减轻城区交通负荷,提高道路的使用率。1978 年,废除 1964 年 4 月规定的教练车、试车的行驶路线,重新调整路线。试车路线:合裕路、合瓦路,亳州路、濉溪路、合作化路、环城东路、屯溪路(宁国路以东)、青年路。教练车路线:合裕路、青年路、屯溪路、望江路、合作化路、蜀山路、阜阳北路。

1980 年 8 月,调整教练车、试车行驶路线。教练车路线:环湖东路、环湖北路、合裕路、张洼路、阜阳北路(双岗至铝厂)。试车路线:望江路、合作化路、环湖东路、张洼路、发电厂路、屯溪路东段(宁国路以东)、淝河汽车制造厂路(五公里至义兴集)、东流路、合裕路。

利用现有道路,积极搞好人与车、机动车与非机动车的交通分离设施。1956 年年初,在主要干道的交叉路口设置人行横道线,长江路自东环城路至西环城路的交叉路口设置 327 道人行横道线,淮河路自东门口至市人民医院设置 19 道人行横道线,徽州路上设置 10 道人行横道线。接着在长江路、淮河路、胜利路、金寨路、徽州路等主干道上划分快慢车道线,基本上实行人车分离,快慢车道分离,机动车和非机动车分道行驶。

1979 ~ 1985 年,根据城区车辆和交通流量不断增长,而道路条件一时难以改善的情况,按照“交通分流,各行其道”原则,先后在长江路、明光路、金寨路等主要道路施划交通标线,增设机动车道;在四牌楼至范巷口、至市府广场,以至整条长江路安装人行护栏;后又在 10 多条主要道路上设置物体隔离设施,将淮河路、六安路开辟为单向行驶车道,合理使用现有道路。

1981 年,实测长江路 12 小时的机动车交通流量为 2763 辆,非机动车交通流量为 11912 辆。而 1985 年实测长江路 12 小时的机动车交通流量为 7178 辆,非机动车交通流量为 51381 辆,年平均增长率分别为 61.6% 和 62.8%。据 1981 ~ 1985 年 9 月间的统计,全市共发生死伤交通事故 2601 起,死亡 226 人,伤 2381 人,经济损失 115 万元,其中以金寨路、蜀山路等 5 条道路的交通事故最为严重。1981 ~ 1985 年 9 月,这 5 条道路共发生伤人事故 982 起,死人事故 84 起,分别为全市伤人事故及死人事故总数的 41.3% 和 38.2%。

1986 年,市政府根据城市规划先后沟通二环路。新建、拓宽马鞍山路、寿春路、蒙城路、蜀山路、蚌埠路、合作化北路等 5 条干道,维修改造望江西路、合作化南路、桐城南路等 20 多条路面。合肥市政府还采取错开上下班和星期天休息时间,结合工业部门调整和管理体制改革,对上下班距离较远的职工居住点和工作单位进行适当调整和串换等办法,减弱每天交通运输高峰期造成的压力,使高峰期间路上车挤车、车上人挤人的状况有所改善。

1987 年,合肥市(含郊区)增加机动车 4115 辆、非机动车 2 万多辆。主要道路 12 小时交通量平均机动车 5000 辆以上、非机动车 2 万多辆,外地过境机动车 12 小时交通量 4000 辆,与 1986 年相比,人口、车辆和交通量大幅度增长。交通管理警力约占全市人口 2.3‰;管理手段主要采取城区保秩序,郊区压事故,勤务实行点面结合,增加机动车巡片管理,扩大管理范围。全年,交警大队编写《交通安全简报》15 期 3 万多份,印发《交通安全宣传资料》1 ~ 8 期 16 万份,在中央、省、地市级报刊发表稿件 224 篇,拍摄交通专题片《马路战争》一部,宣讲交通法规和交通安全课 52 场,从提高广大驾驶员和群众遵守交通规则和交通秩序的意识上,缓解车流量日益增长的压力。

20 世纪 80 年代后期,合肥市机动车辆增长较快,外地到合肥车辆激增,道路被占现象较为严重,影响道路的通行能力。一是城市个体摊贩占道严重,商业性街道日趋增多,使有的道路已形成封闭、半封闭状态,通行性的道路减少。二是建筑施工占道严重,特别是临街的施工场地,建筑材料堆积在街道上,影响交通。三是市区缺少停车场地,特别是公共建筑停车场地严重不足。如青云楼商场、红旗百货大楼、永达大厦、银河大厦等大型商业服务场所,以及新落成的市人大办公楼、合肥大厦等没有建停车场或停车泊位不够用。全市只有滁州路、三孝口、逍遥津公园门口等几处较大的停车场,但条件简陋,难以满足车辆停车需要。有些道路边设有农贸市场,送货车辆因没有停车场所,只能停存在道路边上,影响正常的交通流量。

1989 年,市区人均占路面面积不足 3 平方米,城市静态交通管理开始引起有关部门重视,在兴建公共建筑过程中,注意或着手配建停车场所,同时整顿清理违章搭棚等建筑,合理规划路边停车,确保道路为交通所用。

重点路段管理

一个城市的交通重点路段,由城区交通主干道和城市交通出入口、城郊交通结合部两部分构成。在交通管理上,其对象、工作方法、管理方式有相同,也有区别。

城区交通主干道　城区交通主干道交通是否畅通,集中反映一个城市的交通状况,它是一个标志,也是衡量一个城市管理者的水准,同样也反映一个城市居民的文明素质。

新中国成立初期,合肥市改造和建设不能适应人口、机动车、非机动车辆的增长速度。据 1954 年 3 月统计,全市 17 万多人口,拥有 616 辆机动车、4981 辆非机动车,与 1949 年 3 月同期相比,人口增加 3 倍,机动车增加 4.5 倍,非机动车增加 5 倍。市区没有新增主干道,合肥解放前留下的东大街、后大街两条主干道,被众多摊点骑街就市占用,影响交通。十字路口机动车和非机动车流量较大,每小时经过各种车辆 770 部,其中机动车 40 辆,经常发生交通阻塞。为此,市公安局将主要交通警力和整治交通秩序的重点放在东大街、后大街两条主干道,压降交通事故发生,确保正常交通运转。

1958～1977 年,随着城市规模不断扩大,市公安局将主要交通警力和整治交通秩序的重点改为胜利路、淮河路、长江路、明光路等主干道。

1978 年,根据市区车流量变化,交通整治重点由原有主干道,扩展到金寨路、蚌埠路、蜀山路、合安路等 12 条主干道(含主干道沿线 81 个公共汽车站、57 个交通路口)。交通警力除正常执勤岗位、路段外,还组织小分队对重点地段加强整顿。

1979 年 5 月 10 日下午 3 时许,日本乒乓球领队、顾问和相关人员一行分乘 2 辆上海牌轿车,由逍遥津公园前往安徽针织厂参观。当车由明光路转至和平路时,碰上合肥市运输公司第五汽车队司机赵立华驾驶却贝尔牌汽车迎面而来,在两车快要交会时,前面同方向一辆自行车突然拐弯,赵立即刹车。因赵驾驶的却贝尔牌汽车刚冲洗过,左轮毂进水,影响刹车片摩擦力,致使汽车冲到左边人行道上,撞倒两棵树后才停下,险些造成与外宾车辆相撞的重大事故。针对交通事故猛涨势头,8 月、9 月全市开展交通秩序大整顿。8 月 7 日,市委、市革委会召开整顿全市交通秩序动员大会,市委书记到会讲话,会上决定成立整顿全市交通秩序领导小组,办公室设在市公安局。运用各种宣传工具进行交通安全宣传教育;突出重点,整治人、车各行其道;重在严格执行交通法规,加大处罚力度。

1980 年,交警大队对重点路段管理实行包干责任制。一中队:负责胜利路、蚌埠路;二中队:负责长江路自六安路以西,金寨路南至稻香楼;三中队:负责长江路西自六安路口,徽州路南至庐江路口。通过包干责任制的落实,基本上达到无机动车和非机动车乱停乱放,人与车各行其道。道路和人行道路上无摊位摆设,初步实现道路无障碍,违章不过岗。三孝口、范巷口、四牌楼3个岗位做到行人、车辆听从信号指挥。

1982年,市公安局认真贯彻执行市政府颁发的《关于城市交通管理暂行规定》,结合“文明礼貌月”活动,以治“乱”为中心,整顿“脏、乱、差”,大力整治市区重点路段,即对市区长江路、金寨路等14条道路“一条线”,和三孝口路口、四牌楼路口等13个“点”的交通整治。

1984年3月,市公安局根据《合肥市道路交通管理办法》,集中整顿胜利路、明光路、蚌埠路、和平路、长江路、徽州路、淮河路、阜阳路、金寨路、芜湖路、濉溪路等11条道路的交通秩序,设立16个执法点。大力宣传《合肥市道路交通管理办法》。交警大队派出干警深入车队、街道、学校、工矿企业,广泛宣传,报纸、电视台等新闻媒体积极配合,大造声势,受教育人员达20万人次;许多学校组织学生小分队上街宣传,做到人人知晓。切实纠正各种违章。交警在纠正各种违章过程中,让违章驾驶员参与其中,通过“身教”让违章驾驶员得到遵守交通法规的“心得”;交警大队先后出动干警和执勤驾驶员2.7万多人次,检查和纠正机动车、非机动车各种违章14680辆(人)次,扣证261本,罚款1.9万多元。通过集中整顿,交通事故下降显著。1984年全市发生交通事故433起,伤279人,死亡41人,直接经济损失31.4万元,事故四项指标与1983年相比,分别下降21.2%、24.6%、21.6%和21%。

1985年2月11日,市公安局开展“交通宣传周”活动,出动300多名干警和2台宣传车,在全市主要交通干道宣传交通法规,清理路障,维护交通秩序。市公安局领导以身作则,带头上街宣传,带头上岗执勤,带头检查纠正违章,发现问题,及时整改;协助交警的干警划分片包干,责任到人,严格管理,文明执法。

1986年5月,全市开展“交通安全月”活动,集中整顿城区交通主干道秩序。一中队重点整顿“二岗三路”,即大东门岗、明光路岗和胜利路、明光路、蚌埠路,解决乱停乱放、双人骑车、人货混载、交通阻塞等问题;二中队重点整顿“三路三问题”,即金寨路违章摊点问题,长江路西段机动车、非机动车和行人各行其道问题,六安路违章建筑难点问题;三中队将长江路、阜阳路、宿州路作为整顿重点,针对宿州路从南到北自行车一大片、小板车摊点一长串问题,派专人在此路段上查处违章、清除摊点、疏通道路、制止自行车乱停放现象。交警大队还组织21个交通检查小组,动用12部机动车,在全市主干道上查违章、压降事故。

1988年9月,贯彻《中华人民共和国道路交通管理条例》,开展整顿道路交通秩序。市政府成立合肥市整顿道路交通秩序指挥部,由市长担任指挥长,副市长和市政府副秘书长及市建委、公安局、工商局等单位负责同志担任副指挥长,各区区长为指挥部成员,在交警支队设办公室,从公安局、规划局、城管局、工商局抽人集中办公。东市、西市、中市也成立相应指挥机构。集中整顿市区15条主干道和7个地段的交通秩序。东市区5条主干道和2个地段,即胜利路、和平路、铜陵路、明光路中段、蚌埠路西段和火车站、汽车站;西市区4条主干道和1个地段,即芜湖路、青年路、马鞍山路、金寨路和南七地区;中市区7条主干道和4个地段,即长江路、徽州路、金寨路、阜阳路、濉溪路、蒙城路和范巷口、鼓楼、四牌楼、三孝口地段。通过为期半年的整顿,至1989年3月份,基本做到"五无一通",即无乱摆摊点,无乱搭乱建,无乱停乱放,无乱倒乱堆,无乱写乱贴,机动车、非机动车和行人各行其道,城市道路清洁卫生,畅通有序。

城郊交通出入口　城市交通出入口和城郊交通结合部,是城市交通向内导流、向外辐射的咽喉,向来是城市交通重点路段之一。

新中国成立初期,合肥城市出入口,只有合浦(合肥—南京)、合六(合肥—六安)、合安(合肥—安庆)东、西、南3条公路。

1955~1958年,合肥城市出入口增加合巢(合肥—巢湖)、合淮(合肥—淮南)、合芜(合肥—芜湖)、合青、合双5条路线,城市交通出入口畅通无阻。

1963、1975、1980、1986年开通一环西线,构成一环线畅通,又兴建开通二环路。城市交通出入口阻塞问题由此得到缓解,但城郊交通接合部人车混行,乱设摊点,违章堆放建筑物垃圾、商品等现象仍旧突出。

1977年,全市发生40起重大交通事故,其中35起发生在城郊交通接合部。对此,市公安局、交通局联合在城郊出入口主干道合安路(姚公庙)、合六路(十里村)、合浦路(东七里站)、合裕路(老肉联厂)、合寿路(舒大郢)设立车辆检查站,专门检查出入合肥市区的机动车辆,纠正违章,督促驾驶员安全行驶。发现机件失灵、设备不全、危及安全的车辆,责令就地修复或不准进入市区等。后远郊车辆检查站移交交通局管理。交警大队在近郊青年路电池厂附近、合淮路、东七里站,合裕路与屯溪路口、西五里墩、南七等地设立交通警察检查站,印发《车辆进入市区须知》给过往驾驶人员;出动4辆警车,在城郊接合部流动检查,清除路障,整修交通标志,整治交通秩序。据统计,1978年,在城郊接合部各出入口主干道上,纠正各类违章2万多人次,批评、教育违章1.7万多人次,罚款2000人次。

1984年3月,开展城郊交通大整顿。整顿的主要内容是检查车况、压高速、纠违章。交警大队机关干警承包合安路等3条城郊接合部出入口主干道,各中队负责所辖城郊接合部出入口主干道的整顿。仅2个月,在城郊接合部各出入口主干道纠正各类违章7000多起,压降交通事故发生数量19%。是年,城郊接合部各出入口主干道未发生交通死亡事故。

1985年,城郊接合部各出入口主干道白天12小时,机动车交通流量3476台,占全市机动车保有量的1/3以上。由于通往外地的合寿、合安、合六、合浦、合裕等城郊接合部出入口主干道路况不佳,交通阻塞现象时有发生。1989年,拓宽蚌埠路、改造金寨路等举措,提高了城郊出入口通行能力。

文明执勤

合肥解放至新中国成立初期,市公安局对接收旧警察(时称警士)和新招收道路安全管理的警士文明执勤纳入日常管理之中,并作为区别、衡量新旧警察的一个标准。

20世纪50年代至60年代,结合市委、市政府开展的各项工作,市公安局对交通警察能否做到文明执勤,作为衡量交通警察是否做到为民服务、执法为民的政治标准,作为道路安全管理基层单位和交通民警立功受奖的重要标尺之一。

1973年春,交警大队制定《交通执勤民警十条规定》。交通民警执勤时,着装整洁、思想集中,指挥准确、迅速,处理违章坚持以理待人,以理服人;发生交通事故,保护肇事现场,迅速抢救伤者,并上报派人现场勘查处理。

1977年,市公安局交警部门制定《关于开展社会主义劳动竞赛的实施计划》,中队、业务股、班组、岗亭之间开展"七赛七比"劳动竞赛活动,即赛学习、比方向;赛团结、比班子;赛队伍、比作风;赛协作、比风格;赛管理、比质量;赛措施、比落实;赛干劲、比贡献。先进个人和岗亭以党支部为单位按月评选公布,先进班组季度评比,先进中队、业务股半年初评,年终总评。

1979年,市公安局交警部门制定《关于对交通干警实施奖惩暂行办法》,对积极参加政治、业务学习,坚持纠正违章先敬礼,以理待人,包干段内无责任事故,无摊贩和障碍物,无乱停乱放车辆,无违章过岗,不酒后上岗,不徇私情的干警,分别评一、二、三等奖。对无故脱岗、缺岗,执勤不按规定着装,岗亭内带人,酒后执勤,发生岗点事故等情况者,给予批评,有的还要给予扣发工资;对玩忽职守,造成后果者,还要给予党纪、政纪处分,直至依法处理。至1981年,市公安局交警部门通过奖惩暂行办法,从严治警,落实文明执勤,逐步树立起交警为人民管理交通的思想,推动城市道路交通安全管理工作。

1982年,结合公安系统开展"文明礼貌月"活动,在落实文明执勤过程中,交警部门集中解决交通安全管理上存在的"脏、乱、差"问题。

搞好环境卫生,解决一个"脏"字。火车站至稻香楼一条街的岗亭、护栏、指挥台、红绿灯、交通标志油漆一新,经常维修和清扫,所有值勤岗亭保持玻璃清晰,地板清洁卫生;大、中队办公室做到"四净"(地面、墙壁、桌椅、门窗洁净);干警住宅内外,保持清洁卫生;整顿警容风纪,全队干警着装整洁,举止端正,不准留长发和胡子。

搞好交通管理,解决一个"乱"字。重点抓好火车站至稻香楼文明街的秩序,做到人车各行其道,无乱停乱放,无违章过岗,一切车辆听从指挥,力争这条文明街在"文明礼貌月"活动中,不发生死亡事故;整设交通设施,安装徽州路北段护栏,以便人车隔离、通行顺畅;全体交通干警积极投入整顿交通秩序活动,大、中队干部坚持上路面执勤;每天出动5部车辆进行巡回检查,宣传交通安全,纠正各种交通违章。

搞好优质服务,解决一个"差"字。开展热爱祖国、热爱社会主义、热爱党的"三热爱"活动,发扬公安机关的优良传统和作风;纠正违章先敬礼后讲话,喊话时要称同志,"请"字当头,不讲"脏粗"话;接待工作、处理问题,说话和气,礼貌待人;搞好优质服务,执勤时指挥准确迅速,无违章过岗,无岗点责任事故发生;各中队开展文明班、岗,"优胜循环红旗"竞赛活动。

1984年,联系交通安全管理实际,市公安局交警部门制定《创建文明单位的措施》《岗位责任制考核记分试行办法》,推行、落实岗位责任制。是年,交警大队荣立集体二等功。

1985～1989年,市公安局交警部门开展争当"优秀交通民警"、争创"文明岗"活动,大队设立监督电话,发动车辆单位、驾驶人员和人民群众对交通管理工作提出批评、建议;实行公示制度,将推荐优秀交通民警、文明岗活动置于人民群众监督之下。

第五节　交通设施管理

交通信号

新中国成立初期,交通民警坐岗指挥,手工操作,依靠耳闻目睹管理交通的方式沿袭近30年。

1949年3月,交通岗亭设施和装备十分简陋,交警消防队的警士指挥交通信号,主要是红、绿旗,用铁皮做的喇叭喊话,在东门大街和几个主要十字路口指挥过往车辆。

1952年年初,取消红、绿旗,改为手势指挥交通。

1956年7月15日,取消手势指挥交通,改为木质指挥棒指挥交通。

1966年8月25日,市公安局在全警开展"文化大革命"动员大会上宣布:交警在指挥车辆时,一律不用指挥棒,改为手势指挥交通。

1977年3月5日,市公安局又将手势指挥交通改为指挥棒指挥交通。

1979年,在三孝口、范巷口、合安路、四牌楼、十字街、黄山路、老马路、长淮路等9处主要交叉路口,开始陆续采用广州研制的周期信号自动指挥机,实行信号灯指挥。六安路、小东门、北门大桥、火车站、胜利路桥、延安路东头等6处,使用手控信号指挥交通。

1983年,在三孝口、四牌楼等6处交通主干道十字路口安装自动感应信号灯指挥交通。

1984年年底,在省科委、省建委和市城建指挥部的支持下,合肥市彩色闭路电视监视控制系统一期工程全线开通并投入使用。

1986年9月,交警大队与中国科技大学共同研制成功新型交通信号灯和控制机,装置在新建成的马鞍山路与长江路交叉口投入使用。这组交通信号灯,整个壳体采用抗老化性能的聚碳酸酯塑料,可以沿安装轴360度旋转,适用不同方向,其光强度达到国际规定的技术指标。

1988年,合肥市六安路、小东门等18个道路交叉口,全部安装自动感应式信号灯。是年初,交警支队花费200万元购置无线电台17部(包括车台)、手持对讲机180部,配微机2台、彩色闭路电视监视一套(包括20台20寸彩色电视机、22只摄像机镜头和固定录放机),组成支队、中队、分队、临时指挥调度点四级通讯指挥网络,将全市道路分成"三个层次",即市区中心、二环路以内、进出市区外围道路,实行"三个结合",即上下结合、内外结合、重点路段和全市交通结合,以此根据现场交通实际情况,适时调整警力部署,指挥车辆分时、分段、分流,改道通行。

1989年,开通市府广场和东市区9个闭路电视监视点。交警支队自行研制的数字交通指挥仪在三孝口等10多个繁华交叉口安装试运行。这种交通指挥仪在本省首次使用,它的最大特点是计数时自动显示,每当显示器上从20秒倒数到0时,信号灯自动变换灯的颜色(红、绿)。机动车辆和行人接近路口时,能根据自动显示器上的数字,提前做好停驶或启行的准备,消除人们紧张等心理压力,避免发生交通事故,也能减轻交警工作强度。数字交通指挥仪的使用,显示合肥市交通管理较早地步入现代化、自动化、数字化时代。

交通标志

合肥解放初期至20世纪70年代末,合肥市道路建设缓慢,除胜利路外,均为混合交通道路。机动车辆分流和机动车辆、非机动车辆、行人各行其道采用油漆施划路面、标线,交通标志少,简陋。

1980～1985年,先后在明光路、大东门、十字街、阜阳南路、范巷口、三孝口、六安南路、双岗、寿春路等10道岗,以及四牌楼至范巷口、范巷口至市政府广场两个路段,安装人行护栏。在明光路北至小板桥、南至和平路,长江路东自小东门、西至三孝口,阜阳南路南自淮河路、北至双岗,芜湖路东自大桥、西至金寨路口,共安装10公里隔离带。市区和城郊增设装置各类交通标志、宣传牌300多块。火车站至稻香楼一条线(金寨路北段除外)保持际线清晰。

明光路为市二环交通主干道,北段有火车站4个货场和一些单位仓库,各种车辆行人混行,交通事故频发。1984年7月,交警大队在明光路北段安装物体隔离桩2000多米,交通秩序明显好转。8月27日,市政府在明光路北段,就整顿交通秩序、加强交通管理召开现场会。市委副书记丁之出席现场会,要求有关单位尽快在明光路全线安装物体隔离桩,这是合肥市首次采取物体隔离桩实行车辆分流,并在全市推广。

1986年,对原来在长江路、明光路、阜阳路的快慢车道安装的隔离链条进行重新更换、调整,设置栏杆9135米,增设长江路西段和徽州路南段隔离墩分隔道路装置2000米,对双岗、大钟楼增设人行护栏300多米,在新建的寿春路、蒙城路、马鞍山路预埋分车道路预制块2280块。

1988年,在寿春路、蒙城路、马鞍山路的5处道口全部埋设地下管道,安装应用计算机控制交通信号灯,把民警从岗亭中解放出来。对寿春路、蒙城路采取悬挂新式鼓面玻璃钢型标牌42件,同时安装闭路电视监控系统和一台控制线路的铺设;在长江路、徽州路实行“三禁”规定,安置“禁鸣喇叭”“注意行人”“分道路行驶”标志44件;在长江路、徽州路等市区主干道安装人行护栏2136米;在长江路、徽州路、芜湖路、阜阳路、明光路、蜀山路等铺设快、慢车道物体分隔带18075米;在市区25条道路上安置各类交通标志232块。

1989年,在蜀山路上的二里街口、明光路上的小板桥、五里墩西、合作化路南边、工艺美术厂门口、明光路南桥、机场路口、省体育场西侧、屯溪路东侧等处设置“交通事故多发地段”警告标志;在城郊出入口及稻香楼等处设置6处大型交通宣传牌;整修全市交通设施,洗刷、油漆市区6条主干道上交通隔离墩3321个;规划道路标线10万米;油漆岗亭20个;安装更新交通标志100多块;在长江路两侧安装人行护栏5285米,改善长江路道路条件。

第六节　车辆管理

车辆监理机构

1950年3月20日和7月15日，中央政务院（今国务院）、交通部分别颁发《汽车管理暂行办法》《汽车管理暂行办法实施细则》。至此，全国建立统一的车辆监理制度。是年8月，皖北公路局将局交通科及科属监理股人员“合二为一”，临时成立皖北地区合肥车辆监理所，负责皖北地区机动车及驾驶员的检审工作。

1951年，皖北公路局在合肥成立车辆监理所，举办皖北地区汽车与驾驶员换照工作，换发检验合格各类车牌号152辆。

1952年9月，皖北公路局合肥车辆监理所改为安徽省合肥车辆监理所，统辖合肥市、安庆市、淮南市及安庆专区13县（增领：铜陵县、贵池县、青阳县、至德县、东流县）、六安专区7县（增领：肥西县）。与此同时，安徽省蚌埠车辆监理所撤销，所属人员、业务并归安徽省合肥车辆监理所。合肥车辆监理所增辖蚌埠及蚌埠专区16县、阜阳专区10县，监理业务不变。

1958年2月，安徽省合肥车辆监理所改称为安徽省交通厅合肥车辆监理所，划归安徽省交通厅淮南公路运输管理局，与其局路政科合并办公。

1959年3月，合肥车辆监理所隶属安徽省交通厅直属汽车运输管理局领导，监理辖区业务不变。

1961年，安庆、淮南、六安相继成立车辆监理所，合肥车辆监理所仅辖合肥市监理业务。

1962年，省交通厅通知撤销安庆、淮南、六安、徽州、马鞍山、宿县、铜陵、阜阳等地市车辆监理所，保留合肥、芜湖、蚌埠三地的车辆监理所，并接受划分撤销区域监理业务。是年，省交通厅公路局通知，原巢湖地区及肥东、长丰等县监理业务划归合肥车辆监理所管辖。

1969年，合肥车辆监理所改为江淮地区车船监理所。

1971年，恢复合肥地区车辆监理所。

1980年4月5日，安徽省革命委员会交通局合肥地区车辆监理所的业务划归省交通局公路工程处领导，行政关系仍隶属合肥市交通局。与此同时，合肥市公路管理站路政股所属人员及业务并归合肥地区车辆监理所，统一负责辖区机动车辆技术检验，驾驶员技术考核，核发机动车行车牌证、驾驶员执照，路政管理，公路行车查验，安全监督，处理交通事故，征收养路费等工作。

1981年5月23日，安徽省车辆监理权下放至各地、市。安徽省革命委员会交通厅合肥地区车辆监理所编制18人，直属合肥市交通局。监理业务受省交通厅监督，同时路政人员及业务回归合肥市公路管理站。6月16日，安徽省革命委员会交通局合肥地区车辆监理所改称为安徽省交通厅合肥地区车辆监理所。

1983年3月20日,国务院指令:全国105个城市车辆监理工作由公安部门负责。6月1日,合肥市(含郊区)车辆技术检验,驾驶员技术考核,核发机动车行车牌证、驾驶员执照工作划归合肥市公安局,成立合肥市公安局车辆监理所。从交通部门接收车辆档案11395份、驾驶员档案13778份。合肥市车辆监理所业务领辖长丰县车辆监理站。7月1日,肥东县、肥西县车辆监理站业务划归合肥市车辆监理所。

1985年2月4日,合肥市公路交通管理体制改革,实行监理、路政、运管"三位一体"制,合肥市车辆监理所撤销,成立安徽省交通厅合肥市交通监理处。合肥市车辆监理所所属人员、业务并入合肥市交通监理处。交通监理处人员编制106人,其中监理18人,直属合肥市交通局,业务受省交通监理局监督,统辖肥东、肥西、长丰3个县交通监理所,原业务不变。

1986年10月,国务院下达《关于改革道路交通管理体制的通知》,通知指出,全国城乡道路交通由公安机关负责统一管理。

1987年11月7日,合肥市交通监理处成建制划入合肥市公安局,组建成合肥市公安局车辆管理所,简称"车管所"。

车辆检验审核

新中国成立以后,车辆检审内容分为五个方面:

1. 机动车辆分类:(1)大型汽车:载重两吨和两吨以上的各种汽车;(2)小型汽车:载重两吨以下的各种汽车;(3)二轮、三轮机动车:摩托车、后三轮车;(4)轮式拖拉机:方向盘式、可扶式;(5)电车:有轨电车、无轨电车。

2. 车辆登记、检验:(1)新车入户。必须具有发票、合格证,并进行严格的技术检验,方向、制动、灯光、音响、发动机等符合技术要求方准入户。(2)车辆过户与转籍。在辖区内,车辆的有偿转让或无偿调拨为过户。有偿转让需要发票和双方介绍信。无偿调拨凭主管部门文件和介绍信更改行车证。本辖区内车辆卖给或调拨外地为转籍,除需要有转让手续外,还需检验车辆,交回号牌、行车证、转移档案,发给临时号牌。(3)车辆报废。车辆行驶50万公里,大修三次以上;老旧进口汽车无配件的;修车费达到购车费50%的;耗油超过20%的;符合以上报废条件之一的。经核验为报废车辆,需填写三式10张表,收缴牌证。报废车辆送物资回收公司部门,领取报废单,封闭档案。(4)车辆改造型号。车辆在改造改型前要检验是否符合技术和改造改型价值,凡符合的,1～2个总成由车管所批准,3个以上的报省公安厅批准。凡是国内在生产的车辆,一般不允许改造改型。

3. 车辆年度检查。合肥市历年来车辆检验工作,由东、西、南、北4个分片区设检查组,负责指导和办理具体工作。有车队组织的单位均有领导干部参加负责,吸收安全干部等有关人员组成检验小组,协助片区搞好互检互审工作。

4. 车辆年检重点内容:发动机、底盘(包括传动系、驾驶系、传向系、制动系)、车身电器设备等。一个部位不合格,不准行驶。检验合格的车辆要填写年度检验表,签发行车证。不合格的车辆或超过缓审期一年的,要办复检手续,未经过年审的车辆不准行驶。

5. 机动车检验标准：(1)发动机部分：容易发动，运转正常，无异响，不漏油、漏水、漏气、漏电，起动机、发动机、发电机工作正常，机油滤清器、空气滤清器、加机油孔盖、水箱盖齐全，消声器作用良好。发动机各部位应保持清洁。(2)传动部分：各部总成作用正常，安装牢靠，不松框，无异响。(3)转向部分：方向盘(摩托车把)要灵活、平稳、不跑偏，左右旋转松动位置，一般应在36度以内，如有特殊情况最大不得超过60度，转向臂、横、直拉杆球头及转向节主销，必须保持完好和紧密适度，无松框现象，并保持润滑良好。(4)制动部分：脚制动器要灵敏可靠，不漏油、漏气。刹车一脚有效，刹车轻重均不跑偏，急刹车时反应要快，各轮均应有拖印。手刹车在20%坡度上能停住或一挡起不来步，锁销作用良好。(5)灯光部分：必须有大小灯(包括远、近灯光)、方向灯、尾灯、牌照灯、刹车灯、仪表灯。(6)车身设备部分：车身周正，颜色整洁。大小货车、挂车、三轮车、油罐车、冷藏车，均要在车厢后栏板或尾部用白漆喷本车号牌放大字样，车门两边要喷单位简称(保密单位喷公开名称)，驾驶室视线良好，挡风玻璃不眩目，雨刷器、反照镜、电喇叭等各种仪表齐全有效。车门开关灵活可靠，车架及前后横梁无变形、无断裂现象。左右弹簧或钢板的弹力，长短要一致，前轮不准使用外包内垫车胎。(7)挂车部分：车身、底盘各部位应牢固可靠，连接装置后部应有缓冲设备，挂钩(包括铁锁)、转盘及主销应坚固、灵活、润滑良好，主挂车之间要有安全防护弹簧、钢丝，挂车前后轮之间要安装安全防护罩，并安装主车、挂车同时有效的制动器，在挂车车厢四拐漆刷有红、白间隔颜色四道以作标记(长30厘米，高10厘米)。(8)油罐车：要有接地车链条，灭火设备、排气管应改装到前端(保险杠下面)，排气口要倾斜向下，并在车头右前方挂黄色三角旗，旗上写“危险品”三字为标志。

1983年6月1日，合肥市(含郊区)的车辆监理工作划交合肥市公安局，成立合肥市公安车辆管理所，隶属交警大队。1984年，车管所变管理为服务，年审车辆时上门车检。市汽车运输公司客车队、公交公司白天忙于营运，年审组就组织人员、设备集中连续几个晚上为其检验车辆。在运输单位实行车辆承包责任制以及个体专业运输户日趋增多的情况下，有的驾驶员，特别是个体专业运输户，“要钱不要法”“要钱不要规矩”“要钱不要年审”“凑合运输”思想严重，一些车辆年久失修，等等，对此，车管所采取切实措施，严格控制破旧车辆上路运行。该报废的坚决报废，该修复的坚决令其停驶修复。同时，把好旧车检验、转户过户关，不合格车辆不予办理手续，以保证上路行驶车辆的完好率。

1985年，车辆年检以自检为主，市组织检查验收，10台车以上单位可分两批进行。省、市党政机关主要负责同志专用车车况较好的，由单位自检；报经办公室批准，免于检验，在行驶证检验栏内盖“免检”章；自检车辆单位切实加强对免检车辆保养维护，确保设备齐全、完好有效。汽车挂车和小四轮翻斗车核发统一的号牌和行驶证。各类挂车检验不合格的，主车不予检验。各类货车、大客车必须按规定喷写“合肥”字样和单位名称，个体(联户)车辆应喷上车主所在乡名和“个体”或“联户”字样。大小客车均要安装灭火器。车辆行驶证的各项记录与现状不符的，未经批准，擅自改装、改型拼装的车辆查明情况后，按章办理，报废车辆不予检验。

1986年，检验机动车辆10944台、挂车707台，办理缓检325台，不予检验4台。

1987年8月1日至11月30日，市公安局对机动车进行年度检审。检验机动车辆

11278 台,占全市机动车总数的 82%,机动车检验合格率 97.2%,是合肥市历年合格率最高的一年。办理机动车报废 565 台,限定 1988 年报废的 670 台;协助办理保险 10720 台机动车;全年办理自行车打钢印 2.5 万辆。

1989 年,全市年审机动车 24892 台,占应审车辆总数的 91.7%,报废车辆 156 台。

车辆环境保护

改革开放之前,城市机动车辆拥有量较少,机动车辆的尾气污染和噪音没有提到议事日程上。20 世纪 80 年代始,随着人民群众物质文化生活水平提高,逐渐认识到车辆环保管理的重要性,也逐渐纳入政府日常管理之中。

1979 年 7 月 1 日,国家标准总局发布《机动车辆噪声(试行)标准》,该标准是城市机动车辆噪声检查的依据。

机动车辆噪声(试行)标准一览表

表 9－1 dB(A)

	车辆种类	标准 1	标准 2
载重汽车	8 吨载重量 15 吨	92	89
	3.5 吨载重量 8 吨	90	86
	载重量 3.5 吨	89	84
	轻型越野汽车	89	84
公共汽车	4 吨总重量 11 吨	89	86
	总重量 4 吨以下	88	83
其他	AD 轿车	84	82
	摩托车	90	84
	轮式拖拉机(功率在 80 马以下)	91	86

注:1. 1985 年 1 月 1 日前生产的机动车辆应符合标准 1。
2. 1985 年 1 月 1 日后生产的机动车辆应符合标准 2。

1980 年 5 月,对市区各种机动车辆在行驶时产生噪声进行检测,发现长江路、金寨路、濉溪路、环城路等处车辆噪声均超过 80 分贝。据市公安局、市环境保护局(简称"市环保局")等部门联合测试,市环境噪声 70% 来源于机动车辆行驶时产生的噪声。

1982 年 7 月 4 日,市公安局、市环保局发出《关于减少市内交通噪声的通知》要求:各种机动车辆在市区禁止使用高音喇叭,现有各种机动车辆要摘除高音喇叭。警备车、消防车、救护车和工程抢险车的警报器,在执行任务时使用。各种机动车辆必须安装消声器。三轮柴油车噪声大、废气多、污染严重,应安装消声器或取缔使用。各种载重货车,未经交通民警大队批准不得在市区主要街道上行驶。南环城路过往货运车辆,噪声影响省委机关日常办公和省立医院病人休息。12 月,交警大队发出通告,不准拖拉机、柴油三轮车和柴油翻斗车通行；在进入南环城路东侧的路口，设置感光路标，禁止鸣高音、怪声、连续声的喇叭，夜间21点后禁止各种车辆通行。

1986～1989年，先后在长江路、徽州路、寿春路、蒙城路部分路段禁止机动车辆乱鸣高音、怪声、连续声的喇叭，还规定大小拖拉机、柴油三轮车和柴油翻斗车等不准进入一环以内。1986～1989年，交警支队查处因噪声扰民的违禁车辆283台，警告、罚款或劝阻教育287人（次）。

1988年，市公安局、市环保局根据《中华人民共和国大气污染防治法》的有关规定，对机动车辆排气管理做出如下规定：凡在本市行驶的一切车辆，其排放废气必须符合国家规定的《汽油车怠速污染的排放标准》（GB—3842—83）和《柴油车自由加速烟度排放标准》（GB—3843—83）以及《汽车柴油车怠速污染的排放标准》（GB—3842—83）。凡新购或外地迁入的机动车（包括国产和进口的新旧车）需在本市申领牌照的，必须经过排气检测。经检测不符合国家标准的，不予核发牌照。凡在本市生产、装配、改装、大修及组装的国产或进口车辆，必须经排气检测，符合国家标准方可出厂。将机动车排气纳入车辆年检项目，符合国家排气标准的车辆才可办理年检。合肥市环境监测站负责对全市行驶机动车辆排气检测和监督，并随时对行驶车辆进行抽检。在用车经检测其排气超过国家标准的，按照《中华人民共和国大气污染防治法》《中华人民共和国道路交通管理条例》以及本市的有关规定处理，并责成车辆所属单位限期管理。经限期治理后，其排气仍无法达到国家标准的，禁止在本市道路上行驶。1988～1989年，交警支队车管所检测机动车排气超过国家标准、禁止上路行驶的机动车153辆。

1989年，经对全市31条马路的交通噪音测定，其交通噪音为70.9dB（A），超过国家规定的70dB（A）。1991年，通过城市环境综合整治，全市主要道路交通噪音下降为69.6dB（A）。

第七节　驾驶员管理

驾驶员培训

新中国成立后，车辆监理机构培训考核驾驶员主要有两种方法：一是车辆单位自训，监理部门审查考核，发给驾驶证；二是由监理部门举办驾驶员培训班。

车辆监理部门对报考驾驶员的资格进行审查，以政治、年龄、身体健康状况等为基本条件，符合者准予报考；报考合格后，准予领取学习驾驶证，转入实习驾驶员。单位自训的学员，经资格审查合格后，由教练员签名包教，核发学员证。

小型汽车、方向盘式三轮车、拖拉机学习期、实习期各4个月，交通规则和机械常识60分及格；手扶二轮拖拉机学习期2个月，三轮学习期3个月，交通规则和机械常识60分及格；大货车学习期、实习期各6个月，交通规则和机械常识70分及格；大客车学习期、实习期各8个月，交通规则和机械常识80分及格。

学习驾驶员在教练员的辅导下,按指定时间、路线实习驾车,车身前后悬挂“教练车”标志,车上不准带人或运载危险物品。学习驾驶员经过车辆监理部门测试交通规则、机械常识、桩考和路考合格后,在学习证上签章转入实习。实习期满后由单位做出政治、技术鉴定,由车辆监理部门核发驾驶证。

以上培训驾驶员的内容、途径等方式方法,受计划经济的约束,车辆单位以运代训、单人培训驾驶员的模式一直延续至 1983 年年底。

1984 年,根据《合肥市城市道路交通管理办法》关于“机动车驾驶员必须参加公安机关组织的技术培训”的规定,市公安局举办机动车驾驶员培训队。至 1985 年 6 月,市公安局举办 5 期机动车驾驶员培训班,培训驾驶员 550 名。

随着改革开放不断深入发展,个体运输户和私人拥有机动车辆不断扩大,市公安局机动车驾驶员培训队难以满足报考机动车驾驶员日益增长的需求。市公安局联合合肥炮兵技术学院、市交通局等单位举办驾驶员培训队。1986 年,全市举办驾驶员培训班 9 期,培训学员 3850 人,其中学习转实习的 2760 人,实习转正式拿到驾驶证的 1844 人。同时,军证换地方证 537 人。

1987 年 5 月,交警支队设立驾驶员培训中心。该中心拥有培训场地及 25 辆教练车,是年招收驾驶员学员 172 人。

1989 年,全市举办长、短期驾驶员培训班 21 期,培训驾驶员 5600 人,发学习驾驶证 7132 人,转实习驾驶证 6138 人,转入正式驾驶证的 4134 人。

驾驶员审验

新中国成立初期,合肥地区审验驾驶员,主要按车辆单位所在地区分片进行。领取学习、实习驾驶证的,只参加学习考核,不参加审验和体检。驾驶员在审验期间,交通法规和安全知识的学习不少于 32 小时,学习结束后进行考试,连考两次不及格的,集中在车管所补考。劳动模范、单位安全标兵以及 50 万公里以上或 20 年以上无责任事故者,审验栏内加盖“光荣免审”章,填入驾驶员档案。

1980 年,对全市驾驶员实行“交通违章高分试行办法”。年审期间,驾驶员到省、市以外工作,短时间回不来的由车辆单位报年审办公室批准,可委托当地车管所代为检审。对无故不参加检审的,收回车辆牌证,注销驾驶证。对驾驶员年审要求:主要是进行技术教育、驾驶作风及职业道德教育、身体素质的检查。年审合格的,由年审组填写年审表,签发驾驶证;并对 2 年年审间隔期发生较大事故的驾驶员进行考试。凡被依法判处管制、拘役、徒刑和劳教处理的,肇事逃跑、隐瞒事故不报或伪造现场,持有驾驶证但无驾驶档案或通过不正当手段骗取驾驶证的,持有驾驶证 2 年以上未驾驶车辆和未审验的,一律不予年审。一年内发生 2 次以上严重违章责任事故的,扣证 1 年以上,复试交通规则和路考,2 次不及格的吊销驾驶证。

1982 年 6 月,交警大队举办违章肇事驾驶人员学习班,参加学习的驾驶员 619 人,其中撞翻车辆的 21 人,酒后开车的 22 人,交无证人员开车的 4 人,发生事故自行处理的 4 人以及其他各类违章肇事的 568 人。

1984 年,对 1.18 万多名机动车驾驶员进行检验签证,对不合格的 76 人重新复试。从参加复试驾驶员来看:年轻驾驶员占的比重大,缺乏驾驶经验;技术素质不高,对车辆机械原理和性能不懂;对安全行车重视不够。是年,车管所对91名违章驾驶员组织集中学习。帮助肇事驾驶人员在违章事故中吸取教训,熟悉交通规则,提高驾驶技术,改进驾驶作风,主要是复试交通规则;对酒后开车、交无证人员开车、违章肇事自行处理及两年来未参加年审的驾驶员,进行路桩复试。

1986年,检审驾驶员12955人,办理缓检448人,不予审理7人;评选优秀驾驶员449人、先进集体48个,对262名违章肇事驾驶员举办一次性安全教育学习和学、术、科考试。

1987年,市公安局举办两期共120人参加的驾驶教练短期培训班,当年招收驾驶学员5200人。8月1日至11月30日,对机动车、驾驶员进行年度检审,检审驾驶员19341人,占全市驾驶员总数90.6%。

1988年,车辆管理所设立车辆检测站,简称"车检站",车辆和驾驶员审验工作可在车检站内集中进行,改变过去年审组织数百人分片审验的传统做法。市体检站派出医生到车检站为驾驶员体检;对驾驶员除分片组集中学习交通法规和安全行车知识外,车况检测和驾驶员体检均在站内进行,年审时间由以往半年时间缩短为2个月。

1989年,车管所审验驾驶员36121人,占应验总数的93.1%;举办3期214名违章肇事驾驶员参加的学习班。

驾驶员自检

驾驶员安全自检,相对于集中驾驶员到车管所审验的情况而言,最大的优势和好处是节约社会资源和方便管理。

驾驶员安全自检组织始建于1957年,是由市各车辆单位按车辆多少、分布区域组织的驾驶员群众性组织,一般由车辆单位安全部门负责。车队或有10辆车以上的单位单独设立自检组。

驾驶员安全自检组织,日常分地区划片开展活动。各自检组每月举办两次"安全活动日"活动,交流安全行车经验,学习交通法规在实践中的运用及体会,检查违章肇事等情况。同时,每年事故多发季节,在驾驶员中开展安全月或"百日行车无事故"活动。各车辆单位平时注意抓驾驶员的政治素质教育和业务素质教育。

政治素质教育。经常组织驾驶员学习交通法规和《治安管理处罚条例》等有关规定,加强驾驶员责任感和事业心,遵守职业道德,讲究精神文明,培育好的驾驶作风,自觉服从交通管理人员指挥。做到不违章行车,不违章操作,不违章停车,严禁酒后驾车和私自将车借给他人,做好出车前、停车中、收车后的检查工作。规定每周六下午为学习日,对因事外出不能参加学习的,须事先请假,事后补课。

业务素质教育。加强行车技术培训,利用各种机会,采取多种形式加强培训和实地练兵,添置安全设备,保持车况良好。1986年,合肥建材一厂拥有67辆汽车,对驾驶员管理和交通安全实行目标管理责任制。该厂每月召开1次安全活动会议,组织安全科管理人员、驾驶员学习交通法规,总结交流安全行车经验;检查车况,发现事故苗头及时整改;邀请交警民警播映交通安全录像,提高驾驶员交通安全意识;车队配备安全员、调度员、车辆检修技术员;制定安全行车规约,不准开"病"车、不准酒后开车、不准开"英雄"车、不得私自动用车辆、不得擅自在厂外停车过夜;对遵章守纪和违反规章行车实行奖惩,做到有章可循,违章必究。该厂驾驶员伊华全牢固树立“安全第一”的思想,安全行车15年,被评为公司安全生产标兵。至1989年,该厂连续4年未发生重大伤亡事故。市公安局在全市推广合肥建材一厂切实有效的管理经验。

1989年,全市驾驶员安全自检组织1635家,拥有机动车辆近3万辆,大的自检组织有合肥市长途汽车运输公司、江淮汽车厂、合钢公司等。

1953～1989年合肥市车辆、驾驶员统计表

表9－2　　　　单位:辆

年份	大货车	小货车	大客车	小客车	特种车	三轮汽车	摩托车	简易机动车	拖拉车	轻骑摩托车	合计	驾驶员(人)	自行车(万辆)
1953	319		22	0	16						377	512	
1954	392		22	51	21						486	778	
1955	535		39	62	25						661	906	
1956	735	34	51	71	37						928	1962	
1957	735	34	51	71	37						928	2546	
1958	1168	34	97	11	60	1					1371	3026	
1959	1730		121	8	62	8					1929	3559	
1960	998		100	20	62	32			21		1233	2441	
1961	1272	6	105	27	81	79					1570	3252	
1962	1218	141	85	27	41	87					1599	3672	
1963	1017	13	130	25	47	65					1321	2049	
1964	1161		158	10	95	79					1503	2259	
1965	1244		182		120	113					1659	2438	2
1966	1520	18	196		140	140					2014	2893	
1967	1580	23	201		145	140					2089	3293	
1968	1656		213		150	140					2159	3652	

续表9－2　单位:辆

年份	大货车	小货车	大客车	小客车	特种车	三轮汽车	摩托车	简易机动车	拖拉车	轻骑摩托车	合计	驾驶员	自行车(万辆)
1969	1815	7	225		155	140					2342	4036	
1970	1840	5	225		156	143	92		111		2572	3075	
1971	2076	136	213	13	139	97	104	85	96		2959	3655	
1972	2534	148	251	15	148	100	116	101	120		3413	5565	
1973	2520	144	476	289	148	140	57		100		3874	4974	
1974	2134		498	195	157	348	117		291		4366	6095	7.5
1975	2500	449	655	448	179	381	125		360		5097	6598	8.9
1976	3275		688	600	207	384	137		448		5739	7398	9.6
1977	3346	386	606	892	54	95	141	170	515		6205	8210	10.79
1978	4286	73	634	1146	92	186	87	265	615		7384	9018	11.4
1979	4320	107	638	1448	101	229	142	148	458		7591	9456	12.51
1980	4640	137	642	1330	125	284	182	148	492		8480	10921	13.13
1981	4804	142	718	1563	176	54	523	115	522		8617	12037	13.81
1982	5319	135	860	1804	264	54	628	197	540		9801	13450	22.29
1983	3862	187	762	1474	318	5	724	170	330		7833	11113	23.37
1984	5008	107	1040	2165	140	20	828	170	225	334	10037	12249	25.22
1985	5924	674	1126	3030	247	935	676	204	267	391	12799	14088	26.3
1986	4701	993	1193	3273	96		1337	156	406			36.2	
1987	2735	1266	1292	3889	371	599	1759	173	417	1130	16651		38.66
1988	7207	1818	1346	4456	500		2309		434	1947	20017	25748	42.2
1989	6771	2143	1380	4723	640	357	3812		159	1905	21890		44.9

第八节　交通事故预防处理

事故预防

1951年8月，市公安局遵照中央公安部颁发的《城市陆上交通管理暂行规定》，编印交通管理宣传要点、幻灯片，动员637名交通纠察人员配合交通警察、公安部队，对全市交通秩序进行整顿。

1952年，合肥市建立24个安全小组。安全小组运用汽车违章典型事例，通过全市驾驶人员会议，做安全分析教育报告。通过宣传教育，行人一般能够在人行道上行走，车辆能够靠右侧行驶，摊贩基本遵照在指定的地区营业，缓解车、马、行人拥挤的状况，便利各种车辆安全通行，减少车祸事故。

1957～1960年，全市先后召开基干群众会1046次，印发宣传纸质材料25万份，张贴布告3万多张，标语7000多条，播放交通安全幻灯片1067场次，受教育人数70多万人次。同时，在火车站、汽车站、轮船码头、百货大楼及城郊接合部出入路口，设置广播宣传站64处，对过往群众讲解交通安全知识。通过教育，1960年年底，市区机动车辆交通事故减少1/3。

1964年，《合肥市城市交通规则》公布实施，合肥市公安局采取多种形式，开展声势浩大的交通安全宣传活动。1月20日、27日，召开全市车辆单位和各单位负责人会议，强调交通安全重要意义，提出具体要求。1月30日，配合工商行政管理局召开全市商贩会议，要求他们在指定地点规范经营，严格遵守交通规则。交警、派出所民警到各小学开展交通安全知识教育，并组织年龄较大的学生上街呼喊交通安全口号。2～3月，在各电影院放映安全知识幻灯片。宣传车天天上路宣传，重点停放在影剧院等娱乐场所和行人集中地讲解交通常识。每个交通民警在值勤时，利用喇叭筒、扩音器向行人进行宣传。派出所民警向居民群众宣传交通安全，印发宣传单12万份，张贴布告1万多张、标语400多条，播放交通安全幻灯片69场次，受教育人数20多万人次。对城郊接合部、厂矿等单位下发3.6万多份宣传材料。在公共场所张贴交通安全宣传标语、漫画。使交通安全知识家喻户晓，深入人心。

1977年，全市先后召开700多家车辆单位及邻近8县市在合肥搞平板车运输的单位班组长以上人员现场会、郊区公社和街道负责人干部会、工商系统和中小学等单位的交通安全教育会等160多场，受教育驾驶员、平板车工人近3万人，职工、居民和青少年学生20多万人。印发交通安全宣传材料15.4万份、宣传卡片10万张，出动3辆广播宣传车在郊区、市区进行宣传。是年，全市开展群众性交通秩序大整顿，开展查领导、查制度、查纪律、查隐患的“四查”活动。各区组织力量，实行“以块为主，分片包干”的方法，加强路面交通管理。根据交通高峰情况，每天早上6～8时，中午11～12时，下午17～19时，各区均动员1300～1500名非生产人员、机关干部、居民积极分子、待分配学生配合交通民警整顿交通秩序。纠正机动车辆、非机动车和行人违章 73510 车(人)次,其中罚款 472 人,批评教育 3071 人次。

1983 年,在全市交通安全表彰大会上,有 42 家运输单位、299 名驾驶员受到表彰奖励。合肥市自来水公司车队连续 25 年安全行车无事故;省医疗器材厂驾驶员赵荣发驾驶 34 年,安全行车 104 万公里。在驾驶员群体中树立先进标杆,号召全市驾驶员向表彰单位和个人学习其遵守交通法规、过硬的驾驶技术和好的驾驶作风,预防和减少交通事故发生。

1985~1986 年,市交警大队组织干警到机关、学校、企业等单位,上交通安全教育课、放映交通安全知识及交通事故录像 300 多场。重点抓机动车、非机动车、行人各行其道,分道行驶。对机动车、非机动车、行人的违章进行纠正和处罚,及时处理交通事故。

1987 年 10 月,由市交通协会牵头,在全市开展交通竞赛评比活动,有 16 家交通安全先进单位和 289 名交通安全先进个人受到表彰。

1987 年,全市注册自行车 38.6 万辆。市公安局将自行车整治办公室扩编为"非机动车管理所",负责全市自行车注册与管理。重点整治自行车带人、自行车与机动车抢道、自行车在快车道行驶等问题。1989 年,在长江路、淮河路和 50 多个集贸市场、大型商场、影剧院以及主干道两侧划设自行车停放点,派专人管理,较好地解决自行车乱停乱放问题,保持城市交通道路畅通。

1988~1989 年,交警支队组织干警到机关、学校、工厂企业等单位,上交通安全教育课 913 场次,放映交通安全知识和交通事故警示录像 1038 场,受教育人数 20 多万人。在硬件上,重点抓好机动车辆、非机动车和行人各行其道,规划单行线、禁行线,合理使用道路等。

事故处理

事故处理法律依据　新中国成立以后,对交通事故的处理逐步走上规范化、法律化。车辆发生交通事故时,驾驶人员必须立即停车抢救伤者,保护现场,并及时报告当地公安机关或公路交通管理机关处理;对发生事故畏罪潜逃或伪造现场者、纵容驾驶员违章行车造成事故的人员,均区别情节,给予纪律或刑事处分,并酌情赔偿经济损失;对蓄意破坏交通秩序、制造交通事故的,坚决予以打击处理。发生重大事故,负相关责任的领导亲自检查处理,写出事故报告。

1964 年,市公安局根据《合肥市城市交通规则》,制定《合肥市交通事故现场勘查和处理办法的规定》,就现场勘查的组织领导、具体步骤、勘查和测绘的方法、分析事故原因、责任鉴定和善后处理事故的报告等进行明确规定。

"文化大革命"期间,合肥市交通安全管理行之有效的规章制度名存实亡。

1981 年,合肥市人民政府制定《关于城市交通管理暂行规定》,重申对交通事故现场勘查和处理的规定。

1984 年,合肥市人民政府批准执行《合肥市城市道路交通违章处罚暂行规定》,对违章处罚规定为警告、罚款、治安拘留、吊扣驾驶证、吊销驾驶证、没收违章物资等 6 类,规定行人和乘车人违章、行驶非机动车违章,机动车驾驶员违章、擅自占用和掘动道路违章等处罚标准。

1987年8月21日,最高人民法院、最高人民检察院发出《关于严格依法处理道路交通肇事案件的通知》,市公安局交警支队认真贯彻执行"通知"精神,对从事交通运输人员或非交通运输人员,违反道路交通规章制度发生重大事故者,在具体分析事故发生主客观原因基础上,对于构成交通肇事罪,应负事故主要或全部责任的肇事者,依法予以追究刑事责任。

交通违章和事故分类标准 1955年,根据颁布的《合肥市城市交通规则》,市公安局交警大队制定《交通违章分类与处理》,将违章分为一般违章和严重违章两大类。1984年,根据公安部、交通部颁布的《城市和公路交通管理规则》,市公安局交警大队制定并报经市政府批准执行《合肥市城市道路交通违章处罚暂行规定》,将道路交通事故分为四大类:

1. 轻微事故:凡一次造成轻伤1～2人;或直接经济损失,机动车事故损失折款200元以下、非机动车事故损失折款50元以下的事故。

2. 一般事故:凡一次造成重伤1～2人或轻伤3人及3人以上,或直接经济损失,机动车事故损失折款200元及200元以上至5000元以下,非机动车事故损失折款50元及50元以上的事故。

3. 重大事故:凡一次造成死亡1～2人或重伤3～10人,或直接经济损失折款500元及5000元以上至10000元以下,或虽未造成人身伤亡,但危及副部长级以上干部、政府邀请的外宾、知名人士的安全,政治影响坏的事故。

4. 特大事故:凡一次造成死亡3人及3人以上或重伤11人及11人以上,或死亡1人,同时重伤8人及8人以上,或死亡2人,同时重伤5人及5人以上,或造成重要首长、外宾人身伤亡,政治影响大的事故。

交通事故处理情况 合肥市公安交通管理机关先后设置业务股、交管股、交通管理科等处理事故的专门机构,负责处理在合肥市境内发生的重大和特大交通事故。支队下设的4个队均配备2～3名干警,专门处理本队辖区内发生的轻微和一般事故。对违反交通管理行为的处罚,一般由交警支队、中队依法裁决。对交通事故坚持以法定责、以责论处的原则。对违章肇事造成严重后果的,除赔偿部分经济损失外,构成交通肇事罪,应负事故主要或全部责任的肇事者,则按照《刑法》第113条规定,处3年以下有期徒刑或者拘役,情节特别恶劣的,处3年以上7年以下有期徒刑。非交通运输人员犯前款罪的,依照前款规定处罚。对肇事逃跑、酒后驾车、无照驾驶、盗开汽车造成重大伤亡事故者,则依法从重处罚。

1978年,发生死亡事故的40名驾驶员中依法判刑6人,扣证、记证、交单位处理的25人。

1981～1985年9月,全市发生死伤交通事故2601起,其中死亡226人,伤2375人,经济损失115万元。交通事故造成人员伤亡和重大财产损失,人民群众呼唤着依法整治交通肇事者。如1983年,发生交通肇事逃跑5起全部破获,对肇事逃跑者均给予严惩。

1985年5月,合肥市交警大队根据安徽省人民政府颁发的《关于安徽省道路交通事故处理暂行办法》,确定几种类型的交通事故责任裁定原则,对违反各行其道发生的事故、非司机驾驶机动车事故、酒后驾车事故、各种车辆违章行驶事故、违章占用道路事故、自行车违章事故、乘车人违章事故等,准确地划分各自应负的责任及其处理办法。在处理交通事故中,办案人员要认真细致地勘查现场,及时准确地分析鉴定事故责任。1985 年,全市发生交通肇事潜逃案件 9 起,及时查破 8 起,破案率达 88%。

1950~1989 年合肥市交通事故统计表

表 9-3

年　份	起　数	伤人数	死亡人数	损失折款(元)
1950	43	16	3	
1951	19	7	1	
1952	59	34	2	旧币 1500 万元
1953	116	79	1	
1955	262	151	2	217.25
1956	113	64	8	2461
1957	49	16	4	1010.94
1958	167	103	18	34709
1959	93	49	24	7118
1960	121	74	26	7854 元
1961	113	129	24	25256
1962	69	72	5	9761
1963	56	33	14	299
1965	71	55	8	5929
1966	33	42	4	
1970	154	138	22	20340
1976	333	297	40	82810
1977	388	303	41	296220
1978	471	380	41	
1979	607	421	59	313940
1980	626	410	42	223890
1981	605	371	39	231180
1982	505	404	40	281140
1983	554	370	52	394043
1984	433	279	41	314221
1985	414	260	54	132750

续表9－3

年　份	起　数	伤人数	死亡人数	损失折款(元)
1986	545	314	69	310750
1987	580	374	80	477030
1988	703	462	115	451095
1989	639	407	96	655417

附:交通事故特征及分析

交通事故特征　新中国成立初期,全市交通事故较少,1950～1952年,每年发生交通事故40余起左右。1953～1956年,交通事故逐年上升,每年120～340起。

1957年,由于加强了市政道路的改造和建设,加强了交通安全教育和路面管理工作,交通事故明显减少,全年发生交通事故49起,伤19人,死亡4人,经济损失1000多元。

1958～1970年,交通事故总的趋势是两头高、中间低。1958年,全市(含巢县、肥东、肥西3个县)发生交通事故167起,死亡18人,伤103人。1965年,发生交通事故70起,死8人,伤54人。1970年,市区发生交通事故154起,死亡22人,伤138人。

1971～1977年,交通事故平均每年递增19.6%。1977年发生交通事故389起,死40人,伤303人,经济损失18万元。

1981年,通过宣传和贯彻市政府颁发的《关于城市交通管理暂行规定》,大力进行交通秩序整顿,交通事故有所下降。是年,发生交通事故605起,伤371人,死39人。与1980年相比,事故起数、伤人数和死亡人数分别下降3.4%、9.6%和7.2%。

1981～1989年,虽然车辆急剧增长,但由于采取强化交通管理等措施,使道路交通秩序一直处于较稳定状态,全市万台车事故率除个别年份有所上升外,其余年份均有不同程度的下降。1989年,全市发生交通事故639起,死96人,伤407人,经济损失65.5万元,与1988年相比,万台车事故率、死、伤人数均有下降。

交通事故分析　机动车事故占较大比例。1950～1952年,全市发生交通事故126起,其中机动车肇事占60%,公共汽车肇事29起。1957～1960年,发生交通事故430起,其中机动车肇事191起,占事故总数的44.4%。1982年,合肥地区驾驶员在本地(包括长丰县)和外地共发生交通事故661起,造成死亡71人、重伤312人,直接经济损失46万元。平均每百台车发生事故9起,每百名驾驶员中发生事故6.2起。有少数单位机动车肇事现象尤为严重,如合肥汽车运输公司三队,仅62台车83人,一年内发生交通事故29起,死亡6人,经济损失2.5万元。市公共汽车公司240台车,全年发生事故132起,死亡7人,伤140余人,平均1.82台车发生一起事故,1.72台车伤1人。1986年,全市共发生交通事故545起,死亡69人。其中机动车肇事531起,造成68人死亡,分别占总数的97.4%和98.6%。1987年,全市发生交通事故造成80人死亡,其中机动车事故造成79人死亡,占总数的98.8%。

自行车肇事较为突出。随着城乡经济发展,自行车急剧增多,因此所造成的事故日趋严重。据统计,1953～1955年,全市发生交通事故732起,其中自行车肇事401起,占事故总数的56%。1981年,全市发生交通事故死亡39人,其中骑自行车肇事的就有24人,占死亡总人数的61.5%。行人被自行车撞死4人,受轻伤者371人。1983年,发生自行车交通事故235起,伤237人,死41人,分别占全年总数的42.5%、61%和86%。其中骑车人负主要责任的就有32人。1986年,自行车事故造成36人死亡,194人受伤。1987年,自行车事故死亡的80人中,骑自行车的有39人,203人受伤,分别占总数的49%和54%。

违章肇事严重。1977年,机动车违章行驶以无"三证"、超员、违章装载、拖车带人、开"病车"、酒后开车、超速行驶、闯红灯、乱停乱放等造成的交通事故最多。1978年2月24日晚,市第二轻工业局一名驾驶员酒后开车,在长江路把一名在慢车道上骑自行车的人撞死。5月5日下午,市电信局一名驾驶员开一辆制动失灵的汽车在二轮窑厂门口压死2人、撞伤3人。1982年12月10日晚,合肥柴油机厂金工车间二队队长刘某某叫修理工吴某某无证开车去火车站接人,汽车在回厂途中将郊区一社员撞伤。1986年,机动车发生的交通事故有531起,其中因各种违章而肇事的就有427起,占机动车事故总数的80%。1987年9月20日晚,省公路局劳动服务公司驾驶员薛某酒后驾车行至亳州路交叉口时,将车驶至路左边,连续撞倒4人,1人当场死亡。

行人违章酿成的交通事故也时常发生。1977年,发生14起涉及行人的交通事故。有11起是发生在机动车道上,其中有相当一部分是在汽车临近时,突然横穿马路被车撞死或压死的。1986年,因交通事故而死亡的69人中,有26人是行人,1987年有25名行人死于车轮之下。

第十章 消防管理

第一节 管理机构

机构沿革

1949年1月21日合肥解放后,人民公安机关接管国民党省会警察局消防队,成立合肥市人民政府公安局消防队,旧警察局消防队警士全部留用。后经整顿选留15人,并增选10人充实进消防队伍。

1952年3月,市公安局成立警察大队,消防队属警察大队领导,编制30人,消防队干部1人、警士29人。1953年10月,警察大队撤销,消防队直属市公安局治安科管辖,编制32人。1956年,消防队新建1个分队,增编15人。

1958年年底,消防队改为消防大队,大队部内设办公室和防火、战训、后勤3个组,在长江路、望江路、铜陵路、濉溪路各建1个中队,共有干警217人。

1959年1月,市公安局设立消防科,消防大队从治安科划出,与消防科一套班子两块牌子。

1965年5月1日起,消防大队除干部外,一律转为义务兵役制。

1969年,消防大队改为消防连,由市警备区代管,下设4个排、5个执勤点以及防火组,编制165人,实有人数142人。

1971年12月,消防连归属市公安局领导,在原有编制基础上,增设1个战斗班、1个驾驶班,增编23人,实有人数165人。

1974年9月,根据公安部关于恢复消防工作八项规定,消防连改为消防大队,隶属市公安局管辖,编制206人,下辖4个中队和防火、战训、后勤、政秘股。1980年,消防大队在蜀山路西段新组建消防第五中队。

1983年7月,消防、内卫边防民警合并,消防大队划归武警合肥市支队领导,同时消防大队改为消防科。

1986年1月22日,根据省公安厅(86)第249号文件精神,合肥市成立消防支队,对内称合肥市公安局消防处,内设战训、政秘、防火、装备、后勤4个科及5个消防中队。10月,消防支队办公地址迁至桐城路。

1988年1月,在骆岗机场增设消防中队,编制32人。该中队除消防职责外,同时具有反劫机职责，配备反劫机装备。

1989 年，建立特勤中队，编制 29 人，增设建审科，在长丰、肥东、肥西 3 个县和东市、西市、中市、郊区 4 个区公安局（分局）设立消防科。是年，消防支队下设政治处、防火、战训、后勤、建审等 5 个科处、7 个中队（不含县）。

1989 年消防支队所属中队一览表

表 10－1

名　称	驻　地	防　区	人数
一中队	铜陵路 58 号	明光路以东	43
二中队	中市区芜湖路中段	老城区	40
三中队	望江路中段	老城区以南	53
四中队	濉溪路中段	老城区以北	45
五中队	蜀山路西段	老城区以西	44
机场中队	骆岗机场	机场内部	32
特勤中队	桐城路	特种火灾	29

职能职责

消防大队是依法实施消防监督的执行机关，其主要职责：依法实施消防监督，审查各单位的防火制度、措施和防火技术规范，审查批准建筑防火设计，宣传防火常识，指导消防组织业务训练，统一指挥和组织火场扑救，开展防火安全检查，查处火灾隐患和火灾事故等。

第二节　民间消防组织

企业专职消防队

1958 年，合肥市重要工厂、大型仓库设企业专职消防队。企业消防队在本单位保卫部门领导下，受市公安局消防大队、经保科业务指导。

1973 年，经过整顿，确定 8 个企业专职消防队，队员 94 人，消防车 15 辆。1989 年底，全市企业专职消防队发展到 15 个，队员 345 人，消防车 18 辆。

1989 年合肥市企业专职消防队一览表

表 10 - 2

单　位	人　数	消 防 装 备
合肥化肥厂	15	干粉车、泡沫消防车二氧化碳车各 1 辆
合肥石油站	132	泡沫消防车 1 辆
合钢公司	19	水罐车 3 辆、轻便消防车 1 辆
合肥棉麻公司	8	水罐车 1 辆、消防泵 2 台、灭火器 300 多只
合肥纺织工业公司	20	水罐车、轻便消防车各 1 辆
合肥储运公司	11	水罐车 1 辆
淝河汽车制造厂	8	水罐车 1 辆
合肥自行车厂	16	水罐车 1 辆
合肥电冰箱厂	10	水罐车 1 辆
江淮化肥厂	16	消防泵 1 台
合肥化肥厂	12	消防泵 1 台
合肥铝厂	12	消防泵 1 台
郊区农机站	54	消防泵 3 台
三五二处	8	东风干粉车 1 辆
合肥科学分院	4	水罐车、轻便干粉车各 1 辆

群众义务消防队

1949 年 3 ~ 4 月，国民党军队飞机 3 次投弹，引起民房着火，群众自发地组织起来扑灭大火，减少损失。据此，菜市派出所在全市率先组织成立 324 人的义务消防队。市公安局推广这一做法，在全市 9 个派出所均组建义务消防队。各派出所辖区设若干义务消防分队，各分队设打水组、担水组、杆梯组、拆火组、担架组、医务组等。群众集资添置土水龙、梯子、火钩、消防桶等消防工具。至 9 月底，义务消防队员发展到 6925 人，群众集资添置 4 部土水龙、7 把火钩、3 架梯子、20 余担水桶。

1952 年，以分局为单位设立义务消防中队，派出所设分队，户口段组成消防小组，全市有 3 个中队 14 个分队，队员共计 1068 人。

1957 年年底，全市共有 17 个义务消防中队 387 个小队 7286 名义务消防队员。同时在市区居民中普遍建立“十邻”防护小组，在工厂企业内部始建义务消防队。

“文化大革命”时期，大部分群众性义务消防组织名存实亡。

1977 年，群众性义务消防组织得到恢复和加强。合肥化工厂有义务消防队员 204 人，其中有负责义务消防工作的厂党委委员3人、科级干部17人。从厂部到车间，从干部到职工，层层都有消防责任人，形成义务消防安全网络。1979年，实验窑厂经常组织义务消防队员学习消防知识，进行消防业务训练，该厂油毡车间6次起火，都是义务消防队员及时扑灭的。

1989年，全市共有义务消防队1240个，队员21678人。

第三节　防火管理

管理制度

20世纪50年代中后期，合肥市经济发展较快，工厂企业不断增多，合肥市人民政府根据国务院《关于加强消防工作的指示》及全国人大常委会批准公布的《消防监督条例》，制定印发贯彻实施细则以及10多个具有法规性质的通知批复。自此，消防管理有章可循。

1963年11月，在全市仓库、工厂、基建工地、生产合作社内部实行临时动火审批制度。上述单位凡因生产和生活需要临时动火的，由动火部位负责人填表说明临时动火的类型、用途、用火地点和时间，送安全技术或保卫科审查，如同意动火，应负责提出切实的安全防护措施和安全制度的书面意见，连同发给的动火许可证经厂长批准后实施。无论何种临时用火类型和用途，用火现场都必须指定专人值班，负责生火、熄火，并准备充足的消防器材。凡有下列情况的不准使用明火：储有易燃物品、爆炸物品和化学危险物品的仓库、保管室，爆炸性气体的车间和场所，有大量粉尘、花絮微粒的生产车间场所，使用储存放射性物品的场所和仓库。确需在上述处所动火，本单位提出确保安全的办法后，须经消防机关许可。

1978～1980年，市公安局先后制定《合肥地区石油库防火管理规定》《农村午季麦收防火管理规定》《居民安全使用液化气管理规定》《企业专职消防队训练、执勤规定》，同时，还与劳动局联合制定《关于压力容器安全防火管理办法》，与市文化局联合制定《关于影剧院防火规定》，与市工商局联合制定《关于严禁私自生产烟花爆竹的通告》。

1981年，市公安局代拟《消火栓管理暂行规定》，由市政府颁布实施。1987年1月，市政府批准市公安局颁布《合肥市消防管理处罚暂行规定》，运用法律手段加强消防监督管理。市消防监督部门配合工厂企业制定各项防火责任制。淝河汽车制造厂逐步建立防火安全管理体系，完善各项管理制度。主要有：厂领导负责的逐级防火体制，防火安全四级检查制度，隐患整改制度，岗位防火安全责任制，防火安全三级宣传教育制度，火警、火灾调查登记处理制度，用火管理制度，危险品管理制度，重点部位消防管理制度，新工人消防培训制度，消防安全评比奖惩制度，特殊工种防火安全职责，消防器材分级管理职责等13种规章制度。合肥棉麻公司每年棉麻吞吐量百万担，是全省较大的棉花仓库之一。该库逐步建立完善以下五项制度：入库制度，入库者必须有单位介绍信、身份证明，经保卫部门审查登记,严禁携带各种火种和易燃、危险品,由专人陪同入库;值班巡逻制度,每天晚上有科以上干部带班,由一般干部、门卫、专职消防队员等20余人值班、巡逻;联防制度,每逢重大节日前召开治安联防会议,与公安和友邻单位互通情报,密切协作,加强防范;消防组织制度,由分管安全的经理任义务消防队长,库内消防器材和设施齐全,并经常维修更新;棉花保管制度,坚持棉花进仓前观察24小时以后验收堆垛,电源安装在仓库四周,库内机械用电,人走电断。该库由于制度健全,坚持不懈,建库30多年来,没有发生火灾事故。

1988 ~ 1989年,市公安局在全市各单位推广淝河汽车制造厂、合肥棉麻公司的消防经验,在消防重点单位实行防火责任制,消防管理各项制度不断完善,向制度化、规范化发展。

监督管理

20世纪50年代,合肥市消防监督管理实行市公安局和公安派出所两级监管制度。1953年,消防监督机关主要是通过防火宣传教育和安全检查,发现火险隐患,督促整改,以增强群众防火安全意识,贯彻落实消防法规。每年逢元旦、春节、五一、十一等节日,全市都要进行以防火为中心的宣传教育和安全检查。同时,根据火灾发生的季节特点和规律,集中抓午季麦收防火,冬季开展"防火安全百日赛"活动。坚持抓好消防重点单位,以点带面,加强防火安全监督,进行单位自查、系统内互查、市里重点抽查,及时整改。但防火基础工作还是比较薄弱。

1963年年底,根据公安部《关于城市消防管理工作的规定》,实行市公安局、公安分局和派出所分级管理的制度。消防大队配备18名消防监督检查员(防火员),分片包干,负责全市大型工厂、企事业单位的安全防火工作。区公安分局配备1 ~ 2名防火员,每个派出所确定专人负责防火工作,形成了市级单位和重点消防保卫单位—区直—街道居民三级防火管理。消防监督员主要是了解分管单位消防工作情况,监督贯彻消防规章制度,进行防火检查和防火宣传教育;督促解决火险隐患;指导所管单位专职和义务消防组织的工作;协同追查火灾原因,交流防火工作经验。同时,配合有关单位贯彻实施平时查与节日查、重点查与一般查、整改与建立健全防火责任制相结合的防火管理制度。

"文化大革命"期间,消防监督机构归属市警备区代管,消防大队改为消防连建制,分局消防机构撤销,消防监督职能削弱。

1974年,根据重点单位的特点,在全市范围内排出60个防火重点单位。

1979年,恢复由消防大队向分局派驻消防监督检查员制度。各工厂企业普遍建立领导负责的防火责任制,加强对137个消防重点单位的监督管理,并建立防火档案和灭火方案等制度。

1987年1月,市政府颁发《合肥市消防管理处罚暂行规定》后,对于违反消防法规的单位、集体或个人,贯彻教育与处罚相结合的原则,根据其性质、情节和危害程度,区分情况分别予以处理。1988年,消防支队依据消防条例和消防技术法规,传讯、处罚违反消防法规的34人,处罚火灾肇事和责任者78人,向有关单位发重大隐患通知书40份,限期整改。

1988～1989年，市公安局消防支队在各新闻媒体上刊播消防稿件282篇；放映消防法规录像300场次，受教育达2.5万余人；印发消防法规汇编材料1.5万余份、消防杂志1.2万份；举办消防法规讲座100余场；重大火灾发生后及时召开新闻发布会，通报火灾信息，通过典型实例进行防火教育引起社会重视，做好防火工作；与省气象台商定联合开展消防气象服务，对大风警报、高温、火险等及时播发给服务单位，利用气象指导安全防火工作。

建筑设计防火管理

建筑设计防火审核工作，是消防监督管理工作的重要任务之一。1960年，根据国家公安部、建委颁发的《关于建筑设计防火的原则规定》，消防监督机关在市政建设规划和建筑设计过程中，督促和协助设计部门贯彻防火规定，并参加建筑设计防火审核工作。

1978年，全省第一次建审工作会议后，消防大队将《建筑设计防火规范》印发省市各设计建筑单位，主动到省市建筑设计单位宣传贯彻《建筑设计防火规范》情况，派员参加省市建筑设计院的建筑设计防火审查组，参加研究讨论城市建筑规划，审核城建工程项目，组织现场查看和竣工验收。

送审图纸。由建筑单位填报《建筑送审表》，并附批准建设的文件、图纸，重要工程还要召开设计审查会议审查有关材料。

现场调查。负责建审工作人员，带着图纸和文件资料到现场调查核实，了解建筑物的布局、周围环境和生产工艺流程等。

全面审查。根据现场调查情况，扩建工程的设计资料、图纸，对照《建筑设计防火规范》等有关消防技术规范的要求，按建筑设计防火监督的主要内容，对工程项目的地址选择、总平面布置、生产工艺、建筑设计（包括建筑结构、耐火等级、防火间距和防火分隔、安全疏散等）、消防给水、通风采暖、电器设备、消防设施（包括自动报警和自动灭火装置）等进行全面检查，然后签发《建审意见书》，由规划管理部门发给建筑执照。

检查验收。对火灾危险性大的易燃易爆厂房、公共设施等重点工程进行施工监督和竣工验收，防止建设单位不按送审图纸施工，随意降低建设工程的防火设计要求。

消防监督机关还要根据城市发展规划和消防安全工作的实际需要，对全市消防站、消防给水、消防通路、消防通讯等专用设施，提出具体设置要求，对公用事业中火灾危险性较大的设施，如对液化石油气站、煤气贮罐、汽车加油站、大型物资仓库、车站码头等重要工程，提出建筑设计防火要求，纳入总体规划。据统计，1978～1985年，共审查662个建筑工程项目，其中重要工程40多项。对其中不符合《建筑设计防水规范》要求的152项，提出合理化建议后，被设计单位采纳并进行修改。

由于消防大队建审人员少，没有建审机构，无法全面审核。市规划管理处在1978～1983年共发建筑执照5955项，未经消防审核的5293项，占发照总数的89%。在建项目中不符合《建筑设计防火规范》要求的主要问题有：1. 选址不当，布局不合理。1979年，安徽印染厂未按《建筑设计防火规范》的要求，在煤气站附近扩建一座1000立方米的煤气柜，因其四周都是厂房，火险隐患严重。1980年，市政府根据消防大队报告，发文敦促煤气柜选址重建，一直没有落实。煤气柜建成使用2年间，就发生5起火警事故。2. 防火间距不够。如合肥油厂的油浸出车间系甲类生产，距其他车间、办公室、锅炉房的防火间距太小。3. 甲、乙类生产车间的消防安全设施不全,电器设备不防爆,泄压面积不够。如卫生材料厂改建的消炎膏车间系一级防爆场所,防爆泄压面积不够;二轻系统的不少喷漆房的电器不防爆。4. 高层建筑安全疏散和室内消防给水达不到《建筑设计防火规范》要求的标准。如交通饭店、铁四局办公大楼的疏散楼梯间为敞开楼梯间,按规定应为防烟和封闭楼梯间。5. 不按建审意见施工,甚至擅自改变施工图纸和改变施工用途。如合肥新光印刷厂送审时报修简易纸张仓库,实际建了 1 栋 3 层楼房,底层为危险品仓库,二层为纸张仓库,三层为家属宿舍。6. 违章建筑,不经建审、不领建筑执照擅自建筑施工。如合肥日用化工总厂擅自建的烧基苯罐、柴油罐、硫酸罐和烧碱罐混合成组布置,罐与罐之间、罐组与四周建筑物之间防火间距不足。消防大队根据存在的问题采取必要的措施,对不合《建筑设计防火规范》要求的,有的拆掉重建,有的采取弥补措施,有的改建。

1985 年,市公安局根据公安部新颁布的《高层建筑消防安全管理规定》,提出具体贯彻实施意见。全年审核建筑项目 140 项,其中高层建筑 8 项,基本上符合规定要求。

1987 年,市公安局多次组织力量对已建成的高层建筑进行专项防火调查,对建筑设计防火审核后又擅自在楼顶搭盖的违章建筑,全部予以拆除,并专门下发通报。

1988 年,防火审核建筑项目 320 项,对九州大厦、金融大厦、省电力调度中心、四联公寓等 30 多栋高层建筑进行消防安全检查,对 11 栋高层建筑存在的不安全问题发出重大隐患整改通知书。

1989 年 8 月,市消防支队设立建审科,使建筑设计防火审核基本走上正轨。每星期一、三、五上午,消防支队建审科与其他建审单位联合办公审核发证,全年防火审核建筑项目 250 项,参加竣工验收工程 30 项。11 月,消防支队对全市高度在 24 米以上的 69 幢高层建筑(45 栋投入使用)的消防安全进行检查,发现存在以下安全隐患:1. 高层建筑四周没有消防通道,防火间距不够。除市交通局大楼、金融大厦等三四栋楼外,其他的大楼都被护栏、假山、花坛、树木所阻,使进口曲臂登高消防车难以靠近。2. 自动报警装置合格率低,还有 1/3 的高层建筑没按规定安装报警装置。3. 消防用水供给不足,有的消防用水与民用水同道,有的屋顶供水极少。如商友大厦的屋顶供水只够用三四分钟,经多次督促整改,一直未改进。4. 疏散措施不可靠。全市 29 栋大楼没有可靠的疏散措施,省电力调度大楼、省建材局大楼、汇通商厦、交通饭店、铁四局大楼、永达大厦、合肥大厦、省建总公司大楼、四联公寓、市供电局大楼、九州大厦等高层建筑在设计施工中,有的根本没有考虑火灾中的人员疏散,有的审核后为节约资金,擅改图纸,以致消防电源、疏散指示灯、夜间照明等都留下隐患。对此,消防部门分别发出整改通知书,逐一督促整改,清除火灾隐患。

第四节　群众防火

居民防火

1949 年 4 月上旬,国民党军队 14 架飞机对合肥市区滥施轰炸,尚武街 180 多间民房因飞机轰炸起火化为灰烬,50 多户人家倾家荡产。城东南的王小郢全庄遭罹洗劫,12 户房屋尽毁,死伤 11 人。崇德街居民群众,率先组成义务消防队,防空防火。尚武街被炸中弹起火,幸被义务消防队赶到扑救,免遭重大损失。

1950 年年底,开展冬季安全防火活动。全市设 9 个分会,组织单位、街道整修、添置消防设备,修建太平水池,并整顿义务消防队,对 1404 名义务消防队员进行培训。

1957 年 7 月,全市推广小东门派出所开展居民防火循环红旗赛活动的经验。在消防队指导下,以派出所辖区为单位,开展防火循环赛,火灾明显下降。对评选出的 374 个优胜户、优胜居委会,分别授予“防火优胜”红旗、循环红旗。

1958 年,市公安局根据居民中草房多、小孩玩火、放爆竹容易失火的情况,各街道居委会组织儿童防护队在街巷宣传防火安全。同时,开展修改炉灶运动,发动群众将草房烟囱全部用瓦和石灰加以改进。是年下半年,修改炉灶烟囱 1.5 万多个,使炉灶引起的火灾从原来占全市火灾的 40% 下降到 17% 。

1963 年,消防大队编印街道居民防火宣传材料,广为宣传,并对 14 个街道居委会和 24 个郊区生产大队进行安全检查,消除安全隐患,整建部分义务消防队。

1964 年 6 月,重点检查了县桥、店街、廻龙桥、三牌楼、胜利路、二里街、双岗等 7 个派出所地区的物资仓库、居民棚户区的防火工作。发现 18 处有 200 ~ 300 间的易燃建筑物成片的居民棚户区,棚户区内还设有 10 多家商品批发部、重要物资仓库,火险隐患严重。为此,各街道和有关单位采取防护和整改措施。市公安局印发《给郊区社员的一封信》《给全市居民的一封信》,向广大群众宣传和普及消防常识。

1965 年,东市公安分局对街道居民防火采取五项措施:逐级建立防火责任制,派出所所长全面负责,户籍警负责户口段,居委会、治保主任包片,治保委员包段,行政组长包院,各负其责;抓好防火安全检查,派出所每季度组织户口段互查,户籍员每半月对段内各组进行检查,各组每周一次自查,建立防火检查整改登记簿;建立会议汇报制度;建立健全居民义务消防队;坚持经常性的防火宣传教育,组织“十邻”防护小组,邻里互相关照。

“文化大革命”期间,群众义务消防组织、安全防火制度徒有其名。

1976 年,市公安局发出《关于加强防震棚防火措施的通知》。要求居民稠密区的防震棚分组搭盖,以防火烧连营;不准堵塞交通要道和通向消火栓的通道;加强巡逻,严禁明火照明、小孩随意玩火等 6 条措施。翌年底,动员群众自行拆除防震棚 3189 间。

1979 ~ 1989 年,随着农村经济体制改革的深化,郊区农村涌现 2.5 万余个承包专业户,其手里积聚物资多,使用电器和明火大量增多。郊区政府健全各级防火安全组织,发动群众开展季节性防火安全检查,冬、春季节侧重检查用火、用电设备及柴草堆垛的安全,午收时节重点抓麦场、稻谷场和粮棉仓库的防火安全,对“两户一体”逐一落实防火责任制,全区连续 10 年没有发生重大火灾。合肥纺织公司所在的和平路生活区,有职工 3500 余户。该公司自 1982 年以来,配合街道制定《安全防火公约》,派出宣传车深入街道、生活区进行防火宣传,巡回展出 240 幅消防图片,运用广播、墙报、宣传栏等广为宣传,增强群众防火安全意识和自防自救能力。该生活区一直无火灾事故。

20 世纪 80 年代后期,城市改造和建设发展较快,绝大部分居民住进楼房。居民生活主要以煤炉、煤气灶为主,家用电器设备越来越多,街道义务消防队逐步由专业防火组织所代替。市区公安分局增设消防科后,经常深入街道加强防火安全宣传,普及使用家用电器和液化气的安全防火知识,经常进行安全检查,使居民生活区火灾明显减少。

企业防火

1955年10月17日,宿州路正昌弹花店发生火灾,殃及四邻,烧毁房屋46间,烧死6人,损失惨重。为此,公安机关发出通报,加强对工业、企业、机关学校等单位的安全防火宣传和检查工作。

1958年,市成立防火检查办公室,对全市66个工厂、41个仓库、64所学校、16所医院及娱乐场所进行防火检查,及时消除和整改235处火险隐患。同时,开展丰富多彩的防火宣传。安纺一厂利用多种形式开展防火宣传,举办治安消防展览会,组织广大职工、家属参观30多幅图片、漫画,以及火灾案例和被损坏的消防器材等实物,编印1000多本《防火常识》《消防器材的使用与保养》发到各车间、班组。专职消防人员还深入各车间、科室,讲解消防常识并进行测验。厂业余剧团还编演《消防桶和灭火机的控诉》话剧,使广大职工群众受到形象生动的消防常识教育。

1959年,合肥市工厂企业发展较快,有240个大中小型工厂企业,是1958年工厂企业数的3倍。工业生产大量使用火源、电源和易燃易爆物品,火灾明显上升。第一季度发生火警火灾14起,占全市火灾总数40%以上,经济损失3.2万多元。为此,市第三次消防工作会议着重讨论加强工厂企业防火问题,确定消防工作实行点面结合、突出重点的原则,把工厂企业作为城市防火工作的重点。

1962年,消防大队配合省冶金、机械、化工、供销等28个厅局对所属333个工厂企业单位,进行防火安全检查,整改火灾隐患302处,督查重点单位落实安全措施,帮助单位选址筹建危险品仓库等。是年冬,消防大队印发给全市职工的一封公开信5万张,拟定供工厂、企业、学校、机关选用的防火宣传标语11条,编印火灾案例的通报8期。

1963年,对省市427个工厂企业单位分类排队,确定粮、棉、油物资材料仓库,大型厂矿、企业、建筑工程中的130个单位为消防重点单位,并逐个单位帮助建立严格的管理制度,制订灭火作战计划,分期分批培训11369名专职和义务消防骨干。由于采取立足面上、保卫重点的有效措施,全市没有发生重大火灾,发生火灾起数比1962年下降12%,经济损失下降73%。是年底,市人委召开安全防火工作授奖大会,55个先进单位和集体、605名先进个人受到嘉奖。

1964年1月7日,市供电局变压器修理车间因工人实验木烘箱忘记关电闸引起火灾,烧毁厂房、机器、变压器油等,直接经济损失4万多元。为此,市委、市人委召开各单位负责干部和保卫干部会议,部署开展以防火安全为中心的大检查;市公安局发出通知,要求拥有救护车的医疗部门和交通运输及水电部门,在火场紧急需要时应派出力量支持灭火作战,以避免和减少火灾造成的损失。对坐落在柳木巷、撮造山巷居民区内的百货和化工仓库发出《重大火险隐患通知书》,督促有关单位转移库存物资并搬迁新址。3月,全市开展以防火为中心的安全大检查,成立378个安全检查组,查出各种安全隐患4726项,及时整改3207项。同时,广泛进行防火宣传教育,受教育者达11万多人,避免和减少了火灾的发生。第一季度发生火灾5起,比1963年同期下降29.1%。4月10~11日,召开驻合肥市省、市机关、工厂企业、街道居委会、郊区社队1963年度安全防火先进集体和先进个人评比授奖大会，出席会议的有20个先进单位、51个先进集体、580名先进个人，到会1100人。会议总结和交流防火工作先进经验，颁发奖状。市委副书记、市长赵凯，副市长徐传奇，省公安厅厅长马敬铮，中央公安部七局办公室主任肖猛等出席会议，先后做重要讲话。

1973年年初，通过对全市682个独立支部以上的工厂企业调查摸底，把火灾危险性大、发生火灾后损失大、伤亡大的化工站，石油站，粮、棉、百货物资仓库，重点文物，电台等61个单位列为消防保卫重点，并在这些重点单位列出225个要害部位，逐一制定落实安全制度和措施。如皖安机械厂建立保卫科、技安科、车间干部、操作人员四结合的要害部位管理机构。省木材加工厂在要害部位严格实行班前“五不开”（机械设备没有检查不开，刀具螺丝松动不开，无防护罩不开，机械有毛病不修好不开，任务不明、图纸不清不开）和班后“四不走”（马达开关未拉下、机器未停不走，卫生不打扫不走，机械有小毛病、班内能修好的未修好不走，产品原料没堆放好不走），做到连续17年无火灾事故。8月中旬，市公安局在安纺总厂召开合肥地区消防保卫重点单位现场经验交流会。安纺总厂、省木材加工厂、联合仓库等8个单位在会上交流经验。

1974年，消防大队配合有关部门抓重点消防保卫单位，做到对重点单位“五熟悉”，即熟悉水源道路、建筑结构、生产性质及工艺流程、物品堆放、消防组织情况；开辟宣传栏，张贴标语，举办文艺演唱会、轮训班，上业务课等，进行生动形象的安全防火宣传教育；对重点中的要害部位，落实岗位责任制，经常进行安全防火自查、互查和抽查，狠抓火险隐患及时整改；有计划地进行灭火实地演练，提高企业专职消防队和义务消防队的实战灭火能力。

1979年，消防大队实行“防火检查记录卡”制度。在检查中发现隐患，随时记录，由单位领导签字，整改一条，划掉一条。全年检查2000余个工厂企事业单位，查出隐患3800多条，及时整改76%。

1981年10月，市公安局开展安全防火“百日赛”活动，全市各单位召开安全防火会议1100多场，放映防火电影幻灯片290场，举办消防知识讲座180场，印发防火宣传材料2.4万多份，受教育的干群达22万多人次。活动结束后，市防火委员会召开总结表彰大会，向62个先进单位、197名先进个人颁发奖状和奖品，省木材加工厂、江淮汽车制造厂、粮食二库、棉麻仓库、合肥石油站等5个单位介绍了经验。

1982年，中央、省驻合肥市单位1777个，确定消防重点保卫单位137个，均纳入消防安全防范工作之内。

1984年，市公安局向全市发出贯彻执行《消防条例》，落实消防安全“十项标准”的通知。消防大队防火干部深入重点单位，帮助各单位从生产性质、工艺流程、危险程度等实际情况出发，制定实施方案和措施，落实防火责任制。合肥化工厂作为试点单位，在组织验收中，将省公安消防总队《重点单位消防安全“十项标准”的具体要求》分解成47条，按照各条款的难易程度和作用划定标准分，验收采用百分制，并把必须做到的条款累计分85分作为验收合格的分数线。通过10天检查验收，该厂以93分的成绩达到“十项标准”。9月4日，市政府召开合肥地区各单位负责人、保卫科（处）长会议，总结推广合肥化工厂的经验。截至 1989 年,全市 94 个重点单位达到十项标准,取得消防合格证书。

1988 年以来,对合肥地区 418 个建筑工地进行突击检查。发现农村建筑队承包的工地火险隐患较多,经过重点清理整改,加强基建工地防火工作。同时对市二轻、商业、供销、化工医药、园林等系统和塑料公司、郊区乡镇企业的消防队进行培训,举办培训班 139 期,受训人数达 7500 多人次。

1989 年,组织全市 156 个消防重点单位修订、完善火灾作战计划,训练率达 90%。同时,对全市 14 个企业专职消防队的超龄队员进行岗位调整,充实 21 名新队员。

第五节　消防设备

消防设施

消防机动装备　民国时期,合肥唯一的消防设备就是民间商办的水龙,射程只有 10 米左右,水管口径不足 2 寸,没有水泵,靠人力推动铁轮行驶。当时,合肥街道全是条石路面,年久失修,铁轮滚动缓慢,发生重大火灾,这种水龙无济于事。

1949 年合肥解放时,从旧警察局接收两架小机器龙,民间也只有 4 台土水龙和火钩、水桶等简单灭火工具。小机器龙,又称小水龙,一旦发生火灾时,将小水龙放在平板车上,消防警士拉着跑向火灾现场,等到小水龙拉到时,人也精疲力竭。

1950 年,消防队配备 1 辆消防汽车、3 部水龙以及水龙带、水锚、水管、火钩、马灯等灭火工具。1955 年,新购置摇梯泵浦车 1 辆,首次安装消防栓 60 多个。

1958 年,消防大队在三里街、长江路建立 2 个消防站,配备 6 辆消防车。

1964 年,消防大队建立 4 个消防站。由于消防专用设备不足及保养较差,四中队在扑救合金钢厂火灾时,消防车不出水,待故障排除后,已失去控制扑救初起火灾的有利时机。8 月底,消防大队组织 2 个检查小组,主要检查消防车发动机、汽油输送装置、蓄电池控制仪表、转向盘、离合器、各部件润滑、随车工具装备、个人装备以及对全车及个人装备和灭火工具的保管、熟悉情况,并进行车辆建档工作,印发检查通报,表彰先进,对存在的问题及时整改。

1974 年,消防大队装备执勤车 19 辆,非消防车 2 辆。

1978 年,消防队有 17 部消防车,其中专勤车、干粉消防车、二氧化碳消防车、泡沫消防车各 1 部,11 部消防水车装水量仅 1.8 吨,够使用 2 分钟。1979 年,购置 2 部江淮牌水灌消防车。

1985 年,消防器材装备有所改善,有解放牌水罐车 14 辆,解放牌泡沫消防车、黄河牌泡沫消防车、江淮牌大水罐车各 2 辆,二氧化碳车、干粉消防车、轻便消防车、照明车、电台指挥车、防火宣传车各 1 辆,吉普车 2 辆,货车 3 辆。

1986 年,从西德引进波浪曲臂云梯消防车,曲臂可伸高 31.5 米,填补了合肥市在扑救高层建筑火灾上的空白。1986～1989 年,先后对二氧化碳车、电台通讯车、防火宣传车、解放牌水罐车等10辆消防车更新淘汰，新添置黄河牌水罐车2辆，兰乌牌轿车、万力特牌火场指挥车各1辆，解放牌141水罐车5辆，东风牌水罐消防车2辆，解放牌干粉车1辆。

消防水源　新中国成立前，合肥没有专用消防水。1953年，市人民政府在小东门外的胡家湾，建造一座日供水量10万吨的自来水厂，以后又分别在潜山路、清溪路建造二水厂和三水厂，日供水量达25万吨，为建设消火栓和消防水源提供了物质基础。

1987年7月，合肥市在义城建造四水厂，日供水量15万吨。城建规划和建筑设计时，整体考虑消防给水问题，初步建成一条生产、生活用水和消防用水合并的给水系统，给水管道压力保证在灭火时不小于10米水柱。

消火栓　1973年统计，全市沿道路设置消火栓116个。消火栓的形式有两种：一种是有两个直径为65毫米的英式接扣和直径为105毫米的粗螺纹接扣的地上消火栓；另一种是地下式消火栓。

20世纪80年代初，随着城市建设快速发展，消火栓配套建设出现滞后状况。1980年年底，消防监督部门组织人员对市政消火栓的分布、使用情况及其供水能力，进行调查和测试，发现现有的消火栓无法满足城市消防用水的需要。

市政消火栓数量少，市区长江路、淮河路、明光路、宿州路等13条主要道路总长度为31361.8米，根据《建筑设计防火规范》关于消火栓设置间距不得大于120米的规定，在这些主干道上应安装消火栓261只，而实际只有71只。地处闹市区的淮河路，全长2227米，应设置消火栓19只，实际只有2只。还有合作化路、望江路、屯溪路等道路两旁的工厂、仓库、学校等企事业单位比较集中，却没有设置消火栓。

设置的消火栓比较落后，与国产定型消防车的进出水内扣式接扣的直径和规格都不同。发生火灾时消防车不能直接连接消火栓，影响火场供水。

消火栓供水差，损坏严重。市政现有的消火栓中，有半数在灭火时供水压力达不到10米水柱的标准。有的还由于年久失修，损坏严重，铜陵路上仅有的4只消火栓已全部损坏。合肥三中附近的消火栓，被汽车撞坏而取消。由于消火栓无法保障消防用水，直接影响扑救火灾。如合肥卷烟厂、中国科技大学、合肥五金批发部发生的重大火灾，都因缺少消火栓供水，扑救时用消防车长途运水，延长灭火时间，造成重大经济损失。1980年11月11日上午，合肥五金交电批发部发生火灾，在火场西侧约40米、东侧约100米处，各有一个立式消火栓。由于消火栓接扣口径与消防车的吸水口径不符，只得采取调集消防车辆交替供水的方法，才解决火场消防用水的困难。

1981年10月5日，市公安局、城建局颁布《合肥市消火栓管理办法》。在城市规划厂房、住宅建设中，注意考虑消防给水，市郊新建或延长的道路，按照《建筑设计防火规范》要求和实际需要，安装消火栓，定期对消火栓进行检查保养，并逐步维修更新旧式消火栓；充分利用现有天然和人造水源，如湖、河、塘、池、单位内部的游泳池，根据需要修建消防车道和码头，以保障本单位消防用水。1978年年底，安纺总厂供销科简易仓库，因附近建筑工人生火烘烤衣服引起火灾，扑救时由于厂内地下水管淤塞严重，消火栓水压低，只能到厂外运水，贻误灭火时机，给国家造成8万多元的损失。该厂投资10万元，于1981年10月安装一条3000米长的专用消防用水管，设置消火栓14只，坚持每年对消火栓进行检查维修，同时还修建1个800吨、2个600吨的消防蓄水池。合肥粮食二库有大小粮仓22

幢,年吞吐量达50多万吨,火灾危险性较大。库区原有的消防器材陈旧,消火栓供水压力不足。1982年,该库新增设7只立式消火栓,添置水龙带420米。

1985～1989年,重点落实新建和部分道路缺乏消火栓的添置和老式消火栓的更新工作。1987年,在金寨路、合作化路、濉溪路、寿春路新增设、更新消火栓15只。

1989年,市建委拨款5.3万元,对全市式样落后、年久失修的37只消火栓进行更新,并在拓宽改造的蜀山路、梅山路等处新增消火栓9只。是年底,全市市政消火栓187只,但与《建筑设计防火规范》关于城市消火栓设置间距的要求相差甚远。

消防通讯

合肥解放初期,发生火灾靠敲锣报警。新中国成立后,逐渐发展到大队部设立调度室,配备两部直线调度电话,以及火警接受电话、调度通讯外线自动电话各1部。

1979年,配备指挥车一部,车上专配有3～10 W电台两部,两只0.5W袖珍步话机,开始无线电台消防通讯指挥。

1980年,购置18部5～10W电台,各中队都配备直线调度电话。

1984年,补充13台小型步话机,携带方便,利于现场动态指挥灭火。

1988年8月,在市区中队进行无线通信组网,添置400兆主台机1台、车载台3台、手持对讲机20多台,沟通消防支队与市公安局总值班室、消防支队与中队的三级通信网络。同时配套购买50门火警调度电话机和50门电话总机各一台,新开辟119火警调度线4对,支队与中队火警直通电话线4对。截至1989年年底,消防支队9对火警调度线能同时受理火警,基本实现消防通讯的无线、有线同时联络,提高对火警的受理、火场力量调集、现场无线电指挥的速度和准确性。

1989年,消防支队增设与企业专职消防队和重点单位的通讯联络,还为合肥石油站、合肥自行车厂、合肥烟厂、合肥电冰箱厂、省电视台等单位配备无线对讲机30多台。

第六节　火灾扑救

消防训练

1949年2月,人民公安机关将旧警察改编为消防队,进行培训整顿,并清理、改装接收的消防用具。如原两部马达需40余人操作,改装成胶皮车轮后,只需6人操作。

1958年,消防大队组织学习"消防分队灭火战术",进行灭火战术训练。抢人自救、登高跳楼等已能从12米高跳下,出车由原来的36秒提速到19.5秒。

1963年,消防大队进行消防战术、值勤条例、灭火战斗操作的全面考核,消防队员曹金发取得自救接扣第一名,马广信、王德龙争得两节拉梯攀登竞赛第二层的第一名,分别接近和突破国家规定的指标。是年,全省举行第一次消防演习竞赛,合肥消防大队夺得团体总分第二名,消防队员崔洪美获得挂钩梯单项冠军。

1964年，基本功训练考核，11名消防队员取得原地着装优良以上成绩，15个组使用两节梯攀登练习塔第二层取得优良成绩，10个班取得消防车辆出水优良成绩，消防业务理论测验平均分数92.8分。

1965年10月，市公安局举行消防汇报表演。主要有徒手走壁登楼，利用避雷针攀登7层楼，火钩登楼，5层楼更换水带，负重翻越2米障碍，2人徒手登楼，1人使用2节拉梯攀登第二层楼，蒙眼连接两盘水带，3名司机蒙眼协同装卸化油器、喇叭、分电盘等。消防大队下辖两个中队的17名消防队员榜上有名。

"文化大革命"期间，突出政治挂帅，"大比武"受到批判，消防基本功的训练受到冲击。

1975年7月中旬，消防大队组织消防基本功考核，123人参加原地着装考核，73人优秀，26人良好，20人及格；2人5盘水带连接共53对，优秀46对，良好3对。在班集体项目中，1号操17个班参加，16个班优秀；2号操18个班参加，5个班优秀，8个班良好。

1979年，根据公安部制定的《消防战士基本功训练规定》，对8个科目22项进行训练考核，除射水姿势、射水打靶、氧气呼吸器3项外，其他19项均达到部颁标准。其中8个常训项目：原地着装、原地登车、2盘水带连接、3盘水带连接、2节吸水管连接、攀登两节拉梯、攀登挂钩梯、内座式水泵消防车操作的成绩均超过部颁标准的最好成绩。

1985年，省举办消防业务基本功竞赛，市消防大队获得团体总分第一名，夺取4个单项第一名，并首创4个省纪录：陆荣柱挂钩梯18.04秒；张振军、齐建富2节拉梯8.8秒，4X100米接力90.62秒；水罐消防车一操法24.61秒。3名消防队员荣记个人三等功。

1986~1989年，在消防业务训练考核中，平均每年完成150个训练日，有2人10次打破省纪录。

消防管理部门指导企业专职消防队的业务训练，坚持从难从严出发，除日常面对面的指导外，通过对抗赛、表演赛等形式提高企业专职消防队业务训练水平。

1986年4~6月，组织合肥化工厂、合钢公司、棉麻公司、纺织公司、石油站、联合仓库、淝河汽车制造厂等7个企业专职消防队的业务训练，考核2盘水带连接、百米负重赛跑、20米班着装、内座式水罐消防车一操法、供水操等5个项目。合肥纺织公司消防队获团体总分第一名。

1988年8月，举办合肥市企业专职消防队基本功"化工杯"对抗赛，合肥化工厂、合肥纺织公司、合钢公司等9个队参加原地着装、2盘水带连接、20米班着装、水罐车一操法、泡沫车二操法等6个项目的角逐，合肥纺织公司再次获得团体总分第一名。10月，举办合肥地区企业专职消防队消防业务理论知识智力竞赛，合肥化工厂夺得团体总分第一名。12月，与交警大队联合举办首届交警消防运动会，一些企业的义务消防队参加比赛，并取得好成绩。

灭火救援

根据《消防监督条例》《公安消防队执勤条令》《公安消防队灭火战斗条令》的规定，火灾扑救工作由消防监督机构统一组织和指挥。合肥市公安消防部门结合具体情况，制订和修改灭火作战计划，统一组织和指挥火灾扑救工作。开通"119"火警报警台，设立火警瞭望台，一旦发生火警，消防调度中心立即派出火警所在责任区的消防中队赶赴火场，必要时派其他中队增援。各消防中队也直接受理火警报告，在出动灭火的同时向上级报告。1964 年 8 月的一天，四中队瞭望台发现合钢厂房上空浓烟滚滚，在接到报警电话前，指挥员果断派出消防车赶赴现场，赢得了时间，减少了损失。

1974 年 10 月 13 日下午，合肥化工厂氯化车间因维修工更换车间内苯管道法兰盘垫子，用木榔头敲打铁钻头，钻头被击落撞击在法兰盘上产生火花，引起管道苯蒸气爆炸燃烧，发生火灾。13 时 30 分，消防大队接到报警，先后调集 9 辆消防车、80 余名消防队员，以及本厂和合肥钢铁公司 2 个专职消防队进扑救。消防队到达时，苯储槽间石棉瓦房盖被气浪冲掉，2 台苯储槽和 2 台食盐干燥器均已爆顶，设在车间东墙外的 2 个苯水分离器，其中 1 个爆顶燃烧，并对另一个构成严重威胁，整个车间 20 多吨苯在苯储槽间内外猛增燃烧，形成一片火海。浓烟伴随烈火，时而蹿到几十米高处，致使主厂房 1 至 4 楼的窗子全部着火；时而火焰随风流动，在地面翻滚，席卷到几十米之外，严重威胁主厂房和相邻的生产原料及设备的安全。浓烟烈焰还顺着风向滚滚向北延伸，如再不控制，将影响合淮铁路正常通车。对此，指挥员决定先切断火势向主厂房蔓延的路线，两侧夹击，形成三面包围的态势。本厂专职消防队利用苯库消防泵，一面加强对 300 立方米的苯、乙醇储罐进行冷却，一面为火场供水，然后 3 个水枪手的阵地布置在苯储槽间与主厂房的结合处的两侧，首先扑灭主厂房的烈火，继而冷却房内的设备。这样，在苯储槽间与主厂房之间形成一道水帘，减少了火势对主厂房的威胁。与此同时，又布置 3 支 25 升/秒速度的泡沫管枪从火场的两侧，以 2 台食盐干燥器为主要目标，向苯储槽间喷射泡沫。而后又在火场东侧增设 2 台车、3 支泡沫管枪，其中 1 支以 50 升/秒的速度由罐顶裂口向一号苯分离器内喷射，另 2 支以 25 升/秒的射流消灭苯储槽间火源。这样就形成了切断中间、两侧夹击的格局。由于喷射的泡沫越来越多，火势也渐渐减弱。经过 40 分钟激战，大火被彻底扑灭。

1980 年 11 月 11 日上午 9 时 10 分左右，安庆路 84 号的市五金交电批发部发生火灾。前面营业间为四幢连跨建筑，后面平房为批发部仓库，屋架、墙壁、地板均为木质结构，院内还有部分油毡棚临时仓库，周围是居民住房。消防大队接到报告后，先后出动消防车 17 辆、指挥车 2 辆投入灭火战斗。第一辆消防车到达火场后停在批发部西头，出 2 支水枪同时从店西头用单杠梯从居民的屋顶上进攻到燃烧的楼房附近，1 支水枪控制火势向营业间的第三幢房子发展，1 支水枪控制火势向仓库和西头居民区发展。二中队 2 辆消防车赶到火场后，1 辆停放店东头出 1 支水枪，从居民院内进攻到燃烧楼层的东北角，控制火势向仓库和东西居民房屋发展；在批发部的东大门处停放 1 辆消防车出 1 支水枪，实施内攻，进攻到燃烧楼层下部，堵住火势继续向营业间的下部蔓延。指挥员又命令一中队从批发部的西大门处停靠 1 辆消防车出 1 支水枪实施内攻，从第三幢的天窗控制火势发展，消灭火点。这样 5 支水枪从上下左右控制包围火势，切断火势蔓延线路。消防队员不怕火烤烟熏，想方设法利用有利地形，破拆扎洞，翻越障碍，逼近火源，实施近火作战。大火猛烈燃烧，浓烟随风翻滚，随时都有烧毁营业间和蔓延到仓库的危险，而当日营业间仓库内存放着日本产电视机 250 多台，价值 13 万元，还有其他贵重五金交电产品。指挥员一面指挥战斗，一面组织群众和公安干警将库内物资疏散到安全地点。火场两侧的两个立式消防栓，由于管径小，锈蚀严重，水压不足，指挥员断然放弃使用该栓，采用车辆交替供水的办法解决供水困难。经过1个小时激战，扑灭了这场大火。据统计，仓库、营业间面积为1700平方米，内有总价值180万元的商品，仅烧毁260平方米，损失3.4万元。

1983年10月6日4时许，合肥酒厂酒精车间蒸馏工段发生火灾，消防一中队立即出动3辆消防车赶到现场。此时蒸馏塔1～4楼已全部燃烧，中队指挥员一面指挥扑救，一面向大队汇报情况。大队得知后，调集15辆消防车、110名指战员驰援扑救火灾。到达现场后立即以3辆消防车出5支水枪进行堵截包围，自上而下遏制火势，冷却内部设备。经过40分钟激战，大火被扑灭。这次火灾，造成直接损失1.94万元，烧死1人。

1984年8月20日上午9时，长江路与巢湖路交接处发生一起液氮槽车泄漏跑氨重大事故。消防大队接到抢险任务后，立即出动消防车18辆、干警120余人赶赴现场。此时有白色气浪在1000平方米的地面上缓缓移动，气浪中心处有一个像高压锅炉排气阀一样的东西，直向外喷气、扩散。周围的商店被迫关门，机关停止办公，严重危及群众生命财产安全。消防大队在没有防毒面具的情况下，及时正确地采取警戒，切断交通，熄灭明火，出水稀释、降低氨的浓度，控制污染范围，抢救人命，及时将槽车撤离现场和根治污染等措施。在交警大队的配合下，经过1个多小时的紧张战斗，及时地避免燃烧或爆炸造成大面积火灾的危险，消除了污染，完成抢救人命和排险任务。在这次抢救任务中，大队被记集体二等功，马继发、陶海被记个人二等功，叶生群、岳西朋、祁明庆被记个人三等功。

1985年8月13日，省科委招待所发生重大火灾。消防支队调度室接到报警后，迅迅调集公安、企事业专职消防队消防车24辆投入战斗。在烟雾大、燃烧猛、蔓延快、道路狭窄、周围无消防水源的情况下，全体参战人员发扬不怕苦、不怕死的英勇献身精神，与烈火展开生死搏斗。消防员用3支水枪强行从大火前沿破拆闷顶，组织内攻堵截，实施近战灭火。水枪手余庆、张振军、王志强等人攻入闷顶后，烈火烤得他们皮肤起泡，浓烟呛得喘不过气，仍坚持战斗。突然轰的一声巨响，王志强随塌倒的屋顶坠入火海，但他依然抱紧水枪，爬出火海，继续战斗。张振军发现1个液化气瓶跑气燃烧并有爆炸危险时，迅速扛起瓶将其放置到安全地带。经过1小时40分钟激战，大火被扑灭，保护了大楼东半部和科委解放以来的全部资料，将直接经济损失减少到最低程度。

1985年12月21日1时45分，市公安局接到新淝商店发生重大火灾报警后，消防大队立即调集各种消防车24辆，公安干警和企业专职队200余人。待消防车赶到现场时，商店顶层的天花板已全部塌落，烈火腾空，正向楼下和毗连建筑蔓延，该店值班员被围在火海中。指挥员立即采取控制火势、抢救被困人员、全力切断火势蔓延线路和保护仓库商品安全的灭火方案。首先实施从内部强攻，封锁火势，采取快攻近战的方法，从烈火中打开通道，与烈火争夺商品。供水车辆及时占用东西两侧消火栓，实施接力供水，保证前方灭火战斗用水。内攻3条水带线路形成后，一中队、二中队、五中队及时利用两节拉梯、挂钩梯从外部登高，开辟4条进攻路线，增设4个战斗阵地，分别在燃烧楼两侧和后面设置水枪阵地，两侧夹击，四面包围，7支水枪齐射水，遏制火势蔓延。四中队指导员董学传带领9名战士迎着烈火上，打快攻，打近战，深入火海，开辟通道。当发现三楼有2人被大火围困呼救时，班长张春雨立即架设梯子，冒着被烈火烧伤的危险，主动登梯上楼救人；二中队指导员岳西朋头部被砸伤，却全然不顾，坚持灭火战斗，昏倒在地被战士抬下火场送往医院，经抢救脱险。经过2个多小时的奋战，大火被彻底扑灭，保住底层营业间和1～2层仓库及毗连的市运输公司办公楼的安全。

1986 年 12 月 2 日下午，合肥工业大学科技大楼第九层微机室工作人员用电炉取暖，下班时忘记切断电源。3 日早上 7 时 40 分，该所工作人员李尚华发现微机室浓烟外窜，边报警边布置切断电源，组织自救。他迅速打开楼梯口消火栓，起用 1 盘水带和出 1 支 19 毫米水枪，向室内射水灭火。7 时 45 分，消防二中队接到报警后，立即赶到现场。该楼没有专用消防电梯，两个工作与消防兼用电梯因电源切断停止运行。指挥员命令一号员携带 2 盘水带随自己一同登楼，四号员携带 2 盘水带到 4 楼，从楼南面第三个窗口垂直铺设供水线路。1 分多钟战斗展开完毕，通过侦察，室内只见浓烟，不见明火。指挥员得知室内放有电子计算机后，立即命令后方停止供水，派员打开门窗排放烟雾，并派 1 号员会同本室工作人员进入内部，迅速将电子计算机抢救出来，而后利用室内积水扑灭零星残火，结束战斗。使价值 3 万余元的微机设备没有遭到“水轰”“灌注”，为扑救高级电子设备火灾提供成功扑救范例。

1988 年 11 月 2 日，黄山电扇总厂一分厂包装材料库发生火灾，四中队接到报警，迅速出动黄河水罐、解放泡沫车各 1 辆赶赴火场。中队指挥员看到该单位上空浓黑色的烟雾铺天盖地，估计是喷漆车间着火，考虑到北门地区系缺水区域，立即通过电台向支队请求调集黄河牌水罐车和泡沫车增援。支队指挥部接到增援报告后，调集一中队、二中队和特勤中队及附近联合仓库的执勤战斗车 7 辆，前往增援。12 时 13 分，主管队到达火场，整个材料库烈火腾空，大火随着 4 级西北风狂翻乱舞，无情地吞噬着库内物资。北侧 65 米长的模具和精加工车间屋檐口已燃烧到 2 至 3 米处，南侧一、二层楼的窗子开始破裂。指挥员命令一操法战斗展开，一支水枪从精加工车间东头北大门实施内攻，一支水枪从西大门进入模具车间，控制火势向该车间蔓延，同时增设一支水枪从三层楼的南门进入底层的配套器材库。特勤中队从东增设一支水枪，在新大楼第三层控制火势向该楼蔓延，并向火场射水，打击火势、消灭火点。4 支水枪分别从两侧实行内攻夹击，迅速消灭模具、精加工车间的屋盖火势和防止火势继续向上蔓延的危险，及时堵截火势向配套库和二层车间的蔓延。在大火得到严密控制，外围火险消除后，指挥员又命令各路水枪，转向内部围攻，集中消灭火点。队员们手持水枪从模具车间，西门精加工车间窗口，配套库内中门逼近火点中部，实施内攻打击火焰，破垛疏散，迅速从火海中保护和抢救包装箱 12.5 万只，打包带 3.5 吨，价值近 8 万元，最大限度地减少损失。这次火灾，烧毁库房和车间屋盖 480 平方米，毁坏库内部分物资价值 1 万余元。

1989 年 11 月 30 日 8 时 50 分，天都大厦 14 层发生火灾，这是合肥市有史以来第一次高层火灾扑救。消防支队立即派出特勤中队 2 辆“黄河”牌水罐消防车赶到火场。从大厦外部观察，14 层西北侧 2 个窗户向外喷出约 2 米多高的火焰，并夹带着浓烟翻卷上窜，严重威胁着 15 层和 14 层 3 间客房的安全。在电梯还在运转的情况下，登楼人员携带 6 盘水带、2 支水枪，在 32 秒内到达着火层侦察火情。同时又调集 5 个中队的 12 辆消防车和一台曲臂云梯车增援。侦察人员在切断电源后，烟雾大、能见度低，又没有防毒设备的情况下匍匐前进，迅速接近火场，发现着火部位在 14 层会议室内，同时，火势正向其南面 3 个客房和 14 层以上蔓延。此时，副支队长杨瑞发带领第二批人员徒步登上 14 层楼，听取火情侦察报告后，立即命令战斗员沿楼层垂直铺设水带，组织 3 条进攻路线：一条上到 15、

16层楼,堵截火势向上发展;一条在14层向起火部位强行内攻,消灭着火点;一条向着火点东侧喷火的窗口射水,控制火势向东侧和下层蔓延,形成强有力上部堵截、内攻近战、下层防御的"灭火网"。在各路水枪手的英勇奋战和紧密配合下,于9时25分将大火完全控制,9时40分火灾被彻底扑灭。

1987～1989年,消防支队完成156个重点单位的灭火作战计划的制订、修改和演练,召开战评会20余次,完成典型战例书面总结30多份,向火场出动700多次,其中扑救火灾220起,成功率达97%以上。

1950～1989年合肥市火灾事故统计表

表10－1

年　份	起　数	死亡人数	受伤人数	损失折款	备　注
1950	26		5	199石(旧制)大米	
1951	13	1	3	旧币1亿多元	
1952	35	1	1	旧币4070万元	
1953	21			旧币3584万元	
1955	18	1	1	35670元	
1956	13			15505元	
1957	8	1	2	4070元	
1959	393	61	38	311510元	
1960	87			346186元	
1961	51	3	1	171655元	
1962	50	2	3	144411元	
1963	45	1	3	37912元	
1964	36	1	1	97475元	
1965	24	1	1	21855元	
1966	37	1	5	26600元	
1977	142	8	15	608974元	
1978	76	3	17	271520元	
1979	109	4	11	298736元	
1980	73		5	269710元	
1981	69	2	6	290154元	
1982	58	1	5	94070元	
1983	151	5	4	404706元	
1984	139	5	7	204891元	

续表 10—1

年　份	起　数	死亡人数	受伤人数	损失折款	备注
1985	146	5	7	64.85 万元	以年终总结统计
1986	34	无	4	20.62 万元	
1987	83	2	8	34461 万元	
1988	80	5	7	57.56 万元	
1989	57	无	7	30.13 万元	

附:火灾统计及事故分析

新中国成立后,合肥市一直重视火灾事故统计。1949 年,全市发生火灾 12 起,死 10 人,伤 2 人,造成严重损失。1958 年,发生火火事故 198 起,伤 1 人,死 1 人,造成经济损失 3.3 万元。

1959 年,全市(含巢县、肥东、肥西 3 个县)发生火灾 392 起,烧伤 38 人,死 57 人,烧毁房屋及各种物资折款 31.15 万元,其中市区 64 起,烧伤 3 人,死 6 人,经济损失 12.5 万元。火灾事故、死伤人数和经济损失都有大幅度上升。是年 8 月 28 日,倾盆大雨,1 小时内连续发生 10 起雷击起火事故。据电业部门统计,这次雷击,全市有 25 个单位的电器设备遭受损坏,造成许多单位停电、停工。如农业科学院研究所的配电房因遭受雷击,变压器烧毁,损失 1 万元左右;省委机关钢铁厂的照明电线被雷击断,工人戴某某触电身亡。造成上述事故的主要原因是:市内生产用电单位以及高大建筑极少安装避雷设备;电线破残失修以及绝缘失效接头不牢;加上这次雷击电压太高,而雷击范围又正在合肥地区。

1960 年 4 月 25 日,省商业厅、稻香楼、合肥师范学院、省建公司单位的药库、药房、保管室内,连续发生 5 次“六六六”熏烟剂自燃起火事故。这些起火的“六六六”烟剂,都是从市综合化工厂购买的。其自燃原因是烟剂的配料氨酸饵(强烈氧化剂)比例过大,用药单位存放时间过久,保管受湿,加上天气闷热而引起的。4 月 26 日,市公安局向省、市各单位发出(公消字第 031 号)《关于妥善处理“六六六”熏烟剂的紧急通知》,组织专门力量分头进行安全检查。但仍有不少单位没有引起重视,在 5 月 3 日,又发生同类 4 次火警、火灾事故。特别是综合化工厂仓库内堆有“六六六”烟剂达 70 多吨,由于该厂没有认真总结经验教训,措施不力,终于发生火灾,造成严重损失。

1962 年,发生火灾 50 起,烧死 2 人,损失 14.4 万元。从火灾发生的季度看,冬春之间火灾较为突出,第一季度发生火灾 18 起,损失 9.99 万元。从起火原因看,炉灶用火不慎 22 起,电气设备安装使用不当 12 起,小孩玩火 8 起,违反安全操作规程 6 起,吸烟 1 起,迷信烧纸 1 起。火灾发生在机关工厂企业 22 起,工厂、机关职工家属宿舍 14 起,街道居民 8 起,农村 6 起。

1963 年,发生火灾 45 起,死 1 人,伤 3 人,损失 3.88 万元,没有发生万元以上的恶性火灾事故。比 1962 年火灾起数下降 12%,损失下降 73%。

1973~1977 年,全市共发生火灾 322 起,烧死 17 人,烧伤 70 人,经济损失 116 万元。

中共十一届三中全会以来,城乡经济建设发展很快,由于进一步加强消防工作,火灾事故明显下降。1978~1982年发生火灾235起,烧死5人,烧伤21人,经济损失102万元,火灾起数下降27.1%,死伤人数下降70%,损失下降11.6%。从1978以后5年发生的火灾分析,属于贯彻消防规章制度不力,管理不善,少数人违反安全操作规程引起火灾的95起,占事故总数的41%。

1982年,全市发生火警123次,火灾58起,伤5人,死亡1人,烧毁房屋79间,经济损失6.46万元。从地区看,市区损失较大,39起火灾中发生在城市有26起,占66.7%;损失5.7万元,占87.7%。从时间看,晚上发生火灾20起,占总数51.3%;损失1.69万元,占26.2%。从季节看,冬季发生火灾17起,占火灾总数43.6%;损失2.75万元,占42.6%。从已查明的38起火灾原因看,纵火一起,占2.6%;小孩玩火4起,占10.5%;违反安全操作规程、电器安装使用规定、吸烟、生活用火不慎等四项达31起,占81.6%。据此分析火灾有以下特点:一是市区工业和物资财产集中,一旦发生火灾,损失严重;二是由于一些工厂企事业单位节假日无人值班或值班员没有尽责,晚上火灾多;三是由于思想麻痹、违章操作等人为因素引起的火灾多达94.7%。

1984年,火灾起数、死伤人数和经济损失分别比1983年下降21%、70%和76.5%。

1985年,火灾起数、经济损失比1984年分别上升4.8%、68.4%,死伤人数持平。其特点:1.重大火灾多。发生万元以上重大火灾12起,损失达58万多元。2.冬季火灾多。从1985年11月至1986年2月,发生火灾77起,损失40.8万元,占火灾起数和损失84%。3.市区火灾多,损失大。市区发生火灾67起,损失60.1万元,其中商业系统发生5起,经济损失33.97万元。究其原因:一些单位忽视防火安全工作,片面强调生产和经营;违章用火、用电现象严重;家用液化气用户因缺乏安全使用常识,而引起火灾、爆炸,造成人身伤亡事故;防火重点要害部位制度不落实,管理松弛;生活用火不慎和小孩玩火。

1989年,全市火灾起数、死伤人数、损失折款下降。但火灾特点较前有所变化:有5座高层建筑发生火灾,损失严重。如24层天都大厦,尚未竣工验收就遭火灾。工厂和商业系统发生火灾24起,损失13.1万元,分别占全年的38.7%和42%。乡镇企业发生火灾12起,损失7.4万元,分别比1988年上升16.7%和54.03%。

第十一章　综合服务保障

第一节　管理机构

机构沿革

1949年2月中旬,市人民政府公安局设秘书室,负责人事管理、文秘、总务三大职能。

1951年8月29日,秘书室改为秘书科。

1953年10月,公安机关进行整编,秘书科改为办公室,原内设人事管理划归政治协理室。

1955年2月,办公室改为秘书科。设正、副科长各1人,秘书科员兼处理人民来信1人,调研组科员3人,档案、统计1人,会计1人,监印校对及办理介绍信1人,公务员4人,炊事员3人,打字员、文印、收发、电话员、司机、交通员各1人,共计22人。

1958年10月6日,秘书科改为办公室,下设秘书、资料研究、行政管理3个科,编制24人。

1963年4月29日,市公安局确定办公室职责范围:负责全面材料编写,汇集、处理文件,敌情调查研究,资料统计,管理档案,处理、接待来信来访,监印管理,办公用具和房屋管理,车辆和装备等发放、维修以及日常行政事务等工作。

1968年9月,公检法军管会确定新组织序列,由办事组替代原办公室职能。1973年6月,恢复办公室建制。

1980年3月,市公安局办公室增设政策法律研究室,简称“政研室”。原属办公室职责的收集掌握信息、统计数据、编写简报等秘书、文书工作移交给政研室。同时,市公安局成立滁州路停车场知青服务队,安置待业青年42人,行政管理工作仍由办公室负责。

1984年2月,成立修建队,隶属市公安局办公室领导。12月,市公安局办公室增设信访科。

1988年9月,市公安局增设机要通讯处,办公室原内设机要通讯、市公安局总值班室等工作划归机要通讯处管辖。

职能职责

办公室(秘书室)主要职能是参与政务,管理事务。具体负责文书处理、会务安排、资料整理、文件起草、通讯与保密、文印保管、接处信访、档案管理，以及总务、装备、财务、车辆购置与维修、基建等。

第二节　文　秘

合肥解放和新中国成立初期，市公安局文秘工作起步较为艰难。这来源于两个方面：一是工作人员文化程度普遍不高，初中文化就算是高级知识分子，难寻从事秘书工作的人才；二是受经济条件制约，办公条件简陋。市公安局成立时连公文纸都没有，用国民党政权银行报表的背面手工抄写行文，到后来用钢板蜡纸刻写、油印，再后来才有打字机铅字打字、油印等。当时因为机构变动频繁、人手又少，加之业务不熟练等原因，文件传阅也比较混乱。直至1949年年底，秘书室工作才逐渐走上正轨，开展收、发文件及上传下达工作；建立市公安局机关作息、接待等工作制度；帮助内勤做好本系统干警工资发放；对公安干部、员警和警士进行人事管理；了解掌握情况、月终统计、编写敌情汇报资料等。

1952年4月，秘书科逐步完善请示汇报制度，规范如何汇报及汇报内容和格式等。建立健全日常办公制度、请假制度、请示汇报制度、保密工作制度和文件分类整理归档等，克服工作中混乱现象与游击作风。

1953年10月，秘书科改为办公室后，只承担文件起草与上传下达及公安系统人员工资福利、办公用具、公安装备、基建工作等工作。

1963年，办公室在职干部和民警22人，负责全局材料编写、汇集和处理文件、敌情调查研究、资料统计、档案管理、接待和处理人民来信来访、监印管理、房屋车辆管理以及日常行政事务等工作。

1965年1月6日，市公安局在全系统进行保密检查。检查范围和内容：上级公安机关及党政部门文件、简报、材料、刊物等；打印、刻印机密文件的蜡纸销毁情况；个人记录公安业务笔记本；机密文件等有无专人保管、登记、归案；有无保密制度和失密事件。4月27日，市公安局针对有的单位敌、社情动态反映很不及时，报告制度执行较差等实际情况，下发《市公安局办公室关于掌握问题的意见》，规定分县局、派出所每半月、一个月分别综合一次向市公安局办公室汇报敌、社情动态和治安情况；每周一、五两个上午，在办公室召开碰头会，交流情况，研究问题，编写材料；发生重大问题随时汇报，一直到结束为止；各科室、分县局、派出所每月向市公安局写一次工作汇报，于次月3日前送交。

1973年7月7日，市公安局针对秘书内勤工作存在情况反映不及时、质量不高、资料积累意识不强、统计工作不正规等问题，强调重调查研究，强调从事秘书、内勤工作的人员要保持相对稳定，不得随意调进调出等。7月10日，市公安局召开局长办公会议，明确办公室人数和秘书、总务两大职责。秘书工作：会议记录整理、上传下达、统计报表2人，调研工作3人，接待工作2人，档案管理2人，文件整理打印、收发、管理2人。总务工作：会计出纳、经费报销等2人，房屋管理、办公用品等3人，驾驶、传达、门房等7人。共计23人。

1974 年 1 月 7 日,市公安局召开内勤统计工作会议,分县局秘书股长、机关各科室、消防连、交警大队、拘留所、管教所内勤人员与会。会上统一思想,建立健全必要统计制度,要求统计按时保质以适应对敌斗争需要。

1979 年 9 月 10 日,市公安局党委决定:加强值班制度,派出所要有 2 人值班,分局安排 4 人值班,市公安局安排 7 人值班。同时,安排武装民警抽调一个机动班,需要时立即出动。市公安局值班安排和对分局、派出所的值班检查由办公室负责。

1983 年 10 月 8 日,针对“严打”第一仗,上报数字、材料较多,有的单位了解、掌握和反映情况渠道不畅通,有的存在临时抓差应付、上报数字不准确等实际情况,市公安局专门下发通知,并转发省公安厅《关于改进和掌握打击刑事犯罪情况的几点意见》,要求市公安局各单位选定专人负责“严打”每个战役、每一仗的书面报告和统计报表。

1984 年 6 月 7 日,市公安局下发《关于加强请示报告的通知》,要求在“严打”斗争中,按照公安部办公厅 1983 年 12 月下发的《关于各级公安机关都要快速而准确地向上级报告情况的通知》要求,各单位领导要重视情况汇报和统计工作,要确定专人负责并保持相对稳定,不要轻易变动,以免发生脱节现象;认真执行“每天一汇报”制度;坚持各项统计报表制度;凡发生重大案件和大的治安问题,要及时向市公安局调研室汇报;节假日和晚上向市公安局总值班室汇报。

1984 年 7 月 6 日,市公安局召开全市公安系统秘书工作会议,各县局、分局分管局长,秘书科(股)长和局机关处室、队、所负责人及内勤 40 多人与会。会上传达全国公安厅局办公室主任会议和全省地市公安处局办公室主任会议文件,副局长叶家瑞就如何贯彻这两个会议精神,加强秘书、调研工作进行布置,提出具体要求,使秘书工作逐步规范化、制度化。

1986 年 10 月 3 日,市公安局[公发(86)9 号]《转发省公安厅转发公安部办公厅〈关于加强公安信息联系的通知〉的通知》,指出局属少数单位汇报情况不及时、信息反馈慢,有的反映不准确、报喜不报忧、统计数字不实,甚至重大情况不报告等问题。要求东市、西市、中市、郊区 4 个分局和长丰、肥东、肥西 3 个县严格按照公安部办公厅通知十项要求,认真做好公安信息收集、统计和报送工作,做到信息传递和反馈快速、准确,以适应当前斗争形势发展的需要。

第三节　信　访

合肥解放和新中国成立初期,合肥市公安机关对干警好与坏的评价仅局限于老百姓口传,或者听取所、队基层领导汇报,干警中确有问题或工作中存在缺陷的,上会讨论、记录,不太注重群众来信来访。

1954 年,市公安局贯彻执行省公安厅下发的《关于加强处理人民来信来访健全制度的通知》,明确来信来访工作范围、信访干警的职责和处理来信来访的原则、方法等。对此,市公安局办公室明确专人负责来信来访工作,注重把来信原件作为档案保管,搞好来访接待、登记等。

1959 年 1 月 10 日,市公安局组织办公室等相关部门学习省公安厅转发《省厅办公室关于对芜湖、肥东等一市七县公安局处理人民来信工作检查情况和今后意见的报告》,提高广大干警对人民来信工作的认识,正确及时处理人民来信,可以使公安机关密切联系群众,克服官僚主义,纠正错误,可以依靠人民群众发现反、坏分子。要求办公室信访部门做到"三无""四好"要求,"三无"即无积案、无事故、无处理不当,"四好"即政治工作做得好、执行政策好、工作方法态度好、手续制度好。同时,根据省公安厅要求做好人民来信分类、归案管理工作。据是年 12 月 30 日统计,全年全市接待 83 人(件),其中人民群众来信 67 件,来访 16 人次,接处率 93.2%。

上级交办来信来访,往往面临时过境迁、跨部门等诸多因素,如处理不及时或者不适当,容易造成重大政治影响。20 世纪 60 年代初,市公安局办公室信访部门开始注重上级交办来信来访这方面工作,做到及时调查,件件落实,即使不属于公安本部门的,也要以书面材料报告上级,交办有关单位或部门。

1963 年,市公安局接待和处理来信来访 1662 件,比 1962 年 1547 件增多 7.4%。其中来信 1630 件,来访 32 人次,办结 1172 件,占来信来访总数的 70.5%。

1973 年 7 月 10 日,市公安局局长办公会议,明确信访工作归办公室管辖,学习铜陵档案管理经验,严格执行登记、呈阅、交办、催办、报结、汇报、归档等一整套程序和制度,所受理信访材料严禁积压、丢失和失密现象发生。

1975 年 8 月,市公安局召开局务会议,传达省公安厅召开全省公安信访工作会议精神,设立信访专职干警,人数由原来 1 人增至 2 人,充实和加强信访工作力量;必要时可临时抽调办公室或政工部门工作人员予以协助;建立必要检查制度,对一般性信件不能一转了事,务必做到事事有交代,件件有落实;要求信访部门除坚持日常办理信访接外,要经常深入群众,调查研究,及时处理信访反映的问题;强调对上级交办要处理结果的信件要按时上报,杜绝既不处理,也不提出意见现象的发生。

1982 年,市公安局办公室接待和处理来信来访 2295 件,其中来信 1483 件,来访 812 人次。直接受理办结的 1439 件,转分局、队办结的 436 件,办结公安部交办老难问题 15 件,省市交办 13 件,转其他部门处理 379 件,转外地处理 41 件。

1984 年 1 月,市公安局传达贯彻省公安厅全省信访工作会议精神,认真落实公安部办公厅《关于辽宁省公安厅实行分级负责归口办案就地处理信访问题的考察报告》精神。其主要内容包括分级、归口、要求、措施和纪律等 5 个部分。实行分级负责、归口办案的原则:属于哪一级部门职权范围内的问题,就应由哪一级部门负责解决;凡是要立案侦查的信访案件,应归口办案;凡是对原处理不服的申诉案件,由原处理单位的上一级机关复查,做出结论,不得推诿或将矛盾上交。信访工作的指导思想是以正确解决问题为目的,凡属于人民群众检举违法违纪犯罪的,必须及时受理,认真去办;凡属冤假错案的,一经发现,必须坚决纠正;凡属按照党和政府政策应当而又有条件解决的问题,必须认真解决;凡属过高要求的,必须给予说服教育,做好思想工作;凡属无理取闹而又不听劝告的,必须严肃处理,不能姑息迁就或放任不管。据是年年底统计,市公安局办公室受理来信来访 3309 件,直接办结 2226 件,自办率 67.2%;中央和省、市、省公安厅交办的 33 件,均已转办完毕。

1989 年,市公安局信访科受理来信来访 5079 件,直接办结 3721 件,自办率 73.26%;中央和省、市、省公安厅交办的 29 件,全都转办完毕。

第四节 档 案

合肥解放不到 10 天,入城先遣大队、江淮区党委、华中公安处就派出干部接管国民党省会警察局留守处。接收旧警察档案时,发现大量的文件、档案等被省会警察局南逃时带走,只剩下一本花名册以及流散在社会上的 42 名旧警察。

1953 年 8 月,市检察署、公安局抽调 5 名干部,组成检查处理反革命案犯档案小组。该小组依靠各界人士、民主党派,根据"有反必肃,有错必纠"的精神,检查"四错",即错捕、错杀、错判、错管。发现错捕 23 人,及时予以纠正平反,还纠正一些重罪轻判和轻罪不判的偏向。郊区对 15 个乡发生错管乱管的 300 人,甚至对犯错误被撤职的干部和乱搞男女关系的人实行管制,都一一进行纠正,对不应列管的档案予以销毁。

1954 年始,将人民群众来信原件立项纳入档案保管工作。

1956 年 11 月,市公安局设立档案室。其硬件设施为 2 间平房、3 个档案柜,内存 500 多卷公安业务档案。由秘书科 1 名民警兼职档案管理工作。

1959 年 1 月,市公安局档案室由原来保管文书档案为主,转为全面搜集各业务单位的档案资料,并将档案资料整理后分永久、长期、定期归档,积累一批丰富翔实的历史资料。

1965 年 12 月,市公安局调整扩建档案库房,定制木制档案柜 42 套,建立公安业务档案 7152 卷。

1977 年 3 月 17 日,根据市委党办秘(77)2 号文件精神,市公安局清理 1971 年以来,中央和省、市发到基层单位文件,特别是中央印发"批陈"整风、"批林"整风和"批林批孔"文件,要求局属各单位在月底前将清理文件情况上报市公安局办公室。

1980 年,市公安局建立健全各项保密和文件收发登记制度。局机关设有专职文书处理人员,集中统一保管,负责文件收发、登记、传阅;各科室、各分局坚持收发文登记制度,文件由内勤统一收发、登记、保管。是年下半年,市公安局办公室对 1979 年以前各种文件资料清理 1.1 万多份,无一丢失,上交档案室归档。对应"处理"的文件,由档案室登记造册,清点对号,领导签字,2 人监销,集中到市一家造纸厂化为纸浆。

1981 年 5 月 19 日起,市公安局办公室、档案室加强全系统档案管理工作,从分类、立卷、归档等多个方面,依照省厅第二次档案工作会议精神办理。11 月 21 日,档案立卷 1732 卷、498 盒,全部分类归档。

1984 年 12 月,市公安局办公室增设档案科,档案工作步入规范化管理。

第五节　后勤管理

1949～1989年，合肥市公安局后勤工作主要负责财务管理、公安装备、基建、车辆购置与维护等工作，归属于办公室职能。

业务经费

合肥解放初期，公安业务经费实行垂直管理，分别由国家公安部和省公安厅负责预决算的审核、分配、汇总报销及预算执行情况的监督检查等事项。合肥市公安局办公室按规定先后指定专人或兼职人员管理公安业务经费，逐步建立起公安业务经费的预算、开支、审批和报销制度。

1959年，按照财政部、公安部规定，公安业务经费下划地方财政开支，有的特殊项目由公安部、省公安厅划拨，公安业务经费开支以地方财政为主，公安部、省公安厅划拨为辅。

1964年3月23日，省公安厅划拨4.5万元给市公安局扩建看守所。7月9日，省公安厅划拨2.3万元给长丰县公安局兴建看守所。

1984年，省公安厅免费为市公安局看守所安装监控设备一套。

通信设备

合肥解放初期，市公安局办公室设有交通员，靠脚力送文件、送通知；新中国成立初期，交通员依靠骑自行车上传下达；1956年始有有线电话，机密文件等仍依靠交通员骑摩托车或者自行车送递。

20世纪60年代，办公室交通员撤销，主要依靠有线加密电话上传下达，机密文件等仍需要各部门民警送达，这种通讯状况一直延续到20世纪70年代末。

1982年，合肥市南北距离123.2公里，东西距离110.6公里，面积7225平方公里，总人口332.8万人。公安业务装备相对而言，数量少，且陈旧落后。是年11月，公安部综合技术装备局路局长检查市公安局技术装备后，在市委、市政府和省厅领导通气会上称：跑遍全国各省、市，在公安业务技术装备上，安徽属于偏下水平。像合肥这样一个省会城市，连电话总机都还没有，在全国来说是少有的。1983年开始筹备建设公安无线通讯网。

1984年3月，市公安局开始分批组建公安三级无线通讯网。即市公安局总台与省厅、市委市政府通讯，市公安局总台与各分(县)局、刑侦、治安、交通、消防、收审所、武警支队等分别建立分台，以及与车载台、派出所设携带台之间相互沟通联络。预算经费72万元，除省厅划拨20万元外，不足部分由市政府负责解决。

1987年，根据公安部关于专线组网要求精神，市公安局至各分(县)局、处、室、队专线电话第三期工程完成并投入使用。1988年11月28日，市公安局至七处最后一处专线地下电缆破土动工。

1988 年,交警支队购置价值 200 万元无线电台 17 部(包括车台)、手持对讲机 180 部、微机 2 台、彩色闭路电视监视一套(包括 20 台 20 寸彩色电视机、22 只摄像机镜头和固定录放机),组成支队、中队、分队、临时指挥调度点四级通讯指挥网络。

交通装备

新中国成立初期,市公安局仅有少量自行车。

20 世纪 50 年代,市公安局配备少量二轮、三轮摩托车,主要交通工具是自行车。

20 世纪 60 年代,市公安局配备两台北京吉普车。

1975 年,市公安局仅有北京、天津、罗马、六九 4 台车,其中 2 台车已很陈旧,多次大修接近淘汰,与全市年发政治、刑事案件 1000 多起和警卫任务繁重相比极不相称。市革委会解决 2 台公用小车。

随着国家经济形势好转和公安业务建设发展,市公安局交通工具大有改观。1979 年,市公安局购置北京牌吉普 2 辆、三轮摩托车 4 辆、江淮卡车 1 辆。后来陆续配备有金杯面包车、桑塔纳等,基本满足公安业务需要。

1986 年,市公安局消防支队有 36 台消防车辆,其中 15 台为陈旧老化亟待更新的解放牌汽车。市委、市政府划拨专款对消防装备进行更新。是年,从德国引进波浪曲臂云梯消防车,曲臂可伸高 31.5 米,填补合肥市在扑救高层建筑火灾上的空白。1986 至 1989 年,消防支队先后对二氧化碳车、电台通讯车、防火宣传车、解放牌水罐车等 10 辆消防车更新淘汰,新添置黄河牌水罐车 2 辆,兰乌牌轿车、万力特牌面包火场指挥车各 1 辆,解放牌 141 水罐车 5 辆,东风牌水罐消防车 2 辆,解放牌干粉车 1 辆。

1987 年,经济民警系统增配摩托车 23 辆、对讲机 14 对、电击棒 60 支、自卫器 100 支。

交警支队在 1968 年仅配置一辆美式吉普车。1985 年拥有轿车 2 辆、吉普车 6 辆、事故现场勘查车 2 辆、摩托车 13 辆。1989 年,全支队有轿车、吉普车、事故现场勘查车 22 辆,摩托车 24 辆。

楼舍基建

新中国成立初期,市公安局机关和分局、派出所办公房屋是依靠以前遗留下来的一些旧建筑物,投资很少,来源有两种形式:市委、市政府划拨和租用社会公房。

1956 年,市公安局看守所兴建房屋 54 间,增设浴池、图书室、医疗室、理发室等,改善人犯的生活条件。

1973 年,新盖一座三层 43 间办公楼;年底又新建一幢 600 平方米三层宿舍楼。

1977 年 9 月 10 日,市计委、建委同意市公安局自筹资金 11 万元新建胜利路、花冲、延安西路派出所和治安民警队办公用房。

1979 年度,市公安局花费 50 万元兴建东市、中市 2 个分局部分干警宿舍和交警大队房屋,翻建双岗、庙街 2 个派出所办公用房,增建胜利路派出所办公用房,扩建消防大队部。

1984 年 9 月 30 日,坐落在寿春路 220 号的市公安局 4 层办公大楼竣工。

1985 年,市公安局在长江路 387 号原交警二中队院内兴建 806 平方米 40 间交警大队办公楼。

1986 年,市公安局消防支队铺设训练跑道 650 平方米,新建和翻建平房 32 间,计 776 平方米,维修旧房 210 平方米,缓解中队营房紧缺状况。支队消防专勤大楼和恢复楼建设正在加快建设。

1987 年,市公安局看守所在省厅五处具体指导和支持下安装监控技术设备;肥西县、长丰县安装监控技术设备进度较快;肥西县看守所改建监房竣工,面积 1126. 82 平方米;长丰县看守所改建人犯伙房 60 平方米交付使用。

1987 年 4 月 27 日,合肥市政府同意市公安局看守所迁至东郊螺丝岗,并列入 1987 年度基建项目。后因资金问题短期内未实现,为 20 世纪 90 年代初市公安局看守所整体搬迁到螺丝岗打下基础。

第十二章　队伍建设

第一节　管理机构

机构沿革

1949年2月,合肥市人民政府公安局设立秘书科,负责全市公安机关的政治思想工作。

1951年9月,根据公安部召开的第一次全国公安人事工作会议精神,市公安局始设人事科,专门负责公安政治思想组织人事工作。

1952年3月,市公安局人事科改为政治处。10月,又改为政治协理室,政治协理员由副局长兼任。

1955年9月,市公安局政治协理室编制8人,其中副政治协理员、党总支干事、组织协理员、干部协理员、青年协理员各1人,办事员3人。

1959年2月,根据第二次全国政治工作会议精神,市公安局政治协理室更名为政治处,编制9人。

1961年6月,市公安局政治处增设组织科、宣传科,东市、西市、南市、北市4个公安分局均设政治干事。

1968年9月,市公检法军管会确定机关新组织序列,将政治处改为政工组。1973年6月,恢复政治处。

1979年10月,经市编委批准,合肥市公安局增设干警轮训班,正科级建制。市公安局政治处负责干警轮训班的管理教学,组织干警业务培训。一年后,轮训班撤销。

1980年4月,市公安局设立纪律检查委员会,负责党纪教育和违纪处理工作。政治处增加负责机关干警子女参军、升学、就业和计划生育等工作职责。

1984年9月,经省公安厅、省计委、省教育厅、省招生委员会批准,合肥市公安局开设安徽省人民警察学校合肥教学班,首批招生50人。教学班先设在市委党校,后迁螺丝岗,1990年8月撤销。市公安局干警函授教育由政治处负责。

职能职责

政治处是市公安局党委的办事机构,根据局党委授权,主要负责公安队伍的政治、思想和纪律作风建设。其主要职能:对公安干警进行马列主义、毛泽东思想和建设有中国特色社会主义的宣传教育;开展立功创模和爱民月活动;协助党委管理干部,负责对公安干警的考核、奖惩,办理任免、调动和离退休手续;负责招收新干警和干警培训工作;管理离退休干警,以及共青团、妇女等工作。

第二节　民警录用

民警来源

合肥解放和新中国成立初期,合肥市公安机关人员构成来源于四部分:

一、华东野战军先遣纵队官兵。1949 年 1 月 21 日,华东野战军先遣纵队第四支队一大队率先进入合肥市,实现和平解放。22 日,华野先遣队第四支队对合肥市实行军事管制。待合肥市地方政权机关逐步完善,并能行使权力后,军事管制撤销,该支队 19 名官兵充实到合肥市人民政府公安局。

二、接收部分国民党政权时期警察。合肥解放初期,市公安局接收部分国民党政权时期警长以下警士 69 人,从事交通警和消防警工作。

三、接收部分华东大学皖北行政分校学员。1949 年 5 月,华东大学皖北行政分校分来 20 多名学生,经 3 个多月短期公安业务培训后,分配至市公安局形成公安系统业务骨干。

四、社会上招录。1949 年 3 月,从社会上招录新警 59 人。1951 年 4 月,市公安局将经过土地改革和镇压反革命运动考验的纠集队员、行政组长,由各派出所推荐审查合格后,在警训班集训 1 个月后分到各派出所工作。

1955 ~ 1989 年,合肥市经济持续发展,人口不断增长,公安机关由小到大,人员编制由少到多,其人员构成发生一些新变化。

一、干部交流和调任。省际、市际之间调进调出,省公安厅、市委、市政府部门干部与市公安局干部交流。1953 年 7 月 27 日,省公安厅政保处处长顾浩调任市公安局长。

二、从社会上招收新成员。1954 年 12 月 23 日,市公安局录用 28 名店员、工人、学生充实公安队伍;1962 年,根据市委指示,从各工厂一次抽调 60 名干部担任户籍警。1981 ~ 1982 年,根据安徽省人事局〔皖人干字(81)054 号〕《关于同意选招公安干部的批复》文件,经省编委批准,市公安局从全民所有制工厂正式工人和“以工代干”中,招收 120 名公安民警。

三、军转干部。1982 年 4 月 14 日,市公安局接收第四批军队转业干部 106 人。

四、公安干警离退休或因公牺牲,其子女顶替工作或特招新民警。

五、从企事业单位公安机构、保卫部门、经济民警转入部分民警。

六、因改制转入部分民警。1987 年,根据国务院发出《关于改革道路交通管理体制的通知》,交通监理机构及其所属人员移交公安机关领导管理。

七、吸收大专院校学生。1982 年 9 月,市公安局接收省人民警察学校毕业生 25 人。

录用形式

调配 合肥解放初期,公安机关组建时,所需领导干部由中共安徽省委和皖北行署公安局直接调配。此后,合肥市公安局股级以上干部除省、市党委和组织部门调配外,还从市公安局内部提拔任用。

选调 1984 年以前,合肥市公安局补充缺员,大多从各级党政部门和企事业单位选调干部、职工充实民警队伍。选调民警须经省组织、劳动人事部门批准,所物色选调对象和有关单位推荐选调对象必须经目测、政审。考察合格后,经市委组织劳动人事部门批准办理调动、录用手续。

招收 1952 年 8 月 23 日,经合肥市委和皖北行署公安局批准,市公安局直接招收初中、高中在校学生和合肥市境内社会知识青年 58 人,其中交警 30 人、户籍警 14 人、检查警 3 人,其他 11 人。招收条件是:立场坚定,拥护共产党政策和社会主义制度;家庭出身好,本人历史清白,政治纯洁,没有复杂社会关系;身体健康,25 岁左右;具有适合公安工作需要和初小、初中文化程度。随着社会发展,至 1984 年,合肥市公安机关招收民警方法虽与以前基本相似,但程序越来越严谨,对招录民警的文化程度和整体素质要求越来越高。

招考 1984 年起,市公安局从社会上吸收人民警察均采取向社会公开招考形式,择优录取。具体办法是:与市劳动人事部门共同制定招考民警简章,应考人员志愿提出书面报考申请或填写报考登记表,经分(县)局和市公安局政工部门政治审查、文化考试、体格检查合格后择优录取。招考民警政治审查较 1984 年前有重大变化,由过去片面注重家庭成分和个人社会关系,改由注重个人现实表现,即有无违法犯罪记录。合肥市公安机关录用民警制度改革,有效杜绝和防止招收民警过程中拉关系、走后门等不正之风,确保新录用民警政治思想上的纯洁性和学历知识的真实性。1984 年 7 月 27 日,市公安局成立安徽省警校合肥教学班,学制两年,设 2 个班,招收学员 100 人,解决增加警力来源问题。1986 年年初,市公安局对 1985 年新招收的 200 多民警和大学毕业生,进行 3 个月训练后充实到基层。

接收部队转业干部 1949 年 1 月合肥解放时,19 名中国人民解放军官兵直接转入合肥市人民政府公安局,中间没有转业手续,属调配性质。随后,市公安局接收部队转业干部有两种情形:1985 年以前,部队转业干部到市公安局工作,具有组织分配性质,市公安局无条件接收;1985 年以后,市公安局接收部队转业干部根据 1985 年 7 月 14 日公安部、劳动人事部颁发《关于接收人民警察的规定(试行)》,有选择性。如副营职部队转业干部、年龄超过 35 周岁以上的,或者年龄未超过 35 周岁以上,但身体不好的,公安机关有权拒绝接受。

接收大中专院校毕业生 市公安局接收大中专院校毕业生分为两个阶段:

1984 年以前,主要根据公安业务需要,有选择地接收国家和地方统一分配大中专院校毕业生。接收具体办法是:市公安局报经市组织人事部门同意后,根据所需专业技术项目和人数,物色、考察接收对象,待政审、体检合格后,由市组织人事部门下达接收录用通知书,办理有关接收录用手续。

1984 年以后,市公安局接受大中专院校毕业生,主要是根据 1985 年 7 月 14 日国家公安部、劳动人事部颁发《关于接收人民警察的规定(试行)》条件,经审查合格,报经市组织人事部门批准后接收录用。20 世纪 80 年代末,市公安局接受大中专院校毕业生要求越来越高,最低接受大专以上的毕业生。

转警　转警有三种情形:部分长期在市公安局从事民警工作的在编职工,思想进步,表现突出,符合吸收人民警察规定条件,经组织人事部门批准转为民警。1983 年 8 月 20 日,处置长江路桥附近一起化工品毒气泄漏重大事故,交警大队聘用驾驶员付厚年置生死于度外,果断将氨气外泄的罐车开往郊外,避免了一场更大的事故发生,后付厚年转干为民警。

劳改监狱管理部门有一段时期归属公安机关管辖,后又划出,少部分民警留在合肥市公安局。

根据中央精神,地方行政单位划归公安机关领导管理,其工作人员成建制转为民警。如 1987 年交通监理机构及其所属人员移交公安机关领导管理。

第三节　警力状况

民警编制

1949 年 1 月 21 日,合肥市和平解放时,市公安机关于 2 月中旬率先成立。截至年底,市公安局派出所以上干部 62 人,员警和勤杂人员 159 人(其中户籍警 62 人、交通警 60 人、消防警 27 人、卫生警 4 人、检查员 6 人),计 221 人(不含公安队 99 人)。其中,检查员系市公安局直属合肥水陆交通检查站的工作人员。卫生警是沿袭民国时期的做法,负责集市贸易的卫生防疫,承担清理沿街主干道摆摊设点等任务,其工作职能类似于城管。

新中国成立后,随着合肥市的发展,人口快速增长,合肥市公安机关干警编制也随之增加。

1949～1965 年合肥市公安局干警人数一览表

表 12－1

年　份	干警人数	增减原因及数量	备　注
1949 年年底	221	接收旧警中级以上职员 15 人,警士 72 人,共计 87 人	员警、勤杂 159 人(不含公安队 99 人)
1952	294	1. 1949 年、1950 年两批招新警 44 人; 2. 1951 年华东大学皖北分校分配 29 人	1. 不含公安队人数,包含勤杂人员; 2. 1951 年整顿队伍清理出一批
1953	360	水路检查站划归长江水上公安局、巢湖分局	1. 不含公安队人数; 2. 含勤杂人员
1955	343	内部科室细化, 人员基本未增加	1. 不含勤杂人员(炊事员、司机、事务员); 2. 不含公安队人数
1957	526	1. 新增设芜湖路、佛子岭路派出所; 2. 省厅移交我局上圩农场干警 53 人	1. 不含公安队; 2. 不含勤杂人员
1961	617	1. 四个分局均设置拘留所; 2. 不含消防队人数	在全市精简机构,减少编制 37% 情况下,市公安局编制略有增加
1962	743	1. 增巢湖区分局 9 人; 2. 从各工厂吸收干部担任户籍警 60 人	1. 不含武警支队; 2. 经济民警三个中队 25 人
1963	593		含消防警
1964	634	经“五反”整风运动,干警调走、下放 170 多人	含消防警
1965	670	/	含消防警
1978	795	/	不含武警支队
1979	831	/	不含武警支队
1983	1219	/	不含武警支队
1988	1517	/	不含武警支队
1989	1598	/	不含武警支队

年龄状况

20世纪50年代初，合肥市公安局干警普遍年轻。1951年，合肥市区在编干警（不含公安队）187人，平均年龄不到31岁，其中25岁以下占总数的88.7%，26～45岁占总数的11.08%，48岁的仅1人。市公安局正、副局长2名，正职38岁，副职31岁；28名股级以上干部平均年龄不到27岁。

20世纪60年代初，市公安局干警平均年龄有所上升，年龄状况较10年前变化较大。1962年市公安局干警25岁以下的276人，占总人数743人的37.1%；26～45岁461人，占总数的62.1%；46岁以上6人，占总数的0.77%。市公安局正、副局长5名，平均年龄43岁；39名副科以上干部平均年龄不到40岁。

20世纪70年代末，随着时间推移，市公安局干警队伍平均年龄逐渐增大。1976年"文化大革命"结束后，绝大多数老同志恢复工作，在市公安局领导和中层干部层面上，年龄偏大的问题尤为突出。1979年，市公安局有公安干警831人，市公安局领导班子成员8人，最大年龄57岁，最小年龄41岁，平均年龄51.5岁；中层干部平均年龄47岁。

20世纪80年代后期，随着部分干警离退休和新招收民警的加入，市公安局干警队伍平均年龄呈下降趋势，有两个特征：一是干警队伍年龄从低到高呈"金字塔"形，年龄结构趋向合理化。1989年，市公安局有公安干警1598人，35岁以下的745人，占总数的46.6%；36～45岁501人，占总数的31.9%；46～55岁260人，占总数的16.9%；56～60岁92人，占总数的5.75%。二是市公安局领导班子呈现年轻化。1989年，市公安局领导班子成员7人，最大年龄58岁，最小年龄34岁，平均年龄43.57岁。

性别比例

公安机关是个半军事化实战群体。新中国成立初期，合肥市公安系统女性干警比例非常小。1951年，合肥市区（不含公安队）在编公安干警187人，其中女性干部和员警11人，占干警总数的6.11%，其中女性干部3人，占市公安局干部总数78人的3.84%，23名股级以上干部中无一女性。8名女性员警除1人来自合肥水陆交通检查站外，其余全部为户籍警，占户籍警总数的10%。交警、消防两支队伍没有女警。

20世纪60年代初，市公安局性别比例有所变化，1962年，市公安局干警总数743人，女性干警78人，占干警总数的10.5%。78名女性干警中，干部32人，占市公安局干部总数286人的11.2%，比10年前上升7.36个百分点。32名女性干部中，2名女性担任科级以上职务，占35名科级以上干部的5.7%；5名女性担任股级职务，占92名股级以上干部的3.9%。46名女性民警中，有39名户籍警，占户籍警总数112人的34.8%，比10年前上升近24.8个百分点。有4名交警和3名消防民警是女性，改变10年前交警、消防两支队伍没有女性的状况。

经过十年"文化大革命"，合肥市公安系统女性干警大为减少。1979年，市公安局女性干警45人，占公安干警总数831人的5.41%。

20世纪80年代中后期，随着公安队伍正规化建设，市公安局女性干警比例也在不断提高,涉足各警种、各部门。1989 年,市公安局女性干警 145 人,占公安干警总数 1598 人的 9.1% 。

文化素质

20 世纪 50 年代初,合肥市公安局干警文化程度普遍很低。1951 年,合肥市区在编公安干警高中毕业的仅 4 人,占干警总数的 0.21% ;初中毕业和相当于初中文化的 51 人,占干警总数的 27.2% ;具备小学、初小、高小三种文化程度的 125 人,占干警总数的 67.3% ;文盲的 7 人,占干警总数的 0.37% 。市公安局正、副局长 2 名,正职文化程度是初中毕业,副职相当于初小文化程度。3 名分局长中,1 人文化程度是初中毕业,2 人相当于高小文化程度。16 名所队长中,相当于初小文化程度 6 人,高小文化程度 4 人,初中文化程度 3 人,文盲和粗识字 3 人。

20 世纪 60 年代初,市公安局干警文化程度发生较大变化:由 50 年代初具备小学、初小、高小三种文化程度占绝大多数变为初中文化程度占绝大多数;已有 3 名高等学校毕业生进入公安队伍,并得到重用;初小、粗识字和文盲基本消失,高中毕业的有较大幅度上升。1962 年,市公安局干警总数 743 人,其中高小以下文化程度 264 人,占 35.5% ;初中文化程度 408 人,占 54.98% ,;高中毕业 68 人,占 9.1% 。

20 世纪 70 年代末,市公安局干警文化程度状况呈“纺锤形”,即高学历和低学历比例较小,初、高中学历比例较大。1979 年,市公安局市区干警总数 831 人,其中大学学历 16 人,占 1.92% ;中专学历 13 人,占 1.69% ;高中学历 76 人,占 9.14% ;高中以上学历 105 人占 12.75% ;初中学历 542 人,占 65.2% ;具备高小文化程度 145 人,占 17.4% ;初小文化程度 39 人,占 4.68% 。

20 世纪 80 年代中后期,通过各种形式的公安教育,市公安局干警知识结构发生明显改变。1985 年,大学学历和高中学历分别占干警总数的 4.6% 、29% ,到 1989 年分别提高到 14% 和 42% 。1989 年,市公安局干警大学学历 254 人、中专学历 324 人、高中学历 360 人、初中学历 660 人,分别占干警总数 1598 人的 15.9% 、20.3% 、22.5% 、41.3% 。市公安局领导班子成员 7 人,大学学历的 5 人,占 71.4% 。

第四节　政治思想教育

党员、干部概况

1949 年 2 月中旬,成立合肥市人民政府公安局时,全市公安系统只有十几名中共党员,成立临时党支部,由秘书科冯其华任支部书记,负责处理市公安局党内事务,隶属市委直属机关党总支领导。公安分局、派出所干警的党组织关系隶属所辖区委领导。

1961 年 6 月 18 日,经合肥市委批准,撤销市公安局党组,成立中共合肥市公安系统委员会,下设组织科、宣传科。伊良辰任党委书记,李志道任党委副书记,原属各区委管理公安分局、派出所的行政编制、干部任免、党团关系等收回市公安系统党委管理。至同年8月,4个公安分局(不包括巢湖区公安分局)均设立党、团支部,配备副政治教导员(教导员由各区委分管政法的书记兼任),全市29个公安派出所陆续配备政治指导员。

1972年10月,根据全国第十五次公安会议精神,市革委会会议决定,市公安局将分局、派出所干警的党团关系、行政关系等移交给所辖区委、区革委会管理。

1975年9月15日,重新成立中共合肥市公安局委员会,张思靖任书记,王向忠任副书记。1976年6月10日,根据《第十六次全国公安会议纪要》和市委(76)16号文件精神,公安分局、派出所干警的人事、行政关系交由市公安局领导,党团关系仍属所辖区委管理。

1949~1989年,市辖县公安机关干部和民警的人事、行政关系、党团关系一直由所在县委管理。

若干年份合肥市公安局党员基本情况统计表

表12-2　　单位:人、个

年份	正式党员	预备党员	男	女	总计	基层党委	党组	党总支	党支部
1950	49	17	60	6	66				1
1954	86		80	6	86			1	3
1957	75	14	82	7	89		1	1	3
1963	280	14			294	1	1		11
1966	/	/	182	7	189	1		2	12
1971	/	/	325	16	341	—	—	—	11
1978	358	22	365	15	380	1		2	20
1983	838	4	773	69	842	1		2	22
1984	820	7	751	69	827	1		2	26
1985	1161	14	1074	101	1175	1		3	26
1986	872	9	780	101	881	1		3	27
1987	898	24	815	107	922	1		3	27
1989	1013	55	939	129	1068	2		2	29

注:1.党员指中国共产党党员。

2.因"文革"时期档案缺失,1971年仅有党支部的数字。

若干年份合肥市公安局干部基本情况统计表

表 12－3

年份	总计	男	女	大学	中专	高中	初中	小学	党员	团员	群众
1956	177	162	15	1	1	11	98	66	113	49	15
1958	221	201	20	—	—	20	111	90	134	54	33
1963	314	290	24	—	—	30	209	75	226	58	30
1971	228	210	18	12	—	27	132	57	202	7	19
1972	244	217	27	14	—	24	159	47	207	7	30
1978	399	374	25	16	—	88	219	76	359	1	39
1980	532	503	29	16	32	110	306	66	570	23	137
1982	1001	938	63	22	37	126	660	156	868	51	82
1985	1558	1443	115	/	/	/	/	/	1175	/	/
1986	1333	1202	131	113	156	315	749	—	881	257	195
1987	1403	1274	128	157	209	315	721	—	922	209	271
1989	1598	1419	179	386	399	613	172	—	1068	315	215

注:1. 党员指中国共产党党员,团员指中国共产主义青年团团员,群众指无政治身份。

2. 1985 年的市公安局干部“文化程度”等资料缺失。

政治思想工作

1949～1950 年,合肥市公安局组成人员中,除接收旧政权警士以下警察和新招收警员外,大多来自人民解放军部队官兵,他们经过战火洗礼,政治素质高,成为合肥市公安系统中层以上领导和业务骨干。1951 年,市公安局有中国共产党党员(以下简称“党员”)50 人、预备党员 8 人,占干警总数的近 31%;有中国共产主义青年团团员(以下简称“团员”)29 人,占干警总数的近 15.5%;要求入党入团的 41 人,占干警总数的 21.9%。

1949～1958 年,市公安局党组织按照“一面作战,一面建警”的原则,进行一系列的思想、组织和制度建设。合肥解放初期,由于在消防、交通管理方面还留用一批国民党时期警员,少数公安人员因受资产阶级思想的影响,在工作作风上有不同程度的脱离群众、刁难群众,甚至发生强迫命令、打骂群众的现象,造成不良的政治影响。经过历年的各项政治运动和政治思想工作,清洗了不合格的旧警人员,公安干部的政策水平和业务水平有所提高。特别是通过 1957 年的整风运动、反右派斗争以及 1958 年的纪律教育运动,全市公安干警的思想面貌焕然一新,涌现出很多先进人物和先进事迹,更加密切人民警察与群众的关系。与此同时,市公安局党组织对广大干警进行政治教育、法制教育和阶级教育,强化公安干警遵守国家宪法、法律和共产主义道德品质,提高广大干警贯彻执行总路线和有关方针政策的自觉性。

1959 年,经过“整风”“反右”和人民公社大变革,部分干警思想产生动荡。在“大鸣大放”中,少数干警挟私无原则地提意见,甚至超出业务范围;部分干警认为实行供给制是走回头路;有的政策观念不强,不坚持党的原则,患得患失,对工作怕负责任或不负责任;有的滋生骄傲自满情绪和特权思想。市公安局传达贯彻安徽省第六次政法会议精神,在全系统开展理论学习运动、纪律教育运动、"比学赶超"运动、干部参加劳动生产运动、文化体育运动等"五大运动",深入进行社会主义教育和共产主义理想教育,确立"兴无灭资"思想,克服个人主义,对抱有抵触情绪发表错误言论的,做坚决斗争。结合"立功创模"活动,全体干警比工作、比思想、比学习、比劳动、比执行政策、比遵守纪律、比联系群众,把公安工作"大跃进"推向更大、更好、更全面的新阶段。

1961 年,全市公安队伍中,少数民警存在严重的资产阶级个人主义,工作上患得患失,不负责任,不敢坚持原则;有的工作消极懈怠,遇事推三阻四,讲价钱、怕困难;有的和"地富反坏右"分子称兄道弟,拉拉扯扯,是非不分;有的蜕化变质。市公安局组织干警学习中央"十二条指示"和省第八次政法会议精神,继续开展整风学习和"新三反"运动,主要清除"五风"(特殊风、命令风、浮夸风、共产风、生产瞎指挥风)、"三害"(贪污、浪费、官僚主义),通过"整风"提高全体干警阶级觉悟和革命品质,提高政策思想水平,克服缺点,改进作风,以适应斗争形势和斗争任务需要。通过"新三反"运动,清除了个别贪污分子,纯洁了公安队伍。

1963 年,市公安局党组在"爱民月"活动和整顿公安内部秩序的基础上,坚持工作上、思想上政治挂帅,即遵照中央公安部提出的五条标准:必须坚决拥护党的总路线,必须坚决拥护党中央和毛主席的领导,对党的事业必须具有坚定的胜利信心,对现代修正主义必须划清界限,必须具有高尚的道德品质。主要做法是:加强马列主义、毛泽东思想教育,通过组织干警开展忆苦(阶级苦、民族苦)思甜活动、争创"四好"派出所和"五好"民警评优活动,逐步把公安队伍建设成为一支"人民爱、敌人怕,经得起任何困难和风浪考验,具有坚强战斗力的又红又专"队伍。加强组织性纪律性和政策观念教育,提高干警服从组织、遵守纪律、执行政策的自觉性。切实加强公安系统党的建设,加强党、团支部工作,充分发挥党支部战斗堡垒作用;加强集体领导,健全例会制度,充分发扬党的民主集中制;认真改进领导作风和干警的工作作风。

1964 ~ 1965 年,市公安局坚持"兴无灭资"斗争,坚持"四个第一",大兴"三八作风",把思想政治工作放在第一位。积极组织干警向解放军、大庆和雷锋同志学习,使毛泽东思想和革命英雄主义精神占领公安民警思想阵地。开展"四好"、"五好"运动,"四好"是:政治思想好,完成任务好,执行政策好,纪律作风好;"五好"干是:思想好,工作好,学习好,纪律好,身体好。

市公安局组织广大干警学习《为人民服务》《愚公移山》《纪念白求恩》等"老三篇"和《矛盾论》《实践论》《关于正确处理人民内部矛盾的问题》《人的正确思想从哪里来》等 4 本哲学著作,突出政治,大学大用、活学活用毛主席著作。通过学习,全体干警普遍认识到,既要有好的思想指导行动,又要有熟练业务能力,作为搞好革命工作的基础。政治思想必须落实到业务工作中去,否则,"为人民服务"就成为一句空话。其次,抓典型、树标兵,表彰先进,掀起比、学、赶、帮竞赛热潮,大力推动思想政治工作和公安业务建设。这个时期,合肥公安系统出现了"三多":学习的多,苦练业务的多,好人好事多。

1978 ~ 1981 年,市公安局思想政治工作和日常业务工作步入正常化、规范化。1979

年,市公安局党员606人,占公安干警总数831人的72.9%。在606名党员中,“文化大革命”后新增党员333人,其中市公安局发展新党员163人,均为部队转业来的。这些党员干警政治素质高,大局意识强,具有很好的敬业精神。

1979年8月份开始,市公安局党委先后举办5期学习班,对411名党员干警进行轮训。通过理论学习、法制教育和“实践是检验真理的唯一标准”讨论,认真总结“文化大革命”前17年和“文化大革命”10年公安历史正反两个方面经验,分清公安历史上路线是非,解放思想,统一认识,调动广大干警积极性,坚持在实践中认真改造世界观,做执法守法模范。1980年,市区各分局有26个派出所和长丰县公安局没有发生违法乱纪案件。

1981年年初,中宣部、公安部等单位号召在全国开展文明礼貌月活动,发出“五讲四美”倡议书。五讲:讲文明、讲礼貌、讲卫生、讲秩序、讲道德;四美:语言美、心灵美、行为美、环境美。市公安局结合自身特点,一是把开展“五讲四美”活动与开展“爱民月”活动相结合。全局干警为群众做好事2350件,参加工厂街道等单位义务劳动910人次,植树8000多棵。二是合肥公安系统出现了“四多四少”局面。文明办事、礼貌待人的多了,讲粗话脏话的少了;自觉遵守纪律制度、服从命令的多了,迟到早退不听指挥的少了;讲团结顾大局、同心协力的多了,闹无原则纠纷、不团结现象少了;主动打扫卫生、讲究警容风纪的多了,不爱清洁、不讲卫生的少了。三是把开展“五讲四美”活动与整顿社会治安相结合。仅在文明礼貌月活动中,全局出动干警6000多人次,打防结合,整治突出问题,社会治安秩序明显好转。四是把开展“五讲四美”活动与开展立功创模活动相结合。除大力表彰1981年度先进集体和个人外,是年5月份在省、市召开的“文明礼貌月”活动表彰大会上,市公安局有4个单位、6名干警受到奖励。7月份进行上半年初评,全局有约30%的干警被评为先进工作者。

1982年4月7日,市公安局召开思想政治工作会议,贯彻省公安厅和市委关于加强公安队伍思想政治工作的指示精神,市公安局党委提出三点要求:反对特权思想,搞好警民关系;振奋精神,提高工作效率;严格财经制度和赃款赃物登记制度。在日常工作中,市公安局党委注重立功创模工作,培育公安队伍的正气和人民警察应有的职业道德。是年4月19日凌晨4时许,合肥人民被服厂临时工杨某某、合肥饭店学员胡某某和水利厅物资储运站学员刘某某对在包河公园水闸房内避风的3人一顿毒打,抢走手表1块和现金、粮票等,杨、胡两犯还轮奸其中1名女青年。5时许,受害人在市工人文化宫附近向过路的交通民警张家育报告案情。张家育跟踪追击,赤手空拳抓获其中2名犯罪分子。张家育勇擒罪犯,为民除害,受到通报表扬,被省公安厅记二等功。6月25日,郊区公安分局民警周性贵在合肥发电厂传唤盗窃犯陈宝康时,陈犯突然取出装有雷管、火药纸的小盒向床头柜上猛戳,引起爆炸,当场炸伤3人。周性贵左眼被炸失明,但他强忍剧痛,奋不顾身地抓住陈犯。周性贵被省公安厅记二等功。

1984年4月24日,市公安局开展“争创文明单位、争当文明警察”活动。在全系统设立17个活动点,抓实际成效。仅5月份,全市公安干警为群众做好事1.1万多人次,不仅进一步密切了警民关系,干警自身文明素质也得到了提高。11月25～27日,市公安局党委举办政工干部政治业务训练班,围绕“如何从严治警”,认真学习公安部试行的《人民警察内务条令》《政治指导员工作条例》等;参观试点单位肥东县公安局对干警进行正规化、军事化训练表演;肥东县公安局、郊区公安分局、廻龙桥派出所等8个单位介绍在新形势下,加强思想政治工作,从严治警的经验和体会。

20世纪80年代中后期,合肥市公安系统干警的思想状况出现一些新的变化。部分干警认为现在经济形势与50、60年代大不一样,要发动和依靠群众搞治安防范等工作,就得靠花钞票雇人,过去传统的群众工作"不适用""过时论",公安工作"离不开金钱论",出现摊派、拉赞助苗头。老干警认为群众工作十分重要而又常被忽视,新干警一半以上不愿,也不会做群众工作,有的干警做群众工作时板着面孔,态度生硬,常以管人者姿态出现,群众很反感;少数领导习惯于注重专政方面职能,忽视管理方面的服务职能,个别领导甚至认为思想政治工作是政工部门、党团组织的事,与己无关,等等。针对上述种种情况,市公安局党委认真贯彻党的十三大精神,发挥全体干警聪明才智,探索政治思想工作网络化、制度化、经常化、群众化,寻求思想政治工作重点突出、灵活多样、效果显著的新路子,把思想政治工作渗透到各项公安业务工作中去,真正发挥政治思想和群众的威力。

1985年6月27日,市公安局邀请全国公安系统二级英模张新国(安庆市迎江区公安分局副教导员)到市公安局做报告,介绍他树立远大理想,全心全意为人民服务的先进思想、先进事迹,受教育干警500多人。6月29日,市公安局党委召开"庆祝党诞生六十四周年,表彰先进党支部、党小组、优秀党员"大会。交警三中队、公交派出所、预审处、调研室等4个党支部被评为"先进党支部",刑警大队政秘党小组、纪委党小组被评为"先进党小组",郑云峰等42名干警被评为"优秀党员"。

1987年,市公安局党委针对增加不少公安干警的现况,增强公安干警自身法制教育摆上日程议事。各公安分局根据实际情况开展法制教育活动。郊区公安分局采取举办轮训班、报告会、座谈会等形式,对干警进行社会主义民主和法制教育,增强公安干警民主观念、法制观念和群众观念。分局领导分片包干,深入派出所调查研究,帮助基层制定遵纪守法、爱民公约等,解决基层干警在学法、用法中遇到的实际问题。

1989年,市公安局党委组织干警认真学习中共十一届三中全会文件、邓小平三次重要讲话等,对干警开展形势任务教育、职业道德教育和政策法律教育,统一思想,提高认识,做到从严治警,依法治警。对队伍中某些混乱现象或不正之风"不护短"地进行整顿,查处干警各类违法乱纪案件,清除腐败现象。利用和创造条件,加强对干警的业务培训,提高队伍素质。要求干警加强政治学习,看清公安工作面临新形势、新变化,明确公安职责,把公安工作同改革发展稳定的大局联系起来,进一步提高保卫改革、服务发展的自觉性,坚持在政治上、思想上、组织上与党中央保持高度一致,为治理、整顿和深化改革,促进经济建设,维护社会稳定做出积极贡献。

第五节　公安教育

1949～1989年,合肥市公安教育经历由公安培训、职业教育到成人学历教育三个过程。公安培训和成人学历教育具有阶段性,职业教育逐步发展为常态化,这三种状态的教育形式在不同时期交替进行着,改变了公安干警的知识结构,提高了合肥公安队伍整体文化素质。

公安培训

新中国成立初期至20世纪80年代,市公安局公安培训特点是,有公安培训管理人员,无专业师资;无固定教学场所,临时性较强;急用先学,讲究"短、平、快"。

1949年3月,市公安局成立警察训练班(简称"警训班")。4月5日,举行第一期警训班开学典礼,市长到会讲话,并给学员讲授第一堂政治课。这期学员96人,其中招收新警66人,留用旧警30人,为期2个月。7月2日,第二期警训班开学,时间为110天。这期学员除新招收的外,还有一部分是从华东大学皖北行政分校转学来的,共109人。

合肥市公安局第一期警训班概况表

表12-2　　单位:人

数字 成分 警种	合计	贫农	中农	富农	地主	备　注
户籍警	20	7	13			
交通警	35	27	8			其中有5名旧警,经改造后分配在交通警察之列
消防警	25	24	1			消防队大都是收容旧警改造的
卫生警	4	1	2	1		
其他警钟	12	7	4		1	含检查员、通讯员、事务员等人在内
总　计	96	66	28	1	1	

1951年5月14日,第三期警训班开学,培训对象是新招收的70名交通警和户籍警,时间1个月。市长讲授第一堂时事政治学习课,交通管理和户籍业务由科长授课。6月10日,第四期警训班开学,对招收的65名新警员进行为期1个多月的集训。集训之后,分到各派出所工作。

1952年12月30日始,市公安局分批抽调24名干警到省干校、华东公安局、中央公安学校学习政治和业务知识。

1956年,市公安局抽调28名干警参加各级公安业务学校的专门培训,对初中以上文化程度的64名在职干警分批组织集中学习理论,轮流选送初中以下文化程度的42名在职干警进机关业余文化学校学习。

1959年8月6日,市公安系统举办首期民警训练班,时间50天,主要学习政治和业务知识。巢县、肥东、肥西3个县公安局和东市、西市、南市、北市、巢湖5个区公安分局均抽调干警参加学习。先后举办4期训练班,234名干警受训。

1972 年 10 月、11 月，市公安局借用市委学习班举办 2 期公安保卫干部训练班，每期 20 天，训练公安干警、保卫干部 205 人。培训方法是：官教兵，兵教官，兵教兵，能者为师，互教互学。将学习理论和总结实践、上课辅导和相互交流、学习业务和找差距改进工作结合起来。1973 年 3 月 8 日，第三期公安保卫干部训练班开学，人数 76 人。

1977 年 7 月，根据第十七次全国公安会议精神，市公安局建立干警轮训班，作为下属科一级常设机构。1977 年举办第一期干警轮训。

1978 年，市公安局先后举办 3 期干警轮训，每期 10 天 60 人。学习中共十一届三中全会公报、《关于建国以来党的若干历史问题的决议》、胡耀邦同志在纪念中国共产党成立六十周年大会上讲话和毛泽东选集第三卷《关于若干历史问题的决议》。

1979 年 9 月 24 ~ 26 日，市公安局以会代训形式召开全体预审、刑侦、治安干警和各厂矿单位保卫科长会议，传达彭真副委员长重要讲话和第三次全国预审会议纪要，学习《预审工作规则》《看守工作制度》等文件，深入学习《刑事诉讼法》，为 1980 年 1 月 1 日施行《刑事诉讼法》做好业务上的准备，共 269 人参会。

职业教育

20 世纪 80 年代起，市公安局职业教育在硬件、软件上较之前发生实质性变化。一是市公安局建有基地，自主举办培训；二是挂靠省人民警察学校联合举办，均具备固定教学场所、教材和一定的师资力量。

1981 年，市公安局对从企事业单位选调的 147 名新民警和新成立的公共交通公安派出所、公园公安派出所、蜀山公园公安派出所事业编制民警进行培训。是年 9 月 1 日至 1982 年 1 月 15 日，市公安局合肥教学点公安业务培训班对 43 名军队转业干部进行公安基础业务知识训练。

1983 年 1 月 9 日，市委常委会决定将元件五厂改办成合肥市公安干校。1 月 19 日，市公安局派两名副局长做好接收工作，这是合肥市公安职业教育的开端。

1984 年 7 月 27 日，市公安局成立安徽省警校合肥教学班，学制 2 年，设 2 个班，每年招收学员 100 人，解决合肥市公安系统警力来源问题。

1985 年 4 月 24 日至 5 月 30 日，市公安局举办两期派出所负责人短期培训班，对 4 个公安分局和 3 个县局 120 名正、副所长和正、副治安股(科)长进行政治业务培训。

1986 年年初，市公安局对 1985 年年底新招收的民警、部队转业干部和大学毕业生 200 多人进行 3 个月训练后充实基层。8 月，市公安局举办为期 1 个多月的现场勘验训练班，分局各选派 2 人，每个派出所各选派 1 人，参加现场勘查培训。10 月 14 日起，市公安局政治处按照分级管理、分级训练原则，组织分(县)局、大队、科、所、队以上干部集中学习，先后举办 3 期，每期 10 天。培训派出所民警、保卫干部和经济民警 550 人。

1987 年，市公安局邀请有关专家、教师和技术人员就户籍、治安管理、刑侦、预审等公安专业工作，分 3 批对 184 名科、所、队长进行轮训。

1988 年 3 月 3 日，市公安局根据“先培训后上岗”原则，对 1987 年接收的 81 名军队转业干部和部分新民警在省警校集中进行 3 个月培训。夏季，全市治安、刑事案件一度上升，有的案件久侦不破，不少人有畏难情绪。为此，市公安局分 2 批用 12 天时间对 196 名科、所、队长进行专业培训。

1989 年,市公安局选派 20 多名干警到省、市两级党校学习。局属各单位自行举办多期专业短期培训班,500 多名公安干警受到轮训。

学历教育

20 世纪 80 年代中期,成人学历教育成为公安高等教育的新模式,重在改变公安干警知识结构和提高干警整体业务素质。

1985 年,安徽省人民警察学校中专函授合肥站以及省警校与中国刑警学院联合举办的大专函授合肥站同时设立,市公安局出台鼓励广大干警参加函授学习优惠政策,可带薪学习,教材费、差旅费等全额报销。是年,173 名干警报名参加函授学习,占干警总数的 20%。

1986 年,市公安局又有 120 名干警参加沈阳刑警学院在合肥开办的函授班学习。1987 年,省警校具体指导,市公安局又举办 7 个大中专班,320 人参加函授教育。1988 年,市公安局有 89 名干警参加省警校大中专函授班。1989 年,市公安局有 65 名干警参加省警校大中专函授班,159 名干警参加“五大”(职大、自考、电大、函大、夜大)学习。

1985 ~ 1989 年,通过各种形式学历教育,全局公安干警知识结构发生明显改变。大学学历的干警比重由 1985 年的 4.6% 上升至 1989 年的 14%,提高近 10 个百分点;高中学历的干警比重由 1985 年的 29% 上升至 1989 年的 42%,提高 13 个百分点。

第六节　立功创模

新中国成立初期,巩固和保卫新生政权、镇压反革命是各级公安机关压倒一切的中心任务,所以立功创模工作起步较晚。直至 1954 年 6 月,市公安局才着手开展立功创模工作。1955 年 1 月 31 日,市公安局召开首届立功创模庆功大会。

1949 ~ 1989 年,据不完全统计,合肥市各级公安机关被授予市级以上先进集体称号的 300 多个,记集体三等功的单位 100 多家,授予市公安局以上先进个人称号的 3100 多名,记个人三等功以上的 300 多人。(1949 ~ 1989 年,全市公安机关二等功以上功模人员情况参见第十三章第三节人物表。)

1981 ~ 1989 年全市公安机关先进集体一览表

表 12 - 3

单位名称	荣誉称号	授奖部门	授奖时间
大兴派出所	集体二等功	安徽省公安厅	1981 年
市公安局消防大队	集体二等功	安徽省武警总队	1983 年
市公安局交警大队	集体二等功	安徽省公安厅	1983 年
肥东县局刑警大队	集体二等功	安徽省公安厅	1983 年

续表 12－3

单位名称	荣誉称号	授奖部门	授奖时间
和平路派出所	集体二等功	安徽省公安厅	1983 年
市公安局“1·30”专案组	集体一等功	合肥市政府	1984 年
市公安局交警大队	集体二等功	安徽省公安厅	1984 年
中市分局内保科	集体二等功	安徽省公安厅	1984 年
市公安局“9·20”专案组	集体二等功	安徽省公安厅	1984 年
郊区分局杏花派出所	集体二等功	安徽省公安厅	1987 年
肥西县局刑警大队	集体二等功	安徽省公安厅	1987 年
市公安局“6·15”专案组	集体二等功	安徽省公安厅	1987 年
市公安局“7·22”专案组	集体二等功	安徽省公安厅	1987 年
郊区分局杏花派出所	安徽省政法系统先进单位	中共安徽省委	1989 年

第七节　纪律检查

纪检机构

1980 年 4 月之前，对公安干警纪律作风教育和干警违法乱纪行为的查处，由政治处（或政治协理室）负责。1961 年 12 月 9 日，市公安局成立市公安系统党委监察委员会，“文化大革命”期间被砸烂。1980 年 5 月，中共合肥市公安局委员会纪律检查委员会成立，公安纪检工作开始走上正规化、专业化、法制化道路。

纪检教育

合肥解放初期，合肥市公安机关所属单位和部门负责干部均是党员。市公安局利用其与员警们工作、生活在一起，了解思想状况这一优势，掌握党员干警违法乱纪动态，及时整风肃纪，保持公安队伍纯洁性。1949 年 8 月下旬开始，市公安局对机关和各分局干部及户籍警、交通警、消防警和公安队警士等分期分批地进行集训，组织学习政治和党的政策、公安法规等，着重解决少数员警中存在的贪污腐化、吸毒、捆打刁难群众以及工作敷衍、生活散漫、开小差等问题。

1950 年，市公安局党总支将整顿警纪警风与政治思想工作相结合，通过个别谈话及召开小型会议，开展批评与自我批评，掌握干部和员警思想动态，实事求是解决问题。对贪污腐化的除批评教育、检查自省外，严重的给予记大过、关禁闭、撤职处分，直至追究刑事责任等。

1960～1961 年，在 748 名干警中，先后发生违法乱纪事件 35 起 35 人，占 4.7%。其中区级干部 4 人，股、所长级干部 4 人，一般干部 10 人，民警 17 人。这些违法乱纪事件集中表现在：混入公安队伍极少数“反坏”分子和一些被拉下水的蜕化变质分子，利用职权，为非作歹，欺压群众，贪污盗窃，强奸妇女；少数干警严重丧失立场，敌我不分；有些干警严重违反党的政策，任意捆绑吊打人犯，刑讯逼供；有些干警思想麻痹，丧失政治警惕；有的单位和干警弄虚作假，隐瞒缺点，谎报成绩；等等。分析其原因：领导对纯洁公安队伍工作做得不细，审查不严；政治思想工作抓得不得力，尤其是对公安人员“八大纪律，十项注意”贯彻执行不到位；布置工作时缺乏调查研究，指标定得过高，交代政策和方法不够；有些规章制度执行不力；有些问题出现后处理不及时；等等。市公安局党委组织干警学习中央十二条指示和省第八次政法会议精神，开展整风学习。通过整风提高全体干警阶级觉悟和革命品质，提高政策思想水平，克服缺点，改进作风，从思想上、组织上、作风上进一步纯洁公安队伍。

1963 年下半年，合肥市公安系统进行社会主义教育(简称“社教”)，开展“两清三查”运动(两清：一清赃款、赃物、拾物、公物，二清财务账目。三查：查阶级立场，查特权思想，查警民关系)。运动中，有 5 名中层以上干部受到党政处理。市公安局党组织利用身边正反两个方面活的教材，开展政治思想教育，在阶级斗争风浪里锻炼和提高公安干警政治觉悟。

1965 年，“四清”运动之后，在全市公安系统开展“四好”单位、“五好”干警竞赛和评比活动。市公安局党委结合“四好”“五好”运动，正面引导全体干警树正风、树形象，自觉接受“四个监督”：党的监督、群众监督、法律监督、上下监督，形成讲政治、讲原则、讲民主、讲批评与自我批评的良好政治气氛。

1976 年 1 月 26 日，针对少数干警着装警便混穿、警容不整的情况，市公安局发出《关于注意警容风纪问题的通知》，要求着装时，衣帽整齐，领章帽徽齐全，严禁在大街上吃零食。发现警容风纪不整者，相互监督纠正，不听劝阻者予以纪律处分，以维护警威。通知执行 3 个月，就有 4 名干警受到行政警告处分。

1980 年 5 月，市公安局纪律检查委员会成立。市公安局纪委根据“预防为主，教育为主，先立法，先教育，有法必依，违法必究，执法必严，既坚决，又稳妥”的方针，围绕党风建设，结合公安工作特点，开展一系列扎实的遵纪守法教育。在党委领导下，市公安局纪委协同政治处开展以学习贯彻《关于党内政治生活的若干准则》(以下简称《准则》)为主要内容的自我教育。全系统先后有 691 名党员参加《准则》短期脱产学习，占党员总数的 90%，一改党员中往日存在的“入党前革命化，入党后一般化”倾向。在日常工作中，纪委密切配合局党委抓苗头，敲警钟，打预防针，防微杜渐，发现问题及时处理，做到不护短、不迁就。新民警岗前培训和业务集训时，局纪委把遵纪守法教育列入必修课。

1981 年年初，市公安局纪委配合党委逐级传达中共中央 1 号、2 号文件，吃透精神，保证党员干警在政治上与党中央保持一致。在继续抓好《准则》学习贯彻和检查督促的同时，全面开展“五讲四美”和“为党增光，为民服务”活动，端正党风和警风。广大干警忠于职守、艰苦奋斗，坚持原则、敢于批评、多办好事、为民服务、从严律己、遵纪守法的自觉性得到进一步增强。

1982 年，市公安局纪委围绕端正党风、严肃党纪这个中心，开展四个方面纪律检查工作：联系斗争实际，开展反腐蚀教育工作；防止违反财经纪律，纠正吃喝不正之风；开展警示教育，增强法纪观念；针对公安系统内部违法乱纪问题，谈危害、找根源、订措施，起到一定预防教育作用。

1983 年 1 月 7 日至 2 月 8 日，市公安局间隔性地利用 15 天时间对干警进行整顿纪律作风培训学习，内容为学习中央领导万里、陈丕显等同志在全国公安厅局长会议上的讲话、中共十二大报告、赵苍璧部长关于职业道德讲话和公安人员“八大纪律，十项注意”等。2 月 8 日至 4 月 1 日，以同样的学习内容和方式，对全市经济民警进行培训学习。同时，市公安局纪委根据中纪委提出的关于把主要精力转到“着重抓党风”上来的精神，坚持做好四件事：配合政治处，抓整纪刹风教育；协助党委，参加整党工作；对干部住房进行检查，对全系统 75 人（户）超标面积分别进行处理；对少数党员干警败坏党风进行查处。局领导和中层两级班子进行较大幅度调整，进一步转变思想作风和工作作风。各级领导和广大党员干警在政治上与党中央保持一致，严格组织纪律，自觉抵制和纠正不正之风，积极发挥先锋模范作用。

1984 年，市公安局纪委着力于学习《邓小平文选》《党员必读》《政法公安人员守则》等，贯彻胡耀邦和中央其他领导关于公安队伍建设一系列批示和全国第五次公安政工会议精神，狠刹欺压群众、刑讯逼供、打骂虐待人犯、滥用警械武器；利用工作职权，徇私枉法，在办理出境证、边防证、驾驶证、入户口等方面索贿受贿，搞违法活动；丧失立场，徇私舞弊，内外勾结，包庇罪犯，通风报信，共同犯罪，甚至放走犯人；公开或偷看淫秽书刊、黄色录像，听黄色音乐，甚至传播淫书淫画和淫秽录像，搞精神污染等“四股歪风”。选编《党风与党纪教育材料》共 17 期，进行正面教育；查纠不正之风不护短；端正党风护正气，号召全系统学习南七派出所敢于抵制不正之风的好思想、好作风。

1985 年 6 月 28 日，市公安局纪委根据中纪委发出的一系列通知、通报以及省委、市委关于坚决纠正不正之风的指示，为落实“从严治警”要求，减少违法乱纪，树立人民警察良好形象，经局党委研究决定，向全市公安系统发出《关于树立人民警察高大形象，防止产生不正之风十条规定的通知》，要求全体干警严格遵照执行。

1986 年，市公安局纪委遵照省公安厅部署，在全市公安机关抓端正党风警风建设，广泛开展党性教育、理想纪律教育、形势政策教育和树立高大形象教育。是年 3 ~ 5 月，采取所辖单位自查为主、市公安局派人协助、纪委抽查为辅的方法，各分县局、大队由分管领导负责，抽调 3 ~ 5 人组织检查组，对所属科所队 1985 年以来的赃款赃物、罚没款物、拾交款物、治安巡逻费、赞助费和建点、建库以来的职业点、小金库的收支情况进行清理、整顿。一度比较严重的乱罚款、乱收费、乱摊派等不正之风基本得到纠正。

1987 年，市公安局纪委、政工部门抓党员和干警坚持四项基本原则、反对资产阶级自由化正面教育；贯彻中纪委、公安部系列通知通报精神，开展警示教育；抓犯有错误的党员和干警思想转化工作。

1988 年，市公安局纪委贯彻从严治警的方针，严格队伍管理教育，开展改造和加强思想政治工作,增强公安干警在新形势下反腐蚀、顶歪风的自觉性。同时,在干警中开展"查斗志、查工作、查纪律、查作风、查执法"的"五查"活动,提高全体公安干警的抗腐意识和执法素质。是年,市公安局党委针对增加不少公安干警的现状,将增强公安干警自身法制教育摆上议事日程。各公安分局根据实际情况,采取举办轮训班、报告会、座谈会等形式开展法制教育活动,增强公安干警民主观念、法制观念和群众观念。郊区公安分局领导分片包干,深入派出所调查研究,帮助基层制定遵纪守法、爱民公约等,解决基层干警在学法、用法中遇到的实际问题。郊区公安分局各派出所设立 47 只"警民意见箱",印发 1200 多份征求意见书,召开 70 多场治保干部、厂社联防人员和群众座谈会,广泛征求群众意见,自觉接受群众监督,及时查处干警违法乱纪问题,研究落实整改措施。杏花村派出所自查执法情况时,发现 1980 年年底对板桥大队社员迟某偷 200 块红砖处理不当的问题,便主动将当时罚没迟某的 100 元钱进行退还,并赔礼道歉。迟某收到钱后,激动得热泪盈眶。

1988 年,市公安局纪委贯彻从严治警的方针,严格队伍管理教育,开展改造和加强思想政治工作,增强公安干警在新形势下反腐蚀、顶歪风的自觉性。同时,在干警中开展"查斗志、查工作、查纪律、查作风、查执法"的"五查"活动,提高全体公安干警的抗腐意识和执法素质。

1989 年,市公安局纪委结合公安工作特点,在原有基础上修订和完善廉政制度,经市公安局党委会研究决定,下发《关于组织实施廉政建设方案的通知(附五项规定)》,并报经市委、市政府批准执行。在执行过程中,落实督促检查,形成常态化、制度化。

违纪查处

1950 年,处分干部 2 人、员警 8 人,对贪污腐化现象起到震慑作用。如东门派出所治安干事韩某,与关押在所的妓女发生性关系,后又违反纪律到妓女家鬼混,影响极坏,予以撤职处分,降级使用。

1957 年,市公安局通过整顿公安队伍纪律作风,查处违法乱纪干警 30 人,占实有干警总数 520 人的 5.77%。查处的 30 人中,判刑 3 人,劳教 4 人,开除团籍、公职各 1 人,撤职降级和记大过 2 人。

1960 年上半年,市公安局党组织接受举报干警违法乱纪案件 23 起,其中贪污、打人和工作失职各 2 起,强奸 1 起,腐化堕落 5 起,偷窃 4 起,其他 7 起。经查实后,被依法判刑 3 人,劳教 6 人,党纪政纪处分 9 人。

1979 年,市公安系统发生违法乱纪事件 12 起,涉及 13 人,其中党员 8 人、团员 2 人、非党员 3 人。处理 9 起 8 人,其中记大过、延长预备期 1 人,治安拘留 1 人,行政警告 1 人,批评教育 4 人。

1980 年,市公安局干警中犯有违纪行为党员 12 人,占党员数 764 人的 1.6%;非党员干警违法乱纪 12 人,占非党员干警 598 人的 2%。

1981 年,市公安局干警犯有违纪行为中,党员 10 人,占党员数 762 人的 1.3%;非党员干警违法乱纪 4 人,占非党员干警 600 人的 0.6%。

1982 年,全市公安系统干警中因经济问题和其他违纪行为被审查处理党员 13 人,占党员总数900人的1.4%。

1983年2月8日至4月1日,通过3个月整纪刹风,全局党员中合格和基本合格788名,占党员总数797人的98.9%,开除党籍2人,留党察看2人,缓期登记5人。

1984年,市公安局系统党员干警中,犯有违法乱纪6起7人,占党员总数1169人的0.59%;非党员干警中,犯有违法乱纪8起8人,占非党员干警440人的1.8%。

1986年,市公安局全系统发生违纪12起11人,占干警总数1884人的0.58%。

1987年,市公安局全系统立案查处违法违纪案件13起13人,占干警总数的0.63%。其中,逮捕判刑1人,开除党籍2人,留党察看3人,党内严重警告2人,行政记过调出、行政降级、行政警告、辞退、治安拘留各1人。

1989年,市公安局以“农转非”户口、车辆管理、出入境管理和劳教审批为重点,实行“两公开一监督”,抓制度建设,抓群众监督。对1988、1989年两年内发生的25起涉及25人违法乱纪案件进行严肃查处。其中,逮捕判刑2人,治安拘留2人,开除公职1人,开除留用5人,撤销职务1人,留党察看1人,党内警告2人,行政记大过2人,行政记过2人,行政警告2人,免予处分5人。

第十三章　人　物

第一节　人物传略

黄建中　男,汉族,江苏省邳县人,中学文化,中共党员。1913年10月出生于江苏省邳县土山镇黄庄村一户贫农家庭。幼时上私塾读儒书,1937年9至11月,在邳县运河职业中学上一年级,后因抗日战争全面爆发而学业中断。抗日战争时期,黄建中从事党的地下秘密工作。解放战争时期,其在皖北苏区从事公安保卫工作。1948年12月,华中工委任命华中公安处保卫干部训练班副主任黄建中为合肥市公安局局长。1949年1月21日,合肥市宣告和平解放,市人民政府接管国民党政权。2月7日,黄建中率7名保卫训练班的干部,从江苏省阜宁县南下,日夜兼程抵达合肥。2月中旬,合肥市人民政府公安局成立,黄建中担任第一任公安局局长。1950年5月,其担任合肥市委副书记兼公安局局长。1953年3月,其调任中央公安学校教研室副主任。

1957年5月起,黄建中一直在安徽省直机关工作,历任省检察院副检察长、省委机关党委书记、省高级法院副院长、省纪委副书记、省高级法院顾问等职,直至1982年12月离休。1997年11月,黄建中病逝于合肥,享年84岁。

黄建中在合肥市公安局任职的4年时间里,怀着对党和人民无比忠诚、对新中国无比热爱的深挚情怀,全身心地投入公安事业。他夜以继日地忘我工作,改造旧警察,组建公安机关,剿灭匪特,镇压反革命,铲除社会丑恶现象,严格管理公安队伍,为巩固合肥市新生人民政权、保卫社会主义建设事业、保障人民群众安居乐业做出了重大贡献。

倾心倾力,组建公安机关。合肥解放初期,黄建中受中共江淮区委员会、华中公安处指派,会同第三野战军先遣队干部大队接管国民党安徽省警察局留守处、合肥县警察局。接收过来的200名旧警察集中到城防司令部进行甄别审查,通过10天的整编集训、教育改造,留用87名交通警、户籍警、消防警。同时针对合肥市现有人口和城市规模,参照已解放的其他省会城市公安机关设立模式,在皖北行署公安处和合肥市委、市政府领导下,组建合肥市人民政府公安局,下设秘书、侦察、治安、审讯等4个科室,以及警察训练班和公安队;整合交通、消防为交通消防队,隶属治安科管理;下辖第一至第四4个公安分局。

全面开展合肥市人民政权保卫工作,清查敌特人员和武器,维护社会治安秩序,确保合肥市政治社会安全稳定。

加强治安管理,维护新社会新秩序。1949 年 2 月 16 日,根据市军事管制委员会发布的自新登记布告,市公安局设立 2 个登记处 8 个登记室,办理国民党和其他反动组织人员自新登记。截至 5 月上旬,登记国民党军政特警宪等分队长以上骨干分子 1511 人。与此同时,市公安局发出户籍、公共场所管理事宜的布告。通过户口清查登记,合肥市区人口为 10416 户 47484 人。是年 5 月 20 日,市公安局贯彻执行皖北行署公安局颁发的《交通管理暂行规定》,先后发布《柴草市场布告》《禁止无辫小车入城布告》,加强流动商贩管理,使合肥城区交通秩序井然。与此同时,开展防特、防盗、防火、防破坏的"四防"工作。1950 年 9 月 9 日,合肥、肥东、肥西三地成立合肥地区治安联防委员会,黄建中任该委员会主任。同年 12 月,合肥市成立冬防委员会,各派出所、中学及银行成立 9 个分会,工会组建纠察队,每晚 300 多人参加巡逻、放哨等,掀起了群防群治保平安的热潮,有力地维护了合肥社会治安秩序的稳定和平安。1951 年 6 月 20 日,市公安局发出换发户口簿公告,布置各派出所组织 2035 名缮写人员,以行政组为单位挨门逐户填写。此项工作于 8 月 10 日结束,全市共登记户口 17937 户 121074 人,其中清查发现国民党军官 238 人、行政类 300 人、反动党团 230 人、特务嫌疑 13 人、封建会道门 195 人。

剿灭匪特,镇压反革命。合肥市东临巢湖,西依大别山,处于一山一湖的交会处,国民党潜伏特务利用这一地理区位操纵当地土匪、恶霸危害人民新生政权。1949 年 2 月 27 日,黄建中亲自率领公安人员破获一起军统特务组织案,抓获军统少校组长娄一骏等 6 人,缴获电台等通信工具。这是合肥市人民政府公安局成立后破获的第一起军统特务组织案。是年 4 月 5 日,合肥市西乡军统组长李世华勾结潜伏特务、恶霸、土匪首领等残余分子,组成"华中剿匪义勇纵队第五总队",向新生人民政权疯狂反扑。在短短的 4 个月内,杀害基层干部、战士和群众 92 人,致伤 56 人。8 月底,黄建中局长率领公安人员,配合人民解放军历经艰险剿灭这支匪特武装。其间,市公安局还破获了"巢湖行动大队"特务案,抓获匪特张百成、联络参谋郭逢春等,摧毁其在合肥设立的 3 个秘密联络站。

1950 年 1 月,匪特"人民反共救国军"向艾宏兴商店、新昌毛行等富户敲诈钱财,黄建中亲自指挥侦破,公安侦察员顺藤摸瓜查清其总部设在南京,3 月底,合肥、南京两地公安机关统一行动,抓获在肥秘密活动的"人民反共救国军"军需主任姚裕民等 10 多人。6 月 30 日,黄建中又组织公安人员侦破了匪特"江北反共游击纵队独立第三支队",抓获支队长程道宽等 3 人,缴获长短枪各 1 支,并以此为线索,在肥东县击毙和捕获该支队所属的 200 余人枪。

1951 年,合肥市大张旗鼓地开展镇压反革命运动,时任合肥市委副书记、公安局局长黄建中,紧绷维护人民新生政权这根弦,发挥公安机关的专政职能,先后领导、组织公安干警破获系列匪特案件,镇压一批罪大恶极的土匪、特务、恶霸。1 月 27 日,破获"华中人民反共军游击纵队第五支队"匪特组织,逮捕副支队长许其中等人。2 月 5 日,市公安局通过对匪特组织"中国青年同盟会"等 6 起反革命案件的审理,深挖犯罪,捕获匪特、恶霸、不法地主分子等 32 人,缴获短枪 3 支,破获盗窃等刑事案件 29 起。4 月 23 日,全市集中统一搜捕反革命分子行动,共逮捕 81 人。

扫除社会丑恶现象,营造合肥净土。清末、民国时期,合肥地区是安徽省烟毒重灾区之一,禁毒不仅关乎民生,更涉及新生人民政权的稳定。1949 年 4 月下旬,市公安局发布戒烟禁毒布告,取缔 100 多家烟馆、20 多家妓院。1952 年 6 月 15 日,合肥市成立市禁毒委员会,由黄建中等 10 人组成,在市公安局设立禁毒办公室。9 月 13 日,合肥市召开处理烟毒犯宣判万人大会,公开处理 12 名烟毒犯,其中 1 人被判处死刑,当场烧毁毒品毒具。1953 年 1 月 31 日,根据中央人民政府内务部、公安部、卫生部联合发出《关于全面开展戒烟工作》的指示,合肥市由民政、卫生、公安等部门组成戒烟办公室,黄建中亲自领导主抓禁毒工作,对 369 名吸食鸦片者免费供应戒烟药,对部分吸毒者送教养院集中强制施戒。

打击取缔反动会道门,巩固人民政权。合肥解放前和新中国成立初期,合肥地区反动会道门名称繁杂,主要有"一贯道""三宝道""同善社""先天道"等 10 余种。长期以来,反动会道门利用封建迷信等手段愚弄毒害道众,诈骗群众钱财,严重扰乱社会治安。黄建中适时组织全市公安机关开展打击取缔反动会道门工作。1953 年 3 月 28 日,全市逮捕 3 名大道首,集训 38 名分坛以上的道首。4 月 12 日,全市开展以区乡为单位的退道工作,先后打击处理 35 人,其中执行死刑 2 人,判处有期徒刑 15 人,管制 18 人,自动声明退道 2184 人。

纯洁公安队伍,开展整风肃纪工作。为巩固新生政权,做好公安工作,确保合肥社会主义新秩序的建立,针对新中国成立初期特定的历史社会环境和成分复杂的公安队伍现状,黄建中根据上级部署,组织开展纯洁公安队伍的整风肃纪工作。1952 年 5 月,在"反贪污、反浪费、反官僚主义"运动中,全市 215 名警察中被清理出公安队伍的有 48 人,其中因贪赃枉法、违法乱纪受刑事处分 7 人,受记过撤职处分 11 人,清洗回家 20 人,调出公安机关 10 人(以上人员含 20 名留用的旧警察)。1979 年"拨乱反正"时,黄建中身为安徽省纪律检查委员会副书记,对这一时期处理过重的部分公安干警,勇于承担责任,向党组织出具事实材料予以平反,恢复名誉和职级待遇,表现出一名共产党人实事求是的博大胸怀。

姜树熙 男,汉族,山东海阳人,中共党员,1923 年出生。1941 年入伍,服役于东海舰队政工大队,大尉军衔。1958 年,其从部队转业,任合肥市公安局消防科副科长兼消防大队大队长。1960 年 1 月 14 日,其在合肥市长江路执行救火任务时,消防车与其他车辆发生碰撞,姜树熙为保护战友,光荣牺牲。根据《中华人民共和国人民警察条例》规定,追认姜树熙为革命烈士。

第二节　人物简介

李从应　男，汉族，安徽省肥东县人，1930 年 12 月出生。1954 年 12 月入伍，1956 年 12 月加入中国共产党，先后在合肥小南门、芜湖路、三牌楼、庙街、南七、迴龙桥等派出所及西市分局任民警、副所长、所长、指导员、科长等职，1991 年 3 月退休。

李从应在派出所及分局工作期间，兢兢业业，任劳任怨，在辖区人民群众中享有良好的口碑。1959 年夏季，辖区扒窃情况高发，李从应发动学生每周六晚上和周日在街道上分片包干防扒窃，共抓到小偷 32 名送至派出所处理。李从应关心群众疾苦，急群众之所急，想群众之所想，建立了良好的警民关系，深受人民群众爱戴。

1959 年夏季，时值雨季，淮河路北河沿二处有 70 余户居民遭受水灾，李从应连续两天一夜未合眼，安置受灾群众，保护群众财产未受重大损失。

1959 年，李从应被评为“全国公检法司先进工作者”，在北京被授予公安部勋章。

刘建生　男，汉族，安徽省合肥市人，中共党员，1953 年 3 月出生。1972 年 1 月在西市公安分局（现蜀山分局）庙街派出所任职。

20 世纪 70 年代，刘建生任户籍民警时，深入辖区熟悉实情达到“四知”：提名知人，说名知事，说事知因，说事知情；在管理暂住人口和积极动员群众做好联防等方面，考核后受到省、市工作组的赞扬。20 世纪 80 年代，在参与“庙街 18 号文明大院”的帮教工作中取得显著成效，受到中央和省、市领导重视，公安部部长赵苍璧视察庙街 18 号居民大院，充分肯定这种以帮教违法青少年为中心的综合治理措施。1980 年，刘建生被公安部记个人一等功。

潘俊让　男，汉族，安徽省六安市人，中共党员，1948 年 11 月出生。1967 年 10 月参加工作，1975 年 5 月在郊区分局杏花派出所任职。

1981 年年初，潘俊让具体办理板桥大队贾大郢、窑湾 2 个生产队划归城市户口移交手续。他坚持原则，严格执行党的户口政策，受到干部群众一致好评。3 月 15 日上午，潘俊让临危不惧，抓获 2 名销赃犯，从他们的身上搜到凶器铁斧和三角刀，追回赃物价值 500 元。经审查，2 名销赃犯分别为劳教逃犯和流窜扒窃犯。1981 年，潘俊让独立破案 8 起，协助破案 7 起，其中 1 起是拦路抢劫大案，追缴赃物折款 1500 元。1982 年 2 月，其被安徽省公安厅记个人一等功。

张西党　男,汉族,山东省微山县人,中共党员,1931 年 2 月 5 日出生。1951 年 5 月参加工作,1971 年 5 月入党,先后在市公安局大东门派出所,市公安局治安科、户籍科、三科、治安民警队,省公安厅四处任职,曾任市公安局三科副科长、科长,市公安局副局长、党委副书记,省公安厅四处处长。1991 年 2 月退休,1993 年病故。

1984 年 10 月,张西党因在侦破“130”案件(政保专案)中成绩显著,受到国家安全部的好评,被合肥市人民政府记个人一等功。

张士峰　男,汉族,江苏省东海县人,中共党员,1928 年出生。1945 年 6 月参加工作,1949 年参加公安工作,曾先后任合肥市公安局车站分局副局长,市公安局政保科科长、三科科长,市公安局副局长。1990 年 12 月离休。

1984 年 10 月,张士峰因在侦破“130”案件(政保专案)中成绩显著,受到国家安全部的好评,被合肥市人民政府记个人一等功。

郑云峰　男,汉族,安徽省长丰县人,中共党员,1955 年 2 月 7 日出生。1970 年 12 月参加工作,1974 年 2 月入党,1993 年 7 月至 1997 年 1 月任合肥市公安局副局长。

1984 年 10 月,郑云峰时任合肥市公安局一处副处长,因在侦破“130”案件(政保专案)中成绩显著,受到国家安全部的好评,被合肥市人民政府记个人一等功。

汪国云　男,汉族,安徽省肥西县人,中共党员,1947 年 3 月出生。1968 年 3 月入伍,1969 年 8 月入党,1982 年 5 月参加公安工作。2007 年退休。

1982 年 5 月,汪国云从部队转业至肥西县公安局工作。此时正值 1983 年“严打”斗争的前夕,也是农村社会治安比较混乱的时期。1984 年 4 月的一天,肥西县烟墩乡汪拐村两口鱼塘被投毒,汪国云赶至现场调查,走访群众,很快排查出 2 名嫌疑人王某、黄某。并以此为突破口,三天三夜没有睡觉连续审讯和调查,先后抓获 33 名违法犯罪分子，打掉了5个横行乡里的抢劫、强奸、流氓斗殴的犯罪团伙，21人报捕，12人受到治安处罚。至此，乡村变得安宁，人民群众的安全感大为提升。1985年2月，汪国云被省公安厅荣记个人一等功。

倪志超　男，汉族，安徽省肥西县人，中共党员，1953年11月出生。1975年1月入伍，1979年7月入党，1980年4月参加公安工作，2013年退休。

1988年4月10日（星期天）下午14时许，倪志超得知1名逃犯在县城有扒窃活动，放弃休息，主动出击，发现身带3把凶器的歹徒。倪志超机智勇敢，出其不意地夺取凶犯的短匕首1把，与双手持刀的亡命之徒展开一场殊死搏斗。面对穷凶极恶的凶犯，倪志超在手被刺伤、衣服多处被刺破的情况下，临危不惧，英勇顽强。后在战友的协助下，其终于将凶犯擒获，为民除一大害。经查，凶犯徐明爱系2次劳教、1次加教、5次逃跑，作恶多端的劳教在逃人员。

1988年12月1日，倪志超被安徽省公安厅记个人一等功，同时被安徽省人民政府授予“五一劳动奖章”“先进政法工作者”荣誉称号。

付厚年　男，汉族，安徽省长丰县人，1949年5月出生。1965年12月参加工作，1980年1月调入合肥市公安局交警支队，聘用为驾驶员。

1983年8月20日9时55分，巢湖维尼龙厂一辆满载液态氨的罐车在长江路桥附近，因罐顶部进液阀挂碰到路旁边一棵树上，阀门连根断裂，随着一声巨响喷出液态氨，遇空气后形成剧毒气体扩散，严重威胁周围居民和行人的安危。在这生命攸关时刻，交警大队干警在事发第一现场，竭力维持现场交通秩序，抢救中毒群众，消防大队官兵戴上防毒面具奋不顾身地冲上去扑救，减少城区污染。交警大队聘用驾驶员付厚年置生死于度外，驾驶氨气外泄的罐车开往郊外。当付厚年晕倒后，刑警黄苏杭接替开车，一直开到巢湖湖畔旷野上。在这场排除液态氨罐车泄露战斗中，交警大队聘用驾驶员付厚年晋职为民警，被合肥市公安局记个人一等功。1986年3月入党。1994年8月担任合肥市公安局交警支队直属大队大队长。

1997年2月、3月，鉴于付厚年违纪，经市公安局党委研究决定，分别给予付厚年开除党籍处分和辞退。

第三节　人物表

1959~1989年合肥市公安局荣立一等功以上人物一览表

表13-1

姓　名	单位/职务	荣誉称号	授奖部门	授奖时间
李从应	三牌楼派出所副所长	全国公检法司 先进工作者	公安部	1959年
刘建生	西市分局庙街派出所	个人一等功	公安部	1980.4.25
潘俊让	杏花派出所户籍内勤	个人一等功	安徽省公安厅	1982.2.24
付厚年	交警大队驾驶员	个人一等功	合肥市公安局	1983年
张西觉	市公安局副局长	个人一等功	合肥市人民政府	1984年
张士峰	市公安局副局长	个人一等功	合肥市人民政府	1984年
郑云峰	市公安局一处副处长	个人一等功	合肥市人民政府	1984年
汪国云	肥西县局上派派出所	个人一等功	安徽省公安厅	1985.2.12
倪志超	肥西县局刑警队民警	个人一等功 五一劳动奖章 先进政法工作者	安徽省公安厅	1988.4.29
			安徽省人民政府	1989.12

1955~1989年合肥市公安局荣立二等功以上人物一览表

表13-2

姓　名	单位/职务	荣誉称号	授奖部门	授奖时间
林　桑		个人二等功	合肥市公安局	1955年
袁华银	郊区分局内保股股长	个人二等功	安徽省公安厅	1982.12.20
李金岭	交警三中队班长	个人二等功	安徽省公安厅	1982.12.20
张家育	岗集劳教所干部	个人二等功	安徽省公安厅	1982.12.20
周性贵	郊区分局刑警队干部	个人二等功	安徽省公安厅	1982.12.20
孙元斌	市公安局刑警大队	个人二等功	合肥市公安局	1983年
范毓泉	市公安局一处处长	个人二等功	合肥市人民政府	1984年
李图来	市公安局一处侦查员	个人二等功	合肥市人民政府	1984年

续表 13－2

姓　名	单位/职务	荣誉称号	授奖部门	授奖时间
王时祥	市公安局七处办事员	个人二等功	合肥市政府	1984 年
周延文	市公安局副局长	个人二等功	安徽省公安厅	1985.2.12
李仁德	亳州路派出所所长	个人二等功	安徽省公安厅	1985.2.12
王永健	西市分局刑警队	个人二等功	安徽省公安厅	1985.2.12
陈道山	中市分局局长	个人二等功	安徽省公安厅	1985.2.12
汪庭富	收容审查所副所长	个人二等功	安徽省公安厅	1985.2.12
汪安太	郊区分局刑警队	个人二等功	安徽省公安厅	1985.2.12
费广裕	肥东县白龙区指导员	个人二等功	安徽省公安厅	1985.2.12
吴智鑫	肥东县局刑警队长	个人二等功	安徽省公安厅	1985.2.12
张吕前	肥东县局刑警队民警	个人二等功	安徽省公安厅	1985.2.12
王贞铨	合肥市公安局局长	记大功	合肥市人民政府	1985.2.13
蒋传云	廻龙桥派出所指导员	记大功	合肥市人民政府	1985.2.13
赵锡祯	交警大队政委	个人二等功	安徽省公安厅	1986.1.22
王时祥	市公安局七处	个人二等功	安徽省公安厅	1986.1.22
杜荣森	县桥派出所所长	个人二等功	安徽省公安厅	1986.1.22
朱正顺	长丰县局朱巷所所长	个人二等功	安徽省公安厅	1987.1.23
王　勤	市公安局看守所民警	个人二等功	安徽省公安厅	1988.2.3
潘学礼	市公安局办公室	个人二等功	安徽省公安厅	1988.3.4
赵建国	东风派出所民警	个人二等功	安徽省公安厅	1988.4.29
卫修轩	市公安局七处办事员	个人二等功	安徽省公安厅	1989.3.1
罗守忠	西市分局刑警队长	个人二等功	安徽省公安厅	1989.3.1

附　　录

一、重要文献辑存

(一)地方性法规

合肥市城市交通规则实施细则

(1964 年 1 月 29 日,合肥市人民委员会第三次会议通过,1964 年 4 月 20 日报经安徽省人民委员会批准,公布执行。)

第一条　为加强城市交通管理,便利交通运输,维护交通安全,以适应社会主义建设事业发展的需要,根据中华人民共和国公安部一九五五年八月十九日公布的《城市交通规则》第五十九条规定,结合本市具体情况,特制定本细则。

第二条　机动车的行驶时速:小型汽车、机器脚踏车最高速度不得超过四十公里;大型汽车、三轮汽车不得超过三十公里;拖拉机不得超过十五公里。在通过交叉路口、转弯、会车时,必须减低速度。

第三条　机动车的转向、制动、音响、照明等设备失灵和不完整时,一律不准驾驶。机动车在行驶中遇有喇叭发生故障,或下雨下雪,雨刷器发生损坏,每小时最高行驶速度不得超过十公里;转向机、转向器和夜晚行驶中灯光中途发生故障,必须修复后才准行驶。

第四条　各种类型的客、货车,均不准超载。车辆自重和载重量,如超过行经桥梁的负荷,须报经市建设局、公安局批准,方准通过。

第五条　进入市区的车辆,严禁使用高音和异音喇叭。警备车、消防车、救护车、工程救险车专用的警报器和警钟,在非执行任务时,不准使用。

第六条　大货车(包括代客车)、拖拉机、兽力车、铁轮车不准行经长江路、淮河路、宿州路、徽州路、安庆路、六安路和金寨路。特殊情况必须行经上述街道时,应按市公安局指定的时间通过。

第七条　载人的货运汽车,各部件必须绝对完好,车厢板超过一公尺,驾驶员必须有良好的驾驶作风,有三年或五万公里以上的安全驾驶记录,并经车辆管理部门审核批准。

第八条　机动车的挂车必须坚固完整,宽度不得超过牵引车,左角树立标杆一根(高度超出车厢七十公分),并装置尾灯,悬挂牵引车号牌。

第九条　驾驶机动车必须遵守下列规定：

（一）车辆行经交叉路口要鸣号，在交通民警发出停止信号时，应停在停车线以外；无停车线的，停在距街口十公尺以外。

（二）大车让小车，严禁违章超车。

（三）严禁无驾驶执照人员开车。

（四）实习驾驶员不准在长江路、淮河路、宿州路、徽州路、安庆路、金寨路、六安路驾车。

（五）公共汽车到站时，要靠站停车，车门未关好前，不得开车。

（六）拖拉机除规定可乘人数外，不准载人。货运汽车拖带的挂车内不准乘人。

（七）教练车的各部机件必须完整有效，并装置主、副制动器，悬挂教练车牌照，按市公安局指定的路线、时间教练。

（八）试车要悬挂试车牌照，由正式驾驶员驾驶，按市公安局指定的路线、时间试车，不准载货、载人（检修人员除外）。

第十条　非机动车必须靠右顺行，主动避让机动车，不准两车并行和车拖车。通过交叉路口，遇有交通民警发出停止信号时，不准前进；在遇有直行信号时，严禁向左转弯。

第十一条　自行车、三轮车、兽力车必须安装有效的车闸、车铃，夜晚行车必须燃灯，时间以路灯开放为准。

第十二条　非机动车的三轮客车必须在停车处等候雇用，不得在街道上招揽客、货或空车游荡。

第十三条　行经市区的兽力车，驾驶人员必须下车牵引牲畜，并携带兜粪和清扫工具，随时打扫，保持清洁。

第十四条　行经淮河路东段（东至环城路，西至徽州路）、宿州路中段（南至四牌楼，北至同春巷口）的平板车、大板车，须向市公安局领取通行证，方准通行。

第十五条　骑自行车必须遵守下列规定：

（一）不准带人或在街道上学骑车。

（二）不准双手离把或扶肩并行。

（三）不准互相追逐或抢超机动车。

（四）不准攀扶其他车辆或撑伞。

（五）不准走快车道或骑一辆推一辆。

第十六条　各种车辆载货体积规定：

（一）汽车载货离地面最高不准超过四公尺，宽度不准超过外轮胎外缘二十公分，前后合计不准超出车厢二公尺。

（二）兽力车、大板车载货离地面最高不准超过二点五公尺，宽度不准超出车轮十五公分，前后合计不准超过车架二公尺。

（三）平板车、三轮车载货离地面最高不准超过二公尺，宽度不准超过车轮三十公分，前后合计不准超过车架一公尺。

（四）自行车带货，高不准超过骑车人双肩，宽不准超过车把，长不准超过两轮，重量不准超过五十公斤。

凡超过上述规定的运货车辆,应按市公安局指定的路线、时间通行。

第十七条 行人必须遵守下列规定:

(一)要在人行道上行走。无人行道的须靠路边行走。

(二)行人横过街道或通过交叉路口时,须在划定的人行横道线内通过,无横道线要直线通过,并注意避让左右来车。

(三)不准在街道上追逐打玩。

第十八条 搭乘公共汽车时,须在靠近车站的人行道上依次候车,不得抢上抢下。在行驶中,头、手切勿伸出车外。

第十九条 家长和保教人员对儿童要经常进行交通安全的教育,不准他们在街道上嬉戏玩耍。未满七周岁的儿童上街时,必须有成年人带领。

第二十条 禁止在车行道或人行道上拉绳晒衣、演技、玩艺、打晒谷物、种植庄稼、堆放垃圾粪便、倾倒污水及随地便溺等。

第二十一条 未经市公安局同意,不准在车行道或人行道上施工作业,堆放器材和废土、搭盖帐篷板坊、设置画廊、张贴广告以及进行其他有碍交通的活动。

第二十二条 凡经批准进行翻修、挖掘道路时,必须设置明显安全标志和防护设备。

第二十三条 商店货物、炉灶、桌椅的摆设,严禁超出铺面。临街炉灰的出灰口,应向店内。

第二十四条 货摊和售货车应在规定的地区营业,禁止在车行道或人行道上进行交易。

第二十五条 严禁在行道树、电杆及其他公共设施上拴系牲畜,家禽家畜不准散放在街上。成群牲畜经过市区,应按市公安局指定的路线、时间通行。

第二十六条 运送粪便的时间:春、冬季为上午七时以前,下午六时以后;夏、秋季为上午六时以前,下午七时以后。其他时间一律不准通行。

第二十七条 违反本细则者,公安机关有权按情节分别给予:批评教育,警告,填写违章通知书通知所属单位教育处理,扣留驾驶执照和行车执照,拘留。需受刑事处罚时,移送人民法院或人民检察院处理。

第二十八条 本细则未尽事项,按《城市交通规则》和《关于城市交通规则补充规定(草稿)》处理。

第二十九条 本细则自公布之日起施行。一九五六年三月公布的《合肥市实施城市交通规则补充规定》即行废止。

关于城市交通管理暂行规定

（1981年10月1日，合肥市第八届人民代表大会常务委员会第十一次会议批准）

为加强城市交通管理，维护交通秩序，保障交通安全，以适应社会主义建设事业发展的需要，根据公安部一九五五年公布的《城市交通规则》和公安部、交通部一九七二年印发的《城市和公路交通管理规则（试行）》的精神，结合我市具体情况，特制定本暂行规定。

第一条　机动车在市区行驶速度规定：小型汽车、摩托车、机器脚踏车最高时速不超过三十公里，大汽车最高时速不超过二十五公里，手扶拖拉机最高时速不超过十五公里。各种机动车辆通过人多拥挤狭窄的街道、交叉路口、转弯、会车，以及在雨、雾、雪天气，必须减低速度。

第二条　机动车的转向、制动、音响、照明、雨刷器、倒车镜等设备必须齐全有效。

第三条　各种类型的客、货车，均不准超载。车辆自重和重量，如超过行经桥梁的负荷量，需经市城建局、公安局交警大队批准，方可通行。

第四条　进入市区的车辆，严禁高音喇叭和怪声喇叭。警备车、消防车、救护车、工程救险车专用的警报器和警钟，只准在执行任务时使用。

第五条　大货车（包括吊车、平板拖车）、大小拖拉机、畜力车、柴油四轮车、柴油三轮车、大小平板车，未经公安局交警大队批准，不得进入环城路以内（不含环城路）。

第六条　载人的货运汽车，各部件必须绝对完好，车厢牢固，车厢板高度要超过一米，驾驶员必须有三年驾驶经历或五万公里以上的安全行驶记录，并经车辆管理部门批准，方准驾驶。

第七条　驾驶机动车必须遵守下列规定：

（一）车辆通过交叉路口要减速、鸣号，遇到红灯信号时，应停在停车线外，无停车线的，应停在离路中心十五米外。

（二）大车让小车，严禁违章超车。长江路、淮河路、金寨路、徽州路，同类型车不准超车。

（三）严禁无驾驶证的人开车。

（四）实习驾驶员不准单独在环城路以内驾驶车辆。

（五）公共汽车要靠站停车，车未停稳不开门，门未关好不起行。

（六）拖拉机、吊车、平板拖车、货运汽车的拖挂、自动倾卸车，均不准乘人。货运车辆在保证安全的情况下，可带装卸工三至五人。

（七）教练车的各部机件必须完整有效，并装置副制动，悬挂教练牌照，按公安局交警大队指定的时间、路线，在教练员监督下驾驶。

（八）试车应悬挂试车牌照，由正式驾驶员驾驶，按公安局交警大队指定的时间、路线试车，不准装运货物和带人。

（九）各种机动车辆不准停放在马路或人行道路上。不论本市或外来车辆夜晚一律回场、回库或送停车场停放。不按规定停放而发生车辆被盗、造成事故，由车辆所有单位承担一切经济损失，并追究有关人员的责任。

(十)持“中国人民解放军驾驶执照”未换地方驾驶证的,不准驾驶地方机动车辆。

(十一)考试车必须按公安局交警大队指定的路线、时间进行路考。

第八条　非机动车辆必须在道路右侧靠边行进,主动避让机动车。不准两车并行、车拖车、脚踏滑行,通过交叉路口,应遵守红灯停、绿灯行的规定。

第九条　三轮客车应在停车处等候,不得在街道上招揽客货。机动三轮车必须安装消声器。

第十条　骑自行车必须遵守下列规定:

(一)不准在市区骑车带人,不准在主要干道上学骑车。

(二)不准双手离把,不准扶肩并行。

(三)不准互相追逐曲线竞驶,不准与机动车抢道路。

(四)不准攀扶其他车辆,不准撑伞。

(五)不准在快车道上行驶,不准骑一辆推一辆。

(六)一律靠道路右边顺序行驶,不准在人行道上骑车。

(七)转弯时要伸手示意。

(八)不准酒后骑车。

(九)不准将自行车停放在马路上。

第十一条　各种车辆载货体积规定:

(一)汽车载货高度从地面算起不得超过四米,宽度左右各超出车厢二十公分,长度前后共不得超过车身两米。

(二)大板车载货离地面最高不得超过两点五米,宽度不超出车轮十五公分,前后合计共不超过车架两米。

(三)小板车、人力三轮车载货离地面不得超过两米,宽度不超出车轮外三十公分,前后合计不超过车架一米。

(四)骑自行车带货,高度不超过骑车人双肩,宽度不超过车把,长度不超过后轮一公尺,载重不超过五十公斤。

第十二条　行人必须遵守下列规定:

(一)行人要走人行道,无人行道的靠边行走。

(二)行人横过马路时,要从人行横道线内通过;无横道线的,应在无车辆来往时直线通过。

(三)学龄前儿童上街时,必须有成年人带领。

第十三条　乘客搭公共汽车时,须在停车站的人行道上候车,依次上下,行驶中不得将头、手、脚伸出车外。

第十四条　未经市城建管理部门和公安局交警大队同意,不准在马路或人行道上施工作业、堆放器材、搭盖遮阳棚、设置画廊和其他有碍交通的活动。

第十五条　凡翻修沿街店铺房屋、挖掘道路,必须经城建、规划管理部门和公安局交警大队批准,施工时要设明显安全标志和防护设备。

第十六条　沿街营业店铺不得将车辆、货物、炉灶、案板摆出店外,不准占用人行道路。各类摊贩应在规定的地点营业。

第十七条　不准在马路或人行道上溜冰、拖滑轮车、玩球类以及其他妨碍交通行为。

第十八条　不准在人行道上的树木、电杆和公共设施拴系牲畜，不准在街道上散放家禽家畜。成群家禽经过市区时，应经公安局交警大队批准，按指定的路线、时间通行。大牲畜不准在环城路以内（不含环城路）通过。

第十九条　在环城路内运粪车辆通行的时间：春、冬季在上午七时以前，下午六时以后；夏、秋季在上午六时以前，下午七时以后，其他时间不准通行。

第二十条　发生交通事故后，当事者须立即抢救伤者，保护好现场（急救伤者移动现场时须设标志），及时报告公安机关，由交警大队勘查现场，恢复交通，负责处理。其他单位和个人，不得破坏事故现场，扣留肇事车辆，阻碍交通。

第二十一条　执勤民警要严格警容风纪，注意礼貌，坚守工作岗位，严格履行职责。

第二十二条　本规定由合肥市公安局交警大队执行。对交通违章的处理办法，由公安局另行规定。

第二十三条　本暂行规定自一九八一年十月一日起实行。过去本市公布的有关交通管理规定与此有抵触的，应以本规定为准。

合肥市城市道路交通管理办法

(1984 年 1 月 9 日,省六届人大常委会第五次会议通过)

第一章　总　则

第一条　为了加强城市道路交通管理,维护交通秩序,保障交通安全,以适应社会主义现代化建设的需要,根据国务院批准的由公安部颁发的《城市交通规则》,结合本市具体情况,特制定本办法。

第二条　道路、街巷必须保持畅通。任何单位和个人不准占用、掘动或进行其他妨碍交通的活动。因特殊需要临时占用、掘动时,须经城市建设管理部门和公安机关批准。

第三条　行人、车辆必须各行其道。驾驶车辆靠右方行驶,行人靠右侧行走。

第四条　一切车辆驾驶员和行人都必须遵守本办法,听从交通民警的指挥。任何单位或个人,不得迫使驾驶人员违章开车,妨碍交通民警执行任务。

交通民警要严格警容风纪,注意礼貌,认真执行岗位责任制,尽职尽责,秉公执法,依靠群众,严格执行本办法。

第五条　各单位负责人应教育所属人员、家长应教育子女遵守本办法,维护交通秩序。

第二章　交通信号、交通标志、交通标线

第六条　交通信号

(一)交通信号灯:

绿灯亮时,准许车辆直行,转弯的车辆在不妨碍直行车辆行驶的条件下,准许通行。

红灯亮时,禁止车辆通行。

(二)人行横道路灯

绿灯亮时,准许行人通过人行道路。

红灯亮时,禁止行人进入人行道路。

(三)交通民警辅助手势,分为停止、直行、左大转弯、左小转弯、慢行、让车和靠边停车手势。辅助手势与信号灯不一致时,以辅助手势为准。辅助手势也适用于行人。

第七条　交通标志、交通标线、交通信号由公安机关按照国家统一规定设置。

第三章　车　辆

第八条　在道路上行驶的车辆,必须遵守下列规定:

(一)机动车和非机动车必须在指定位置安装车辆管理机关核发的号牌,非机动车还应打钢印号码。

(二)车辆过户、变更车型、变更颜色、补领牌照、迁出迁入、车辆报废等,车主必须到车辆管理机关办理变动登记手续。

(三)无号牌机动车临时行驶时,必须先到车辆管理机关领取临时车辆号牌。

(四)科研、制造、修理单位进行综合技术试验的机动车,必须悬挂车辆管理机关核发

的试车号牌。

（五）机动车必须按规定的时间接受检验，未经检验不准行驶。

（六）车辆号牌、行驶证、通行证，不得涂改、挪用、伪造或故意损毁。

（七）机动车的制动器、转向器，喇叭、雨刷、后视镜、灯光必须保持齐全有效。制动器、转向器、灯光如在途中发生故障，停车修复后方准继续行驶。

车辆在行驶道路内损坏无法开动时，必须设置明显标志，并及时采取措施将车移开。

第九条　机动车灯光使用必须遵守下列规定：

（一）夜间行驶必须使用照明灯光，白天能见度不足一百米时也要开灯，雾天要开防雾灯。

（二）夜间在没有照明或照明不足的道路上行驶，必须使用远光灯。

（三）夜间在狭窄道路上与对面的非机动车相遇时，不准持续使用远光灯。

（四）夜间在车行道上停车或被拖带行驶时，必须开小光灯和尾灯。

机动车转弯、变更车道、靠边停车和驶离停车地点时，须开方向灯；调头时，必须开左转向灯并伸手示意。

第十条　车辆使用音响器必须遵守下列规定：

（一）严禁机动车使用高音和怪音喇叭，不准用喇叭叫人，喇叭音量不得超过一百〇五分贝。

（二）消防车、救护车、警备车、工程抢险车的专用警报器只准在执行任务时使用。

（三）自行车只准使用车铃。

第十一条　机动车牵引挂车必须遵守下列规定：

（一）只准牵引一辆，连接装置必须牢固，并安装保险链、防护网。

（二）挂车的制动器、灯光必须齐全有效。

（三）挂车后端必须悬挂车辆管理机关核发的号牌。

（四）挂车宽度超过牵引车的，牵引车的前保险杆两端必须安装与挂车宽度相等的标杆，并在标杆顶端设置黄灯。

第十二条　机动车拖带车辆必须遵守下列规定：

（一）必须由正式驾驶员操纵。

（二）只准拖带一辆，不准背行。

（三）小型车不准拖带大型车。

第十三条　机动车试车必须遵守下列规定：

（一）试车应悬挂试车牌照，由正式驾驶员驾驶，按公安机关批准的路线、时间试车，不准装运货物和带人。

（二）试车不得妨碍其他车辆行驶。

第四章　车辆驾驶员

第十四条　机动车驾驶员必须经车辆管理部门考核，并符合国家规定的条件。

第十五条　机动车驾驶员必须遵守下列规定：

（一）驾驶员驾驶车辆时，应携带驾驶证、行驶证，严格遵守操作规程。

(二)不准转借、涂改或伪造驾驶证。

(三)不准酒后开车。

(四)不准驾驶与准驾驶车类不相符合的车辆。

(五)不准在驾驶车辆时吸烟、饮食、攀谈或其他有碍行车安全的动作。

(六)不准将车辆交给没有驾驶证的人驾驶。

(七)不准驾驶安全设备不全、机件失灵或违章装载的车辆。

(八)不准在身体疲劳或因病不能保证安全行车时驾驶车辆。

(九)必须参加公安机关组织的技术培训和安全活动。

第十六条 培训机动车驾驶员必须遵守下列规定:

(一)教练车前后必须悬挂"教练车"标志,方向盘式教练车必须安装教练员专用的副制动器。

(二)教练时,车上不准乘坐与教练无关的人员或载运货物。

(三)教练员应由三万公里或三年以上安全驾驶经历的驾驶员担任。教练时,实习驾驶员违反本条例或发生交通事故,教练员应负部分或全部责任。

(四)学习驾驶员必须持车辆管理机关核发的学习驾驶证,并在教练员并坐教导下,按指定的时间和路线学习驾驶,不准单独开车。

(五)实习驾驶员必须按照准驾车类的规定学习驾驶,未经批准,不得在市区单独驾驶车辆。

第五章 车辆装载

第十七条 车辆载物必须遵守下列规定:

(一)重量不准超过车辆管理机关核定的数量。

(二)大型车载货高度,从地面算起,不准超过地面四米,左右宽各不准超出车厢十厘米,前后长度共不准超出车身两米,车后超过部分不准接触地面。

(三)小型车载货高度,不准超过地面二点五米,左右宽各不准超出车厢十厘米,前后长度共不准超出车身一米。

(四)机动三轮车载物高度不准超过地面两米,左右宽各不准超出车厢十厘米,前后长度共不准超出车身一米。

(五)汽车挂车载物高度不准超过主车载物高度,大型拖拉机挂车载物高度不准超过地面三米,小型拖拉机挂车载物高度不准超过地面两米,宽度与机动车相同。长度前部不准超出车厢,后部不准超出车厢一米。

(六)装载必须均衡平稳、捆扎牢固。载运易散落、飞扬、流漏等有碍卫生和安全的物品,必须完善装运设备,如有散漏,必须及时打扫或冲洗干净。

(七)车辆载运不可解体的货物,其体积、长度超过规定的,只准在当日二十时至次日五时夜间通达城区。如需白日行驶,必须按公安机关批准的时间、路线和要求行驶。

(八)载运易燃、易爆、剧毒和放射性等危险品,必须遵守:

1. 按交通管理机关指定时间、路线行驶,并须悬挂危险品标志。

2. 机动车须由具有五万公里或三年以上安全驾驶经历的驾驶员驾驶。

3. 不准在物品上坐人。

4. 中途需停车时，须选择空旷、安全地带，驾驶员和押运人员不准离车。

（九）机动车载物行驶时，后栏板和所有载货物不得遮挡本车号牌、尾灯和刹车灯。

（十）人力货车、畜力车载物高度不准超过地面二点五米，左右宽度各不准超过车厢十厘米，前后长度共不准超出车身一点五米；货厢在前的脚踏三轮车，所载货物不得遮挡行进视线。

（十一）自行车载物高度不准超过地面一点五米，左右宽度各不准超过车把二十厘米，前后长度共不准超出车身三十厘米，载重量不得超过五十公斤。

第十八条　机动车载人必须遵守下列规定：

（一）车辆载人不准超过车辆管理机关核定的人数。

（二）载人的货运汽车，各部机件必须绝对完好，车厢牢固，车厢高度超过一米，驾驶员必须有三年安全驾驶经历或五万公里以上的安全行驶记录，并经车辆管理部门审核批准。

（三）二轮、侧三轮摩托车驾驶员身后座位只准乘坐一人，但未满十二岁的儿童不准乘坐；营业三轮车负载不得超过三人；轻便摩托车不准带人。

（四）拖拉机、吊车、平板拖车、货运汽车的拖挂、自动倾卸车，均不准载人，货运车辆在保证安全的情况下，可带装饰工三至五人。

（五）各种车辆严禁人货混装，载运大件重物的货车不准坐人。

第六章　车辆行驶

第十九条　车辆必须按下列规定分道行驶：

（一）没有划分车道的道路，非机动车应靠右侧行驶，机动车应在中间行驶，会车时必须减速靠右行驶。

（二）划有机动车道和非机动车道的道路，机动车应在机动车道行驶，非机动车应在非机动车道行驶。

（三）在同一车道行驶的车辆，低速车种靠右；同种车辆，低速行驶的靠右。后车与前车之间，必须根据行驶速度和路面情况，保证可以随时制动停车的距离。

（四）不准牲畜和畜力车进入市区。成群家禽、家畜经过市区时，应经公安机关批准，按指定时间、路线通行。

第二十条　洒水车、清扫车作业时，在保证交通安全的前提下，不受行驶方向、行驶路线和调头规定的限制。

第二十一条　遇有交通警备车前后护卫的车队时，其他车辆和行人一律让行，不得穿插或超越。

第二十二条　大货车（包括吊车、平板拖车）、大小拖拉机、柴油四轮翻斗车、柴油三轮车、畜力车、大小板车，未经公安机关批准，不得进入市区。

第二十三条　车辆行经路口必须遵守下列规定：

（一）车辆遇停止信号时，应依次停在停止线以外；无停止线的，停在路口二米以外。

（二）自行车遇停止信号时，左转弯不准从路口外边绕过，直行不准用右转弯方法绕行。

(三)车辆向左转弯时,在不影响其他车辆通行的条件下,机动车可小转弯,非机动车应大转弯。

(四)在同一车道行驶的机动车,如遇等候放行信号,后车不准从前车右边或左边绕行。

第二十四条 车辆通过铁路道口必须遵守下列规定:

(一)车辆行至铁路道口时,遇有栏杆放下、发出灯光音响信号或铁道管理人员示意停车,应依次停在停止线以外;无停止线的,停在距铁道五米以外。

(二)车辆通过没有信号设施、无人看管的道口时,应停车瞭望,在确保安全的情况下,方可通过。

第二十五条 车辆行经人行横道或出入有行人横穿的街头、巷口时,必须减速让行;如遇幼儿园儿童和小学生列队横过道路时,必须停车让行。

第二十六条 因机动车驶入非机动车道停车或驶出非机动车道,致使非机动车不能正常行驶时,在受阻的路段内,准许非机动车在机动车道绕后,后面驶来的机动车必须减速慢行。

第二十七条 在市区内机动车行驶最高时速规定:

(一)小型机动车三十公里。

(二)大汽车二十五公里。

(三)汽车带挂车不超过二十公里。

(四)大型拖拉机、小型柴油车不得超过十五公里。

第二十八条 机动车遇有下列情况,时速不准超过十五公里:

(一)行经交叉路口或狭窄的街、巷时;

(二)让车、停车、转弯、调头或进出非机动车道时;

(三)穿过铁路、桥梁、陡坡、繁华街道和行人稠密的地段时;

(四)在积雪、结冰的道路行驶,或遇雨、雪、雾,能见度在三十米以内时;

(五)拖带机件损坏、喇叭中途发生故障或需要雨刷而中途损坏时;

(六)遇有警告标志时。

第二十九条 因机动车出入街、巷口或有机动车出入的门口时,时速不准超过五公里。

第三十条 机动车让车必须遵守下列规定:

(一)车辆行经没有交通信号的路口,支路车让干线车、转弯车让直行车先行。

(二)大型车让小型车、低速车让高速车、空车让重车、下坡车让上坡车、拖拉机让汽车、教练车让其他车先行。

(三)各种车辆让执行任务的消防车、警备车、救护车、工程抢险车先行。

(四)机动车转弯时,应减速、鸣号、靠右行;通过交叉路口时,严禁争道抢行。

第三十一条 机动车会车必须遵守下列规定:

(一)机动车必须选择适当地点靠右边通过;夜间距对面来车一百五十米以外,必须互闭大光灯,改用小光灯。

（二）在有障碍的路段，遇障碍一方的车辆减速，应让对方车辆先行；如遇障碍一方的车辆正在超越障碍，对方车辆应减速避让。

第三十二条 机动车超车必须遵守下列规定：

（一）超车前应认真瞭望前后情况，在确保安全的情况下，方可超车。

（二）超车时，必须在距离前车二十米以外鸣喇叭，夜间应改用变换远近光灯示意，待前车减速让路后，在前方一百五十米以内无来车的情况下，方准从前车左侧超越。

（三）超车后，在不妨碍被超车辆行驶的条件下，方可驶回原线。

（四）前车时速已达后车的最高时速限制或已开亮左转向灯时，后车不准再超越。

（五）超车所需的路段内，对方有来车，不准超车。

（六）牵引挂车和拖带车辆行驶时，不准超车。

（七）各种机动车严禁违章超车。

第三十三条 机动车倒车时，驾驶员应先查明周围情况，确认安全后方准倒车；在弯路、坡路、桥梁、铁路道口、交叉路口和危险路段不准倒车。

第三十四条 车辆停放必须遵守下列规定：

（一）车辆必须按指定地点依次停放。

（二）市区主要道路以及设有禁止停车标志的街巷，严禁停放各种车辆。

（三）本市各单位车辆夜晚一律回场、回库，过境车辆必须按规定停放在停车场和指定地点，严禁在马路和人行道路上停放车辆过夜。

（四）临时停车装载货物，不得妨碍其他车辆通行，并应快装快卸，妨碍交通时应迅速驶离。

（五）距离桥梁、坡路、窄路、铁路道口和交叉路口二十米以内不准停车；距离公共汽车站、消防栓、消防队、急救站、影剧院三十米以内不准停无关车辆。

（六）施工地段，有禁止停车标志和标线的地方，以及道路一侧有障碍物的地段禁止停放车辆。

（七）自行车应停放在指定停放处。

第三十五条 公共汽车到站必须停车，进站时，应在距站牌四十米以外开右转向灯，减速慢行，避让非机动车；进站应靠站停车，在未停稳时，不开车门，车门未关好不起行。

第三十六条 机动车行车前，应看周围有无障碍，鸣号起动，不得曲线行驶，下坡时不得熄火空挡滑行。

第三十七条 自行车行驶必须遵守下列规定：

（一）不准攀扶其他车辆。

（二）不准拖带车辆或被其他车辆拖带。

（三）不准追逐竞驶或曲线行驶，不准与机动车抢道。

（四）不准猛超猛拐、高速放坡或争道路抢行。

（五）不得双手离把，不准扶肩并行。

（六）不准单手持物或撑伞。

（七）不准骑车带人。但在非主干道上，允许前边有座椅的自行车带一名六岁以下的儿童。

(八)不准在道路上学骑自行车。

(九)不准在人行道上骑车。

(十)转弯时要伸手示意,在遇见红灯亮时,不准抢行通过。

第三十八条 板车、畜力车、人力三轮车靠右边行驶,遇机动车时须主动避让。不准抢行、绕行,不准两车并行、车拖车,不准脚踏滑行。

第三十九条 履带式车辆通过道路,载重车自重和负重如超过行经桥梁的负荷量规定时,必须经城市建设管理部门和公安机关批准,按指定时间、路线行驶。

第四十条 消防车、警备车、工程抢险车、救护车执行任务时,在保证交通安全的原则下,不受交通标志、交通标线和行驶速度的限制。

第七章 行人和乘车人

第四十一条 行人必须遵守下列规定:

(一)行人必须走人行道,在没有人行道的道路上应靠右侧行走。

(二)严禁在道路上三五并行、追跑打闹和成群聚集。

(三)不准钻、跨或攀登道路安全隔离物体。

(四)学龄前儿童在道路上行走,必须有成年人带领;精神病人或痴呆人上街,必须有监护人陪同。

(五)挑、扛笨重物品在人行道上行走有困难的行人,应靠车道右边行走。

(六)列队在道路上行进,横列不得超过四人;幼儿园儿童队伍每横列不得超过两人,并由保育员带领在道路右边行走;学生队伍只能单列行进,地处繁华路段的小学,应指派专人护送低年级学生横过马路。

(七)行人横过道路或通过交叉路口时,必须走人行横道;无人行横道的可以对直通过,但必须注意来往车辆,主动避让。严禁在车辆临近时与车辆争道抢行。

(八)不准在街道巷内或人行道上滑冰、玩球、抛物或进行其他妨碍交通的活动。

第四十二条 乘坐公共交通汽车必须遵守下列规定:

(一)乘坐公共汽车,应在站台排队候车,先下后上,依次上车,不准抢先推挤,注意扶老携幼。

(二)车辆行驶中,站立的乘客要抓好扶手,身体任何部位不得伸出车外,对孕妇、老人、病残者,要主动让座。

(三)不准强行拦车、爬车,车辆未停稳前,不准上车、下车。

第八章 道 路

第四十三条 城市建设管理部门应加强对道路的维修保养,经常保持道路完好。

禁止在道路上堆放物资、施工作业、摆设摊点及进行其他有碍交通的活动。

第四十四条 临时占用、掘动道路,须经城市建设管理部门同意和公安机关批准,核发执照。按核准的时间、地点、范围、要求占用或施工。掘动道路和打开井盖的施工作业,须设路挡、护栏,夜间加设红灯,必要时须专人维持秩序。完工后,要按时清理现场,修复路面。

需立即抢修的工程,口头报公安机关同意后方准施工,当日不能完工的,须补领执照。

第四十五条　在道路上修剪、砍伐树木,维修电杆电线或在道路附近进行爆破等危险作业时,必须采取安全措施,保证交通安全。

第四十六条　增辟调整公共汽车、单位专用车线路或站点,必须经公安机关批准。

第四十七条　行道树、绿篱和跨路管线等设施,不得妨碍交通安全净空和安全视线,不得遮挡交通信号、交通标志和路灯照明。

第四十八条　在道路设置标牌、横道、广告及其他设施,不得影响交通。

第四十九条　道路上的交通设施和交通标志,不准损毁或擅自移动。

第五十条　为保障交通安全、道路畅通,公安机关在必要时可采取临时疏导措施,就某一道路或某一区域,规定车辆、行人通行或禁止通行办法,并有权改变或撤销原批准的占路、掘路的决定。

第九章　交通违章和交通事故处理

第五十一条　对交通违章行为,视情节轻重,给予批评教育或处以罚款、拘留、吊扣驾驶证或没收违章物资。

对损毁道路交通设施和交通标志的,除予以处罚外,并责令照价赔偿。

第五十二条　对交通事故,依据本办法的有关规定划分责任,以责论处,需要追究刑事责任的,应依法处理。

发生交通事故后,肇事人须立即抢救伤者,保护好现场,并报告公安机关,听候处理。其他单位和个人不得破坏事故现场,扣留肇事车辆,阻碍交通。

第十章　附　则

第五十三条　本办法的具体应用解释权,属于合肥市公安局。

第五十四条　本办法由合肥市公安局和交通、城市建设管理部门执行。交通违章和交通事故处理的具体办法另行制定。

第五十五条　合肥市过去公布的有关城市道路交通管理的规定,凡与本办法有抵触的,应以本办法为准。

本办法由合肥市人民政府公布施行。自公布之日起生效。

合肥市文化市场管理办法

(1989 年 1 月 28 日,安徽省七届人大常委会第八次会议批准　合肥市人民政府施行)

第一章　总　则

第一条　为了加强社会主义精神文明建设,活跃文化市场,满足人民群众日益增长的文化生活需要,根据《中华人民共和国宪法》和国家有关文化市场管理的规定,结合本市的实际情况,制定本办法。

第二条　文化市场管理的范围:各类表演团体和个人所进行的营业性艺术表演和经营的演出场所,各类出版物的销售、租赁或播放,电影放映,营业性游艺、游乐活动,文物的收购和销售以及其他进入流通领域的精神产品和文化娱乐服务活动。

第三条　经营精神产品和从事营业性文化娱乐活动,必须坚持经济效益和社会效益相结合,以社会效益为最高准则。

第四条　文化市场管理应坚持"开放搞活,扶持疏导,面向群众,供求两益"的方针,对于文化娱乐业的经营活动,健康有益的应予鼓励,无害的允许存在,低级庸俗的要抵制,反动淫秽的必须取缔,保护经营者和消费者在文化市场的合法权益。

第五条　在各级人民政府领导下,以文化行政管理部门为主,广播电视、工商、公安、物价、税务、财政等部门共同负责本办法的实施。

第二章　经营管理

第六条　下列各项须经市或县文化行政管理部门批准,凭证经营。

一、专业艺术表演团体或个体艺人从事演出活动,必须领取营业演出许可证。

二、非专业演出团体或个人举办文艺演出,需面向社会售票或收费的,单位或个人邀请或招聘演员、演奏员临时组台举办营业性演出的,必须领取临时营业演出许可证。

三、从事营业性演出的非专业演员、演奏员进行演出活动,必须领取演(奏)员证。

四、对社会开放的营业性演出和电影放映场所,必须领取营业演出场所许可证。

五、非本市艺术表演团体或个人在本行政区域内进行营业性演出的,在本市举办的各类营业性图片、实物展览、动物表演或展览以及时装、健美表演的,须经申请批准后,方可进行。

六、电影放映单位必须领取电影放映许可证。

第七条　下列各项须报市、县或市辖区文化行政管理部门批准,领取文化娱乐业经营许可证,并经工商局行政管理部门核发营业执照后,方可营业:

一、凡从事图书、报刊、年画、年历、挂历、连环画、照片销售或出租的;

二、集体单位经营各类出版物批发业务的(个体不准进行批发业务);

三、从事字画裱贴销售、画像的;

四、从事营业性摄影的;

五、经营桌(台)球、康乐球、保龄球、激光打靶、棋牌、气枪、拉力器及其他文化娱乐项目的。

第八条　经销音像出版物，须经市或县广播电视行政管理部门批准，发给音像制品经销许可证，并经工商行政管理部门核发营业执照后，方可营业。

第九条　广播电视、文化事业等单位举办收取最低成本费的音像放映文化宣传活动，须报市或县广播电视行政管理部门批准，发给录像放映许可证，并经公安部门发给安全审查许可证后，方可开办。

第十条　凡开办经营性舞厅、音乐茶（咖啡、餐）座、电子游戏室以及综合娱乐场所的，须报市或县文化行政管理部门批准，发给文化娱乐业经营许可证，经公安部门发给安全审查许可证，并经工商行政管理部门核发营业执照后，方可开业。

第十一条　印刷单位承印公开发行的出版物，必须具有国家出版单位或持有报刊登记证的单位的委托证明。

第十二条　各文化经营单位和个人要加强自身的经营管理，谁经营谁负责，严格执行本办法及文化、公安、工商、广播电视等部门的相关规定。

第十三条　不准经营下列非法出版物：

一、非国家批准的出版社、报刊社出版公开发行的图书报刊、音像和其他出版物；

二、内容反动、淫秽、凶杀、迷信的违禁书刊、音像和其他出版物；

三、未注明出版、复录生产单位全称、注册商标、节目名称、内容介绍以及未经国家批准进口的音像出版物；

四、出版社、报刊社未经批准，出版与其宗旨不符合的增刊、专号；

五、出版社、报刊社转让、出卖书刊号所发行的出版物；

六、用要目代替刊名的刊物；

七、扩大发行范围的出版物。

第十四条　禁止下列行为：

一、上演内容反动、淫秽、恐怖、残忍的文艺节目；

二、利用游艺游乐工具进行赌博和变相赌博的；

三、胁迫或诱骗不满十八岁的人表演恐怖、残忍节目，摧残其身心健康的；

四、以卜卦、算命、看相、测字等封建迷信手段骗取群众财物的；

五、未经省级和省级以上有关部门许可，擅自经营文物的；

六、营业性录像放映活动。

第三章　奖励与惩罚

第十五条　对执行本办法，有显著成绩或突出贡献的单位和个人，各级人民政府应给予奖励和表彰。如因失职造成损失的，由各级人民政府追究有关部门领导的责任。

第十六条　违反本办法第六、七、八、九、十条规定，无证经营的，责令停业，并处以营业总额的两倍以下罚款。

第十七条　违反本办法第十一条规定的，没收出版物和非法所得，情节严重的，并处以出版物总定价五倍以下的罚款。

第十八条　违反本办法第十二条规定的，视情节轻重，予以停业整顿，吊销许可证、营业执照；给国家财产造成损失的，追究领导责任。

第十九条　违反本办法第十三条规定的,没收非法出版物和非法所得,并处以出版物总定价五倍以下的罚款。

第二十条　违反本办法第十四条第一项规定的,予以取缔,视情节轻重,可并处以3000元以下罚款。违反第二项规定的,视情节轻重,没收实物,并处以3000元以下罚款,经教育不改的吊销许可证、营业执照。违反第三、四项两项规定的,予以取缔,视情节轻重,处以200元以下罚款。违反第五、六项两项规定的,应予取缔,没收实物和非法所得,并处以非法收入50%的罚款。

第二十一条　对用口头、文字、画面等宣传方式介绍、张贴、悬挂宣扬色情、淫秽、凶杀内容的各类广告,处以没收实物,并处以200元以下罚款,经教育不改的,吊销许可证、营业执照。

第二十二条　有下列行为之一的,责令停映、停演、没收实物和非法所得,并处以200元以下罚款:

一、持有营业演出场所许可证的场所,擅自接待未履行规定手续的各种文化经营活动;无营业演出场所许可证的场所,擅自接待各种营业性演出、放映、展览、表演或各种游艺、游乐活动;

二、收取成本费的音像放映单位从国家批准的出版、发行部门以外的渠道购租片目;

三、电影放映单位从电影发行部门以外的渠道购影片;

四、内部电影放映单位对外售票放映或未经文化行政管理部门批准,擅自从电影发行部门以外的渠道购租影片;

五、拥有录像放映设备的个人和未经批准的单位对外售票放映。

第二十三条　擅自提高经营价格的,没收实物和非法所得,并处以非法收入50%的罚款。

第二十四条　对违反本办法规定给予罚款、没收、停业整顿、吊销许可证、营业执照等处罚的,由文化行政管理部门会同广播电视、工商、公安、物价、税务、财政等有关部门共同研究,分别执行;违反《中华人民共和国治安管理处罚条例》的,由公安部门给予治安处罚;构成犯罪的,由司法部门依法追究刑事责任。

对罚款、没收、停业整顿、吊销许可证、营业执照等处罚不服的,可向做出处罚规定的机关申请复议;对复议裁决不服的,可在15日内向当地人民法院起诉。逾期不申请复议的,处罚机关申请人民法院强制执行。

罚款和没收的实物按国家有关规定处理,任何单位或个人不得侵占、克扣和挪用。

第二十五条　文化市场管理人员必须严格执法,尽职尽责。凡玩忽职守、徇私舞弊的,可视情节轻重,给予必要的行政处分,直至依法追究刑事责任。

第四章　附　则

第二十六条　本办法自公布之日起施行。一九八一年《合肥市人民政府关于加强文化市场管理的规定》和《合肥市人民代表大会常务委员会关于加强康乐球管理的规定》同时废止。我市过去有关文化市场的规定与本规定抵触的,按本办法施行。

第二十七条　本办法各条款,今后国家如有新的规定,以国家新的规定为准。

第二十八条　本办法在实施中,具体问题由市人民政府负责解释。

合肥市关于游行示威的暂行规定

(1987年1月6日,合肥市第九届人民代表大会常务委员会第二十四次会议通过《合肥市关于游行示威的暂行规定》。13日,经安徽省第六届人民代表大会常务委员会第二十七次会议批准实施。)

第一条 为了保障公民依法行使游行示威的权利,维护公共秩序,根据宪法和法律的规定,结合本市实际情况,制定本规定。

第二条 公民依法举行游行、示威,本市各级人民政府予以保护。

第三条 举行游行、示威的组织者应当在四日前到市公安局提出书面申请,所属县范围内的到县公安局提出书面申请。申请内容应说明游行、示威的理由、目的、人数、地点、日期、起讫时间、行进路线和安全措施等,并注明组织者姓名、职业、住址。

第四条 市、县公安机关对于游行、示威的申请,凡符合宪法、法律规定,不损害国家、社会、集体的利益和其他公民的合法的自由和权利的,应当予以许可。

公安机关根据维护交通、治安秩序的需要,可以改变原申请时间、地点和路线,并可提出相应的要求。

第五条 公安机关应当在接到游行、示威的申请后的三日内,做出许可或者不许可的决定,并书面通知组织者。

公安机关对于许可的游行、示威,应当负责维护交通秩序和治安秩序。

第六条 游行、示威应当遵守宪法和法律,保守国家机密,爱护公共财产,遵守公共秩序,尊重社会公德。

游行、示威应当按照公安机关许可的时间、地点和路线进行。

游行、示威的组织者负责维持游行、示威队伍的秩序。

游行、示威严禁携带和使用武器、凶器、易燃易爆等危害公共安全的物品。

游行、示威不得进入国家机关、军事机关、新闻单位、企事业单位、机场、车站、码头,不得扰乱社会秩序、生产秩序、工作秩序、教学科研秩序和人民群众的生活秩序。

游行、示威不得扰乱治安、堵塞交通,不得沿途涂写刻画、张贴标语,不得破坏园林、绿地、交通工具和公共设施,不得拦阻车辆,不得侮辱他人。

第七条 对于违反本规定的游行、示威,公安机关应当采取必要措施予以劝阻、制止。

第八条 对于在游行、示威中以暴力、威胁方法阻碍或者抗拒国家工作人员依法执行职务的,或者进行其他违法犯罪活动的,由公安、司法机关依法追究法律责任。

本规定具体执行中的问题由合肥市人民政府解释。本规定经安徽省人民代表大会常务委员会批准后公布施行。

(二)规范性文件

合肥市人民政府公安局布告

(公字第1号)

为安定本市人民民主秩序,保障人民生命财产及营业计,本局着手进行户籍及公共场所初步管理事宜,特宣布数事如下:

一、自即日起,本市着手进行户籍查对,届时请由各该区公安分局或派出所分头按户进行,户主应持原有户籍表册听候查对。今后之户籍移动(如迁出迁入、出生死亡、婚嫁等)应向所在地公安分局或派出所进行报告。

二、客栈、旅馆、商行等,均应设置来往循环簿,对所在地公安机关负责。

三、戏院等公共娱乐场所,自即日起,应向所在地公安分局或派出所进行登记,并呈报所有人员名单详细履历备查,方得合法营业,仰各凛遵为要。

此布

局 长 黄建中

副局长 丁 伟

中华民国三十八年二月

合肥市人民政府公安局柴草市场布告

(1949年3月20日发布)

查本市近来大街及交通要道,摆设许多卖草担子,阻塞交通,妨碍卫生。兹为了保持市容清洁,维护公共卫生,便利交通起见。特确定以下几个草场:

(一)大东门内之小菜市东边空场地区。

(二)北门内四湾街。

(三)卫衙大街。

(四)西门内北边空场。

(五)德胜门内小马场巷。

(六)四牌楼南(南土街东边空场)。

(七)三牌楼空场。

(八)东门外白衣庵对门之空场。

自布告日起,凡买卖柴草等,一律到草市进行买卖。卖草人车草担进城后,不得从大街经过,必须从后街僻巷挑入草市场。仰我买卖草者,切实遵行为要。

关于工厂企业机关学校建立治安保卫委员会暂行办法

(1954年3月1日　合肥市人民政府公安局施行)

为确保工厂、企业、机关、学校安全,发动群众防谣、防特、防盗、防火,肃清反革命分子破坏活动,防止事故发生,以保卫国家建设事业的安全的目的,特制定如下办法。

一、治安保卫委员会是群众性的治安保卫组织,在工厂、企业和公安保卫部门领导下负责进行工作,其主要任务与职权如下:

1. 统一筹划与布置工厂、企业、机关、学校有关治安保卫工作事宜;

2. 密切联系群众,经常在工厂、企业、机关、学校内进行防谣、防特、防盗、防火的治安保卫教育,以提高群众的警惕性;

3. 如有事故发生,应负责立即上报并协助行政追查事故发生原因;

4. 协助纠察队保护工厂企业仓库之工作;

5. 协助行政上防止事故及反革命分子的造谣破坏活动;

6. 经常向行政上提供各种有关治安保卫工作的建议;

7. 对本单位中反革命分子的现行犯,可随时扭送公安机关处理之;

8. 对通缉在逃的罪犯,有捕送政府公安机关之责,但无审讯、关押、搜查之权;

9. 对非现行的反革命分子有监视、检举、报告之责,但无逮捕、扣押、搜查之权;

10. 对反革命分子破坏场所应协助公安人员维持秩序、保护现场,以便公安机关进行勘查,但不得变更与处理现场;

11. 要以身作则执行各种保卫制度,以自己的模范行动推动各种保卫工作。

二、治安保卫委员会的建立:

工厂、企业、机关、学校的委员会名额应视各单位人数多寡情况繁简由五人至十一人组成之,设主任一人,副主任一至两人(主任委员一定由党支部保卫委员或其他委员充任)。

治安保卫委员会建立后,如情况需要,须设立治安保卫小组。小组成员多少不等,一般的由三、五、七、九、十一人组成。

三、治安保卫委员会的选举:

1. 历史清楚、政治可靠、作风正派、善于联系群众、热心治安工作者得当选为委员;

2. 工作积极负责,在群众中有威信;

3. 爱护国家财产,热心护仓、护厂;

4. 治安保卫委员会之选举事先召开党团员大会,传达治安保卫委员会条例,经过讨论确定人选。再召开机关干部大会,讨论酝酿由群众提出的候选人名单,经过介绍审查评议之后,再行选举。经公安保卫部门批准后再正式宣布成立。

四、治安保卫委员会必须严格遵守下列各项纪律:

1. 遵守政府法令,认真执行委员会决议,不得违法破坏;

2. 保守工作秘密,不得泄露;

3. 站稳人民革命立场,分清敌我界限,不得包庇反革命分子,不得挟嫌诬告,不得贪污受贿；

4. 团结群众，帮助群众，不得强迫命令，借势欺人。

五、治安保卫委员会领导关系：

各机关工厂企业之治安保卫委员会受该单位行政机构及公安保卫部门领导。

六、会议汇报制度：

1. 会议制度：(1)治安保卫委员会每月开会一次，必要时可临时召开；(2)治安保卫小组每周开会一次，必要时可临时召开。

2. 汇报制度：(1)治安保卫委员会每月向市公安保卫部门汇报一次工作，有特殊情况得随时报告；(2)治安保卫小组每半个月向治安保卫委员会汇报一次工作，有特殊情况得随时报告。

七、奖惩制度：

1. 对工作积极及有显著成绩的治安保卫委员，应由治安保卫委员会及时给予表扬或奖励；

2. 对工作上违反纪律，破坏保卫制度之治安保卫成员，应视其具体情况，由治安保卫委员会给以批评，严重者应撤销其治安保卫委员的职务。奖励与惩处均须经群众讨论议定及领导机关批准后执行。

关于治安保卫委员会暂行组织条例具体执行办法

（1954 年 9 月 3 日　合肥市人民政府公安局施行）

第一条　为确保工厂、企业、机关、学校安全，发动广大职工群众进行防奸、防谍、防盗、防火，肃清反革命分子破坏活动，防止事故发生，以保卫国家经济建设事业顺利进行。

第二条　治安保卫委员会是群众性的治安保卫组织，在工厂、企业、机关、学校和公安保卫部门领导下负责进行工作。

第三条　治安保卫委员会建立，在城市以工厂、企业、机关、学校为单位，其委员会名额应视各单位人数多寡、情况繁简，一般可按一百人以下者三至五人，百人以上者七至十一人组成。

治安保卫委员会建立后，视其情况需要，可成立治安保卫小组。小组成员多少不等，一般可按三、五、七、九、十一人等。

第四条　治安保卫委员会的选举：

（一）历史清楚、政治可靠、作风正派、善于联系群众、热心治安工作者，均得当选为委员。

（二）工作积极负责，在群众中有威信。

（三）爱护国家财产，热心护仓、护厂。

（四）治安保卫委员会之选举：1. 事先应向所属单位职工群众进行广泛宣传成立治安保卫委员会的重要意义、权限与任务及当选委员应具备的条件，分别召开职工群众大会，讨论酝酿提出治安保卫委员候选人，但候选人数不得超过应选择委员数三分之二；2. 候选人名单公布后，应分别组织群众进行审查、评议，对不合条件者，可提出理由，建议原提出单位重新提出候选人名单。

（五）经过酝酿成熟后，召开群众大会，报告筹备经过，宣布候选人名单及选举方法，由候选人做自我介绍后，再进行选举。

经公安保卫部门批准后，再正式宣布成立。

第五条　工厂、企业、机关、学校之保卫干部应参加治安保卫委员会之选举。

第六条　当选之治安保卫委员会委员由得票多者负责召开成立会议。互选主任一人、副主任一或两人，制定制度，布置工作。

第七条　治安保卫委员会得酌情设立候补委员一至三人，由在群众大会选举中未当选委员而得票多者担任，以便在正式变动时，依次选补。

第八条　治安保卫委员会每半年改选一次，连选得连任，但有下列情形之一者，得在任期内进行改选：

（一）大多数群众要求改选者。

（二）委员因工作调动在半数以上者。

（三）如有其他原因认为有改选之必要，须报请上级公安保卫部门批准。

第九条　治安保卫小组由群众推选积极分子三至五人组成，设组长一人。在治安保卫委员会领导下进行工作，每半月召开一次小组会议，必要时得临时召开。每半年与治安保卫委员会同时进行改选一次。

治安保卫小组的组长由组员推选产生,一般不由委员兼任。

治安保卫小组组长得列席参加治安保卫委员会会议。

第十条　治安保卫委员会具体任务:

(一)统一筹划与布置工厂、企业、机关、学校有关治安保卫工作事宜。

(二)密切联系群众,经常在工厂、企业、机关、学校内进行防奸、防特、防盗、防火的治安保卫教育,以提高群众的政治警惕性。

(三)如有事故发生,应负责立即上报,并协助行政追查事故发生原因。

(四)协助行政上防止事故及反革命分子的造谣破坏活动。

(五)经常向行政上提供各种有关治安保卫工作的建议。

第十一条　治安保卫委员会的职权:

(一)对现行的反革命分子与通缉在逃的罪犯,有捕送政府公安机关之责,但无审讯、关押、搜查之权。

(二)对非现行的反革命分子有调查、监视、检举、报告之责,但无逮捕、扣押、搜查、取缔之权。

(三)对反革命破坏之场所,应协助公安人员维持秩序,保护现场,以便公安机关进行勘查。但不得变更与处理现场。

第十二条　治安保卫委员会委员必须严格遵守下列各项纪律:

(一)遵守政府法令。

(二)保守工作秘密,不得泄露。

(三)站稳人民革命立场,分清敌我界限,不得包庇反革命分子,不得挟嫌诬告、不得贪污受贿。

(四)团结群众,帮助群众,不得强迫命令、借势欺人。

第十三条　治安保卫委员会应规定以下制度:

(一)按月召开委员会议,检查上月工作,布置下月工作,必要时可临时召开。

(二)按月向上级汇报工作情况,必要时得随时汇报之。

(三)除经常结合各种会议及通过各种方式向群众进行防奸、防谍、防盗、防火、肃清反革命分子破坏活动的宣传教育外,半年内至少要向群众专门进行一次防奸、防谍、防盗、防火、肃清反革命分子破坏活动的宣传教育。如发现重大破坏事件,如放毒、暗杀、火灾等,除应积极领导群众查捕现行反革命分子及扑灭火灾外,还要协助公安人员维持秩序,保护现场,并及时向群众深入宣传,以提高广大群众警惕。

(四)按季向群众报告工作情况,征求群众意见,接受群众批评,以改进工作。

第十四条　治安保卫委员会奖惩制度:

(一)治安保卫委员会或其所领导的治安保卫小组,一贯工作积极并有显著成绩者,得经群众讨论,呈请市公安局予以奖励。如系委员或组员个人具备此项条件者,则奖励其个人。

(二)治安保卫委员会委员或治安保卫小组组员,如利用职权进行包庇反革命、打击、报复、陷害好人、欺压群众、违反纪律、破坏保卫制度等违法行为者,应经群众讨论,按情节轻重,给予批评或惩处。其惩处权属市一级政府。

工厂、学校等单位之治安保卫委员会有上述违法行为者,由其本单位行政与保卫部门负责处理。

合肥市道路管理规则(草案)

(1957 年 4 月 5 日　合肥市人民委员会发布)

第一条　为加强对本市道路的管理与维护,便利交通及整肃市容起见,特制定本规则。

第二条　本市各种道路,人行道、车行道、里巷通衢、街心花坛及附属道路范围内桥梁、涵洞、上下水道、电杆、行道树、消防龙头等公共设施,非经许可一律不得随便占用、挖掘、损坏。

第三条　申请核准占用或挖掘道路者,以下情况为限:

1. 在道路临时修理房屋、上下水道、太平门、电杆等工程设施者。

2. 必须在道路上临时堆放物料,并对交通障碍不大者。

3. 在适当地点,设立公共汽车站棚、邮筒、消防龙头等公共设施者。

第四条　凡申请占用或挖掘道路者,必须遵守下列规定:

1. 申请占用或挖掘道路,应事前填写申请表,并附简单平面图。

2. 占用道路填写申请表一式三份,先向市公安局申请,经公安局审查签注意见,后由申请人持送市建设局会签。经批准后,申请表交公安局、建设局各一份存查,一份由申请人留作执照。

3. 挖掘道路者,须填写申请表一式三份,直接向市建设局申请。经批准后,一份交建设局存查,一份由申请人交公安局核定实施时间,一份由申请人留作执照。

4. 挖掘了 30 平方公尺以内的泥土路、巷道 5 平方公尺以内的禅后路,可由申请者自行修复,如有挖掘而不修复或修复不合原标准时,市建设局得责令立即修复或返工重修。

5. 申请占用或挖掘道路经核准后,应严格遵守核定期间及范围。如因故必须延期实施或延长实施期间和扩大实施范围,应事先向市公安局、建设局报明原因,经核准后,在原申请表上注明,方可有效。因故停止占用或挖掘,应立即向市公安局报明原因,缴销核准的申请表,并办理退还全部或部分的挖路修复费和道路占用费。

第五条　凡属下列情况者,可免办申请手续:

1. 市建设局批准的工程设施和种植行道树,须占用、挖掘道路在作业范围以内者,但事前必须与交警队联系,方可动工。

2. 在非繁华地区对交通影响不大,必须临时占用小部分道路,不超过三天者,得于事前征得所在地公安机关同意,方可占用。

第六条　依本规则第三条第一款之规定,申请挖掘道路者,除本规则第四条第二款规定外,应按规定的单价收费标准缴纳挖路修复费,由建设局代为修复。

第七条　依本规则第三条第二款之规定,申请占用道路者,应按规定单价的收费标准缴纳占用道路费。

第八条　依本规则第三条第二款之规定,可不必缴纳占用及挖掘道路费用,但应按章办理手续。

第九条　未经申请核准,而擅自占用或挖掘道路或虽已经核准擅自延长核定期限范围者,经查实后应责令清除或停工,并视其情况分别按照本规则第六、七两条规定单价征收三至七倍占用或挖掘道路修复费。情节严重者,得由市公安局或司法机关处理。

第十条　凡经核准占用或挖掘道路者,应于占用完毕或修复完工后两日内将现场杂物全部清除。逾期未能清除时,市建设局可代为清除,所需费用由原申请人负担。

第十一条　凡公私汽车、板车及其他交通工具,因出入院门、车场、货栈等,而压坏人行道、边沟、道沿石,撞坏行道树或其他公共设施者,应负责修复及赔偿的责任。

第十二条　凡在本市之各机关、团体、工厂、企业、学校、部队、居民等均有保护人行道、园林道、树木花草之责,并遵守下列规定:

1. 禁止砍伐攀折园林道及人行道之树木、花草或在树上系绳子、晒衣服、拴牲畜,移用行道树及支柱搭棚等。

2. 禁止在马路、人行道、园林道等处附近放牲畜,伤害树木、花草。

3. 凡因树木发育影响公私设施(如妨碍电线、屋沿等)必须剪枝,须事先取得园林管理处同意,不得擅自处理。

凡违反本条各款规定者,由市公安局按情节轻重给予下列处分:

1. 批评教育或检讨悔过。2. 在群众会上检讨警告。3. 处以 30 元以下罚款或 30 天以下拘役。4. 情节严重恶劣者,送人民法院依法处理。

第十三条　载重汽车或其他重型机械及手推独轮车驶入本市,应遵守下列规定:

1. 十吨以上载重汽车及重型机械行驶市区道路者,除军事部门临时性的特殊情形外,应先到市建设局申请发给道路许可通行证,再凭此证至市公安局领取交通许可证。上述两种证件,均由驾驶人随身携带以备查验。行驶时如压坏路面,该驾驶人应立即停驶,向市建设局报告,并按本规定第六条规定之收费标准,缴纳修复费。

2. 履带车禁止在市区道路上行驶。

3. 手推独轮车禁止在柏油马路、碎石路上行驶。

违反本条各款规定者,除交通管理部门依交通管理法令予以适当的处分外,如路面遭受压坏,由市建设局依本规则第六条规定,单价标准收取三至七倍的修复费。

第十四条　本规则公布前已经占用或已开始挖掘道路者,应限期清除或恢复原状。但不符合本规则第三条各款情形者,应分别依本规则第四至八条各规定补办申请核准及纳费手续。

第十五条　本规则自公布之日起施行。

合肥市人民委员会关于入户范围的暂行规定(草案)

(1958 年 5 月 14 日　合肥市人民委员会公安局印发)

根据《中华人民共和国户口登记条例》第十条第二款“公民由农村迁往城市,必须持有城市劳动部门的录用证明、学校的录取证明或者城市户口登记机关的准予迁入证明,向常住地户口登记机关申请办理迁出手续”的精神,为了紧缩城市人口和入户范围的统一,防止农村人口继续盲目流入城市,正确地贯彻执行户口登记条例,结合我市具体情况,暂作如下规定:

一、有下列情形之一者,可发给准予迁入的证明,至常住户口登记机关办理迁出手续。

1. 外地人口已为本市各工厂、企业等单位雇用,转为正式工的;

2. 外地人口系本市干部、职工、居民直系亲属,如年幼子女必须依靠父母抚养,或年老、残疾必须依靠子女等人供养,或者爱人在婆家无法参加农、副业生产,而找丈夫同居,以及丈夫必须依靠妻子生活的;

3. 居民、干部、职工家庭人口在本市,与农村妇女结婚,必须迁来户口的;

4. 本市干部、职工、居民必须由农村雇用保姆、奶姆的;

5. 经上级机关批准新吸收的干部和长期工人。

二、有下列情形之一者应准予入户,登记为常住人口:

1. 持劳动部门的录用证明,由农村迁来户口的;

2. 持大、中、小学校的录取证明,由农村迁来户口的;

3. 由转业建设委员会安置在我市工作的复员、转业军人;

4. 由本市各派出所发给准予迁入证明迁来户口的;

5. 本市居民被逮捕后教育释放和刑满释放以及缓刑、假释的;

6. 本市居民被收容劳动教养,持有劳动部门回归证明的。

三、有下列情形之一者不发给准予迁入证明,亦不准登记为常住人口:

1. 农村和县城、集镇来的小商小贩或民办补习学校的学生、拉散平车者、临时工、无组织的手工业者等;

2. 我市人民法院判处的刑满释放人员,其家庭不是本市的;

3. 外地人民法院判处的刑满释放人员,其家庭不是本市的;

4. 机关、学校、工厂、企业等单位被批准退职、退学、开除、解雇的干部、职工,其家庭不是本市的;

5. 其他不应发给准予迁入证明或不应登记为常住户口的。

四、1. 凡机关、学校、工厂、企业、事业等单位干部、职工的家属、保姆、奶姆申请发给准予迁入证明的人,必须由本人申请机关领导同意批准,并加盖本单位公章,经当地公安派出所审查批准始可发给;

2. 凡居民申请发给准予迁入证明的人,必须由派出所民警深入了解,将情况向所长汇报,经派出所所长审查批准始可发给;

3. 机关、学校、工厂、企业、事业等单位干部、职工、家属、学生符合入户条件的,至公安派出所入户时还须附有本单位介绍信，防止挂名入户；

4. 根据中共中央和国务院关于《制止农村人口盲目外流的指示》精神，今后各单位和居民雇用的保姆、奶姆在解雇后，如系农村的应一律由用人单位或个人动员回乡生产，不准附挂户口。如解雇后不愿迁移户口和粮油关系的，可由各单位或居民委员会、派出所将其户口、粮油关系迁出由单位或其亲友寄往当地乡、镇人民委员会。如保姆、奶姆被解雇后又立即被他人雇用的，可准予在市内移居户口。但各单位也要不断对干部、职工和保姆、奶姆进行教育，干部、职工不要经常调换保姆、奶姆，保姆、奶姆也不应任意调换雇主，否则派出所将不发给准予迁入证明或迁移户口。

公民查询亲友地址办法

(1958 年 7 月 26 日　合肥市公安局发布)

第一条　为满足人民群众在社会生活中日益增长的要求,并进一步帮助群众查询亲友地址,更好地为人民群众服务,特设立地址查询服务处。

第二条　凡本市或外地居民需要查询在本市有常住户口而年满 18 岁以上的男女公民(包括省、市各机关、学校、工厂、企业、事业单位内的干部、职工、学生、家属、保姆等)地址的,均可代为查询。

第三条　凡被查询的人符合本办法第二条者,可直接到地址查询服务处所在公安派出所查询。

第四条　为了更便于本市或外地居民查询其亲友等地址,除亲自到地址查询服务处要求查询外,可写信向地址查询服务处、市公安局、公安派出所查询,还可打电话向“地址查询服务处”查询(如不会打电话请到派出所找民警代为查找),查询结果由接洽单位答复查询人。

第五条　查询的方法:查询人先向服务人员或民警接洽,然后填写《查询地址登记簿》(如不会写,由服务人员或民警代写),服务人员或民警很快地即可将查询结果答复查询人。

第六条　地址查询服务处是专为人民群众查询亲友等地址而设立的,不论到地址查询服务处或公安派出所要求查询亲友等地址,均不收取任何费用。

关于彻底清查收缴凶器的紧急通知

（1979年12月14日　合肥市公安局印发）

根据全国、全省城市治安工作会议精神和市委关于整顿城市治安秩序的部署，为进一步维护好“五个秩序”，确保“四化”顺利进行，现就清查收缴凶器工作，提出如下几点要求：

一、各单位要继续宣传贯彻市革委会关于加强治安管理的《通告》，使《通告》精神真正做到家喻户晓，变为广大群众的自觉行动。凡私人收藏的刺刀、匕首、三角刀、手扣、钢丝鞭、自制手枪等凶器，一定要在元旦前，送交所在地派出所。逾期不交者，要从严处理。

二、各单位今后必须严禁任何人私藏、携带、制造枪支、刺刀、匕首等各种凶器。如有违反者，要认真追究，分别给予警告、罚款、治安处罚、劳动教养，直至依法惩处。同时，还要根据情节，追究这些人的所在工厂、机关、学校等单位领导人和有关人员的有关责任。

三、各单位对生产上用的三角刀、锉刀、宰牲刀等工具，应指定专人保管，严格领发制度，不准个人携带回家。凡出售以上工具的单位，要严格把关，凭单位介绍信出售，以防发生问题。否则，造成严重后果的，要层层追查责任，严肃处理。

四、各单位要提高革命警惕，切实掌握犯罪分子的动向。对发现手持凶器械斗，捅刀伤人，危害治安行为的，要敢抓、敢管，狠刹歪风邪气，严厉打击犯罪分子的现行破坏活动。

此外，严禁在市区内用小口径步枪、气枪、猎枪打鸟和开枪取乐，违者要给予批评教育或没收枪支，造成严重后果的，要依法处理。

以上通知，请向广大群众传达。

关于维护学校正常教学秩序的通告

(1980 年 2 月　合肥市公安局、合肥市教育局发布)

学校是培养青少年,传授科学文化知识的重要场所。粉碎"江青反革命集团"以后,学校的教学秩序有了很大改善,但无政府主义现象仍然严重存在。据查,近来少数中小学仍不断发生殴打教师、打架斗殴、寻衅闹事、破坏公物等事件。为了进一步贯彻全国城市治安会议精神,维护教学秩序,巩固和发展我市教育战线安定团结的政治局面,特通告如下:

一、学校在教学时间不准校外人员随意进入。对闯进校园寻衅闹事、耍流氓行为、打架斗殴、干扰破坏教学秩序者,学校有权将其扭送公安机关,根据情节轻重予以处理。

二、教育学生遵纪守法。对违反学校纪律和社会治安管理条例者,对勾引校外人员来校寻衅闹事者,必须进行严肃的批评教育。屡教不改者,给予纪律处分直至开除学籍,或按治安管理条例处罚。对勇于揭发检举坏人坏事并坚决与之斗争者,给予表扬和鼓励。

三、严禁学生制造、保存、携带凶器。凡存有凶器者,须主动交出,既往不咎。今后对制造、保存、携带凶器者,一经发现立即没收,并责令其写书面检查,情节严重态度恶劣者,交公安机关处理。

四、教育学生爱护公共财产。损坏公物者,须照价赔偿。对因打架斗殴、寻衅闹事而损坏学校公物者,不论校内或校外人员,一律按公物原价的二至五倍罚款。

五、学校、街道、工厂、机关须积极主动,互相配合,加强对青少年的教育,坚决打击纵容、教唆青少年犯罪的坏人。

六、学校须加强门卫、值班和巡逻制度。传达和值班人员须坚守岗位,切实负责。对无故刁难值班人员的为非作歹者,学校和值班人员有权将其扭送公安机关处理。

各公安分局、派出所须主动配合当地学校做好以上工作。

本通告自一九八〇年三月一日起实行。

合肥市公安局关于处理交通违章暂行规定

（1981年10月1日　经合肥市人民政府批准公布）

为加强交通管理，维护交通秩序，保证合肥市人民政府颁发的《城市交通管理的规定》的贯彻执行，根据《城市交通规则》和《治安管理处罚条例》的精神，特制定《关于处理交通违章暂行规定》，经市人民政府批准，现公布执行。

第一条　有下列违章之一，不听劝阻和制止的，罚款五角。

一、行人不走人行道，无人行道不靠路边行走的；横穿道路时，不从人行横道路线内通过、跨越护栏隔离设施的；

二、在公共汽车站不遵守上下车秩序，妨碍交通的；

三、在市区主要马路上学骑自行车或在人行道上骑车的；

四、骑自行车撑伞的；

五、在马路上停放车辆、堆放障碍物，妨碍交通的；

六、在规定不准停车摆摊设点、不准设置售货亭和流动售货车的道路上摆摊售货的；

七、机动车在市区使用高音怪声和连续按喇叭的。

第二条　有下列违章之一，不听制止的罚款五角至一元。

一、非机动车走快车道或逆向行驶的；

二、平板车未经交警大队批准，在不准通行的道路上通行的；

三、人力三轮货车违章坐人的；

四、驾驶机动车时吸烟和饮食的；

五、平板车并行、车拖车、脚踏地滑行的。

第三条　有下列违章之一，罚款一元至二元。

一、非机动车故意不让机动车行驶的；

二、在市区骑自行车载物，违反超长、超高、超宽、超重规定的；

三、在道路上溜冰、拖滑轮、玩球类和其他妨碍交通行为的；

四、酒醉后骑自行车的。

第四条　有下列违章之一，不听制止的，罚款二元至三元。

一、拦车、扒车、追车、强行搭车的；

二、在市区骑自行车带人的；

三、机动车夜晚行驶不按规定使用灯光的；

四、驾驶机动车证、照不合或违章进城的；

五、机动车超载、超速或者违反交通信号、标志的；

六、骑自行车与机动车争道抢行、急转猛拐的；

七、机动车不按规定让车、会车、超车的；

八、未经批准在马路上施工作业，设置路障，妨碍交通的。

第五条　有下列违章之一，罚款三元至五元。

一、骑自行车双手离把、扶肩并行、互相追逐、曲线行驶或攀扶其他车辆的；

二、机动车驾驶室超额坐人的；

三、消防车、警备车、救护车、工程救险车，在非执行任务时使用警报器的；

四、未经年审的机动车驾驶员继续开车或车辆未经年审，继续行驶的。

第六条 有下列违章之一，罚款六元至十元。

一、骑自行车撞人或故意阻挡其他车辆正常行驶的；

二、机动车试车不挂试车牌照或不按规定路线试车的；

三、机动车载货超长、超高、超宽，不按交警大队指定的时间、路线行驶的；

四、持驾驶证与驾驶车辆不符或涂改伪造证件的；

五、驾驶机动车互相斗气，故意迫使其他车辆不能正常行驶的；

六、将机动车交给无照人驾驶的；

七、迫使驾驶员违章驾驶机动车辆的（驾驶员不抵制的，双方同时处理）；

八、挂车的连按装置设备不齐全或挂车宽度超过牵引车的；

九、货运汽车和拖拉机的挂车、自动倾卸车、平板拖车、起重车违章载人的；

十、载人的货运汽车，违反带客规定的；

十一、机动车教练时，违反交警大队指定的时间、路线或学习驾驶员单独驾驶以及教练载人的；

十二、机动车未经公安机关批准，装运危险品或携带危险物品上车的；

十三、未经批准挖掘道路妨碍交通的。

第七条 车辆无号牌、机动车带“病”行驶、无证开车、酒后开车、骑自行车故意撞人的，予以扣证、记证、罚款，情节严重的按《治安管理处罚条例》处理。

第八条 本办法五角至二元的罚款，由民警当场裁决，二元至六元的罚款由交警大队或派出所裁决，六元以上的罚款由交警大队或公安分局裁决。违章罚款一律由违章者本人承担，所在单位不准报销。

关于严禁赌博的紧急通告

（1983年1月25日　合肥市公安局发布）

当前，我市某些地区和单位赌博成风，严重影响生产，危害社会治安，毒化社会风气，诱发违法犯罪，必须坚决制止。为维护良好的社会治安秩序，保卫四化建设顺利进行，根据国家有关法令，特紧急通告如下：

一、任何形式的赌博都是违法行为，必须坚决取缔。一经查获，按《治安管理处罚条例》和《刑法》有关规定，予以惩处。

二、凡在近一年内参与赌博的人，要在本《通告》公布之日起进行登记。街道居民到当地派出所登记，农村社员到大队治保会登记，干部职工到本单位保卫部门登记。要主动讲清情况，保证今后不再重犯，可既往不咎。赌头、赌棍、窝赌抽头的窝主和教唆犯，必须在近期内向公安机关坦白交代，交出非法所得和赌具，揭发同伙，争取从宽处理。拒不坦白交代的，一经查明，依法从严惩处。

三、因赌博输赢形成的债务，经公安机关核实认定后，一律废除。赌博所赢的财物以及赌具，一律予以没收。

四、对赌风严重的单位，或明知赌博情况而不管不问，甚至姑息纵容的，要追究单位有关领导责任。

五、发现赌博活动，任何人都有权制止，向公安机关报告，扭送公安机关。对检举和制止赌博的有功人员，应予表扬和奖励。抗拒抓赌、谩骂殴打抓赌工作人员者，要从严惩处。

合肥市经济民警管理条例试行(草案)

(1985 年 6 月 10 日　合肥市公安局印发)

第一章　总　则

第一条　报据国务院(80)310 号文件精神,为了把经济民警队伍领导好、管理好、建设好,参照《中华人民共和国人民警察内务条令(试行)》《国营二四八厂经济民警试行制度》,结合本市建警单位的实际情况,制定本管理条例试行(草案)。

第二条　经济民警是武装性质的,是保卫社会主义经济建设的一支重要力量。

第三条　经济队伍的建设,以马列主义、毛泽东思想为指导思想,坚持四项基本原则,在政治上同党中央保持一致。把经济民警建设成为一支政治强、纪律严、技术精、作风硬,密切联系群众,不怕艰难困苦,不怕流血牺牲的队伍,成为党和人民信赖的内保力量。

第四条　经济民警主要任务是担负厂矿企业等要害单位重要目标的守卫,防止反革命的破坏活动,防止盗窃、火灾、爆炸等治安灾害事故的发生,确保重要目标和厂矿企业的安全。

第五条　经济民警行政上受本单位党政和保卫组织的领导,在保卫业务和军事训练上受公安机关的指导。

第六条　经济民警队伍必须贯彻从严治警的方针,严格教育、严格训练、严格纪律,不断提高政治业务素质和科学文化水平。

第七条　本管理条例试行(草案),如和上级颁布的经警管理条例有抵触的,请按新的经警管理条例执行。

第二章　管理制度

建立健全经济民警各项管理制度,抓好经济民警管理教育工作,是加强经济民警队伍建设一个重要方面。各单位在贯彻执行本管理条例过程中,要把责、权、利紧密结合起来,可根据本单位的实际,只要有利于经警建设,允许在管理条例上有所创新。

第八条　经济民警一般职责

(一)热爱党、热爱人民、热爱社会主义祖国,坚决拥护和执行党的路线、方针、政策,严格遵守国家法律和法令。

(二)努力学习马列主义、毛泽东思想,学习法律、军事、业务和科学文化知识,不断提高军政素质和业务文化水平。

(三)自觉遵纪守法,严格执行《公安人员八大纪律十项注意》,服从领导,执行命令,认真贯彻各项规章制度。

(四)安心本职工作,忠于职守,积极主动地完成执勤及其他各项任务。

(五)保持高度警惕,随时准备应付各种突然情况。

(六)注意安全,防止事故。严守党、国家和企事业单位的机密。

(七)艰苦奋斗,厉行节约,爱护武器装备及公物。

(八)讲究警容风纪,保持内务清洁和个人卫生。

第九条　分队干部职责

队长主要负责分队的军事训练、行政管理和执勤工作;政治指导员主要负责分队的组织工作和政治思想工作。他们的共同职责是:

(一)领导干警坚决贯彻执行党的路线、方针、政策及上级组织的决议和交给的任务。

(二)经常深入工作实际,总结经验,解决问题,大胆改革,勇于创新,努力开创工作新局面。

(三)加强对经济民警工作领导,熟悉了解干警情况,注意工作方法,有针对性地做好思想政治工作,注意解决干警工作、学习和生活中的实际问题,使干警始终保持高度警惕和蓬勃向上的革命精神。

(四)有计划地做好教育训练工作,不断提高干警政治觉悟、军事素质和业务水平。

(五)领导干警积极完成执勤守卫任务,坚决贯彻预防为主、确保重点的原则,保卫厂矿企业的安全,使国家财产免受损失。

(六)搞好行政管理,加强遵纪守法教育,严格各项规章制度,坚持值班及查铺查哨制度。

第十条　小队长职责

小队长在分队干部的领导下进行工作,其职责是:

(一)带领小队认真执行分队的各项规章制度,以身作则,为人表率。

(二)带领小队积极参加政治学习、军事训练和分队布置的其他活动。

(三)带领小队积极完成守护、警卫等任务。

(四)合理安排公差、勤务,及时解决工作中出现的问题,关心爱护民警,协助分队干部做好政治思想工作,搞好小队内外团结。

(五)加强管理,教育民警严格维护警容风纪和工作秩序、生活秩序,爱护武器装备和公物,预防各种事故,严守党和国家机密。

第十一条　带班员职责

(一)熟悉岗位周围地形、社情及任务,掌握执勤人员的安排及住宿情况。

(二)督促哨兵做好执勤难备,检查哨兵的着装及警容。

(三)按时带领哨兵换班,检查监督验枪和执勤交接。

(四)检查哨兵执勤情况,发现失职行为,及时教育纠正。

(五)处理执勤中发生的问题,遇有意外情况,应果断处理,并及时上报。

第十二条　哨兵守则

哨兵分固定哨和流动哨,受带班员领导,无带班员受班长或小队长领导,担负守护、警卫任务,保卫厂矿企业及重要目标的安全,其守则是:

(一)做好上哨前的准备,按着装规定,保持警容严整,按照规定的时间,准时到达工作岗位,不准误岗,不准酗酒。

(二)严格履行职责,不准随意合哨、私换执勤班次。换哨(班)时,填好交班簿,将执勤情况交接清楚,坚持验枪制度。

(三)坚守岗位,专心执勤,不准脱哨、睡哨、闲谈、打闹、吸烟、吃东西,不准办私事、看书报、放听收录机。做到枪不离手,弹不离身,严禁玩弄武器。

(四)坚持原则,认真查验证件,不准徇私舞弊。

(五)保持高度警惕,随时准备应付各种紧急情况,发现形迹可疑者,机智沉着,适时查问。遇有意外情况,应果断处理,并及时上报。但正常情况下遇有问题,要及时向单位领导和保卫部门报告,不准自作主张或知情不报。

(六)保持正常秩序,不准无关人员进入警戒区域或在岗哨附近逗留,防止意外事故的发生。

(七)处理问题要讲究方法,要谦虚有礼,不准打骂、刁难群众,更不准用武器恐吓、威胁群众,以免产生不良影响。

(八)正确执行使用武器的规定,不准随意鸣枪警告或在不允许动用武器的情况下动用武器。

第十三条　武器装备管理

经济民警必须爱护武器、装备,防止丢失、损坏、锈蚀、被盗和霉烂变质。使武器装备经常处于良好状态,保证经济民警顺利执行守卫任务。制定以下制度:

(一)要设立武器库,建立武器装备账目,指定专人保管,将执勤枪弹集中管理,防潮、防火、防盗、防破坏。

(二)配枪之前,须经专门教育训练,符合条件,才能发枪。

(三)必须爱护武器、装备,严守操作规程,枪支每周小擦拭,每月大擦拭,训练后和遇雨淋要随时擦拭。擦拭保养时,干部要亲临现场检查指导,擦拭前要组织验枪,严防枪支走火和丢失。

(四)严禁玩弄枪支和枪口对人,严禁用武器开玩笑,不准用武器敲打、撞击和随意放空枪,不准随意装退子弹。

(五)配发的枪、弹只供执勤和训练使用,非执勤、训练一律不准个人携带,严禁将武器转借他人,或将武器交给亲友观看玩弄。

(六)正确掌握使用武器的原则,经济民警在执行任务中遇有紧迫危险,非开枪不能制止犯罪或不能自卫时,方可使用武器。在非使用武器不可时,应力求避免击其要害部位。在使用武器后,必须保护好现场,如实向上级报告,接受检查。

(七)以上制度务必严格执行,违者视情节给予纪律处分或追究刑事责任。

第十四条　警容风纪

经济民警必须严格遵守警容风纪的有关规定,养成守纪律、有礼节、着装整齐、举止端庄的良好作风。

(一)经济民警在执勤时,要着装整齐,不可单棉警服混穿。

(二)炎热季节执勤,可以穿衬衣,佩带领章、帽徽。

(三)参加集会活动时,应着较新的警服,鞋袜要整洁。

(四)休假和不执行任务时,可以不穿警服。

(五)当不经常接触的领导来到时,应自行起立,如正在集体活动应当由在场职务最高者发出"立正"口令,并向首长敬礼。

(六)经济民警不准蓄大包头、留小胡子。着装外出时,不准在街上过走边吸烟、吃零食，不准背手、袖手、手插兜、手拉手、搭肩挽臂、抱背小孩、猥集街头巷尾、坐卧、嬉笑、打闹、围观、尾随外国人等。

（七）经济民警必须举止端正，讲究文明礼貌、尊重社会公德，不可使用污言秽语，不可有违反社会主义精神文明的举动，随时维护经济民警声誉。

第十五条 住宿和卫生

搞好经济民警集中住宿，保持内务清洁，是为了应付各种紧急情况，提高经济民警战斗力的重要保证。

（一）实行集中住宿，保持一定兵力，每天集中住宿不可少于总人数的三分之二。

（二）住宿地点要配有专用电话和交通工具。一有情况，要保证随时拉得出，不误战机。

（三）武器、器材和个人物品要放置有序，以适应工作和紧急情况要求。

（四）按时住宿，不准中途溜号，不准借故不住宿。

（五）内务要整齐划一。寝室要保持清洁卫生。

第十六条 逐步实行人员轮换制

及时做好经济民警的轮换工作，补充经警实力，是纯洁经警组织，提高经济民警战斗力的必要措施。

（一）按照经济民警年轻化的要求，经警人员满三十五周岁要逐步轮换。

（二）经警人员凡违法乱纪，身体有病，以及其他不适应经济民警工作的要及时轮换。

（三）经济民警的人员补充，要严格按照公安部《关于建立经济民警的实施方案》中第五条“经济民警的条件”选配。

（四）对调出的经济民瞀，可根据本单位实际，按照经警表现、身体、特长等方面条件，区别情况，给予选拔重用或改做其他工作。

第三章 奖惩制度

第十七条 根据《中华人民共和国人民警察奖惩条令（试行）》，结合经济民警实际，制定本奖惩制度，广大经济民警必须自觉执行国家法律、法令，执行人民警察条例、条令和规章制度，执行《政法公安人员守则》《公安人员八大纪律，十项注意》，做遵纪守法的模范。

第十八条 奖励的目的在于激发广大经济民警的革命积极性，保证执勤保卫等任务的完成。

第十九条 工作成绩突出者，应给予适当奖励，坚持精神鼓励为主、物质鼓励为辅的原则，实事求是，及时恰当，不徇私情。

第二十条 经警评功授奖活动，每年年终进行一次总评比，平时有成绩突出者，经报上级机关审核，可随时给予奖励。

第二十一条 惩处是维护和加强纪律的一种手段，目的在于惩前毖后，治病救人，纯洁组织，增强团结，提高经警战斗力。

第二十二条 一般违反纪律，可根据批评教育从严、处理从宽原则，给予适当经济制裁，经过帮助教育，促其尽快改正。

第二十三条 对严重违反纪律,处理必须严肃慎重。在查清错误事实基础上,实事求是进行全面分析,处理前要听取群众和犯错误者本人意见。经集体讨论,报上级机关做出恰如其分处理决定。处分决定可采取会议和书面通报等形式向群众宣布。

关于严厉打击盗窃犯罪活动的通告

（1986年6月1日　合肥市公安局公布）

为了保卫经济体制改革和社会主义建设的顺利进行，保障国家、集体和人民群众的财产不受侵犯，维护良好的社会治安秩序，根据《中华人民共和国刑法》、全国人民代表大会常务委员会《关于严惩严重破坏经济的犯罪的决定》等法律规定，特通告如下：

一、自本通告发布之日起，在全市开展一次反盗窃斗争，严厉打击盗窃公私财物的犯罪活动。

二、限令犯有盗窃、窝赃、销赃等违法犯罪行为的人员，认清形势，停止作恶，在本通告发布后三十天内到居住地公安机关或所在单位保卫部门投案自首、坦白交代，争取从宽处理。

三、对在限期内投案自首、坦白交代的，依法予以从轻、减轻或免除处罚。立功的可以赎罪，立大功的可以受奖。

四、对拒不坦白交代、订立攻守同盟、转移赃物、毁灭罪证、继续进行盗窃活动或打击报复检举人的，依法从严惩处。

五、各工厂、企业、商店应加强安全防盗措施，落实治安责任制，确保国家、集体财产安全。对疏于防范、漏洞较多的单位，由公安机关发出《防盗通知书》，限期整改。对忽视安全防范，造成国家、集体财产大量被盗，损失严重的单位，必须追究主管领导和直接责任者的责任，对玩忽职守、构成渎职罪的依法追究刑事责任。

六、全市人民积极行动起来，同盗窃、窝赃、销赃及其他违法犯罪行为做坚决斗争，认真落实安全防盗措施，大胆检举揭发盗窃和其他违法犯罪活动，教育、规劝、敦促违法犯罪人员投案自首。对积极提供违法犯罪线索，协助查破盗窃案件的，将给予表扬或奖励。对知情不报、包庇、窝藏盗窃犯罪分子的，视情节轻重给予处罚，直至依法追究刑事责任。

本通告经合肥市人民政府批准，自公布之日起执行。

关于烟花爆竹实行安全管理的通告

(1986 年 11 月 18 日　合肥市公安局公布)

经合肥市人民政府批准,发布此通告。

烟花爆竹是喜庆用品,但又是易燃易爆物品,生产、储运、使用不当很容易发生火灾、爆炸事故。为了维护人民生命财产的安全和社会秩序,加强社会主义精神文明建设,根据《中华人民共和国爆炸物品管理条例》《中华人民共和国治安管理处罚条例》等有关法规,对生产、储运、销售、燃放烟花爆竹通告如下:

一、任何单位、个人生产烟花爆竹必须到公安机关办理爆炸物品安全生产许可证,向市工商行政管理局办理登记手续,领取营业执照,方准生产。严禁生产拉炮、摔炮、砸炮、地老鼠、打火纸之类违禁品和其他不符合安全规定的烟花爆竹。

二、严禁使用氯酸与雄黄、赤磷的危险配方生产烟花爆竹。

三、经营烟花爆竹采购、批发的单位,必须经公安机关批准,采购的品种由公安机关核定,未经批准,不得擅自采购,也不得代销。

四、经营烟花爆竹,不论批发或者零售,必须经公安机关批准,领取爆炸物品销售许可证,向市工商行政管理局办理营业执照,方可销售。严禁无照经营。

五、禁止在主干道两侧和人群集中地段摆摊设点销售烟花爆竹。

六、凡外地生产的烟花爆竹进入本市,均须持我市公安机关批准领取爆炸物品运输证,方可入境。禁止外地生产的烟花爆竹私自运入本市进行销售。

七、严禁在繁华街道、车站、码头、机场,影剧院、公园等公共场所以及生产、储存易燃易爆物品的工厂、仓库附近燃放烟花爆竹。严禁在人口稠密处和公共场所抛甩燃点烟花爆竹。

八、严禁携带烟花爆竹进入公共场所和乘坐火车、轮船、客车、飞机。

九、今后发现擅自生产、采购、销售、推销烟花爆竹,或者采购、销售未经公安机关批准的烟花爆竹,均由公安机关予以没收,并按《中华人民共和国治安管理处罚条例》处罚当事人或单位负责人。

十、凡违反以上规定,危害社会秩序,伤害他人,引起火警、火灾事故,损坏公私财物者,均按《中华人民共和国治安管理处罚条例》严肃处理,造成重大事故的,依法追究刑事责任。

特此通告。

合肥市消防管理处罚暂行规定

（1987年1月　经合肥市人民政府批准颁布）

第一条　为切实加强消防监督管理，贯彻“预防为主，防消结合”的方针，保障人民生命财产的安全，保卫社会主义建设事业的顺利进行，根据《中华人民共和国治安管理处罚条例》《中华人民共和国消防条例》和有关消防法规，结合我市实际情况，制定本规定。

第二条　违反消防管理规定的处罚分为下列五种：

（一）警告；（二）罚款；（三）拘留；（四）停产、停工、停业改进；（五）吊销营业执照。

第三条　有下列违反消防管理规定行为之一的，处责任者或单位有关负责人一百元以下罚款或七日以下拘留：

（一）有重大火灾隐患，不按消防监督机关通知规定及时有效地消除火险隐患的；

（二）违反消防管理规定或安全操作规程，不听劝阻的；

（三）在进行有火灾、爆炸危险的生产、储存、实验中，没有采取防火、防爆措施的；

（四）未经批准而烧荒或明火作业，或虽经批准，但未采取有效安全措施，引起火警、火灾的；

（五）在有易燃、易爆物品的地方，违反禁令吸烟、使用明火的；

（六）汽车、拖拉机等机动车辆进入仓库区、打麦场或其他禁火区域、场所违反防火规定的；

（七）违反消防安全规定，占用防火间距，或者搭棚、盖房、挖沟、砌墙，堵塞消防车通道的；

（八）过失引起火灾，尚未成造严重损失的。

第四条　有下列违反消防管理规定行为之一，尚未造成重大损失的，处责任者或指使者五十元至二百元罚款，或十日以下拘留：

（一）违反消防管理规定或安全操作规程引起火灾、爆炸事故的；

（二）对有条件整改的火险隐患而不采取安全措施或措施无效引起火灾、爆炸事故的；

（三）不负责任、麻痹大意引起火灾、爆炸事故的；

（四）发生火灾、爆炸事故后故意不报警或延误报警、阻拦报警的；

（五）故意违反消防管理规定或安全操作规程引起火警的；

（六）谎报火警的；

（七）指使或者强令他人违反消防管理规定或安全操作规程，冒险作业造成后果的。

第五条　有下列违反化学危险物品管理规定行为之一的，处责任者或单位有关负责人警告或一百元以下罚款，或七日以下拘留。

（一）生产、使用、储存化学危险物品，不按规定向消防监督机关备案和登记的；

（二）生产、销售的化学危险物品质量不符合安全规定的；

（三）用于化学危险物品的容器及包装不符合安全规定的；

（四）使用、储存、运输化学危险物品不符合安全管理规定的；

(五)在机关、学校和居民集中居住区,进行液化气灌装,或向下水道、住宅内卫生间倒液化气残液造成事故的;

(六)违反规定携带易燃、易爆等危险物品乘坐车、船、飞机或进入公共场所的。

第六条 有下列违反建筑防火管理规定行为之一的,处责任者或单位有关负责人五十元以上二百元以下罚款,或十日以下拘留。

(一)不按防火技术规范规定进行设计的;

(二)违反建筑防火技术规范而进行建筑施工的;

(三)不按消防监督部门核准的设计项目施工的;

(四)改变建筑物、构筑物、堆场的用途,违反消防规定的;

(五)搭盖工棚或临时建筑,影响消防安全,经指出不改的。

第七条 有下列违反消防设备、器材管理规定行为之一的,处责任者或指使者警告或八十元以下罚款,或五日以下拘留:

(一)损坏消防设施、器材、工具的;

(二)擅自将消防设备、工具移作他用的;

(三)违反《合肥市消火栓管理办法》,动用、圈占、压盖、堵塞消火栓的;

(四)生产、销售、维修消防器材的单位或个人,不接受消防监督机关在规格、质量方面监督检查的:

(五)生产、销售、维修消防器材的规格、质量不符合国家规定,经指出不改的。

第八条 有下列阻碍治安、消防人员执行公务行为之一的,处责任者警告或一百五十元以下罚款,或十日以下拘留:

(一)故意阻碍消防车通行或者扰乱火灾现场秩序,尚不够刑事处罚的;

(二)在灭火、抢险的紧急情况下,对现场总指挥员调用交通运输、供水、供电、电讯、医疗、救护、环境卫生等部门的力量和专职义务消防组织参加灭火、抢险拒不执行的;

(三)隐瞒火灾事故真相或不经消防监督机关批准,改变火灾现场的。

第九条 无证生产、销售、维修消防器材的,予以取缔;生产、销售、维修消防器材的规格、质量不符合国家规定的,除按本规定第七条进行处罚外,还应令其退换或返修,必要时责令其停产、停业改进,直至由工商部门吊销营业执照。

第十条 对于违反消防管理规定造成火灾、爆炸事故的单位(含个体工商业户)处以罚款。罚款额为火灾、爆炸事故所造成经济损失的百分之二至百分之七。

第十一条 严重违反消防安全的建筑,均应限期拆除;对过去已成事实的个别大的或特殊违章建筑物,经消防监督机关同意,采取有效补救措施的,可免于拆除,但应对违章单位处于罚款,罚款额为工程造价的百分之一至百分之三。

本规定实施后,如再发生类似违章建筑物,除限期拆除外,处单位罚款额由现在的百分之一至百分之三,提高到百分之三至百分之六。

第十二条 消防管理处罚由市、区、县公安机关裁决,警告也可由公安派出所和各单位保卫科(处)裁决,罚款二百元以下的授权市公安消防处裁决。

第十三条 一人在同一时段或同一事项上兼有两种以上违反消防管理规定的,可分别确定处罚,合并裁决,同时执行。两人以上共同违反消防管理规定行为的,分别予以处罚。

第十四条　不满十三周岁的人及呆傻人、精神病人和由于不可抗拒的原因违反消防管理规定的，免于处罚；满十三岁未满十八岁的人，可从轻处罚。

第十五条　对明知故犯、屡教不改违反消防安全规定，或在一年内发生两次以上火灾、爆炸事故的，责任人或单位应加重处罚，必要时对责任人可报经市劳动教养管理委员会批准，予以劳动教养。

第十六条　对消防管理处罚的裁决，必须做出裁决书，交违反消防管理规定的人或单位。被处罚的人或单位如不服裁决的，可在五日内提出申诉，由上一级公安机关复核，做出最后裁决后执行。

第十七条　损坏消防设施、器材、工具的，除按本规定第七条进行处罚外，责任者还须按价赔偿损失。

第十八条　对单位和个人的罚款，都须在裁决后七日内交纳。对个人的罚款，不得在单位报销，拒不交纳的，可改处拘留。对单位的罚款，属企业性质的单位，从税后留利中列支；属事业性质的单位，从行政或事业费中列支。拒不交纳的，凭公安部门正式罚款公函，直接从银行扣拨。

第十九条　本规定没有列举的违反消防管理规定的行为，可比照本规定中类似条款进行处罚，但必须经县以上公安机关核准。

第二十条　本规定的解释权属于合肥市公安局。

第二十一条　本规定自公布之日起执行。

合肥市加强要害部门要害部位保卫工作的暂行规定

(1987 年 12 月 14 日　合肥市人民政府印发)

第一条　为切实加强要害部门、要害部位保卫工作,保证我市"四化"建设的顺利进行,根据国家法律和有关法规,结合我市具体情况,特制定本暂行规定。

第二条　要害部门、要害部位保卫工作,要认真贯彻"预防为主,确保重点,打击敌人,保障安全"的方针,努力做到防患于未然。

第三条　本规定所称要害部门、要害部位,是指对全市或一个系统、一个单位的安全起决定性作用和重要影响的部门或部位。主要包括:

(一)省、市党政首脑机关,为省、市领导人以及重大政治性活动服务的部门。

(二)重要内、外宾经常活动的场所和住处。

(三)供水、供电、供气和民航、广播电台、电视台、通讯枢纽部门。

(四)国防尖端、重点建设项目,重要科研部门和重要仓库。

(五)掌握重要秘密和生产指挥决策的职能部位。

(六)对产品质量有重大影响的生产、装配、检验等关键部位。

(七)储存贵重仪器、设备、档案资料和珍贵文物等部位。

(八)国家仓库和储存贵重票证、凭证的关键部位。

第四条　确定要害部门、要害部位,应履行审批手续,由各单位保卫部门填写《要害审定登记表》,报请本单位主管领导人审定,并向公安机关备案。

第五条　各单位要确定分管要害部门、要害部位保卫工作的领导人。制定和落实防破坏、防盗窃、防失密、防火灾的安全保卫制度和措施,并纳入岗位责任制。

第六条　要害部门、要害部位的工作,应由政治可靠、作风正派、工作负责、技术胜任的人担任。下列人员不能进入要害部门、要害部位工作:

(一)被判处缓刑、管制或剥夺政治权利以及监外执行的犯罪和所外执行的劳动教养人员。

(二)刑满释放和解除劳动教养人员。

(三)有进行各种现行破坏活动危险迹象和犯罪嫌疑人员。

(四)精神病人和呆傻人员。调配要害部门、要害部位工作人员,要事先征得保卫部门同意。对要害部位人员的政审,应由本单位的人事、保卫部门负责。保卫部门要经常了解和掌握情况,发现问题,及时向党政领导反映,不适合在要害部门、要害部位工作的人员要及时调离。

第七条　各单位必须经常进行安全检查。对安全隐患,要责成所属部门限期解决。一时解决有困难的,要采取临时安全措施。对容易发生重大火灾、爆炸事故的部位,必须制定切实可行的应急方案,从组织上和物质上做好防范,做到发生意外能及时补救,把损失减少到最低限度。

特别重要的要害部位,要安装必要的技术预防设施,配备足够的警卫或执勤人员守护,加强值班巡逻,确保安全。

第八条　各单位必须建立要害部位、要害部门安全保卫档案。要害安全保卫档案统一由各单位保卫部门建立和管理。

第九条　违反本规定,发生事故的单位,必须及时查明原因。对责任者及单位领导,视其情节轻重给予必要的行政处罚,直至追究刑事责任。

第十条　本暂行规定自公布之日起施行。

中共合肥市公安局委员会纪委监察文件摘录(六则)

关于树立人民警察高大形象,防止产生不正之风十条规定的通知

1985 年 6 月 28 日

一、严禁经商、办企业。从市公安局机关到基层所、队,一律不准经商、办企业或搭股分红,为本单位谋取不正当的收入。全体干警个人和县以上领导的子女和配偶,也一律不准经商、倒买倒卖或牵线搭桥收受好处费,并不准利用职权为家属、子女或亲友提供方便,参与家属、子女或亲友的经商活动。

二、办理各种证件,严禁徇私谋利。派出所、治安处(科、股)、外事科、车管所及其主管的领导,在受理入户,办理边防证、出境证、驾驶证工作中,不准利用职权,刁难卡脖子、要赞助、索贿受贿,为单位和个人谋取私利。

三、严禁擅自动用公款请客招待。全系统各部门,一般不准擅自动用公款请客招待搞吃喝(业务需要按规定办)。市公安局机关有关处,如遇特殊情况非招待不可的,规格要从低,陪客从少,并事先报请分管领导审批。否则,谁经办谁出钱。县局、分局、大队按上述精神,由主要负责人自行研究审批。

四、严格财经纪律,禁止乱发钱、物。除立功奖励和必要的正当活动由市公安局统一安排外,所有单位和部门未经上级审批,不准巧立名目,自行向干警个人和家属发钱、发物。

五、严禁乱罚款。处理治安问题,必须执行《治安管理处罚条例》和交通管理有关规定,不准随意扩大罚款范围和提高罚款金额。

六、秉公办事,廉洁奉公。经办查破案件、处理事故的单位和个人,只能就地自行用餐,不准在发案、肇事单位或群众家白吃白喝。破案后和事故处理结束时,也不准接受对方的宴请或赠送的实物。如因案件破获或为民办好事,对方授予奖金,要婉言谢绝,确因无法推辞的,应归公用于集体福利,不准私分。

七、严格赃款赃物管理,防止贪赃枉法。赃款赃物、无主的拾款拾物和一切罚没款收入,一律如实登记。该随案移交的如数移交,该上缴的统一保管全部上缴,不准自行提成,坐支截留或丢失、挪用、调换和擅自作价处理。

八、不准无故随意鸣枪,不准无证或酒后开车,不准打骂群众和对犯人刑讯逼供,不准酗酒滋事或饮酒过量出丑。严禁收看、收听或传播淫秽录音、录像和内容不健康的书刊小报。工作中发现淫秽物品及时上报处理,执行任务时和值班时间内不准喝酒;不准将武器、弹药和警服进行调换、转借、转让、赠送、变卖。男干警不准一人看护、询问女当事人和女违法人员,不准耍特权侵犯群众利益。

九、任何单位和个人,不准采取非法手段或借口向建房单位索要住房,也不准出租自己住的公房。

十、严格遵守有关警容风纪。全体干警必须模范遵守和维护社会秩序,尊重社会公德,严格遵守职业道德,依法办事,着装要整洁,举止要端庄。着装在街道上不准吸烟、吃东西、搭肩、打闹,养成讲文明、有礼节、守纪律的良好作风。

公安干警“五要”“十不准”规定

1989年8月20日

五　要

一、要以十三届四中全会精神为指针，坚定不移地坚持四项基本原则，坚决贯彻十一届三中全会以来确定的路线、方针和政策，认真学习马列主义、毛泽东思想，旗帜鲜明地在政治上、思想上和行动上与党中央保持一致。

二、要热爱公安工作，努力学习法律知识和科学文化知识，刻苦钻研公安业务，不断提高政策水平和业务工作能力。

三、要严格依法办事，秉公执法，积极宣传和严肃执行国家的各项法规和政策，做到有法必依，执法必严，违法必究。

四、要警容严整，举止端正，谦虚谨慎，礼貌待人，做到文明办案，文明执勤，文明管理。

五、要艰苦奋斗，廉洁奉公，自觉抵制不正之风，在对敌斗争和维护社会治安工作中，要知难而进，临危不惧，积极工作，全心全意为人民服务，为保卫国家的安全和人民的幸福勇于献身。

十不准

一、公安干警（包括职工和退居二线的干部）不准经商办企业或利用职权参与家属、子女、亲友的经商活动以及从事投机倒把、走私贩运活动。

二、不准利用公安职权徇私舞弊，弄虚作假，索贿受贿，敲诈勒索，获取不正当收入。

三、不准以任何借口动用公款请客送礼（因工作关系非招待不可的例外），否则，谁出主意谁拿钱。因公出差时，不得借故绕道游山玩水。

四、各种赃款赃物、罚没款物及临时扣压的款物，要如实登记上交或随案移送，任何单位和个人不得动用、调换、坐支截留、挪用或擅自作价处理。对财政部门拨回的提成部分，不准私分或变相私分。

五、未经上级审批，不准巧立名目，自行向干警个人发钱、发物。

六、不准将武器、弹药、械具转借他人，不得随意鸣枪，男干警一人不许看护、询问女当事人、女违法人员、女证人。

七、不准采取非法手段、借口或其他名义，向建房单位要住房或住公房、出租私房。

八、不准袒护包庇违法乱纪的干部、子女、亲友，进行说情“走后门”，坚决抵制各种所谓批示、条子和说情风。

九、处理案件，纠正违章，必须严格执行国家的法律、法规，不准随意扩大罚款范围和提高罚款金额。

十、不准以任何借口播看淫秽录像，私存淫秽书刊和其他淫秽物品。

关于“农转非”户口审批工作实行“六公开一监督”的制度

1989年8月20日

为增强户口工作的透明度,便于群众监督,对“农转非”户口审批工作实行“六公开”。

一、公开“农转非”户口政策

《国务院批准公安部关于处理户口迁移的规定的通知》(国发〔77〕140号文件)明确提出了“农转非”户口“要严加控制”的原则,强调“农转非”户口必须向迁入地派出所申请,经派出所查实有关情况,一律报迁入地的市、县公安局审批,并与粮食等有关部门密切联系,共同做好控制工作。国家规定“农转非”户口控制比例为千分之一点五(按非农业人口计算)。近年来,中央及有关部门结合实际,对“农转非”户口控制比例略有增加,提出“不得超过千分之二的幅度”。

二、公开“农转非”户口迁移条件

1. 根据国务院(77)140号文件精神,“农转非”户口迁移的主要条件:

(1)城镇职工的配偶和子女确因长期病残生活难以自理,农村又无亲属依靠的(长期病残生活难以自理指患了久治不愈的病,饮食起居需要人扶助的)。

(2)因父母离婚或夫妇一方死亡后,遗留在农村的子女,确无依靠,必须到城市投靠父母的十五周岁以内的未婚子女。

(3)根据我市的实际情况,对五八年以前参加工作的老职工,生活确有困难的,其子女一般不超过十六周岁未婚的可随母迁入。

2. 有下列情况之一的,不予申报“农转非”户口。

(1)城市职工在农村的非亲生子女,或从农村找对象带来的子女,在城市投亲做工、经商的非直系亲属,要求全户迁入的,所有单位和派出所不得上报。

(2)城市居民(包括集体、企业职工、个体户)的农村直系亲属一般不给解决“农转非”户口。

(3)不得从农村以抱养子女的方式要求“农转非”户口。

(4)合肥近郊蔬菜、农业户口不给办理“农转非”户口。

三、公开“农转非”户口指标

由市公安局根据符合“农转非”户口条件人员的多少,按公安部公发〔1977〕47号文件提出的千分之一点五的内部控制比例和公安部〔80〕公发(治)102号文件关于解决无户口人员落户问题的通知规定的千分之二幅度,计算出当年“农转非”的总指标。并将总指标以及经过调剂平衡后,下达到各派出所的分指标全部公开,市公安局不留机动指标。各派出所根据辖区的非农业总人口和申报“农转非”的人数向所在单位公布,单位领导根据职工户口所在派出所的人数按千分之二比例申报。

四、公开审批原则

坚持政策,坚持条件,年龄由大到小,原籍先远后近,必须坚持“从严控制”的原则。

五、公开审批程序

1. 由本人申请,基层组织(居委会或单位)按指标和条件,公布申请人的情况,并组织群众评议小组进行评议。

2. 派出所按照评议情况，指定人员进行调查核实，分局领导与派出所共同研究签署审查意见，造册登记，上报市公安局三处。

3. 市公安局领导和三处领导实行集体审批。对公安系统干警直系亲属的农转非户口要经市公安局两位以上领导共同研究。

六、公开审批结果

将群众评议结果、分局与派出所初审结果和市公安局与三处审批结果，各自分别张榜公布，接受群众监督。如有群众公认是弄虚作假的，查实后，收回准迁证或注销其户口。

七、明确责任，加强督促检查

市公安局三处要负责有关户口政策规定方面的咨询和业务指导，安排本年度内"农转非"户口控制比例人数，并做好协调、检查、复核和纠正工作。注意当年内指标于当年使用，不得跨年度，对派出所加强督促检查"农转非"户口审查工作，防止差错或失误。派出所对"农转非"的初审工作要实行集体研究和所长负责制，认真坚持条件，坚持原则，严格控制"农转非"的条件和比例。对特殊困难的五八年前极少数的老职工，由单位和派出所查明情况，签署意见直接上报三处。

市内户口迁移、出生入户要严格遵照《户口条例》和公安部规定办理，对上级领导和领导机关批来交办的"农转非"户口一律送申报人所在单位，按以上规定程序办理。对超计划生育的子女，应按照户口管理规定准予入户。

关于办理机动车辆业务工作的廉政规定

1989年8月28日

一、严格各项标准，公开办事制度，对考试规定、成绩评定和车辆检查标准实行张榜公布，接受驾驶人员监督。

二、全心全意为车辆单位和驾驶员服务，做到服务周到，礼貌待人，尽量给车辆单位提供方便，不准无故影响车辆单位的生产运输。

三、办理车辆入户、发放牌证、车辆检验要公布手续，坚持原则，符合条件一次办理。

四、严格执行《安徽省车辆管理收费统一标准》，并将收费标准一律公开。未经批准任何人不准擅自提高收费标准，收费必须开具正式收据。

五、在办理各项车辆业务中，该办的事做到不拖拉扯皮，不走过场，下去工作时不得叫单位用车接送。

六、从十三个较大的车辆运输单位聘请车管干部和驾驶员为监督员，定期举行服务对话，征求意见，接受群众监督，总结经验，及时纠正错误。

七、所有车管所干部严禁参加汽车买卖活动，本系统干警办理车辆学习证、实习证、驾驶证和转证的，一律须经考试，不得特殊照顾。

八、建立严格的奖惩制度，对恪守职责、廉洁奉公的同志给予表彰奖励，特别好的可以晋级。对在办理车辆业务中违反政策规定，一经查实按支队《管理及岗位责任制考核记分办法》的规定处理。

关于出入境管理工作的廉政规定

1989 年 8 月 20 日

一、常住户口在我市的公民,因私事需要出境的,应直接向市公安局出入境管理科申请。所谓私事是指出境定居、探亲访友、继承财产、自学留学、就业、旅游和其他私人事务。当前要注意申请人的政治表现。

二、严格申报手续。申请出境人员应出具完备的证明材料,有关外事管理人员要严格按照出入境条件,认真审查证明材料。对符合出境的人员,经局同意后及时上报省公安厅审批;对不符合条件和材料不全的,要做好宣传和解释工作。

三、要变管理为服务,对申请出境人员的审批,应在规定时间内(中国香港及中国澳门六十天,其他国家三十天),做出批准或者不批准的决定,并通知申请人。

四、公开办事制度。为了方便群众,外事管理工作实行"四公开",即办理出境的工作时间、出境的条件、应具备的材料、申报批准的时限公开。

五、自觉接受群众监督。申请人在规定时间内没有接到审批结果通知的,有权查询,外事管理部门应做出答复;申请人认为不批准出境不符合规定的,有权向上一级公安机关提出申请。

六、严明外事工作纪律,外事管理人员不得委托申请人代购商品,严禁向申请人借钱借物或接受申请人赠送的礼物。对申请出境人符合条件的,不得借故拖延,对不符合出境条件的,不得以任何借口而让其出境。

关于审批劳动教养案件的廉政规定

1989 年 8 月 20 日

一、严格执行收容劳动教养条件和办案程序。对需要进行劳动教养的人,承办单位必须在查清事实、证据确凿的基础上征求被劳教人所在单位或街道组织的意见,报公安局二级机构审查后,呈请市劳动教养管理委员会集体审查批准,并向其本人和家属宣布劳动教养的根据和期限。

二、劳教办公室对报批的劳动教养材料,在审阅中,必须做到"七看""两注意"。即看事实是否清楚,看证据是否确凿,看定性是否准确,看呈批表、见面材料和调查报告认定的问题是否一致,看定教年限是否恰当,看赃物赃款、罚没款、赔偿损失费凭据是否齐全,看法律手续是否完备;注意是否符合劳教和收容教养的政策规定,注意有无从轻从重处理情节。切实做到定性要准确,处理要恰当。

三、根据公安部《劳动教养试行办法》第三章第十六条规定,对被决定教养的人员,如因有特殊情况(身体有病,需保外就医,年龄不足 15 周岁,初犯的在校学生、在职职工)请求就地自行负责管教的,可由单位或者家长提出申请,报劳教办集体讨论研究后提交管委会批准决定"所外执行"。本单位保卫部门和所在派出所应负责管理教育,责令本人定期汇报思想和表现情况,对表现不好的仍送劳教管理所执行,对表现好的,劳教期满办理解教手续。

四、积极做好来访接待工作。对来访人员要热情接待,耐心地向他们宣传党和政府关于劳动教养的有关政策、规定,对他们提出的问题要认真解释和答复。对不够劳动教养条件的,应予以撤销。但事实清楚、证据确凿的,则应坚持收容劳动教养。

五、认真贯彻执行劳教工作方针和政策,严格遵守国家法律,坚持调查研究,实事求是,认真执行公安人员"八大纪律,十项注意",不准打骂、体罚、侮辱、虐待劳教人员,不准利用劳教人员及亲属为自己办私事或托购紧俏商品。

二、杂　记

民国时期合肥地区的革命形势

1911年10月,辛亥革命胜利消息传到合肥,庐州知府穆特恩和合肥知县李维源等军政界人士惶恐不安,社会混乱不堪。革命党人利用清官吏之间矛盾,将解除的部分清兵武装,组织为革命武装。掌握地方绅权的李国松依靠封建军阀门第(其系李鸿章的侄孙),向庐州府献计,特地把枪械齐全的江防营及其管带季光恩等调驻合肥,防范革命。革命党人王兼之等在庐州总团练长袁斗枢的协助下与当局进行谈判,几经周旋,迫使知县李维源接受三项协议:将县府改为军政分府民政部;衙内人事不予变更;改换原来的旗帜,交出县府枪弹。10月31日,未经战火,合肥宣布光复,在后天宫广场成立合肥军政分府,军政分府下设五部三处,即民政、巡警、财政、参谋、执法五部,秘书、经理、交际三处。其中,巡警部设在博济医院内,部长张践初。

1912年,合肥军政分府取消,废府为县直属安徽省。清政府虽然被辛亥革命推翻,但取而代之的却是各地封建军阀割据。皖、直、奉三系军阀互相倾轧,祸国殃民。

1919年,五四运动后,合肥先后爆发几次爱国学生运动,工潮迭起,学潮频发,驱逐贪官污吏和兵民起义事件也不断发生。

1926年秋,合肥曾创立过一支革命武装,举行吴山庙起义。这是第一次国共合作期间,安徽国民党左派与共产党共同领导的一次武装起义。蔡晓舟、许习庸等人争取寿县古渡岗民团李雨村部200多人,于是年11月12日,在吴山店宣布成立安徽省讨贼革命第四路司令部,公推蔡晓舟为司令,郑鼎为指导员,许习庸为副司令,董伯荣为参谋长。参加起义的部队打着“国民革命军淮上第一军”的旗号,高呼“打倒军阀”“打倒封建势力”“打倒西山会议派”“拥护国共合作”“拥护联俄、联共、扶助农工三大政策”“反对苛捐杂税”等革命口号,浩浩荡荡地向合肥进发。所经之处受到人民群众的热烈欢迎和支持。合肥城内头号土豪劣绅李次岩、李雨农、夏永伦等探知起义情况,急切请求安徽军阀陈调元派兵援助。合肥县长宁继光身带200余万元现钞,携眷潜逃。城内劣绅紧闭城门,并派二号劣绅陶雨亭前往吴山庙与起义军谈判,以此做缓兵之计。起义军识破阴谋,将其斥责回城。11月23日拂晓,陈调元派去一个旅、三个团的正规军和寿县、合肥等四县的民团,围攻吴山庙。起义军武器粗劣,寡不敌众,仍坚持到当日薄暮,退到古渡岗,化整为零,转入地下进行活动。吴山庙起义虽失败,但对敌人震动很大,起义所产生的革命影响深远。合肥地区几次大的抗捐、抗税斗争的胜利,都是在革命纠察队和赤卫队掩护下取得的。

1927年4月12日,蒋介石发动反革命政变,合肥也和全国一样,到处是一片白色恐怖。解散大革命时期由共产党员参加领导的国民党“合肥县党部”,成立以国民党党棍戴青如为首的“国民党改组委员会”,把合肥县原来的20个区整编为5个区,将团总制改为保甲制,实行五家连环保,建立由土豪劣绅、恶霸地主组成的团防局,以加强对人民的控制,镇压人民的反抗斗争。

国民政府强加在合肥人民头上的苛捐杂税名目繁多,除了过去统治者规定的捐税外,又新增加油粮、屠宰、本厘、米厘、田亩、牛头、冬防、柴草、兵差等10多种捐税。如1928年,仅烟苗捐一项,就榨取农民130万元。同时还要负担各种劳役,如由民工修筑公路、挖战壕等。国民政府在城里以解决军事开支为名,印发2万元"合肥地方流通券"强行使用,造成金融混乱、物价上涨。地主和官僚资产阶级还相互勾结,大批倾销外国商品,使合肥地区的民族工商业遭到严重打击,工厂纷纷倒闭,大批工人失业。在业工人劳动时间被无限制地延长,所得工资无法维持最低生活水平。广大农民除了负担各种繁重的捐税和上缴地租高达70%以上,还要忍受高利贷的剥削。

国民政府对合肥地区的统治,给人民造成深重的灾难。在阶级矛盾日趋尖锐的情况下,中国共产党合肥党组织和党领导下的革命武装开始发展壮大起来。自1926年秋,合肥始建中共党支部,到1930年春,合肥四乡都分别建立了党的区委、特支或支部,中共合肥县委共有党员160多人。在党组织的领导下,农民运动如火如荼,工人运动和学潮不断高涨。1932年春发生双河集暴动。双河集距合肥300余里,位于合肥、寿县、定远三县交界处。这个地区曾有中共地下组织进行过一系列的抗捐、抗税、罢工、夺粮斗争,群众基础较好,农民革命要求比较强烈。当时,中共双河区委书记崔筱斋在崔大圩建立造枪所,秘密制造一批枪支。同时选派一批党员打入地主控制的红枪会,还争取造甲附近的两股土匪武装,动员他们一起参加暴动。"春荒斗争"会议不久,中共合肥中心县委派张志飞、徐梦观到北乡加强对武装暴动的领导,县委还多次讨论武装暴动的准备情况和暴动方案,并成立斗争指挥部。

1932年4月7日,双河集农民暴动拉开序幕。暴动计划是:发动群众扒地主粮食,帮助农民度过春荒,夺取地主武装,组织游击队,开展游击活动。200余名赤卫队员、500余名红枪会员、1000余名农会会员参加暴动。暴动队伍首先包围双河集联保办事处和团防局,缴枪12支。接着打土豪分粮食,扒掉巷沟李老家、罗小庄地主家粮食100余石。

4月10日,北乡土豪纠集100余人的地方武装妄图镇压,但慑于浩大的暴动队伍,未敢进村,待暴动队转移后,才闯进村子,烧毁一些民房壮胆。

4月12日,暴动队伍分两路从崔家庙、费家岗同时出发,以双河集、崔瓦房、造甲店三处为中心,在纵横四五里的北乡全面开展扒粮斗争,持续三天三夜,男女老幼,人山人海,规模之大前所未有,约扒出粮食2000余石,并夺取一部分地主武装。

双河集暴动使国民党当局惊恐异常,急忙调集大批军队,又纠集元疃、埠里、下塘、白龙厂4个民团,向双河集地区进行"清剿"。暴动中壮大起来的游击队奋勇抵抗,在打退敌人数次进攻之后,根据敌强我弱的情况,及时采用灵活机动的战术,迅速插到敌人背后与敌周旋,并在下塘集附近松树岗歼敌一部。在国民党部队的"围剿""清乡"中,不少村庄被烧,许多革命群众被捕、被杀。这时,有不少参加暴动的红枪会员、土匪武装,在敌人"围剿"的恶劣情况下逃跑回乡,给游击队的活动造成很大困难。为保存革命力量,游击队在崔筱斋同志的带领下,转移到寿县、定远、合肥三县交界的山区一带进行活动。当游击队路过寿县豪沟村(今属长丰县)时,被敌人包围,激战一夜,除崔筱斋、耿直先等20余人突围出来外,整个队伍被打散,有的牺牲,有的被捕。是年6月6日,坚持敌后斗争的崔筱斋在寿县山家岗被捕,在下塘集就义,暴动失败。

1934年秋,寿合游击队改为皖北游击师,师长孙仲德,政委张如屏,参谋长曹云露,使合肥地区的人民武装斗争和革命群众运动达到高潮。但由于皖西北地区的国民党军队和地方反动势力过于强大,在国民党军队的不断追击和围攻下,游击师的活动越来越困难。

1935年秋,安徽省省长刘振华纠集国民党十一路军和大批地方反动武装,对皖西北游击师和赤卫队开始疯狂的"围剿",对游击师的活动地区实行明堡政策,到处增设据点,严密封锁交通要道,对游击师经常活动地区的革命群众进行残酷镇压,许多赤色村庄被血洗一空,无数革命群众惨遭杀害。1936年春,游击师和赤卫队虽然多次粉碎敌人的"围剿",但遭到很大的伤亡。皖西北特委根据斗争的形势,为保存这支革命力量,决定将部队化整为零,分散隐蔽在合肥、巢县、庐江、舒城等广大地区,继续以小型秘密的武装打击敌人,坚持斗争,为后来党领导的抗日战争奠定了基础。

1938年5月14日,合肥沦陷。国民党地方党政人员纷纷逃逸,城内兵民相杂,仓皇四奔,一片混乱。日军进城后,大肆烧杀奸淫,极尽残暴之能事。被俘的徐源泉部百余人,全被驱至小东门外河边杀死,河水尽赤。每至夜晚,日军翻墙入户,奸淫妇女,连10岁幼女、七旬老妇亦难幸免,号哭呼救之声惨不忍闻,拒奸被杀或受辱自尽者,比比皆是。为便于哨兵瞭望,日军将东门所有房屋放火烧光,城内的四牌楼也被炸毁。日军还挨户搜查,将一切金属器皿及细软衣物抢劫一空。日军投降后,据救济单位粗略统计,日军侵占合肥的7年间,城乡人民被杀超过万人,人民财产损失达5000万两银圆。

日军宪兵队对沦陷区人民实行血腥的殖民统治。凡城门口、车站、交通要道均设有岗哨,行人必须凭"良民证"通行。1940年夏,有一对农村青年夫妇,抱着患病的幼儿进城求医,行过城门因忘了拿"良民证"向日军敬礼,残暴的鬼子便举起刺刀,当场把男的戳死,并从妇女怀中夺去幼儿,扔到铁丝网上,再挑在刀尖上乱转取乐,又把妇女拖进碉堡轮奸、剖腹,最后还将这对夫妇和幼儿的头割下,悬挂在城头上示众。日军警备队长名古信(诨名"毛胡太君"),常牵一狼犬,巡行街上,狞视路人,稍觉可疑,即行捕去,很少有活着回来的。有一次,他下令把掳来的200多名难民,用铅丝穿手、穿锁骨,押到小南门外,指挥兽兵先用刺刀戳小腿,然后割颈椎,由于喉管未断,被害者一时难以死去,呼号惨叫,声闻数里。

日本侵略者的罪恶活动,激起广大人民群众极大的仇恨与反抗。除少数汉奸卖国贼外,社会的各个阶层,包括工人、农民、城市小资产阶级以至于有民族自尊心的地主,都纷纷要求抗日,驱逐日寇,收复失地。一些青年知识分子和爱国人士相继组织抗日团体和地方自卫武装。配合新四军挺进敌后广大地区,建立敌后抗日根据地,发动群众,武装群众,广泛开展抗日游击战争,沉重地打击日本侵略军。经过8年艰苦奋战,终于取得抗日战争的最后胜利。

1945年9月,国民党安徽省政府迁至合肥,把合肥变成镇压和统治人民的大本营。当新四军主力部队和抗日根据地党政机关转移到苏北、山东根据地后,国民党派出大批部队,并纠集地方上的反动势力,在根据地内进行"清剿",对抗日干部及无辜人民一律加上"共产党""新四军""通匪"等等抗日罪名,实行大逮捕、大屠杀;在合肥城内和大的集镇建立"调查室""自由处",专门从事逮捕、杀害共产党员,胁迫抗日干部和共产党员登记、自首、投降等罪恶活动；进一步强化保甲制度，成立五家联保，并在各地建立情报小组、特务网；在城门和交通要道设立“关卡”“岗哨”，盘查来往行人。逃亡在外的恶霸地主也乘机回乡向农民反攻倒算。

1948 年，合肥县政府决定扩充保警队，新增 7 个中队编制，把原 2 个联防“清剿区”调整为 10 个“清剿区”，大肆向寿合县、全合县、定合县的抗日游击根据地进行“清剿”。是年 3 月 19 日，保警大队和省保安团蚕食“围剿”吴山庙、炎刘集等地，打死 3 名游击队员，许多群众遭受劫难。10 月 6 日，中共六合办事处张正人等 6 名游击队员，在苏小店附近，遭化董联防“清剿区”保警队员的伏击被捕，有的惨遭杀害。国民政府不仅将合肥的工业、商业和金融企业掠夺殆尽，同时又利用通货膨胀、苛捐杂税大量搜刮民脂民膏。当时，合肥人民除了负担国民政府规定的捐税之外，还要负担保甲费、招待费、修城费、保丁抓人草鞋费等数十种。国民党官僚、土豪劣绅贪污受贿，敲诈勒索，奸淫抢掠无所不为。国民党军队、土顽拉夫抓丁，抢劫成风，广大群众生活在水深火热之中。

1949 年 1 月 21 日，合肥获得解放，人民群众真正过上安居乐业的新生活。

合肥地区抗日根据地社会治安管理

1941 年 6 月，活动于淮南、津浦路西两侧的新四军二师和广大抗日军民打退国民党反动派掀起的二次“反共”高潮，把国民党部队赶到淮南路以西，取得反摩擦、反“扫荡”的伟大胜利，在北起淮河，南至长江，东靠高邮湖，西达淮南路，纵横八九百里的广大农村，创立以藕塘为中心的淮南抗日民主根据地。

合肥地处淮南抗日根据地的西南部，位于淮南铁路中段，是日伪、顽与抗日根据地的结合部，是三方争夺的重要地区。为了保卫抗日根据地的前哨，中共淮南区党委和新四军二师先后派廖成美、杨效椿、宣济民、程明远等同志率部在合肥地区开创三块敌后抗日根据地，并建立定合县、寿合县、巢合县抗日民主政权。

三县抗日民主政府设立的保安科、公安局是抗日民主政权维护治安的机关，其主要任务是：“保卫抗日民主政权，保障一切公民的民主权利，在保障各地抗日党派的合法民主自由的原则下，坚持镇压敌特、汉奸等少数阴谋破坏分子，达到维护社会治安，巩固抗日根据地之目的。”合肥地区抗日游击根据地的各级公安机关，按照中央社会部制定的《公安局组织纲要》、华中局关于《苏区公安局组织条例》的精神，开展各项公安保卫工作，维护根据地社会治安。

（一）侦察和锄奸工作

随着合肥地区抗日根据地的日益巩固，锄奸反特斗争逐步公开化、群众化。县委、县公安局把动员民众、组织民众、广泛进行锄奸运动，并进行教育指导作为一项重要任务。除正面宣传教育外，经常利用乡镇逢集机会召开群众大会，宣判汉奸、特务，揭露他们的阴谋破坏活动，以教育群众提高警惕性。1943 年 7 月，定合县保安科的张道回家探亲时，杜集日本汉奸联络站的霍世九等人企图拉拢利用他，保安科长江屏根据张的报告，布置张道按约到霍世九家接头，破获这个联络站，公审枪决幕后指使的汉奸特务霍宴亭。

1944 年，下塘乡伪乡长朱伯犀，指派特务班长李仲学将家安到陈田埠，由其老婆四出活动，秘密搜集情报。有一天，李仲学带着匪兵窜入徐岗村，与其老婆接头传递情报。锄奸小组的陈方平得知消息后,报告区委书记孙祝华,孙当即带领民兵将这伙人捕获,经公安局审讯后,将李镇压。

国民党定远邮政局局长涂惠卿伪装进步,多方接近地方士绅、知名人士和抗日民主政府的干部,当上参议。当时,定合县公安局发现涂惠卿的邮政局与敌人情报机关有来往,遂派侦察员几次化装成土匪潜伏在敌占区,拆看邮包,发现涂向古河国民党特务机关邮送的情报,同时,趁邮政局招收邮差的机会,派地下党员杜某某以灰色面貌当了涂的邮差,暗中控制涂的情报活动。1945 年,淮南专署公安局长郑从政到定合县指挥破案,涂在自己几年来报给特务机关的情报原件面前,只得承认自己是军统情报组长,一再表示要立功赎罪,后让他继续当邮政局长,为定合县公安局搜集敌人情报和做统一战线工作。

在定远县与肥东毗邻地区的谢家圩子,是合肥县霸匪谢少成(又名谢黑头)的巢穴。谢修筑壕寨,拥有千余人的土匪武装。投靠日军后,谢氏兄弟明目张胆的抢劫,设寨"绑票",每绑架一批人,就派出爪牙"下票"(通知被害人家属,限期交出他们要钱的数字),如果 3 天不来付清钱款,就将人活埋、活剐。先后有 10 多名儿童因家里没钱,绑架后被杀害。同时,他们还牵走农户耕畜,要畜主定期花钱去赎。谢家还向过往商人以纳税为名,强要"买路钱",纳税后不给税票,有时索取的税款比货款还多几倍。凡商贩在谢黑头所辖范围内,即使绕道也得去圩子交税,否则一经发现,就要被加上新四军密探的"罪名"而被活埋。在肥东白龙曾有 10 多名小贩被勒索后活活打死。谢黑头还勾结日伪军,搜捕抗日根据地干部,被抓去者,施以酷刑,最后活埋。一次反"扫荡"战斗,2 名新四军通讯员被谢匪截住,当即被活埋。谢还偷袭定合县边缘地区的吴家上圩子、站家岗和张桥一带,将抓住的 20 多人活埋掉。为此,1944 年春,路西军分区独立五团谢禄先团长奉命拔掉谢家这个反动钉子。他利用谢黑头与其警卫队李队长之间的矛盾,通过反复做工作,使李消除疑虑,表示愿意做内应,立功赎罪。后在新四军二师四旅配合下,利用一个漆黑的午夜,里应外合,一举攻下谢家圩子。谢黑头以及几个打手窜进碉堡中顽抗,到天亮时,炮楼被炸塌大半,谢黑头仍躲在楼角里不肯投降,被冲进炮楼的战士擒获。

(二)交通情报工作

1941 年 6 月 15 日,淮南行署保安处在布置交通工作指示中,明确要求:情报要敏捷、准确,有系统性,有时间性,在任何变动和紧张的情况下,能起到与战争不误,作战斗前哨的情报工作之活动,以求灵活我军耳目,知己知彼。合肥地区各游击根据地民主政府和社会科、保安科以及以后的公安局,根据各地的斗争环境和条件,分别建立情报、交通网。

1942 年 6 月,淮西抗日游击根据地设立社会科,由方正任科长。社会科建立敌工站和情报总站。敌工站的主要任务是协助党委做好抗日统一战线和伪军工作。为了及时搜集和掌握敌人情报,社会科先后建立枣林铺、曹庵、史院、庄墓、下塘、吴山、长岗店、义井等情报站,主要任务是搜集日伪军政治、军事、经济等情报。

1943 年,淮西抗日根据地基本形成一个情报网。从三河一直到现在的肥西县长岗集,每数十里路有 1 个情报站,共 30 多情报站,凡有伪军据点的地方都设有秘密情报站或情报员。社会科还向水家湖、下塘等地的鬼子据点派去"炊事员""翻译"等,还有经过长期的宣传、教育后,愿意为我们搜集、传递情报的伪保长和驻军的头目,基本达到凡是日伪顽军的调防、装备、物资运送时间、地点以及日军出动等都能"敌动我知"。是年仲夏,庄墓桥附近经常发生土匪假冒新四军抢老百姓的耕牛、物资等，区治安员杜益群根据群众提供的情报，抓获姓吴的头目和其他匪徒。为了保障游击根据地内的治安，县委批准就地召开群众大会，公开处决为首的匪徒。

新四军二师、七师交通线。抗日时期，新四军二师驻扎津浦路东和路西，七师驻在巢南无为县，沟通二师、七师交通线，对加强部队联系，方便军队干部来往，传递文件信件、报刊，运输物资，建设抗日根据地，发展人民抗日武装等具有重要的战略意义。1941年，开辟从藕塘经王子城、石扩桥、马集、王铁等地到周家町的巢合交通线。在这条线上，国民党顽军一七一师、一三八师把守较严。是年9月，新四军七师政委曾希圣同志带领七八十名干部，在1个排兵力护送下去二师，到了马集受到阻击，没有通过。在这种情况下，巢北支队根据二师、七师和军部首长关于要迅速打开二师、七师交通线的指示，于1943年春又开辟从青龙厂经磨店、店埠、西山驿、山王集到周家疃，长约150里的交通线。

巢合交通线主要是转运文件、信件，武装护送干部、军需物资，搜集情报并定期编印《敌情动态》等。为了确保交通线的安全，巢合办事处在沿线的西山驿、青龙厂、元疃集、磨店等地成立5个区的人民政权。区委除发动群众开展武装斗争外，还具体领导交通情报工作。由撮镇火车站售票的李昌炳、孙宏金收集淮南线敌人情报，撮镇油行孙宏建、杜玉山及其爱人靳克芳主要负责分发和传递文件、信件。周家疃的周心抚、杨蔼亭主要负责接送过往巢湖的干部和军需物资等。磨店西岗头的周四老头兄弟俩，晓星集的陆再纯，合肥雨花塘附近的余化龙，梁园、石塘桥附近的刘七爷等，都以各种职业为掩护，从事情报交通工作，有的还安插到敌人营垒。如伪军团长李道传的清乡大队、伪团长陈某某部队等均有打进去的情报人员，他们采用各种巧妙的方法，搜集敌伪顽的兵力部署、武器装备和动向，并对伪军开展政治攻势，分化瓦解敌人。夏浩帆利用伪军司令刘子清的内讧争取1个营的部队起义，壮大了抗日武装力量。徐子祥勾结日军占据马家集，横行乡里，威胁交通线的安全，巢合支队于1945年冬拔掉这个据点，俘获1个中队的人枪。还在交通情报人员配合下，先后消灭梁园狗子城的特工行动队，高塘集的特务情报站，朱巷杜学玉、阮怀友的谍报队等特务武装，斩断他们伸向游击根据地的黑手，消除隐患。

（三）群众性的治安保卫工作

合肥地区各抗日游击根据地的群众性治保工作活跃。当时乡村群众性治安组织较多：一是锄奸委员会。这是按照各个群众团体、各种不同的抗敌协会的组织系统建立的。是清除密探内奸，以保障广大群众抗敌言论、结社、出版、集会之自由的群众性组织。锄奸委员会分若干锄奸小组，有公开的，也有秘密的。锄奸委员会通过各种关系，利用同情抗日的伪顽中上层人物、绅士、商人等搜集情报，掌握敌人动向。如寿县二区尹家户地主尹干臣、尹培璜，向群众反攻倒算，破坏减租减息。锄奸小组主动配合公安机关调查，搜集证据，后报经县委批准，将两尹押至徐庙（现长丰县）召开群众大会，公判枪决，在当时震动很大。二是治安委员会。其主要任务是发动群众、锄奸反特，协助查办抢劫、绑票、拉牛等危害根据地治安的案件，监视不法分子。同时，配合民兵在主要交通要道交叉路口，设立盘查哨，及时盘查和发现敌特奸细和可疑人员，建立递步哨，负责传递战地情报和联络工作；在敌人据点附近的制高点上设立瞭望哨，监视敌人的行动。三是青抗、妇抗、农抗、商抗、民兵、儿童团等群众团体。他们以宣传抗日为主，开展抗日民族统一战线工作，组织巡逻队,看更放哨,保卫区乡人民政权的安全。

沛桥乡距汉奸杜学玉的绥靖大队部拓塘30华里。由于日伪军经常三五成群的下乡派捐抢粮,骚乱治安,民不聊生,在区公安特派员领导下,该乡设立30多人枪的民兵武装,设立岗哨,下地劳动带着枪支,一有情况就投入战斗。日伪军对这支在眼皮底下设立的抗日民主政权视为眼中钉,多次来到沛桥乡"扫荡"、偷袭,妄图把人民群众的抗日怒火扑灭。为了抵挡敌人的袭扰,大部分村庄都修建更楼和围墙,轮流站岗,监视敌人的动静。同时,在流经沛桥乡南部的沛河下游筑起堤坝,增高沛河的水位,又在河坝上布满地雷。如果发现敌人就鸣锣集中,视敌多少,能打就打,不能打就走,退至河北,以河为屏障,阻击敌人,以赢得时间,争取部队增援,击退敌人骚扰。1943年春天的一个早晨,杜学玉带着50多名日伪军,到汪家圩南边的大树黄抢东西。汪家圩民兵中队长汪瑞良立即带领汪家圩民兵十兄弟,分两路声东击西阻击和扰乱敌人,当场击毙日伪军1人,伤1人。因敌人搞不清情况,只好撤退。后来杜学玉多次带领日伪军去"扫荡",在当地军民奋勇抗击下,日伪军受到重创,不敢轻举妄动。

合肥解放纪实

1984年3月,巢湖行署原副专员郭鉴同志有份口述资料,详细回忆了合肥市解放时的真实情况。解放战争时期,郭鉴同志曾在地方工作,任副县级干部,1948年调任华东部队先遣纵队四支队政治部秘书。1949年1月21日,该支队一大队率先进入合肥市,郭鉴时任一大队书记。是日举行合肥市解放入城仪式,郭鉴是入城仪式的领头带队人。一大队和后来入城的四支队许多官兵就地留在合肥工作,其中有不少前辈是市公安机关初建时的骨干力量。

以下便是郭鉴同志的口述资料。

(一)

合肥是由以谭启龙、孙仲德、李步新等同志为首的华东野战军先遣纵队四支队一大队解放的。先遣纵队是1947年年初在山东渤海地区组建的,其骨干力量主要是新四军147师,后又吸收了山东的一批战斗人员和地方干部。这支部队由中央直接领导,受华东野战军代管,人们统称"华东野战军先遣纵队"。当时,这支部队的确定任务是:找机会渡江到皖南或江西即赣东北,同游击队会合开辟根据地,接应大军渡江。在跟随华东野战军行动期间,先遣纵队先后参与了开封、豫东睢杞战役,转战黄河南北,在民权一带破袭陇海铁路。

1948年农历六七月间,先遣纵队进入安徽蒙城、涡阳一带。八月中秋节后,从凤阳以东强渡淮河,转战皖东的滁县、定远、嘉山、全椒一带地区,扫荡旧政权,扩大活动范围。其间,曾派出一部分人到和县、庐江一带侦察情况,欲渡江未成。时值淮海战役开始,先遣纵队的任务遂改变为破坏敌人的津浦运输线,以阻止南京国民党军队向淮海战场增援。当时主要目标津浦运输线明光铁路区间,先后被我们破坏六七次,搞得敌人狼狈不堪,十分慌张,我们很好地配合完成了淮海战役胜利的历史使命。后又在藕塘一带和围追先遣纵队的国民党三十五师交警部队打了一仗,便沿池河一线急进肥东一带。途中听到淮海战役胜利结束的消息,先遣纵队便自觉地担负起解放合肥的重任。先遣纵队四支队一大队在肥东磨店接受这个任务。该大队虽叫大队,实则是团的编制,领导干部都是团级待遇,大队长李秀风是老红军,政委齐平原是四支队政治部组织科长,据说曾在无为一带当过工委书记。

1949年1月21日凌晨4时许,一大队带2个连奉命从距合肥20公里的东北角肥东县的磨店出发,侦察合肥敌情并相应占领合肥。7时许,我们接近合肥东北角老机场附近,听到跑反的老百姓说侉子兵(即刘汝明的部队)撤退时,在合肥城内抓人抢钱、迫害群众的情况,有的群众还要求我们赶快去合肥,等等。一开始,我们对敌人有些轻视,大队领导把2个连布置在东门外一带村庄后,便带队部二三十人在机场这块开阔地带,骑在高头大马上用望远镜向敌人占据的城头观察。不料没多久,城楼上、地堡里的敌人突然用六〇炮、机关枪向我们猛烈开火,我们只得就地翻腾隐蔽,但很快敌人的枪炮突然间停了下来,抬头一看有两架飞机在盘旋。这时,我们已经来到土岗上群众家里,正在派人查点人员伤亡情况和讨论刚才不解的一幕。过一会儿,看到南边公路上尘土飞扬,猜想可能是敌人撤退了,但不知内情,正准备派人前去侦察时,恰好先前派到北边岗头上的侦察班带着几个俘虏和敌人军械处的物件回来了。他们报告说,刘汝明带一个团的国民党军逃跑了,我们这才明白敌人开炮的目的和动机。

据了解,刘汝明本来是想在合肥过春节的,他虽然知道淮海战役已经结束,但万万不曾料到我们来得这么快。他以为蚌埠铁路桥被他们破坏了,我们还不能很快地过淮南下合肥,所以想在合肥市抓丁抢钱捞一把,犹豫不决是否逃跑。由于我们神速出现在合肥市城边,把他的美梦打破了。因此,趁我们布防未稳之际即打一阵枪炮,作为烟幕溜之大吉,这就叫"神兵从天而降,两连吓跑上将"。

(二)

当刘汝明带他的军队逃跑之后,我们便赶快查点伤亡人数。就在刚才敌人一阵短促的枪炮射击中,我官兵伤亡10多人,其中还有一个营级干部的小队长侠起。这个同志在搜索敌人飞机场东北角一带时,中了敌人五六颗重机枪子弹。他原是陈毅的警卫连长,肥西人,没想到到了家门口牺牲了,所以特别给把他安葬在机场的岗头上,插上木牌以作纪念。

随后,我们便讨论进城不进城的问题。我们掌握到城内还有几个保安中队和一个伪县长、伪专员等情况,加之合肥城四门紧闭,敌人仍处在作战状态。合肥号称10万人口,是座省会古城,城垣比较高大宽厚,我们只有2个连的力量,敌人能不能向我们投降,就是投降了会不会有反复,这些不能不考虑。但也顾不了那么多,我们总觉得应该不失时机地逼迫敌人投降,迅速进城才是解放军的气概,所以下定决心进城。上午11时许,我们到达大东门下,大队长让参谋向城楼上敌人喊话,叫他们开门迎接我们进城。哪晓得狡猾的敌人见我们人少,对我们有点轻视,用双关的口气说:"我们还没准备好,准备好了再欢迎你们。"大家一听这口气,感到有点问题,也有点担心和气愤,觉得对敌人不能抱幻想,不威逼不行,不给点颜色看看不行,我们一个叫龚乃铎的参谋便把帽子一甩,棉袄一扒,一跳老高地骂道:"老子来了还不赶快开门迎接,说什么没准备好,真是屁话!再不开门叫你们坐飞机(指用炸药包炸城)!"当时敌人最怕我们这一手了,知道不妙便软了下来,说是去请示县长。结果不到5分钟便开了城门。大队长派一个排扛着六〇炮、轻重机枪登上东门城楼缴了敌人的械,自己把守起来。政委齐平便机警地带着一个小班骑马直奔旧县府,一路喊着:"哪个是伪县长?"坐在大堂上等着的那个伪县长便说:"我就是,我就是!""城里还有多少人马?""有8个保安中队。""分布在哪里?"伪县长便说分布在南门多少、西门多少。政委下命令:"让他们原地维持秩序,听候调动。"伪县长拿起电话,依照政委的意图一一下了命令。

接着,齐平政委很快返回大东门外与大家商量举不举行入城仪式的问题。为什么这样说呢?既然开了城门进去不就得了,还要讨论什么?上边说过合肥这么大,敌人又这么多,我们仅两个连,后边又没来人联络,是否进驻也不了解,如果全部进去遇有反复怎么办?但是也顾虑不了那么多,主要考虑如果不举行入城仪式显得我们胆小没气魄,会让群众失望。更重要的是,万一失掉机会,那样就可能造成不可设想的后果,是不好交代的。讨论的结果是举行入城仪式,就是冒险也是值得的。因为我们的人比较少,大队领导让入城队伍排成单行,叫我在队伍前头带队,压住脚步拉长入城仪式时间。就样我们虽然只有200多人,但也走了比较长的时间才到原国民党县政府,这个入城仪式确也是比较壮观的。

(三)

进城后,大队拿一个连守北门,一个连至西门,南门根本没管它,大队部便到东门等候支队进城。次日晨7时许,纵队首长指示,纵队留守城外,四支队入城。9时,四支队正式入城控制整个城区,合肥真正回到人民的怀抱。

合肥解放不久,先遣纵队这支部队番号就撤销了,据传达说,毛泽东主席指示淮海战役结束后,渡江任务改为正面进行,不需要先遣纵队再去冒险渡江,先遣纵队是有功的部队,已完成了他们的使命。先遣纵队的官兵可以选择到哪个兵种,原来的地方干部可以改为干部队,加强学习,准备接管日益增多的被解放的城市。所以,四支队特别是入城仪式的一大队的很多官兵留在合肥参加接管和后来的建设工作。

三、1990年版《合肥公安志》编纂记

盛世修志。1990年版《合肥公安志》是在全面贯彻落实党的十一届三中全会精神，解放思想，拨乱反正，改革开放，建立社会主义市场经济，全国社会稳定，社会治安持续好转的新形势下，顺应各地相继开展修志工作的时代要求下进行的。

合肥公安工作的历史是一部曲折前进的创业史和发展史。本志以严谨的科学态度，翔实记载了合肥公安机关在合肥市委、市政府和省公安厅领导下，坚持党委领导下的专门工作与群众路线相结合的方针，忠实履行法律赋予的神圣职责，全力保卫合肥的政治稳定和社会安定的发展历程。

本志真实记载了广大公安民警全心全意为人民服务，爱岗敬业，恪守职责，不畏艰苦，勇于牺牲，奋发努力所创造的卓著成绩。特别是党的十一届三中全会以来，认真总结正反两方面经验，积极推进公安工作自身改革和发展，为建设中国特色社会主义事业保驾护航的光辉业绩。

本志以翔实的史料、完备的体例、规范的语言，详细客观地叙述了合肥公安工作的发展史，给我们以深刻的启迪和教育，有利于服务当今，指导现实斗争。对于存史鉴今、资政育人有着深远的意义和影响。

沧桑岁月淡如风，平凡之处见精神。编修本志是时代赋予我们的历史使命。我们视修志为己任，边干边学，摸着石头过河，尽心竭力。修志人员不怕艰苦，数年如一日，广征博采史料，去粗取精，去伪存真，精心编写，几易其稿，编撰成书。

（一）广征博采，掌握翔实资料

资料是编史修志的基础，只有广征博采，掌握丰富的资料，才能决定取舍，选好用好入志的资料。在征集口碑资料时，能提供阅历资料的人士中，有的已不在人世或到了风烛残年，可谓"秋风摇落故人稀"。如有的抗日时期从事公安保卫工作的前辈已谢世，抢救活资料迫在眉睫。我们以只争朝夕的精神，四处寻访迂回反复，吃闭门羹可谓常事。但我们不厌其烦，一次次登门访谈。有的资料省内找不到，就到南京历史档案馆、公安部档案馆仔细查找。如1967年"文革"时期，市公安局档案室仅有一卷档案，我们通过走访"老公安"，查阅省直有关档案，反复考证，获得了档案上没有的珍贵资料，及时进行补救。在人少任务重的情况下，史志人员不怕艰苦，加班加点工作。通过内查外调各类档案、旧志、书报、政府文件公告等2500余卷，走访了108位健在的老干部，及时抢救了一大批活材料，整理出25万余字的口碑资料，为本志编撰提供了大量翔实可靠的资料。

（二）横排纵述，力求脉络清晰

门类设置合理得当，才能使有系统、有组织的资料构成一个有机的整体。本志为章节体，分章、节、目等层次。按照横排门类，纵述始末编写。因为各门类的具体内容和各事物的相互关联都要通过门类的叙述来体现，所以横排门类是多层次的，只有横到不能再横了，才可依次落笔。

合肥解放后,公安工作经历了曲折前进的变迁,情况错综复杂,许多重要问题档案没有记载或记载不全,甚至有误,还有断线脱节等问题。如一些案件档案资料与法院、检察院审理定罪的事实和证据出入较大。组织机构和人事任免有的批文不全,有的临时变更没有记载。我们在梳理、补充的基础上,按照时间先后以及事物自身发展规律编写入志。在条目记述时,情况复杂、时间跨度大的,我们注意一个条目不能前后矛盾,同一人物事件避免重复。如有关维护治安通告布告的具体实施情况、冤假错案等,力求条目脉络清晰,前后照应。

(三)求实存真,做到褒贬鲜明

只有正确地总结历史,才能更好地面向未来。本志坚持实事求是的科学态度,力求政治性与历史真实的一致性。在记述某一历史事件和客观事物时,坚持不用不可靠的材料,不用不准确的事实,不写想当然的事情,不主观臆断。

编写时,力求精确表述内容,注意用词造句的准确性。无论运用准确语言或模糊语言,只要适得其位,达到最佳表述效果就可以。如合肥警察机构初建时间无法考查,我们做了以下记述:"清朝光绪三十四年(1908 年),合肥始设巡警公所。"

尊重历史,尊重事实。如记述政治运动和公安工作的一些失误和教训时,我们坚持以《关于建国以来党的若干历问题的决议》为准则。对剿匪反霸、镇压反革命等正确的政治运动做了详细叙述。对政治敏感的一些问题记述时,坚持宜粗不宜细。如反右派斗争扩大化,"大跃进"时公安机关搞"水晶石玻璃板"运动,以及"文化大革命"时民兵指挥部等"左"的运动和错误做法,只着重记典型的事件,让后人引以为戒。

(四)传承创新,体现与时俱进

在科学日益发达、社会日益开放的新时代,古代流传下来的旧志书已失去全盘继承的价值。事无巨细、有闻必录也不适应社会主义新方志。

本志坚持传承创新,就是以科学的态度从总体上把握事物的两面性,全面完整地反映客观事物的本质,切实把时代特征和真实面貌记述下来。如对历史上发生的冤假错案复查平反如实记述。又如 1975 年,市公安局在合钢、省农机三厂进行民兵、治保、消防"三位一体试点",对这一资料如有闻必录,显然有悖于三中全会精神。我们改为记述:"推行'三位一体'后至 1976 年 9 月,全市 371 个企业保卫组织 943 个治保会被撤销……使公安基层基础工作遭受严重破坏。"

新中国成立后,合肥市行政区划变动很大,肥西县、肥东县的行政隶属关系多次变更。我们基于历史事实,尊重当今现实,如实记录了县域沿革变化,着重记述在现有区域内发生的人和事,体现了时代和城市特征特色。对于优良传统和成功经验,注重在继承中创新,在创新中发展。如在预防青少年违法犯罪工作中,我们对决定劳教的部分青少年实行保外帮教,由家长街道共同组织帮教,取得良好社会效果予以详细记载,体现与时俱进。

(五)边干边学,确保志书质量

地方志是中华民族优秀文化瑰宝,承载着记录历史、传承文明、服务当今的历史使命。1982 年,全国各地根据中国地方志指导小组统一部署,相继开展了地方志工作。本志的编纂,始于 1984 年 8 月。当时抽调 4 名干警,设立了临时机构公安史志办公室,隶属于政研室。时任政研室副主任沈友信兼任办公室主任,并担任《合肥公安志》主编。该项工作随着局机关机构变革，后隶属于市公安局办公室和市警察协会。合肥所属三县公安志工作由市公安局史志办统一布置指导。后根据工作需要，先后抽调几位退居二线的“老公安”帮助查阅档案，整理资料。编修方志，不是生而知之，当时无先例可借鉴。为不辱使命，搞好修志工作，我们坚持边干边学，力求尽快熟悉方志业务知识。采取编什么学什么，学以致用。以会代训，请专家讲学以及上门请教等，尽快投入工作。实行包干负责制，谁征集的资料谁负责整理，并对资料的完整性和真实性负责，以不断提高史志人员的事业心和责任感。肥西县公安局张家海以咬定青山不放松的精神，为查清一起冤案，多次查阅档案，走访相关人员，直至真相大白，平反昭雪。

坚持修志为现实服务。我们通过征集资料为一位蒙冤40多年的“老公安”昭雪。1986年春，史志人员张家海到广州查访肥西县首任公安局局长陈斌，谈起有位叫沈辅之的老人，曾多次写信给陈，说自己当年受他指派打入土匪内部当卧底，结果在“镇反”时被当作土匪判了死缓的情况。陈再三回忆确有其事，让张家海过问一下。沈友信得知后，当即和张家海冒着大雪找到沈辅之家查访，并再次查档，结果从其同事的档案内找到当时陈斌指派沈辅之打入土匪内部做瓦解工作的六点指示信原件，终于使“老公安”得以平反昭雪。为此，《安徽法制报》对此事做了专题报道。

本志编撰过程中，得到了省公安厅史志办，合肥市地方志、党史办领导的关怀和指导，局史志办全体人员为此付出辛勤的劳动和心血，特此一并表示衷心感谢！

鉴于本志纵横古今，涉及面广，征集考证难度大，加之修编人员水平所限，难免存在遗漏错讹之处。值得欣慰的是，现任市公安局领导关怀有加，由市警察协会组成专门班子进行续修，深信新版《合肥市公安志（1949～1989年）》会查缺补漏更趋完善。通过6年笔耕不辍，有感而发，赋诗一首：盛世记国事，任重敢担当。广征博采忙，浩瀚资料藏。实情编信史，功不负众望。传承又创新，千秋惠梓桑。

（沈友信　文）

编纂始末

为了传承公安历史,弘扬公安文化,培育公安精神,打造厚重持久的合肥公安软实力,推动合肥公安事业不断发展进步,2015年年初,市公安局党委经过充分酝酿,做出编纂合肥市公安志、建设合肥公安陈列馆、建设合肥公安文化园三项重点工程的决定。编纂合肥市公安志,包括修订1990年版《合肥公安志》,纂成《合肥市公安志(1949～1989)》;续修《合肥市公安志(1990～2016)》。是年7月,《合肥市公安志(1949～1989)》的编纂工作正式启动。之所以修订1990版《合肥公安志》,主要基于三个方面考虑:一是1990版《合肥公安志》虽然记述反映了合肥市解放后40年间公安业务工作的主要情况,但未能完整地反映合肥市全部公安工作的历史与现状,满足不了阅读与研究的需求,故需扩展与补充;二是1990版《合肥公安志》受当时史志编纂的历史局限,在内容丰富性和体例规范性方面,需要进一步完善;三是作为首轮志与续修志,在体例格式、内容结构、装帧设计与出版发行上,应保持连贯统一。故需对1990版《合肥公安志》进行修订,纂成《合肥市公安志(1949～1989)》。

编纂《合肥市公安志(1949～1989)》,主要采取"调、增、补、扩、改"五种方法,遵循四项原则:一、保持老志基本格局。充分尊重历史原貌,尊重首编劳动成果。二、保持前后连贯统一。使重修志书与新修志书在内容结构、体例风格等方面,保持连贯统一。三、保证客观全面。通过查阅资料、调查走访等方式,进一步丰富志书内容;四、保证规范顺畅。对原有志书进行全面审视,调整纲目,理顺语句,规范词字。

编纂《合肥市公安志(1949～1989年)》,始于2016年3月中旬。为了做到有的放矢地搜集资料,编纂人员反复研阅1990年版《合肥公安志》,结合市公安局编纂办制定的《合肥市公安志(1949～1989)》修订方案,提出需要注重掌握增加哪些内容,扩充哪些部分,补修哪些章节目,细致地对前志进行研究、编排,做到心中有数。重修《合肥公安志》,第一手资料主要依靠调阅市公安局档案室库藏资料。在档案科全体同志支持下,7个月内,编纂人员"5+2""白+黑",吃在市公安局、住在办公室,"两点一线",全身心地投入编纂工作中,共查阅各类档案1186盒3124卷3000多万字,其中精细查阅2000万字,手工摘抄和录入各类历史资料50多万字,并做了分类记录、制作图表、打印成文、复印备查等细致性工作。至2016年10月底完成了重修志合拢初稿。

自2016年11月开始,《合肥市公安志(1949～1989)》进入了加工打磨阶段。期间,合肥市副市长,市公安局党委书记、局长姜明认真审阅了全书,并提出了7条具体审改意见,副局长程彰德审阅全书,指出了300余处文字错误,省、市地方志办公室黄玉华、史五一、储茂仁、傅朝阳及省公安厅志办李汉平等专家在百忙中挤出时间反复评审、修改,给予了强有力的指导和帮助。市公安局志办总纂人员综合各位领导和专家们的指导意见,数易其稿，于 2017 年 7 月纂成评审稿，8 月 29 日经省、市专家评审会评审，予以通过。随后又经历政治审查、保密审查和进一步修改完善过程，即将出版发行。

《合肥市公安志（1949 ~ 1989）》在布局上，基本遵循 20 世纪 80 年代初期公安机关组织机构序列设置目录，以类系事，横排纵写。除新增 1949 ~ 1989 年的大事记外，在体例上，采用章节目体，突出“改”字，严格体现事物之间的从属关系。在内容上，注重“调、增、补、扩”四个方面，增设《打击刑事犯罪》《警卫工作》《综合文秘保障》《队伍管理》《人物》等 5 章；调整前志部分章节目，扩、补了很多新内容。修订后的《合肥市公安志（1949 ~ 1989）》，除卷首、卷末外，专志设 13 章 60 万字，较前志 9 章新增 15 万余字。

编纂《合肥市公安志（1949 ~ 1989）》，凝聚了前后两任市公安局领导和编纂人员的心血和汗水，比较全面、系统、客观地记述了合肥市解放以来 40 年间，合肥公安工作历史的发展脉络。在编纂过程中，按照市公安局主要领导指示，志办先后走访了省政府参事黄亚洲和前志责任主编沈友信，征集了首任公安局长黄建中的珍贵史料和照片，以及首修《合肥公安志》的相关历史材料，增加了重修《合肥市公安志（1949 ~ 1989）》的历史厚重感。在此，向所有参编的各位领导、专家、民警和前志编纂人员致以最诚挚的谢意！

由于编撰水平有限，不妥与谬误之处恳请专家、学者和广大读者批评指正。

主题索引

F

G

H

J

K

L

M

N

P

Q

R

S

T

W

X

Y

Z